falstaff

RESTAURANT & GASTHAUS GUIDE

DEUTSCHLAND

2024

Die besten 1850 Restaurants und Gasthäuser Deutschlands.

IMPRESSUM

HERAUSGEBER
Wolfgang M. Rosam

MEDIENINHABER
Falstaff Deutschland GmbH
Carlsplatz 18, 40213 Düsseldorf

GESCHÄFTSFÜHRUNG
Mag. Elisabeth Kamper, Nicolas Gauert

CHEFREDAKTION
Sebastian Späth, Ingo Swoboda (stellv.)

REDAKTION
Julia Hamester, Lisa Ladstätter, Natalia Rebow (CvDs)
Sophie Piff, Tristan Ziegler (Redaktionsassistenz)
Georg Morawitz-Holeschofsky, Robert Pleniger (Daten)
Michael André Ankermüller, Elena Berchermeier, Detlef Berg, Nina Deutschmann, Heike Gläser, Moritz Hackl, Kevin Hanschke, Joachim Heidersdorf, Michael Pöppl, Sabine Rumrich, Annette Sandner, Sophia Schillik, Hilmar Schulz, Anna Wender, Maria Wollburg (Autoren)
Florence Wibowo (Fotoredaktion)

LEKTORAT
Sandra Bak, Petra Schwaiger

GESTALTUNG UND PRODUKTION
Marcus Wiesner (Grafik, Illustrationen)
Michael Lenhart (Produktion/Litho)

VERTRIEB UND MARKETING
Dagmar Sebold

DRUCK
ppm Fulda GmbH & Co. KG

ISBN: 978-398221827-4
GTIN: 419 35622 1990 7 02
Preis: 19,90 €

PEFC
PEFC/04-31-1308

FRANZ JOSEF
RAUCH
RAUCH
Bio Schorle
FRANZ JOSEF
RAUCH
Bio Apfel naturtrüb
Bio Schorle
FRANZ JOSEF
RAUCH
Bio Schwarze Johannisbeere
Bio Schorle
FRANZ JOSEF
RAUCH
Bio Rhabarber naturtrüb
vegan
BIO
nach
EG-Öko-Verordnung

INHALT

EDITORIAL

Wolfgang M. Rosam
Falstaff-Herausgeber

Sebastian Späth
Chefredakteur Falstaff Deutschland und Falstaff Restaurant- & Gasthausguide

Liebe Genießerinnen und Genießer,

es erfüllt uns mit Freude und Stolz, dass Sie den neuen Falstaff Restaurant- & Gasthausguide für Deutschland in Ihren Händen halten. Mithilfe unseres fachkundigen Gourmetclubs haben wir in monatelanger akribischer Arbeit die besten und beliebtesten Betriebe des Landes ausfindig gemacht und gewissenhaft bewertet. Rund 1850 Adressen haben es am Ende in dieses Werk geschafft – darüber hinaus würdigen wir 12 Siegerinnen und Sieger, die als Vorbilder für die gesamte Branche wirken.
Die folgenden Seiten liefern Ihnen aber viel mehr als nur einen Überblick. Sie sind ein eindrucksvolles Zeitdokument. Zweifelsohne nämlich steht das Gastgewerbe angesichts steigender Betriebskosten, Inflation und einer drohenden Rückkehr zum regulären Mehrwertsteuersatz vor einem gewaltigen Umbruch. Grund für Trübsal gibt es jedoch noch lange nicht, auch dafür ist dieser Guide ein Beweis: Spannende Neueröffnungen zeigen, dass auch in herausfordernden Zeiten Ambitionen und Leidenschaft triumphieren.

Viel Vergnügen beim Schmökern!

PROF. WOLFGANG M. ROSAM
wolfgang.rosam@falstaff.com

SEBASTIAN SPÄTH
sebastian.spaeth@falstaff.com

Foto: Marcus Wiesner

RESTAURANT- &
GASTHAUSGUIDE
DEUTSCHLAND
24

NORDEN

BREMEN
HAMBURG
MECKLENBURG-VORPOMMERN
NIEDERSACHSEN
SCHLESWIG-HOLSTEIN
SEITE 42

WESTEN

HESSEN
NORDRHEIN-WESTFALEN
RHEINLAND-PFALZ
SAARLAND
SEITE 164

OSTEN

BERLIN
BRANDENBURG
SACHSEN
SACHSEN-ANHALT
THÜRINGEN

SEITE 110

SÜDEN

BADEN-WÜRTTEMBERG
BAYERN

SEITE 288

DER GUIDE IM ÜBERBLICK

DIE BEWERTUNG

Die Bewertungen im Falstaff Restaurant- & Gasthausguide beruhen auf dem Falstaff Gourmetlub. Die registrierten Gourmetclubmitglieder besuchen das ganze Jahr über Restaurants im ganzen Land und stellen Falstaff ihre Votings per Internet, App, optional auch mit Kommentar, zur Verfügung. Die Gästebewertungen werden anschließend von einer Fachjury ausgewertet – daraus entsteht eine Liste von Restaurants und Gasthäusern, die einmal pro Jahr im Falstaff Restaurant- & Gasthausguide veröffentlicht wird.

Jedes Voting erfolgt in den vier Einzelbereichen
- Essen (max. 50 Punkte),
- Service (max. 20 Punkte),
- Weinkarte (max. 20 Punkte),
- Ambiente (max. 10 Punkte).

Die höchstmögliche Gesamtzahl beträgt 100 Punkte.

SO LESEN SIE DIESEN GUIDE

Rund 1850 Lokale in ganz Deutschland sind im Falstaff Restaurant- & Gasthausguide bewertet und beschrieben. Die Listung erfolgt nach Regionen, innerhalb der Region nach Bundesland und im jeweiligen Bundesland sind die Restaurants alphabetisch nach Ortsnamen und anschließend alphabetisch nach Betriebsnamen sortiert.

Am Ende dieses Buchs finden sich zwei Register:
- Index nach Ortsnamen von A bis Z,
- Index nach Restaurants von A bis Z.

Jedes Restaurant wurde von der Redaktion mit aussagekräftigen Attributen versehen, die die jeweils individuellen Besonderheiten hervorheben und das Konzept treffend beschreiben.

Die angegebenen Daten wurden von den Betrieben an Falstaff übermittelt. Die aktuellsten Informationen und Öffnungszeiten finden Sie immer in der Falstaff-Restaurant-App, auf www.falstaff.com sowie auf der Webseite des jeweiligen Betriebs.

SYMBOLIK

RESTAURANTSPEZIFISCH

- Gastgarten
- nah am Wasser
- hauseigene Parkplätze
- kinderfreundlich
- barrierefrei
- Hunde nicht erwünscht
- Übernachtungsmöglichkeit
- vegetarisches Angebot
- Bierfokus
- elektronische Zahlungsmöglichkeit

BEWERTUNG

Essen:	maximal 50 Punkte
Service:	maximal 20 Punkte
Weinkarte:	maximal 20 Punkte
Ambiente:	maximal 10 Punkte
Gesamt:	maximal 100 Punkte

GABEL-SYMBOLE*

- 95–100 Punkte
- 90–94 Punkte
- 85–89 Punkte
- 80–84 Punkte

* © Modell »Vienna« von Berndorf Besteck

Schanz, Piesport

Foto: Kirchgasser Photography

Gesamtwertung für Deutschland

1.	Aqua 38440 Wolfsburg	Seite 94	100 Punkte
1.	Rutz Restaurant 10115 Berlin	Seite 135	100 Punkte
1.	Schwarzwaldstube 72270 Baiersbronn	Seite 305	100 Punkte
2.	Sonnora 54518 Dreis	Seite 257	99 Punkte
3.	Jan 80333 München	Seite 418	98 Punkte
3.	Victor's Fine Dining by Christian Bau 66706 Perl-Nennig	Seite 284	98 Punkte
4.	Bareiss 72270 Baiersbronn	Seite 302	98 Punkte
4.	Haerlin 20354 Hamburg	Seite 57	98 Punkte
5.	Schanz 54498 Piesport	Seite 272	97 Punkte
5.	The Table 20457 Hamburg	Seite 67	97 Punkte
6.	Jante 30171 Hannover	Seite 86	97 Punkte

6.	Tantris 80805 München	Seite 427	97 Punkte
7.	Dichter 83700 Rottach-Egern	Seite 447	96 Punkte
7.	Dorint Söl'ring Hof 25980 Sylt (Rantum)	Seite 104	96 Punkte
7.	Lafleur 60325 Frankfurt am Main	Seite 175	96 Punkte
7.	Lorenz Adlon Esszimmer 10117 Berlin	Seite 129	96 Punkte
7.	Louis 66740 Saarlouis	Seite 286	96 Punkte
7.	Ox & Klee 50678 Köln	Seite 230	96 Punkte
7.	Tantris DNA 80805 München	Seite 427	96 Punkte
7.	Tim Raue 10969 Berlin	Seite 138	96 Punkte
7.	Tohru in der Schreiberei 80331 München	Seite 428	96 Punkte
8.	AURA by Alexander Herrmann & Tobias Bätz 95339 Wirsberg	Seite 461	95 Punkte
8.	Courtier 23758 Weissenhaus	Seite 108	95 Punkte
8.	EssZimmer 80809 München	Seite 416	95 Punkte
8.	Hirschen 79295 Sulzburg	Seite 362	95 Punkte
8.	Le Pavillon 77740 Bad Peterstal-Griesbach	Seite 297	95 Punkte
8.	Luce d'Oro 82493 Elmau	Seite 388	95 Punkte
8.	Meierei Dirk Luther 24960 Glücksburg	Seite 97	95 Punkte
8.	Ophelia 78464 Konstanz	Seite 336	95 Punkte

Die Reihung ergibt sich aus der Gesamtpunktzahl und der Essensbewertung.

80–84 85–89 90–94 95–100 Punkte

SIEGER

Foto: Clemens Porikys

Gastronomen des Jahres

FRITZ KELLER, STEPHAN LANDWEHR & FREDERIK SCHADE

Dass Hamburg sich mit einem neuen gastronomischen Hotspot schmücken kann, ist der Verdienst zweier Branchenlegenden: Gastronom und Kunstkenner Stephan Landwehr, der bereits in Berlin mit dem Grill Royal und neuerdings dem Designhotel Château Royal Maßstäbe in Sachen Kulinarik und Gastfreundlichkeit setzt, und Fritz Keller, Betreiber des legendären Schwarzen Adler und Winzer vom Kaiserstuhl. Gemeinsam haben die langjährigen Freunde in einem denkmalgeschützten Kontorhaus mit hohen Fensterfronten am Ballindamm das Grill Royal Hamburg eröffnet, fast jeder der 200 Sitzplätze mit Seeblick. Es heißt nicht nur wie das Original, es ist sein erster Ableger. Als Geschäftsführer agiert Frederik Schade. Kulinarisch liegt der Fokus stärker als in Berlin auf Fisch und Meeresfrüchten, ohne dass Gäste auf die bewährten Klassiker verzichten müssen. Dafür sorgt Küchenchef Oliver Pfahler, der zuletzt im Sternerestaurant Balthazar in Timmendorfer Strand am Herd stand. Die umfangreiche Weinkarte hat Fritz Keller mit seinem Sohn Friedrich zusammengestellt.

Foto: Kirchgasser Photography

Internationaler Botschafter

THOMAS BÜHNER

Seit über 20 Jahren zählt Thomas Bühner zur obersten Liga deutscher Spitzenköche. Nach einer Ausbildung im Schweizer Haus in Paderborn sammelte der 1962 geborene Koch Erfahrung in einigen der renommiertesten Häuser des Landes, darunter dem Landhaus Scherrer und der Schwarzwaldstube. Als Geschäftsführer und Küchenchef des Osnabrücker la vie erklomm er schließlich den kulinarischen Olymp und verteidigte ab 2011 Jahr für Jahr seine drei Michelin-Sterne. Als sein Mäzen das Osnabrücker Restaurant von heute auf morgen schloss, dauerte es nicht lange, bis Bühner eine neue Rolle fand, die er mit ebenso viel Verve ausfüllt wie die alte: Heute reist er als gefragter Gastkoch und Berater um die ganze Welt. In diesem Jahr wagte er einen Neuanfang mit dem Restaurant la vie by Thomas Bühner im fernen taiwanesischen Taipeh. Und schon ab 2025 soll es in Deutschland weitergehen – und zwar auf dem METRO Campus in Düsseldorf. Geplant ist ein Gourmetrestaurant, in dem Klassiker aus dem ehemaligen la vie, ergänzt mit Neuheiten von Bühners Reisen rund um den Globus, präsentiert werden.

Foto: beigestellt

Bester Service des Jahres

JÉRÔME POURCHÈRE (ESPLANADE, SAARBRÜCKEN)

Gastgeber zu sein, ist für Jérôme Pourchère nicht nur einfach ein Beruf – dem der renommierte Sommelier mit sichtbarer, aber niemals aufdringlicher Leidenschaft nachgeht –, vielmehr ist es seine Bestimmung.

In Frankreich geboren und aufgewachsen, begann Pourchère zunächst eine Kochlehre im südfranzösischen Annonay, um ein Jahr später im Restaurant Jean-Marc-Reynaud in Mallemort dann doch in den Service zu wechseln. Nach weiteren Stationen in Frankreich, London und im Gästehaus Klaus Erfort in Saarbrücken leitet er seit 2019 den Service im geschmackvoll gestylten Gourmetrestaurant Esplanade im angesagten Nauwieser Viertel, dem kulturellen Zentrum der saarländischen Hauptstadt. Wie kein anderer besitzt Pourchère die Gabe, ohne großes Remmidemmi treffsicher den passenden Wein zu empfehlen und scheinbar laut- und reibungslos seine Mitarbeitenden durch den Service zu dirigieren. Immer begleitet von Eleganz und Kompetenz, mit empathischem Feingespür für seine Mannschaft und seine Gäste gleichermaßen. Eine Service-Choreografie in Perfektion.

Foto: Michael Holz Studio

Altmeister

HEINZ O. WEHMANN (LANDHAUS SCHERRER, HAMBURG)

Heinz Otto Wehmann gehört zu Hamburg wie die Reeperbahn und der Hafen. Seit 40 Jahren führt er mit dem Landhaus Scherrer eine der renommiertesten Gourmetadressen der Hansestadt. Ein Erfolg, den sich der 1955 in Ostwestfalen geborene Wehmann hart erarbeitet hat. Nach seiner Kochlehre verschlug es ihn Mitte der 1970er-Jahre ins Hotel Atlantic in Hamburg. Dort legte er mit 27 Jahren als jüngster und bester Prüfling die Meisterprüfung ab, wurde stellvertretender Küchenchef im weißen Schloss an der Außenalster und übernahm die Organisation von feierlichen Banketten wie dem legendären »Ball über den Wolken«.
Auf einem Lehrgang lernte Wehmann Armin Scherrer kennen, der das Talent des jungen Kochs erkannte und ihn in sein 1976 eröffnetes Landhaus holte. Schnell erkochte man den ersten Michelin-Stern. Als Armin Scherrer wenige Jahre später überraschend starb, stieg Wehmann in die Geschäftsführung ein, bis heute unterstützt ihn Witwe Emmi Scherrer. Unzählige Köche sind durch die Schule des Altmeisters Wehmann gegangen und haben von seiner kochenden Leidenschaft und seinem Talent profitiert.

SIEGER

Foto: shytsee

Eröffnung des Jahres

KOMU, MÜNCHEN

»Zwei sind ein Zufall, drei ein Trend«, so lautet ein in der Mode verbreiteter Glaubenssatz. Überträgt man ihn aufs Münchener Gastgewerbe, dann verdanken wir Christoph Kunz ein neues Zeitalter. Nach Tohru Nakamura vom Restaurant Schreiberei (ehemals Werneckhof) und Jan Hartwig vom JAN (ehemals Atelier) ist der 38-jährige Freiburger Kunz (früher Restaurant Alois im Feinkosthaus Dallmayr) bereits der dritte Sternekoch innerhalb kürzester Zeit, der, dem Drang nach Freiheit und Selbstverwirklichung folgend, den Schritt in die Selbstständigkeit wagt: KOMU, der Name von Kunz' neuem Restaurant, kommt aus dem Japanischen und lässt sich mit »Wolke« übersetzen. Das Lokal besticht durch ein durchdachtes Interior-Design, mit einem Chef's Table, der Sicht in die offene Küche bietet, sowie bequemen und doch edlen Sitznischen. Kunz, der unter anderem bei Alain Ducasse in Paris lernte, überzeugt mit schelmischen Kreationen wie Popcornschaum mit Apfel und Kaviar, die man dem ehemaligen Zwei-Sterne-Koch aufgrund seines strengen und kontrollierten Habitus eigentlich gar nicht zutrauen würde. Mit dem KOMU begann wohl auch für Kunz persönlich ein ganz neues Zeitalter.

Foto: GVO MEDIA / Gregor Ott

Bestes Gasthaus

RESTAURANT ST. URBAN, DEIDESHEIM

Welcher Hochgenuss sich hinter der vermeintlich schlichten Bezeichnung »Pfälzer Landhausküche« verbirgt, kann man nirgendwo so gut wie im legendären Restaurant Sankt Urban im Hotel Deidesheimer Hof am historischen Marktplatz erleben. Hier, im heimeligen Gasthausambiente, liegt das kulinarische Mekka der Pfalz. In gediegener Atmosphäre triumphiert eine bodenständige Küche auf den schnörkellos arrangierten Tellern, zubereitet aus besten regionalen und saisonalen Zutaten und immer mit dem gewissen Pfiff verfeinert. Essenzielle Heimatküche im wahrsten Sinne des Wortes, die weit über den klassischen Pfälzer Saumagen, Bratwurst und Leberknödel mit Sauerkraut und Kartoffelpüree hinausreicht. Familie Hahn pflegt mit Bedacht, Weitsicht und Herzblut seit Jahrzehnten diese Bastion der sehr guten regional geprägten kulinarischen Tradition. Ein gastliches Haus wie aus dem Bilderbuch, das mit seinen vielen prominenten Gästen deutsche Gastronomiegeschichte geschrieben hat: Hier saß Bundeskanzler Helmut Kohl einst mit den Größen der Weltpolitik, von Michail Gorbatschow bis Margaret Thatcher.

Foto: Julia Wende

Entdeckung des Jahres

SPEISEBERG, HALLE

Halles erstes Sternerestaurant brilliert mit einer minimalistischen Karte sowie exzellenter Küche und spiegelt den Wandel der Saalestadt zum Hotspot für kulturelles und künstlerisches Leben wider: Man sitzt vis-à-vis der Burg Giebichenstein auf einem Porphyrfelsen in Halles traditionsreicher bekannter Bergschenke – einem 7000 Quadratmeter großen Komplex – hoch oben über dem Fluss. Beim Design von Porzellan und Gastraum fließt die kreative Energie der nahe gelegenen Kunsthochschule Burg Giebichenstein ein, gediegene Lässigkeit und Innovationen der japanischen Haute Cuisine werden mit lokalen Produkten aus Mitteldeutschland verbunden. Inhaber Tobias Neumann und Restaurantleiterin Josephine Bilz, die beide aus Sachsen-Anhalt stammen, haben das um 1800 erbaute Gasthaus ab 2015 eigenhändig renoviert. 2019 stieß der heute 29-jährige Koch Konstantin Kuntzsch dazu. Von Anfang an haben alle drei an das Fine-Dining-Konzept in dieser Stadt des kontinuierlichen Wandels geglaubt. Seit 2022 darf sich das Restaurant mit einem Stern schmücken, bis dahin war dies in Sachsen-Anhalt nur Robin Pietsch mit seinen beiden Häusern Pietsch und Zeitwerk in Wernigerode vergönnt.

Foto: beigestellt

Nachhaltigkeit & Innovation

ETZ RESTAURANT, NÜRNBERG

Wohl an keiner anderen Adresse des Landes paaren sich Kochkunst und Umweltbewusstsein auf solch hohem Niveau. Vom Brot über Butter, Käse, Wurst bis hin zum Essig stammt in Felix Schneiders etz alles aus der hauseigenen Herstellung, für die ausschließlich Zutaten aus der allernächsten Umgebung wie dem Nürnberger Reichswald oder den Feldern des Knoblauchslands zum Einsatz kommen. Auf diese Weise entsteht eine tief mit Franken verbundene Geschmacksintensität und -komplexität, die unzweifelhaft keinem anderen Restaurant als dem etz zuzuordnen ist. Ein nicht unwesentlicher Bestandteil dieses kulinarischen Ansatzes ist außerdem die Koji-Fermentation, mit der Schneider und sein Team heimisches Obst und Gemüse konservieren und eine Vielzahl neuer Produkte schaffen – darunter Schneiders Markenzeichen, die azurblaue Sojasauce aus Flussalgen-Extrakt.
Im Frühjahr wurde das etz auf Anhieb mit zwei Sternen belohnt. Regionalität als Maxime, nicht nur bei den Produkten, sondern auch bei der Verfeinerung der Speisen, verfolgen Schneider und sein Team so stimmig wie wohl niemand sonst in Deutschland.

SIEGER

Foto: Melanie Bauer

Köchin des Jahres

JULIA KOMP (SAHILA, KÖLN)

Als Küchenchefin auf Schloss Loersfeld wurde Julia Komp 2016 zur jüngsten Sterneköchin Deutschlands gekürt. Nach dem Silvesterdinner 2018 verließ sie diese renommierte Adresse und brach zu einer 14-monatigen Weltreise auf – mit dem Ziel, während ihrer kurzen Aufenthalte so viel wie möglich über die jeweilige Länderküche und ihre typischen Aromen und Techniken zu erfahren. Im Gepäck: ihre Kochjacke, Rezeptbücher und Kochmesser. Nach ihrer Rückkehr in die Heimat, mit Eindrücken aus mehr als 50 Ländern bereichert, erfüllte sich Komp Anfang 2022 in der Kölner Innenstadt mit gleich zwei Lokalen unter einem Dach den lang gehegten Traum von der Selbstständigkeit: Sie eröffnete die lässige Mezze-Bar Yu*lia, in der sie ihrer Leidenschaft für orientalisches Essen frönt, und das Gourmetrestaurant Sahila, in dem sie ihre Gäste einlädt, ihre Expedition um den Globus mit den Gaumen nachzuempfinden – wobei jedes der aufgetischten Gerichte eine andere Landesküche repräsentiert. Bereits nach nur einem Jahr wurde das Sahila mit einem Michelin-Stern ausgezeichnet. Und das ist sicher erst der Anfang. Nicht umsonst heißt es: Nach der Reise ist vor der Reise.

Foto: florian lewandowski

Koch des Jahres

THOMAS KELLERMANN (DICHTER, ROTTACH-EGERN)

Thomas Kellermann durchlief viele renommierte Stationen, die sein herausragendes Talent gefördert und seinen einzigartigen Kochstil geprägt haben. Als sein wichtigster Lehrmeister erwies sich jedoch Hans Haas vom Münchener Tantris. Von ihm lernte er, sowohl bei komplexen als auch bei eher bodenständigen Gerichten, den Facettenreichtum sowie die feinsten Geschmacksnuancen herauszuarbeiten. Schon nach einem Jahr machte Haas den jungen Kellermann zu seinem Stellvertreter, bis heute verbindet beide eine innige Freundschaft. Als Küchenchef im Gourmetrestaurant Dichter balanciert der 53-jährige Kellermann virtuos zwischen Klassik und Moderne. Geleitet wird er dabei von einem tiefen Respekt vor den Produkten seiner bayerischen Heimat: So verhilft er traditionellen Lebensmitteln wie etwa der Tegernseer Renke zu kulinarischen Höhenflügen, indem er sie zu Tatar verarbeitet und mit Holunderblüten und schaumiger Beurre blanc aus Weißbier von der Miesbacher Brauerei Hopf kombiniert. Zweimal erkochte Kellermann einen zweiten Stern: 2002 für das Kastell im Hotel Burg Wernberg und 2023 für das Dichter in den Egerner Höfen. Eine großartige Leistung, die nur durch Fleiß und Können erbracht werden kann.

Foto: OCCULAR STUDIO

Beste Weinkarte

ZUR WEINSTEIGE, STUTTGART

Ein wahrer Schatz liegt tief unter dem Stuttgarter Hotel der Brüder Scherle: Im historischen Gewölbe aus dem Jahr 1870 schlummert unter perfekten Bedingungen eine Weinsammlung, die es in sich hat. Rund 10.000 Flaschen aus der ganzen Welt hat Andreas Scherle im Laufe der Jahre mit Leidenschaft und großem Sachverstand zusammengetragen und auf diese Weise ein vinologisches Dorado geschaffen, das nahezu alles bietet, was in der Weinwelt Rang und Namen hat. Das ausgezeichnete Sortiment, insbesondere von deutschen Weinen, gilt als eines der besten des Landes: Mehr als 1700 Positionen mit großer Jahrgangstiefe lagern im Gewölbekeller, darunter allein über 500 verschiedene Rieslinge. Seine attraktive Auswahl an deutschen Sekten und Champagnern ist ebenso so breit wie das wechselnde Angebot an offenen Weinen, das erfreulicherweise auch glasweise ausgeschenkte Spitzengewächse umfasst. Im Handel längst vergriffene Gewächse findet man in der Weinsteige zu moderaten Preisen; ein Blick auf die Raritäten aus der Schatzkammer lohnt immer und bringt so manchen Weinschatz wieder ans Tageslicht.

Foto: René Riis

Alkoholfreie Getränkebegleitung

HORVÁTH, BERLIN

Als Sebastian Frank 2016 begann, hausgemachte Säfte auf seine Getränkekarte zu setzen, sorgte die Frage nach einer alkoholfreien Speisenbegleitung bei den meisten Gastronomen noch für verwundertes Kopfkratzen. Inzwischen ist ein regelrechter Boom um Tee, Kombucha, Obst- und Gemüsesäfte ausgebrochen. Und Frank? Der hat seine Technik inzwischen perfektioniert: Jede seiner alkoholfreien Kreationen enthält einen Grundsaft, der zur Hälfte aus zwei Sorten Äpfeln – einer süßen und einer säuerlichen – und zur anderen aus Karotten, Stangensellerie und Petersilienwurzel besteht. Damit dieses Gemisch nicht zu sättigend ist, unterzieht er es einer Heißfiltration. Das Ergebnis motzt er mit Zutaten wie Molke, Leindotteröl, Kren oder Honig auf oder versieht in anderen Varianten die Glasränder wie bei einer Margarita mit eigens hergestellten Gewürzmischungen. Ein Sommelier müsse mit vorgegebenen Aromen arbeiten, erklärt der aus Österreich stammende Wahlberliner Frank. Seine selbst gemachten Essenzen, Espumas, Säfte und Liquids bieten die Möglichkeit, ein Gericht auf ganz neue Art und Weise zu begleiten: unabhängig von einer relativ fest vorgegebenen Charakteristik eines Weins.

Haerlin, Hamburg

Foto: Guido Leifhelm

Die besten Weinkarten Deutschlands

Aqua 38440 Wolfsburg	Seite 94	100 Punkte
Rutz Restaurant 10115 Berlin	Seite 135	100 Punkte
Schwarzwaldstube 72270 Baiersbronn	Seite 305	100 Punkte
Haerlin 20354 Hamburg	Seite 57	98 Punkte
Tantris 80805 München	Seite 427	97 Punkte
Schwarzer Adler 79235 Vogtsburg	Seite 367	95 Punkte
Nobelhart & Schmutzig 10969 Berlin	Seite 131	95 Punkte
Landhaus Scherrer 22763 Hamburg	Seite 61	94 Punkte
Sansibar 25980 Sylt (Rantum)	Seite 105	92 Punkte
Zur Weinsteige 70184 Stuttgart	Seite 361	90 Punkte

Redaktionelle Auswahl. Die Reihung ergibt sich aus der Gesamtpunktzahl und der Essensbewertung.

NEW!
20% Rabatt
auf unsere Gewölbekellerweinprobe
Nutze einfach den Code:
falstaff2024
www.ksb-schmitt.wine
KSB
schmitt.wine
SCAN
ME
Weingut KSB Schmitt | Naheweinstraße 46 | D-55452 Guldental | tel: 06707 62 39 88 3 | info@ksb-schmitt.wine

Foto: Konstantin Volkmar

Top 10 schönstes Ambiente

Aqua 38440 Wolfsburg	Seite 94	100 Punkte
Schwarzwaldstube 72270 Baiersbronn	Seite 305	100 Punkte
Jan 80333 München	Seite 418	98 Punkte
The Table 20457 Hamburg	Seite 67	97 Punkte
Tantris 80805 München	Seite 427	97 Punkte
Dichter 83700 Rottach-Egern	Seite 447	96 Punkte
Louis 66740 Saarlouis	Seite 286	96 Punkte
Ox & Klee 50678 Köln	Seite 230	96 Punkte
Tohru in der Schreiberei 80331 München	Seite 428	96 Punkte
Villa Kellermann 14467 Potsdam	Seite 143	90 Punkte

Redaktionelle Auswahl. Die Reihung ergibt sich aus der Gesamtpunktzahl und der Essensbewertung.

Foto: PR

Ophelia, Konstanz

Top 10 schönste Terrasse

Ophelia 78464 Konstanz	4 Gabeln Seite 336	95 Punkte
Lakeside 20354 Hamburg	3 Gabeln Seite 61	94 Punkte
Fischereihafen 22767 Hamburg	3 Gabeln Seite 56	90 Punkte
Das Maxi Genussreich 87561 Oberstdorf	2 Gabeln Seite 439	89 Punkte
Ich weiß ein Haus am See 18292 Kuchelmiß	2 Gabeln Seite 74	89 Punkte
Wein- und Tafelhaus 54349 Trittenheim	2 Gabeln Seite 278	89 Punkte
Voshövel 46514 Schermbeck	2 Gabeln Seite 242	89 Punkte
Restaurant St. Urban 67146 Deidesheim	2 Gabeln Seite 255	88 Punkte
Emma Metzler 60594 Frankfurt am Main	2 Gabeln Seite 174	87 Punkte
Röperhof 22605 Hamburg	2 Gabeln Seite 65	85 Punkte

Redaktionelle Auswahl. Die Reihung ergibt sich aus der Gesamtpunktzahl und der Essensbewertung.

1 Gabel 80–84 · 2 Gabeln 85–89 · 3 Gabeln 90–94 · 4 Gabeln 95–100 Punkte

Aqua, Wolfsburg

Foto: Gary Schmid

Top 10 mit Übernachtung

Aqua 38440 Wolfsburg	Seite 94	100 Punkte
Schwarzwaldstube 72270 Baiersbronn	Seite 305	100 Punkte
Bareiss 72270 Baiersbronn	Seite 302	98 Punkte
Haerlin 20354 Hamburg	Seite 57	98 Punkte
Dichter 83700 Rottach-Egern	Seite 447	96 Punkte
Lorenz Adlon Esszimmer 10117 Berlin	Seite 129	96 Punkte
Atelier – Bayerischer Hof 80333 München	Seite 411	95 Punkte
Schwarzer Adler 79235 Vogtsburg	Seite 367	95 Punkte
Esplanade 66111 Saarbrücken	Seite 284	94 Punkte
BjoernsOx 36466 Dermbach	Seite 160	91 Punkte

Redaktionelle Auswahl. Die Reihung ergibt sich aus der Gesamtpunktzahl und der Essensbewertung.

SEID VERNÜNFTIG, HABT SPAß
FRIEDRICH LIECHTENSTEIN - MAÎTRE DE PLAISIR
PLAY IT LOUD!
CASINO BADEN-BADEN
www.casino-baden-baden.de
www.facebook.com/casinobadenbaden
www.instagram.com/casinobadenbaden

Top 5 italienische Küche

Acquarello 81677 München	Seite 410	90 Punkte
Acetaia 80639 München	Seite 409	89 Punkte
Alfredo 50667 Köln	Seite 223	89 Punkte
Carmelo Greco 60598 Frankfurt am Main	Seite 173	89 Punkte
Schloss Filseck 73066 Uhingen	Seite 364	88 Punkte

Top 5 asiatische Küche

893 Ryotei 10625 Berlin	Seite 114	89 Punkte
KOI 80333 München	Seite 420	87 Punkte
UUU Berlin 13353 Berlin	Seite 139	87 Punkte
November 10435 Berlin	Seite 131	85 Punkte
Sushi B. 67146 Deidesheim	Seite 256	85 Punkte

Redaktionelle Auswahl. Die Reihung ergibt sich aus der Gesamtpunktzahl und der Essensbewertung.

Margarete, Karlsruhe

Foto: PR

Top 10 deutsche Küche

Wielandshöhe 70597 Stuttgart	3 Gabeln Seite 361	93 Punkte
Bachstelze 99094 Erfurt	3 Gabeln Seite 161	90 Punkte
Fischereihafen 22767 Hamburg	3 Gabeln Seite 56	90 Punkte
Die Adler Wirtschaft 65347 Hattenheim	2 Gabeln Seite 182	88 Punkte
Restaurant St. Urban 67146 Deidesheim	2 Gabeln Seite 255	88 Punkte
Zeltinger Hof 54492 Zeltingen	2 Gabeln Seite 281	88 Punkte
Dorfstuben im Hotel Bareiss 72270 Baiersbronn	2 Gabeln Seite 303	87 Punkte
Rebstock 79235 Vogtsburg	2 Gabeln Seite 366	87 Punkte
Margarete 76135 Karlsruhe	2 Gabeln Seite 331	86 Punkte
Trio 10178 Berlin	2 Gabeln Seite 139	85 Punkte

Redaktionelle Auswahl. Die Reihung ergibt sich aus der Gesamtpunktzahl und der Essensbewertung.

1 Gabel 80–84 · 2 Gabeln 85–89 · 3 Gabeln 90–94 · 4 Gabeln 95–100 Punkte

Sie haben ein Business. Wir haben Lösungen.

Wir sind Ihr Partner für Ihre Digitalisierung.

Wir bieten Ihnen umfassende Lösungen, mit denen Sie die Digitalisierung in Ihrer Organisation vorantreiben. Dabei reicht unser umfassendes Angebot vom Smartphone bis zum Update Ihrer IT-Landschaft. MediaMarktSaturn Business ist die smarte Antwort für alle, die sich auf den neuesten Stand der Technik bringen wollen. Sichern Sie jetzt Ihren Erfolg für morgen und nehmen Sie Kurs in Richtung Zukunft.

Perfekt abgestimmte IT-Lösungen & -Services für Ihre Branche
Ganz gleich, ob Handwerk, Gastronomie, Hotellerie, KMU, Startup, Schule & Bildungseinrichtung oder öffentliche Verwaltung – unsere maßgeschneiderten IT-Lösungen machen Ihr Unternehmen zukunftssicher. Und mit unserem passenden IT-Service für Ihre Firmengröße, Branche und Ansprüche liegen Sie immer auf der richtigen Seite. Das Beste daran: Bei uns bekommen Sie alles aus einer Hand.

Werden Sie Geschäftskunde von MediaMarktSaturn Business und profitieren Sie von einem starken Partner an Ihrer Seite – unabhängig von Unternehmensgröße oder Branche. Cloud-Lösungen, smarte Technologien, Tablets oder Computer. Wir helfen Ihnen, Ihr Unternehmen auf das nächste Level zu heben.

Ihr Partner für mehr Business: MediaMarktSaturn Business
Perfekte Beratung ist der Anfang allen Erfolgs. Dafür stellt Ihnen Ihr persönlicher Geschäftskundenberater ein optimal abgestimmtes Business-Paket zusammen. Wenn es noch ein wenig mehr Service sein darf, genießen Sie bei uns von Finanzierung über Versicherung bis zur Installation den MediaMarktSaturn Business-Vorteil.

Einfach vorteilhaft für Sie –
6 gute Gründe für MediaMarktSaturn Business

- Ihr persönlicher Geschäftskundenberater steht Ihnen bei allen Entscheidungen zur Seite
- Unser überzeugendes Service-Angebot begleitet Sie von der Finanzierung über die Lieferung bis zur Installation
- Wir sind Ihr unabhängiger Partner, der Ihnen alle Top-Marken anbietet
- Profitieren Sie von einem riesigen Sortiment für alle Bereiche von Küche bis Büro
- Unsere Leidenschaft für Technik – Ihr Vorsprung für mehr Erfolg
- Ihr nächster MediaMarktSaturn ist gleich um die Ecke – Online sogar rund um die Uhr

PERFEKT ABGESTIMMT

Büro und Gewerbe

Bei MediaMarktSaturn finden Sie alles für die umfassende Ausstattung zukunftsorientierterArbeitsplätze. Unsere Lösungen sorgen für mehr Sicherheit, Effizienz und bessere Kommunikation.

Gastronomie und Hotel

Komplettlösungen ganz nach Ihrem Geschmack, professionelle Technologie für Verwaltung und Housekeeping: Bereiten Sie Ihren Gästen einen unvergesslichen Aufenthalt – wir unterstützen Sie dabei mit Leidenschaft und Knowhow.

Handwerk

Robuste Elektronik für Baustellen und Werkstätten, vernetzte Kommunikation im Betrieb & mit Kunden, Back-Office-Lösungen.

Öffentliche Verwaltung

Mit professionellen Eingabegeräten verbessern Sie den Workflow und die interne wie externe Kommunikation. Sichern Sie sich jetzt die Mehrwerte, die Ihnen nur die Top-Lösungen eines leidenschaftlichen und erfahrenen Partners bringen.

Schule und Bildung

Mit unseren Lösungen wird richt ein multimediales, interaktives Erlebnis für nachhaltige Wissensvermittlung. Vom digitalen Flipchart über Notebooks und Tablets bis zur Anbindung ans Internet und Einrichtung des passenden Mobile Device Managements bieten wir Bildungseinrichtungen die optimale Ausstattung.

INFO

Dürfen wir Sie überzeugen?
Unter **mediamarkt.de/business**
finden Sie viele weitere Informationen,
wieso es sich immer lohnt, Geschäftskunde von
MediaMarktSaturn Business zu sein.

Foto: beigestellt

BISMARCKHERING
IN KNOBLAUCH-LIMETTEN RETTICH

Foto: Marcus Wiesner

R

EN

DIE BESTEN RESTAURANTS
UND GASTHÄUSER IN
BREMEN, HAMBURG,
MECKLENBURG-VORPOMMERN,
NIEDERSACHSEN
UND SCHLESWIG-HOLSTEIN

Meierei Dirk Luther
24960 Glücksburg
Seite 97

Dorint Söl'ring Hof
25980 Sylt (Rantum)
Seite 104

Bianc
20457 Hamburg
Seite 51

The Table
20457 Hamburg
Seite 67

Haerlin
20354 Hamburg
Seite 57

100/200
20539 Hamburg
Seite 49

Lakeside
20354 Hamburg
Seite 61

Jante
30171 Hannover
Seite 86

Courtier
23758 Weissenhaus
Seite 108

Aqua
38440 Wolfsburg, Seite 94

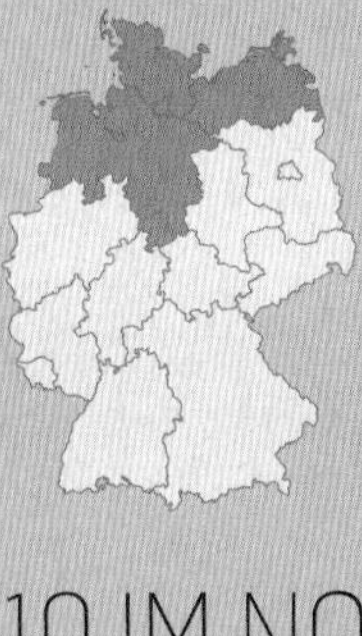

TOP-10 IM NORDEN

BREMEN, HAMBURG, NIEDERSACHSEN, MECKLENBURG-VORPOMMERN, SCHLESWIG-HOLSTEIN

BREMEN

Al Pappagallo

28203 Bremen

Familie Ferrulli zaubert raffinierte, authentische italienische Küche. Besonders gelobt: die »Pappagallo Pasta« von Küchenchefin Erina Ferrulli. Elegantes Ambiente und lichtdurchfluteter Wintergarten.

Außer der Schleifmühle 73
+49 421 327963
alpappagallo.de
Familienbetrieb • italienisch • Terrasse

Essen:	**43** | 50
Service:	**18** | 20
Weinkarte:	**17** | 20
Ambiente:	**8** | 10
Gesamt:	86 | 100

Bremer Ratskeller

28195 Bremen

Im rustikalen Ambiente des imposanten Gewölbes unter dem Weltkulturerbe-Rathaus haben norddeutsche Klassiker wie Labskaus und Knipp ihren großen Auftritt. Hitverdächtig: Motto-Dinner wie ABBA oder Kohlpartys.

Am Markt
+49 421 321676
ratskeller-bremen.de
deutsche Küche • regional • Gewölbe • traditionell

Essen:	**43** | 50
Service:	**17** | 20
Weinkarte:	**19** | 20
Ambiente:	**8** | 10
Gesamt:	87 | 100

Das Kleine Lokal

28203 Bremen

Klein und fein mit nur 34 Plätzen geht es bei Stefan Ladenberger zu. Das experimentierfreudige Küchenteam koch konsequent frisch, die Teller sind eine Augenweide und die Weinauswahl sucht ihresgleichen.

Besselstraße 40
+49 421 7949084
das-kleine-lokal.de
Fine Dining • Terrasse • elegant

Essen:	**44** | 50
Service:	**18** | 20
Weinkarte:	**18** | 20
Ambiente:	**8** | 10
Gesamt:	88 | 100

Due Fratelli 🍴🍴 — 28195 Bremen

Mitten in Bremen ein Stück Norditalien in Brüderhand. Die Pasta ist hausgemacht und kommt rustikal als Bolognese oder elegant mit Trüffeln und Jakobsmuscheln. Highlight ist das Maishähnchen suprême.

Am Markt 13	Essen: **43** | 50
+49 421 67352817	Service: **18** | 20
due-fratelli-bremen.de	Weinkarte: **17** | 20
Fine Dining • italienisch • klassisch	Ambiente: **8** | 10
	Gesamt: 86 | 100

Wels 🍴 — 28213 Bremen

Die leichte Küche von Küchenchefin Christina Bolt legt den Fokus auf ungewöhnliche Fisch- und Wildkreationen, die aus dem Süßwasseraquarium und Jagdgebieten der Umgebung stammen. Gute Tropfen aus Spitzenlagen.

Parkallee 299	Essen: **43** | 50
+49 421 2202666	Service: **16** | 20
hotel-munte.de	Weinkarte: **17** | 20
Hotelrestaurant • Bar • Fisch • im Grünen	Ambiente: **8** | 10
P	Gesamt: 84 | 100

Fine Dining by Phillip Probst 🍴🍴 — 27568 Bremerhaven

Fine Dining von Kreativkopf Phillip Probst. Der Norden klingt an bei »Wald und Meer Smørrebrød«, bei Sellerie und Stör sowie Nordkirsche mit dunkler Schokolade. Kinn vom Ferkel steht für köstliches Zero Food Waste.

Columbusstraße 67	Essen: **45** | 50
+49 471 902240	Service: **18** | 20
liberty-bremerhaven.com	Weinkarte: **17** | 20
Fine Dining • Hotelrestaurant • modern	Ambiente: **8** | 10
P	Gesamt: 88 | 100

Mulberry St

27568 Bremerhaven

Casual Dining auf hohem Niveau: Küchenchef Phillip Probst lebt kulinarische Vielfalt im Stil der New Yorker Mulberry Street, die von Little Italy bis Chinatown verläuft. Täglich neue Karte mit Low-Waste-Fokus.

Columbusstraße 67
+49 471 902240
liberty-bremerhaven.com
Hotelrestaurant • Casual Dining • elegant

Essen:	**44** | 50
Service:	**17** | 20
Weinkarte:	**16** | 20
Ambiente:	**8** | 10
Gesamt:	85 | 100

Natusch

27572 Bremerhaven

Eine echte Pilgerstätte für Freunde feinster Fischdelikatessen, die stilecht im Jacht-Interieur von Hollywood-Star Errol Flynn genossen werden. Besondere Genussreise: das skandinavische Abenteuer.

Am Fischbahnhof 1
+49 471 71021
natusch.de
Fisch • Meeresfrüchte • gemütlich • Terrasse

Essen:	**43** | 50
Service:	**18** | 20
Weinkarte:	**17** | 20
Ambiente:	**8** | 10
Gesamt:	86 | 100

Pier 6

27568 Bremerhaven

Der gebürtige Franke Steffen Heumann kocht nordisch mit zeitgemäßer Raffinesse. Mit Blick auf Jachthafen und Kaje schmecken Matjes-Tatar, Hummerbisque und Elmloher Duroc-Schwein. Lecker: hausgemachtes Eis.

Barkhausenstraße 6
+49 471 48364080
pier6.de
Fisch • regionale Produkte • Essen mit Aussicht • Terrasse

Essen:	**43** | 50
Service:	**17** | 20
Weinkarte:	**17** | 20
Ambiente:	**8** | 10
Gesamt:	85 | 100

HAMBURG

100/200

20539 Hamburg

In einem ehemaligen Lagerhaus untergebrachtes Fine-Dining-Restaurant mit einem Carte-blanche-Menü zu vier saisonalen Themen. Es wird gegessen, was auf den Tisch kommt – und das ist absolute Spitze.

Brandshofer Deich 68	Essen: **48** | 50
+49 40 30925191	Service: **19** | 20
100200.kitchen	Weinkarte: **18** | 20
Fine Dining • nachhaltig • regionale Produkte	Ambiente: **9** | 10
	Gesamt: 94 | 100

Alte Mühle Bergstedt

22395 Hamburg

Traditionelle und neue deutsche Küche sowie idyllischer Biergarten mit Blick auf den Mühlenteich. Rumpsteak und hausgemachte Sülze mit Bratkartoffeln, von denen kein Krümel übrig bleibt, lassen das Herz höherschlagen.

Alte Mühle 34	Essen: **43** | 50
+49 40 6049171	Service: **17** | 20
alte-muehle-hamburg.de	Weinkarte: **17** | 20
Allrounder • regionale Produkte • gemütlich	Ambiente: **8** | 10
	Gesamt: 85 | 100

Altes Mädchen

20357 Hamburg

Braugasthaus im Hamburger Schanzenviertel mit einer Vielzahl an Craftbieren. Dazu wird deftige Kost wie Frikadellen oder Schnitzel serviert, aber auch Salate und Brotspezialitäten werden angeboten.

Lagerstraße 28b	Essen: **42** | 50
+49 40 800077750	Service: **17** | 20
altes-maedchen.com	Weinkarte: **18** | 20
Biervielfalt • nachhaltig • modern	Ambiente: **8** | 10
	Gesamt: 85 | 100

am kai

22767 Hamburg

Die großen Pötte auf der Elbe und die Containerromantik als Deko im Rücken genießt man die feinen Fischgerichte und Meeresfrüchte. Mal asiatisch, mal mediterran inspirierte moderne Kreativküche auf Spitzenniveau.

Große Elbstraße 145b–d	Essen: **43** | 50
+49 40 38037730	Service: **18** | 20
amkai.hamburg	Weinkarte: **17** | 20
Fisch • Terrasse • unkonventionell	Ambiente: **8** | 10
	Gesamt: 86 | 100

Anleger 1870 — 22087 Hamburg

Im Sommer eine der schönsten Terrassen, im Winter bieten acht beheizte Glaskuben für zwei bis acht Personen Ausblick pur auf Schwanenwikbrücke und Alsterromantik. Gute italienische und mediterran inspirierte Küche.

Hartwicusstraße 7
+49 40 41346991
anleger1870.com
am Wasser • gemütlich • Terrasse

Essen:	**42** | 50
Service:	**17** | 20
Weinkarte:	**17** | 20
Ambiente:	**8** | 10
Gesamt:	84 | 100

Ashoka — 20359 Hamburg

In dem gemütlichen Restaurant in St. Pauli lockt die hervorragende, mild gewürzte Mughlai-Küche aus Nordindien: dampfendes Chicken Tikka und Lamb Seekh Kebab sowie eine Vielfalt an vegetarischen Gerichten.

Budapester Straße 25
+49 40 312834
ashoka.de
indisch • traditionell • vegetarisch

Essen:	**40** | 50
Service:	**17** | 20
Weinkarte:	**16** | 20
Ambiente:	**8** | 10
Gesamt:	81 | 100

Atlantic Grill & Health — 20099 Hamburg

Genuss ist gesund, und die Kreationen von Küchenchef Lucas Müller sind einfach zum Genießen: rauchige Artischocke vom Grill, pochierte Cassenshof-Eier mit Périgord-Trüffel sowie herrliche Desserts.

An der Alster 72–79
+49 40 2888300
atlantic-grillhealth.com
Hotelrestaurant • elegant • Essen mit Aussicht

Essen:	**42** | 50
Service:	**18** | 20
Weinkarte:	**17** | 20
Ambiente:	**8** | 10
Gesamt:	85 | 100

OLIVER HELBIG

Atlantic Restaurant 🍴🍴

20099 Hamburg

Die Grande Dame ist wieder da und zeigt unter der Regie von Alexander Mayer, was klassische französische Küche in Höchstform mit einem Hauch Hamburg kann. Unbedingt probieren: die ikonische Hummersuppe.

An der Alster 72–79 +49 40 2888860 kempinski.com **Fine Dining • Hotelrestaurant • französisch**	Essen: **43** / 50 Service: **18** / 20 Weinkarte: **18** / 20 Ambiente: **8** / 10
	Gesamt: 87 / 100

AuthenTikka 🍴

20357 Hamburg

Tarun Rana setzt in der Schanze und im zweiten Lokal in Winterhude auf traditionelles und authentisches indisches Essen. Das Angebot reicht von Curry bis Streetfood. Schöner Sonntagsbrunch.

Schäferkampsallee 41 +49 40 44191222 authentikka.de **indisch • nachhaltig • gemütlich**	Essen: **42** / 50 Service: **18** / 20 Weinkarte: **16** / 20 Ambiente: **8** / 10
	Gesamt: 84 / 100

Bianc 🍴🍴🍴

20457 Hamburg

Der gebürtige Italiener Matteo Ferrantino bringt mediterrane Küche auf höchstem Niveau in die HafenCity. Zwei verschiedene Menüfolgen bieten Geschmackserlebnisse der Extraklasse. Ausgezeichnete Weine.

Am Sandtorkai 50 +49 40 18119797 bianc.de **mediterran • Fine Dining • modern**	Essen: **48** / 50 Service: **18** / 20 Weinkarte: **18** / 20 Ambiente: **10** / 10
	Gesamt: 94 / 100

Block House 🍴

20095 Hamburg

Typisches Steakhouse mit bestem Rindfleisch von ausgewählten Produzenten. Es gibt ein gutes Salatangebot mit diversen Saucen, aber auch Fisch, Lamm und Pasta können bestellt werden.

Jungfernstieg 1 +49 40 30382215 block-house.de **Steak • Burger • unkonventionell**	Essen: **42** / 50 Service: **16** / 20 Weinkarte: **17** / 20 Ambiente: **7** / 10
	Gesamt: 82 / 100

Bootshaus

20457 Hamburg

Das moderne Restaurant liegt in der HafenCity. Die Küchencrew setzt auf Fleisch, perfekt zubereitet auf dem Josper-Grill. Außerdem gibt es Fisch und ein vegetarisches Angebot. Solide Weinkarte, schöne Terrasse.

Am Kaiserkai 19	Essen:	42 | 50
+49 40 33473744	Service:	17 | 20
bootshaus-hafencity.de	Weinkarte:	18 | 20
Steak • Fisch • Essen mit Aussicht • modern	Ambiente:	8 | 10
	Gesamt:	85 | 100

Brasserie im Hotel Tortue

20355 Hamburg

Stilvolle Design-Brasserie, in der die Crew in der offenen Küche konzentriert Klassiker zaubert. Hummersuppe, Krustentier-Ravioli oder Bœuf bourguignon mit fluffigem Püree – die gut gelaunten Gäste genießen sichtlich.

Stadthausbrücke 10	Essen:	42 | 50
+49 40 33441400	Service:	18 | 20
tortue.de	Weinkarte:	17 | 20
Hotelrestaurant • französisch • Terrasse	Ambiente:	8 | 10
P	Gesamt:	85 | 100

Brechtmanns Bistro

20251 Hamburg

Norddeutsch oder asiatisch? Die Gäste haben die Wahl im puristisch-legeren Bistro. Immer ein Hochgenuss: Oldenburger Ente als Brechtmanns Klassiker, im modernen Eppendorf-Style oder als rotes Thai-Curry.

Erikastraße 43	Essen:	43 | 50
+49 40 41305888	Service:	17 | 20
brechtmann-bistro.de	Weinkarte:	18 | 20
Bistro • Thai • regionale Produkte • entspannt	Ambiente:	8 | 10
	Gesamt:	86 | 100

Brook

20457 Hamburg

Schöner Blick auf die Speicherstadt, besonders am Abend mit den angeleuchteten Rotklinkern. Klassisches Ambiente im Familienbetrieb und Nordisches wie Labskaus, aber auch asiatisch und international Inspiriertes.

Bei den Mühren 91	Essen:	42 | 50
+49 40 37503128	Service:	17 | 20
restaurant-brook.de	Weinkarte:	17 | 20
deutsche Küche • regionale Produkte • Terrasse	Ambiente:	8 | 10
	Gesamt:	84 | 100

Brüdigams

20259 Hamburg

Gemütliche Wohlfühlküche mit Menüs in drei oder vier Gängen und klassischen Gerichten wie Kalbstafelspitz, Kabeljaufilet oder vegetarischen Angeboten. Dazu gibt es eine ansprechende Weinbegleitung.

Eppendorfer Weg 98	Essen:	42 | 50
+49 40 57012999	Service:	17 | 20
bruedigams.de	Weinkarte:	17 | 20
Bistro • regionale Produkte • gemütlich	Ambiente:	8 | 10
	Gesamt:	84 | 100

Bullerei

20357 Hamburg

Bei »Küchenbulle« Tim Mälzer gibt es hervorragendes Fleisch vom Grill und Leckeres wie NY-Pastrami-Sandwiches, seine berühmte Bolo – auch vegetarisch. Hamburger und Gäste lieben die betriebsame Atmosphäre.

Lagerstraße 34b	Essen: **43** I 50
+49 40 33442110	Service: **17** I 20
bullerei.com	Weinkarte: **17** I 20
Steak • deutsche Küche • unkonventionell • vegetarisch	Ambiente: **8** I 10
	Gesamt: 85 I 100

Butcher's

20148 Hamburg

»Cozy atmosphere« und bestes U.S. Prime Beef sind die Markenzeichen des uramerikanischen Steakhauses. Seafood als Appetizer, und danach stehen erstklassige Steaks von Ladies' Cut bis 1,2 Kilo auf dem Programm.

Milchstraße 19	Essen: **43** I 50
+49 40 446082	Service: **18** I 20
butchers-steakhouse.de	Weinkarte: **18** I 20
amerikanisch • Steaks • modern	Ambiente: **8** I 10
	Gesamt: 87 I 100

Carls

20457 Hamburg

Brasserie, Bistro und Weinbar erste Reihe fußfrei am Wasser direkt gegenüber der Elbphilharmonie. Norddeutsche Köstlichkeiten mit französischem Akzent. Bouillabaisse und Bœuf bourguignon als Klassiker.

Am Kaiserkai 69	Essen: **42** I 50
+49 40 300322400	Service: **17** I 20
carls-brasserie.de	Weinkarte: **17** I 20
Bistro • französisch • modern	Ambiente: **8** I 10
	Gesamt: 84 I 100

Carmagnole

22769 Hamburg

Französische Bistro-Kultur im Schanzenviertel mit enger Bestuhlung. Muscheln, Austern, Tatar und Ziegenkäse gehören natürlich zu den Klassikern. Erfreulich: viele vegetarische und vegane Gerichte.

Juliusstraße 18	Essen: **42** I 50
+49 40 40186115	Service: **17** I 20
carmagnole.de	Weinkarte: **18** I 20
Bistro • französisch • Terrasse	Ambiente: **7** I 10
	Gesamt: 84 I 100

Casse-Croûte

20354 Hamburg

Auch nach dem Umzug gibt es französische und norddeutsche Klassiker wie Coq au Vin und Ente. Neu sind Meeresfrüchteplatten, Muscheln und Vegetarisch-Veganes. Schöne Außenplätze und souveräner Service.

Büschstraße 2	Essen: **43** I 50
+49 40 343373	Service: **17** I 20
casse-croute.de	Weinkarte: **17** I 20
deutsche Küche • Geschäftsessen • gemütlich	Ambiente: **8** I 10
	Gesamt: 85 I 100

Clouds

20359 Hamburg

Über den Dächern von St. Pauli in den Tanzenden Türmen gelegenes Restaurant mit schicker Rooftop-Bar und großartiger Aussicht. Geradlinige Küche mit französischen Einflüssen. Steaks und Fischgerichte.

Reeperbahn 1
+49 40 30993280
clouds-hamburg.de
Casual Dining • Essen mit Aussicht • modern

Essen:	**42** I 50
Service:	**17** I 20
Weinkarte:	**17** I 20
Ambiente:	**9** I 10
Gesamt:	85 I 100

Coast by East

20457 Hamburg

Angesagte asiatische Küche nahe der Elphi. Sushi-Meister Sangay Sherpa zaubert kreative Variationen, Küchenchef Thilo Haberland serviert raffinierte Gerichte mit Fleisch und Fisch oder ganz ohne. Herrliche Terrasse.

Großer Grasbrook 14
+49 40 30993230
coast-hamburg.de
Sushi • modern • Fisch

Essen:	**42** I 50
Service:	**17** I 20
Weinkarte:	**17** I 20
Ambiente:	**9** I 10
Gesamt:	85 I 100

Cornelia Poletto

20249 Hamburg

Modern eingerichtetes Bistro mit angeschlossener Kochschule in belebter Lage. Auf der Karte finden sich viele Pasta-Gerichte, ein Degustationsmenü und das berühmte Maisstubenküken. Herzlicher Service.

Eppendorfer Landstraße 80
+49 40 4802159
cornelia-poletto.de
Bistro • italienisch • elegant • Delikatessenverkauf

Essen:	**44** I 50
Service:	**18** I 20
Weinkarte:	**18** I 20
Ambiente:	**8** I 10
Gesamt:	88 I 100

Cox

20099 Hamburg

Klassiker der französischen Bistro-Küche mit dem besonderen Etwas in charmant-elegantem Ambiente. Auch im größten Trubel bringt der freundlich-kompetente Service Fisch, Fleisch und raffiniertes Vegetarisches an den Tisch.

Lange Reihe 68
+49 40 249422
restaurant-cox.de
Bistro • französisch • regionale Produkte • elegant

Essen:	**43** I 50
Service:	**19** I 20
Weinkarte:	**18** I 20
Ambiente:	**8** I 10
Gesamt:	88 I 100

Das Dorf
20099 Hamburg

Rustikales Souterrain-Restaurant im Hamburger Szeneviertel St. Georg. Zelebriert werden deutsche Gerichte, zubereitet aus den besten Zutaten der Region. Einer der Dauerbrenner ist das Wiener Schnitzel.

Lange Reihe 39
+49 40 245614
restaurant-dorf.de
deutsche Küche • gemütlich • regionale Produkte

Essen:	**42**	50
Service:	**17**	20
Weinkarte:	**17**	20
Ambiente:	**8**	10
Gesamt:	**84**	100

Delta Bistro
20357 Hamburg

Inbegriff für gutes Fleisch auf dem Schlachthofgelände. Tagsüber kauft man im Abholmarkt ein, nachmittags öffnet das Bistro darüber. Dry Aged, Pfeffersteak oder ein Kilo Tomahawk, die Qualität begeistert immer.

Lagerstraße 11
+49 40 4316136
delta-hamburg.de
Bistro • Steak • klassisch

P

Essen:	**44**	50
Service:	**17**	20
Weinkarte:	**17**	20
Ambiente:	**7**	10
Gesamt:	**85**	100

Der Player
22765 Hamburg

Neuer Hotspot mit Bar, Club und Restaurant samt Playground. Jonas Straube rockt die offene Küche mit kreativen Gerichten: Schweinebauch mit Sauerrahmschaum und glasierte Seeteufelbäckchen im Zitronengras-Sud.

Bahrenfelder Straße 322
+49 537 996250
player-hamburg.de
Casual Dining • Cocktails • modern

P

Essen:	**42**	50
Service:	**18**	20
Weinkarte:	**17**	20
Ambiente:	**8**	10
Gesamt:	**85**	100

Dorfkrug Volksdorf
22359 Hamburg

Historisches Haus mit viel Charme im Museumsdorf Volksdorf. Neben altbewährten Klassikern wie Zwiebelrostbraten oder Wiener Schnitzel gibt es jetzt auch Sushi Bowls. Überraschungsmenü mit drei bis fünf Gängen.

Im Alten Dorfe 44
+49 40 6039294
dorfkrug-volksdorf.com
Gasthaus • Gastgarten • gemütlich

Essen:	**43**	50
Service:	**17**	20
Weinkarte:	**17**	20
Ambiente:	**8**	10
Gesamt:	**85**	100

east Hotel & Restaurant
20359 Hamburg

Design-Highlight in der früheren Eisengießerei. Entspannter Genuss an den Kasematten oder im Treiben am Sushi-Tresen. Karte mit Sushi, Sashimi und Interpretationen. Exzellentes Fleisch vom Robata-»Feuerstellen«-Grill.

Simon-von-Utrecht-Straße 31
+49 40 309933
east-hamburg.de
Hotelrestaurant • japanisch • entspannt • modern

P

Essen:	**42**	50
Service:	**17**	20
Weinkarte:	**17**	20
Ambiente:	**9**	10
Gesamt:	**85**	100

Estancia Steaks
20457 Hamburg

Geradlinige moderne Küche bei Familie Berg im denkmalgeschützten Afrikahaus. Das Fleisch kommt von ausgewählten Lieferanten, die Reifung erfolgt auf dem Seeweg. Cuts auf Bestellung, dazu klassische Beilagen.

Große Reichenstraße 27
+49 40 30384280
estancia-steaks.de
Steak • klassisch • entspannt

Essen:	43 | 50
Service:	17 | 20
Weinkarte:	17 | 20
Ambiente:	8 | 10
Gesamt:	85 | 100

Fischereihafen
22767 Hamburg

DIE Institution zum Thema Fisch in Hamburg, von Dirk Kowalke und Benjamin Kast in zweiter Generation geführt. Elegantes Ambiente und Balkonterrasse mit herrlichstem Hafenblick. Legendär das Frikassee vom Hummer.

Große Elbstraße 143
+49 40 381816
fischereihafenrestaurant.de
Fine Dining • Fisch • traditionell

Essen:	44 | 50
Service:	19 | 20
Weinkarte:	18 | 20
Ambiente:	9 | 10
Gesamt:	90 | 100

Gallo Nero
22301 Hamburg

Gastgeber Corrado Falco steht für exzellente italienische Küche mit herausragenden Produkten aus seiner Heimat Sizilien. Die Küchencrew verarbeitet sie großartig, Chef Taku Tabucchi verleiht ihnen japanische Raffinesse.

Sierichstraße 46
+49 40 27092229
gallo-nero.net
italienisch • klassisch • Gastgarten

Essen:	44 | 50
Service:	19 | 20
Weinkarte:	18 | 20
Ambiente:	8 | 10
Gesamt:	89 | 100

Grill im Vier Jahreszeiten
20354 Hamburg

Der Grill ist eine heiß geliebte Institution. Neues Interieur im Art-déco-Stil trifft auf herzlich-versierten Service unter der Leitung von José Luis dos Santos und Kochkunst von Anton Reichert. Herausragendes Seafood, Klassiker und Steaks.

Neuer Jungfernstieg 9–14
+49 40 34943302
hvj.de
Hotelrestaurant • klassisch • elegant • Essen mit Aussicht

Essen:	43 | 50
Service:	19 | 20
Weinkarte:	18 | 20
Ambiente:	9 | 10
Gesamt:	89 | 100

Grill Royal

20095 Hamburg

Sensationelle Steaks im Binnenalster-Ableger der Berlin-Legende. Viel Kunst und Design auf drei Ebenen, Köstliches aus der Küche von Oliver Pfahler und herrliche Tropfen vom Weingut Keller, der Familie des Mitgesellschafters Fritz.

Ballindamm 17
+49 40 22899777
grillroyal-hamburg.com
Steak • modern • Meeresfrüchte

Essen:	**43** | 50
Service:	**18** | 20
Weinkarte:	**19** | 20
Ambiente:	**9** | 10
Gesamt:	89 | 100

Haerlin

20354 Hamburg

Christoph Rüffer begeistert mit seiner raffinierten Spitzenküche immer wieder aufs Neue. Luxusprodukte in meisterhaftem Handwerk und perfekt komponierte Menüs, auf Wunsch mit kongenialer Weinbegleitung.

Neuer Jungfernstieg 9–14
+49 40 34943302
restaurant-haerlin.de
Hotelrestaurant • Fine Dining • elegant

Essen:	**49** | 50
Service:	**20** | 20
Weinkarte:	**20** | 20
Ambiente:	**9** | 10
Gesamt:	98 | 100

Heimatjuwel

20255 Hamburg

Wer Heimat heißt, muss Heimat servieren – das ist das Motto von Marcel Görke. Er bietet wechselnde Menüs, bei denen Gemüse im Vordergrund steht. Eine Besonderheit sind die Naturweine im gemütlichen Restaurant.

Stellinger Weg 47
+49 40 42106989
heimatjuwel.de
Bistro • modern • regionale Produkte

Essen:	**44** | 50
Service:	**18** | 20
Weinkarte:	**18** | 20
Ambiente:	**8** | 10
Gesamt:	88 | 100

Henny's

22085 Hamburg

Das angesagte Restaurant wurde als Badeanstalt errichtet und nach dem Schriftsteller Hans Henny Jahnn benannt. Heute stehen abwechslungsreiche Gerichte auf der Karte: Steaks, Hamburger-Klassiker und jede Menge Fisch und Sushi.

Hans-Henny-Jahnn-Weg 1
+49 40 20769950
hennys-hamburg.de
Sushi • entspannt • Terrasse

Essen:	**42** | 50
Service:	**17** | 20
Weinkarte:	**17** | 20
Ambiente:	**9** | 10
Gesamt:	85 | 100

Henriks

20148 Hamburg

Claas-Henrik Anklam begeistert in seinem lebendigen Restaurant in coolem Design verwöhnte Gaumen ebenso wie Erlebnishungrige. Schöne Karte mit Fisch, Fleisch und Vegetarischem. Viel zu sehen gibt es von den Plätzen am Bartresen.

Tesdorpfstraße 8
+49 40 288084280
henriks.cc
Casual Dining • Terrasse • modern

P

Essen:	**43** | 50
Service:	**18** | 20
Weinkarte:	**18** | 20
Ambiente:	**8** | 10
Gesamt:	87 | 100

Henssler & Henssler
22767 Hamburg

Der Name ist Programm. TV-Koch Steffen Henssler betreibt zusammen mit Vater Werner das puristisch gehaltene Restaurant am Hafen. Klassisch japanisch und modern inspiriertes Sushi und Sashimi, aber auch warme Gerichte.

Große Elbstraße 160	Essen: **42** | 50
+49 40 38699000	Service: **17** | 20
hensslerhenssler.de	Weinkarte: **18** | 20
Fisch • modern • Terrasse • Meeresfrüchte	Ambiente: **7** | 10
	Gesamt: 84 | 100

Heritage
20099 Hamburg

Mit dem gläsernen Aufzug in den Food-Himmel und von dort einen der schönsten Außenalsterblicke genießen. Bekanntes neu gedacht kommt auf die Teller: von Tuna Tatar über Vegetarisches bis zu Dry-Aged Beef aus Schleswig-Holstein.

An der Alster 52–56	Essen: **42** | 50
+49 40 21001070	Service: **18** | 20
heritage-restaurants.com	Weinkarte: **18** | 20
Hotelrestaurant • Essen mit Aussicht • regionale Produkte	Ambiente: **8** | 10
	Gesamt: 86 | 100

Hobenkööк
20457 Hamburg

In einer ehemaligen Lagerhalle befinden sich Restaurant und verschiedene Marktstände. Allen gemeinsam ist der Fokus auf lokale Produkte. Zahlreiche vegetarische Gerichte. Feinkost gibt es auch zum Mitnehmen.

Stockmeyerstraße 43	Essen: **42** | 50
+49 40 22865538	Service: **17** | 20
hobenkoeoek.de	Weinkarte: **16** | 20
Allrounder • regionale Produkte • unkonventionell	Ambiente: **8** | 10
	Gesamt: 83 | 100

Hummer Pedersen
22767 Hamburg

»Heute schon gehummert?«, fragt man im Bistro des Großhändlers für alles Köstliche aus dem Meer. Austern, Muscheln und Fische in Topqualität werden vor den Augen der Gäste zubereitet.

Große Elbstraße 152	Essen: **43** | 50
+49 40 522993926	Service: **17** | 20
hummer-hamburg.com	Weinkarte: **17** | 20
Bistro • Fisch • Terrasse • unkonventionell	Ambiente: **7** | 10
	Gesamt: 84 | 100

Hygge
22607 Hamburg

Scandi-Ambiente mit Holzbalken und Kaminfeuer in den Elbvororten. Traditionelle Brasserie mit klassischen Gerichten aus den besten Zutaten aus der Region. Auch die Bar mit 250 Spirituosen lieben die Gäste.

Baron-Voght-Straße 179	Essen: **43** | 50
+49 40 82274160	Service: **18** | 20
hygge-hamburg.de	Weinkarte: **18** | 20
Hotelrestaurant • Bistro • regionale Produkte • gemütlich	Ambiente: **8** | 10
P	Gesamt: 87 | 100

Hæbel

22767 Hamburg

Fine-Dining-Restaurant im Szeneviertel St. Pauli mit nur 14 Plätzen und offener Show-Küche. Fabio Haebel serviert zwei Menüfolgen – »Fauna« und »Flora« – und konzentriert sich dabei auf das Wesentliche.

Paul-Roosen-Straße 31	Essen: **46** / 50
+49 1578 6864585	Service: **18** / 20
haebel.hamburg	Weinkarte: **18** / 20
Fine Dining • regionale Produkte • modern	Ambiente: **8** / 10
	Gesamt: **90** / 100

I Vigneri

20095 Hamburg

Innenstadt-Dependance von Spitzengastronom Corrado Falco. Elegantes Restaurant mit hervorragender Küche: Antipasti, Pasta, Pesce und Carni munden ebenso wie die Dolci. Signature: Skrei vom Grill »all'acqua pazza«.

Große Bäckerstraße 13	Essen: **44** / 50
+49 40 38670850	Service: **17** / 20
ivigneri.de	Weinkarte: **18** / 20
italienisch • entspannt • Pasta	Ambiente: **8** / 10
	Gesamt: **87** / 100

Jacobs Restaurant

22609 Hamburg

Thomas Martin bietet im neu ausgerichteten Traditionsrestaurant modern-klassische Küche. Kulinarisch ambitioniert, aber entspannter und weniger zeremoniell. Spannendes wie Kalbsbries oder das vegetarische »Menü Vert«.

Elbchaussee 401–403	Essen: **44** / 50
+49 40 822550	Service: **18** / 20
jacobs-restaurant.de	Weinkarte: **18** / 20
Hotelrestaurant • Terrasse • regionale Produkte • elegant	Ambiente: **9** / 10
P	Gesamt: **89** / 100

Jellyfish

20357 Hamburg

Erstklassige Fischküche in entspannter Atmosphäre. Küchenchef Stefan Fäth verwendet ausschließlich Fisch aus Wildfang und nachhaltig-regionaler Zucht. Fine Dining ohne Schnickschnack im Herzen der Sternschanze.

Weidenallee 12	Essen: **46** / 50
+49 40 4105414	Service: **18** / 20
jellyfish-restaurant.de	Weinkarte: **18** / 20
Fine Dining • Fisch • modern	Ambiente: **8** / 10
	Gesamt: **90** / 100

Kinfelts Kitchen & Wine

20457 Hamburg

Im eleganten Bistro in der HafenCity serviert Kirill Kinfelt eine französisch und international geprägte Küche mit vielen Tagesempfehlungen. Mehrgängiges Menü mit exzellenter Weinbegleitung.

Am Kaiserkai 56
+49 40 30068369
kinfelts.de
Bistro • modern • regionale Produkte • entspannt

Essen:	**43** | 50
Service:	**17** | 20
Weinkarte:	**19** | 20
Ambiente:	**8** | 10
Gesamt:	87 | 100

Kleine Brunnenstrasse 1

22765 Hamburg

Gemütliches Lokal im lebendigen Stadtteil Ottensen, in dem der Wechsel der Jahreszeiten vor allem durch die frischen Zutaten für die norddeutschen Gerichte erlebbar gemacht wird. Gute Weinkarte.

Kleine Brunnenstraße 1
+49 40 39907772
kleine-brunnenstrasse.de
Bistro • regionale Produkte • unkonventionell

Essen:	**42** | 50
Service:	**17** | 20
Weinkarte:	**18** | 20
Ambiente:	**8** | 10
Gesamt:	85 | 100

Kleiner Speisesaal

22301 Hamburg

Klein, aber oho mit schickem Ambiente. Küchenchef Jonathan Krenzer bietet im wöchentlichen Wechsel einen Mix aus saisonalen und regionalen Gerichten als Menü oder à la carte. Klassiker und Besonderes wie Ochsenbäckchen.

Dorotheenstraße 33
+49 40 30330331
kleinerspeisesaal.de
Bistro • regionale Produkte • modern • Terrasse

Essen:	**42** | 50
Service:	**17** | 20
Weinkarte:	**17** | 20
Ambiente:	**8** | 10
Gesamt:	84 | 100

Klinker

20144 Hamburg

Unaufgeregte Küche im eng bestuhlten Gastraum. Einige ungewöhnliche Kombinationen wie Burrata mit Gurke, Himbeeren, Holunder und Jalapeño oder das gegrillte Cheese-Sandwich mit Sauerkraut.

Schlankreye 73
+49 40 35701435
restaurant-klinker.de
modern • Sharing Menu • regionale Produkte

Essen:	**43** | 50
Service:	**17** | 20
Weinkarte:	**18** | 20
Ambiente:	**8** | 10
Gesamt:	86 | 100

Küchenfreunde

20251 Hamburg

Heimelig eingerichtetes Restaurant mit gehobener Landhausküche. In der dritten Küchenfreunde-Location von Hannes Schröder zaubert das Team neu gedachte Klassiker. Attraktiver wechselnder Mittagstisch und schöne Terrasse!

Lehmweg 30	Essen: **42** | 50
+49 40 49021965	Service: **17** | 20
kuechenfreunde.net	Weinkarte: **17** | 20
Bistro • Terrasse • regionale Produkte • entspannt	Ambiente: **8** | 10
	Gesamt: 84 | 100

L'Europeo

22607 Hamburg

Patron Antonio Cotugno hat sich ganz der neapolitanischen Mamma-Küche verschrieben und überzeugt mit kompromissloser Qualität sein Stammpublikum. Degustationsmenü nur für den kompletten Tisch.

Osdorfer Weg 27	Essen: **42** | 50
+49 40 8992138	Service: **17** | 20
leuropeo.de	Weinkarte: **17** | 20
Gasthaus • italienisch • gemütlich • Terrasse	Ambiente: **8** | 10
	Gesamt: 84 | 100

La Maison d'Avignon

22765 Hamburg

Südfranzösische Küche auf hohem Niveau im ersten eigenen Restaurant von Mathias Mercier. Die Menüs wechseln monatlich und schaffen eine wunderbare Balance zwischen Kreativität und Tradition, Coolness und Handwerk.

Arnoldstraße 2	Essen: **44** | 50
+49 40 28806512	Service: **18** | 20
lamaisonavignon.de	Weinkarte: **17** | 20
Bistro • französisch • gemütlich	Ambiente: **7** | 10
	Gesamt: 86 | 100

Lakeside

20354 Hamburg

Hoch über der Außenalster, in der siebten Etage des Hotels The Fontenay, zelebriert Julian Stowasser mit seinem Küchenteam allerbeste Gourmetküche. Weltoffenes Degustationsmenü mit französischen Wurzeln.

Fontenay 10	Essen: **47** | 50
+49 40 60566050	Service: **18** | 20
thefontenay.de	Weinkarte: **19** | 20
Hotelrestaurant • Fine Dining • Essen mit Aussicht	Ambiente: **10** | 10
P	Gesamt: 94 | 100

Landhaus Scherrer

22763 Hamburg

Klassisches Traditionshaus an der Elbchaussee, das seit Jahrzehnten regionale Hochküche mit mehreren Menüfolgen bietet, aus denen die Gäste auch selbst auswählen können. Ausgezeichnete Weinkarte.

Elbchaussee 130	Essen: **46** | 50
+49 40 883070030	Service: **19** | 20
landhausscherrer.de	Weinkarte: **20** | 20
Gasthaus • Fine Dining • deutsche Küche • traditionell	Ambiente: **9** | 10
P	Gesamt: 94 | 100

Le Plat du Jour

20095 Hamburg

Ein kleines Stück Frankreich in der Innenstadt. Im Bistro wird seit 30 Jahren beständig gut gekocht. Lyoner Saucisson oder Rumpsteak Bordelaise sind nur zwei Klassiker. Gute Weine und frankophiler Service.

Dornbusch 4
+49 40 321414
le-plat-du-jour.de
Bistro • französisch • entspannt • traditionell

Essen:	**42** / 50
Service:	**17** / 20
Weinkarte:	**17** / 20
Ambiente:	**8** / 10
Gesamt:	**84** / 100

Lenz

22397 Hamburg

Zeitlos eingerichtetes Lokal mit einem Schwerpunkt auf kreativer deutscher Küche. Dazu zählen Grützwurst, Labskaus, Kalbsbäckchen, Zanderfilet oder auch Matjes, alles in ausgezeichneter Qualität.

Poppenbütteler Chaussee 3
+49 40 60558887
restaurant-lenz.de
Gasthaus • deutsche Küche • gemütlich • traditionell

Essen:	**42** / 50
Service:	**17** / 20
Weinkarte:	**18** / 20
Ambiente:	**8** / 10
Gesamt:	**85** / 100

Liman

22303 Hamburg

Es ist fantastisch, was Küchenchef Julian Taubensee aus Fisch und Meeresfrüchten zaubert. Und so frisch wie der Fisch ist auch das Ambiente – alles hell, leicht und maritim. Beliebter Mittagstisch.

Mühlenkamp 16
+49 40 37085653
liman-fisch.com
Fisch • modern • entspannt

Essen:	**44** / 50
Service:	**17** / 20
Weinkarte:	**17** / 20
Ambiente:	**8** / 10
Gesamt:	**86** / 100

Matsumi

20354 Hamburg

Traditionelles japanisches Restaurant mit einem Tatami-Raum. Das Shabu-Shabu-Menü wird vor den Augen der Gäste am Tisch zubereitet. Zahlreiche Sushi-, Maki- und Temaki-Varianten. Kompetenter Service.

Colonnaden 96
+49 40 343125
matsumi.de
japanisch • Ramen • entspannt

Essen:	**42** / 50
Service:	**18** / 20
Weinkarte:	**17** / 20
Ambiente:	**8** / 10
Gesamt:	**85** / 100

[m]eatery

20354 Hamburg

Mekka für Fleischesser mit Rinderhälften im Glas-Reifeschrank. Exzellentes Tatar – klassisch, mediterran oder orientalisch gewürzt. Steaks auf den Punkt gebraten, die Burger-Karte lässt das Wasser im Mund zusammenlaufen.

Drehbahn 49
+49 40 30999595
meatery.de
Hotelrestaurant • Steak • modern

Essen:	**43** / 50
Service:	**18** / 20
Weinkarte:	**17** / 20
Ambiente:	**8** / 10
Gesamt:	**86** / 100

Memory

22589 Hamburg

Aus der monatlich wechselnden Menüfolge wählen die Gäste drei bis acht Gänge aus. Angeboten werden dabei bodenständige Gerichte, zubereitet aus saisonalen Zutaten aus der Region. Gute Weinauswahl.

Sülldorfer Landstraße 222
+49 40 86626938
memory.metro.bar
Gasthaus • deutsche Küche • regionale Produkte

Essen:	**42** / 50
Service:	**17** / 20
Weinkarte:	**17** / 20
Ambiente:	**8** / 10
Gesamt:	84 / 100

MOMO Ramen

20357 Hamburg

Japanisches Restaurant mit einem großen Angebot an pikanten Nudelsuppen und Gyoza bis hin zu authentischen Ramen-Gerichten. Köstlich: die eigens aus Japan importierte Sojasauce.

Margaretenstraße 58
+49 40 57226024
momo-ramen.de
japanisch • Ramen • entspannt • Cocktails

Essen:	**43** / 50
Service:	**17** / 20
Weinkarte:	**16** / 20
Ambiente:	**8** / 10
Gesamt:	84 / 100

Neni

20457 Hamburg

Gemütlicher Spot in der HafenCity mit kosmopolitischem Soulfood und der Levante-Küche von Haya Molcho. Köstlicher Hummus, sämiges Baba Ganoush und knusprige Falafel, Korean Fried Chicken und Shared Dessert.

Osakaallee 12
+49 40 555575442
nenihamburg.de
Hotelrestaurant • Levante • modern

Essen:	**43** / 50
Service:	**17** / 20
Weinkarte:	**16** / 20
Ambiente:	**8** / 10
Gesamt:	84 / 100

Nikkei Nine

20354 Hamburg

Raffinierte japanische Küche wird mit eleganten und herzhaften Elementen aus Peru ergänzt. Das kosmopolitische Restaurant liegt direkt an der Binnenalster, auch die bestens ausgestattete Bar ist ein Hotspot.

Neuer Jungfernstieg 9–14
+49 40 34943399
nikkei-nine.de
japanisch • peruanisch • unkonventionell • elegant

Essen:	**45** / 50
Service:	**19** / 20
Weinkarte:	**18** / 20
Ambiente:	**10** / 10
Gesamt:	92 / 100

Nil

20359 Hamburg

Helle Räume mit Sonnenterrasse im Innenhof. Neben einem Menü stehen zahlreiche perfekt zubereitete À-la-carte-Gerichte zur Auswahl. Kompetenter Service und ausgezeichnete Weinkarte.

Neuer Pferdemarkt 5
+49 40 4397823
restaurant-nil.de
Bistro • regionale Produkte • mediterran • modern

Essen:	**43** / 50
Service:	**18** / 20
Weinkarte:	**18** / 20
Ambiente:	**8** / 10
Gesamt:	87 / 100

Oechsle

20146 Hamburg

In gemütlicher Atmosphäre werden vor allem Spezialitäten aus Süddeutschland und Österreich aufgetragen. Dabei wird viel Wert auf die Qualität der Zutaten gelegt. Umfangreiche Weinkarte.

Bundesstraße 15	Essen: **43** | 50
+49 40 4107585	Service: **17** | 20
oechsle-restaurant.de	Weinkarte: **18** | 20
Allrounder • deutsche Küche • modern • Terrasse	Ambiente: **8** | 10
	Gesamt: 86 | 100

Osteria da Francesco

20148 Hamburg

Exklusives, italienisch geprägtes Restaurant. Küchenchef Jochen Kempf glänzt unter anderem mit hausgemachter Pasta, fangfrischem saisonalem Fisch und fantastischer geschmorter Kalbshaxe.

Milchstraße 2–4	Essen: **43** | 50
+49 40 25304380	Service: **17** | 20
osteria-da-francesco.de	Weinkarte: **17** | 20
Bistro • italienisch • klassisch • traditionell	Ambiente: **8** | 10
	Gesamt: 85 | 100

Petit Bonheur

20355 Hamburg

Ein Stück Frankreich in Hamburg: Im schönen Ambiente mit dunkelroten Wänden und zahlreichen Bildern kommen Klassiker der französischen Küche auf den Tisch. Attraktives Mittagsangebot.

Hütten 85–86	Essen: **42** | 50
+49 40 33441526	Service: **18** | 20
petitbonheur-restaurant.de	Weinkarte: **17** | 20
Bistro • französisch • gemütlich • traditionell	Ambiente: **8** | 10
P	Gesamt: 85 | 100

Philipps Restaurant

20357 Hamburg

Fine Dining ohne Dresscode im Herzen des lebendigen Karoviertels. Raffiniert verarbeitete Produkte aus der Region und modern interpretierte Klassiker à la carte oder als Menü, aber auch Exotisches wie das köstliche Thai-Curry.

Turnerstraße 9	Essen: **44** | 50
+49 40 63735108	Service: **18** | 20
philipps-restaurant.de	Weinkarte: **17** | 20
Bistro • regionale Produkte • gemütlich	Ambiente: **8** | 10
	Gesamt: 87 | 100

Piment

20251 Hamburg

Wahabi Nouri begeistert in seinem eleganten Restaurant in Eppendorf seit vielen Jahren verwöhnte Feinschmecker. Nordafrikanische Würzmischungen verbinden sich hier perfekt mit mediterranen Produkten.

Lehmweg 29
+49 40 42937788
restaurant-piment.de
Bistro • französisch • marokkanisch • mediterran

Essen:	46	50
Service:	18	20
Weinkarte:	18	20
Ambiente:	8	10
Gesamt:	90	100

Portomarin

22299 Hamburg

Das perfekte Lokal in Winterhude für spanische Momente. Patron Jesus A. Diaz setzt vor allem auf Spezialitäten aus seiner Heimat Galicien, etwa Wildfang aus dem Meer oder köstliches Lamm.

Dorotheenstraße 180
+49 40 46961547
portomarin.de
Bistro • spanisch • Fisch • Terrasse

Essen:	42	50
Service:	17	20
Weinkarte:	18	20
Ambiente:	8	10
Gesamt:	85	100

Quellental

22609 Hamburg

Das »Wohnzimmer von Nienstedten« ist ein schön gelegenes Fachwerkhaus mit einem großen Bauerngarten. Kulinarisch setzt das Team auf feine deutsche Küche mit besten regionalen Produkten.

Quellental 36
+49 40 82242270
quellental-restaurant.de
Bistro • deutsche Küche • italienisch • im Grünen

Essen:	42	50
Service:	17	20
Weinkarte:	17	20
Ambiente:	8	10
Gesamt:	84	100

Rive

22767 Hamburg

Fischrestaurant zwischen Fischmarkt und Elbe mit Aussicht auf Fluss und Hafen. Exzellente Sushi-Variationen, perfekt zubereitete Fische vom Grill und frische Meeresfrüchte sowie ein Mittagsmenü.

Van-der-Smissen-Straße 1
+49 40 3805919
rive.de
Bistro • Terrasse • Fisch • elegant

Essen:	44	50
Service:	18	20
Weinkarte:	18	20
Ambiente:	8	10
Gesamt:	88	100

Röperhof

22605 Hamburg

Ein Hauch Urlaub im gemütlichen reetgedeckten Landhaus mit baumbeschattetem Garten und schöner Terrasse. Schöne Karte mit Lieblingsgerichten aus regionalen Frischeprodukten und perfekt für Familienfeiern.

Agathe-Lasch-Weg 2
+49 40 8811200
roeperhof-restaurant.de
Gasthaus • Terrasse • gemütlich

Essen:	42	50
Service:	17	20
Weinkarte:	17	20
Ambiente:	9	10
Gesamt:	85	100

Salt & Silver – Lateinamerika

20359 Hamburg

Rustikales Restaurant mit einer von mexikanischen und peruanischen Gerichten inspirierten Küche. Die Gäste stellen sich selbst ein Menü zusammen oder wählen das Überraschungsmenü. Viele Naturweine.

Sankt Pauli Hafenstraße 136–138	Essen: **43** | 50
+49 173 4274366	Service: **17** | 20
saltandsilver.de	Weinkarte: **17** | 20
Bistro • mexikanisch • peruanisch • Terrasse	Ambiente: **8** | 10
	Gesamt: **85** | 100

Salt & Silver – Levante

20359 Hamburg

Ein Food-Sharing-Menü ab zwei Personen und von der Levante inspiriertes warmes und kaltes Soulfood stehen auf der Karte zur Auswahl. Gute Cocktails und Spirituosen munden dem szenigen Publikum.

Sankt Pauli Hafenstraße 140	Essen: **42** | 50
+49 173 4274366	Service: **18** | 20
saltandsilver.de	Weinkarte: **16** | 20
Allrounder • Cocktails • modern	Ambiente: **8** | 10
	Gesamt: **84** | 100

Seehaus

20099 Hamburg

Mehr Alster samt schönstem Sonnenuntergangsblick geht nicht. Stylishes Ambiente, herrliche Terrasse und Plätze auf dem Steg machen Appetit auf Sushi, Fisch in Salzkruste und Meeresfrüchte. Angesagter After-Work-Treffpunkt.

An der Alster 10	Essen: **43** | 50
+49 40 243037	Service: **17** | 20
seehaus-hamburg.de	Weinkarte: **17** | 20
Fisch • am Wasser • entspannt	Ambiente: **9** | 10
	Gesamt: **86** | 100

Stammtisch

22303 Hamburg

Lichtdurchflutetes Restaurant mit entspannter Atmosphäre. Überschaubare Karte mit einem Schwerpunkt auf erstklassige Steaks, aber auch die anderen Gerichte, angeboten in zwei Portionsgrößen, überzeugen.

Mühlenkamp 54	Essen: **42** | 50
+49 40 30953030	Service: **17** | 20
stammtisch-restaurant.de	Weinkarte: **17** | 20
regionale Produkte • nachhaltig • Sharing Menu	Ambiente: **8** | 10
	Gesamt: **84** | 100

Stock's

22399 Hamburg

Behaglich eingerichtetes Restaurant mit uriger Kaminstube und schöner Terrasse im Grünen. Umfangreiche Karte mit asiatischen Gerichten und Fisch. Hervorragende Qualität und perfekter Service.

An der Alsterschleife 3	Essen: **43** | 50
+49 40 6113620	Service: **17** | 20
stocks.de	Weinkarte: **17** | 20
Bistro • Terrasse • regionale Produkte • Fisch	Ambiente: **8** | 10
	Gesamt: **85** | 100

Strauchs Falco ⑂⑂

20457 Hamburg

Falken sieht man überall im stylishen Restaurant in der HafenCity. Die Küche bietet Internationales, Mediterranes und deutsche Klassiker. Ceviche und Veggie-Carpaccio mit Birnen machen Appetit auf Lobster und mehr.

Koreastraße 2 +49 40 226161511 falco-hamburg.de **Fisch • am Wasser • modern**	Essen: **43** | 50 Service: **17** | 20 Weinkarte: **17** | 20 Ambiente: **8** | 10 Gesamt: 85 | 100

Stüffel ⑂⑂

20249 Hamburg

Schickes Bistro-Ambiente direkt am Isekai – wer mag, der leiht sich im Anschluss ein Boot oder SUP und erkundet die Alsterkanäle. Saisonale Küche mit mediterranem Einfluss unter der Leitung von Ondrej Kovar.

Isekai 1 +49 40 60902050 restaurantstueffel.de **Bistro • Fisch • Terrasse • elegant**	Essen: **43** | 50 Service: **18** | 20 Weinkarte: **18** | 20 Ambiente: **8** | 10 Gesamt: 87 | 100

Tarantella ⑂⑂

20354 Hamburg

Ob im Tarantella getanzt wird? Das stilvolle Design und die köstliche Küche gäben Anlass dazu. Schaltzentrale Jens Spreckelmeyer dirigiert virtuos Stammgäste und Businesskunden. Köstliche Klassiker und Steakspezialitäten.

Stephansplatz 10 +49 40 65067790 tarantella.hamburg **Bistro • elegant • Fisch • Steak**	Essen: **42** | 50 Service: **17** | 20 Weinkarte: **18** | 20 Ambiente: **8** | 10 Gesamt: 85 | 100

The Table ⑂⑂⑂⑂

20457 Hamburg

Am wellenförmigen Tisch für 24 Personen zelebriert Kevin Fehling mit einem saisonal variierenden Menü große Kochkunst. Die einzelnen Gerichte sind einfallsreich konzipiert und rundum perfekt gemacht.

Shanghaiallee 15 +49 40 22867422 thetable-hamburg.de **Fine Dining • elegant • modern**	Essen: **49** | 50 Service: **19** | 20 Weinkarte: **19** | 20 Ambiente: **10** | 10 Gesamt: 97 | 100

Theo's ⑂⑂

20148 Hamburg

Fleisch in Perfektion! Kein Wunder bei 40 Jahren Erfahrung in der hauseigenen Fleischerei, 40 Tage Reifungsprozess und 800 Grad heißem Ofen. Dry-Aged Porterhouse oder Black Angus im elegant-urbanen NY Style genießen.

Rothenbaumchaussee 10 +49 40 4141 theos-hamburg.de **Steak • klassisch • elegant • eigene Fleischerei**	Essen: **44** | 50 Service: **17** | 20 Weinkarte: **17** | 20 Ambiente: **9** | 10 Gesamt: 87 | 100

Tim's — 22767 Hamburg

Direkt an der Elbe gelegenes, stilvoll eingerichtetes Restaurant, in dem Tim Lang unkompliziertes Fine Dining anbietet. Er kreiert internationale Speisen mit norddeutschen Einflüssen in hoher Qualität.

Große Elbstraße 27
+49 40 31171007
tims-restaurant.de
Fisch • Meeresfrüchte • elegant • unkonventionell

Essen:	**44** I 50
Service:	**17** I 20
Weinkarte:	**17** I 20
Ambiente:	**9** I 10
Gesamt:	87 I 100

Tschebull — 20095 Hamburg

Gelebte Gastfreundschaft in angenehmem Flair. Authentische österreichische Küche mit Klassikern wie Schnitzel, Kaiserschmarren und Salzburger Nockerl. Ausgezeichnete Weinkarte und aufmerksamer Service.

Mönckebergstraße 7
+49 40 32964796
tschebull.de
Bistro • österreichisch • entspannt

Essen:	**43** I 50
Service:	**18** I 20
Weinkarte:	**18** I 20
Ambiente:	**8** I 10
Gesamt:	87 I 100

Vlet an der Alster — 20354 Hamburg

Wenige Stufen führen zum schönen Restaurant mit Rathausblick an den Alsterarkaden. Die Küche überzeugt von international mit Pasta und Veggie-Bowls bis Hanse-Touch mit Pannfisch und Labskaus von rustikal bis edel.

Jungfernstieg 7
+49 40 35018990
vlet-alster.de
Allrounder • Essen mit Aussicht • entspannt

Essen:	**44** I 50
Service:	**17** I 20
Weinkarte:	**17** I 20
Ambiente:	**8** I 10
Gesamt:	86 I 100

Wehmanns Bistro — 22763 Hamburg

Heinz O. Wehmann ist mit seiner norddeutschen Hochküche eine Institution. Gemütlich geht es im Bistro zu – mit Bodenständigem wie gerösteter Grützwurst, Königsberger Klopsen oder Kalbsleber, aus besten Zutaten hergestellt.

Elbchaussee 130
+49 40 883070030
landhausscherrer.de
Bistro • deutsche Küche • regionale Produkte

Essen:	**43** I 50
Service:	**18** I 20
Weinkarte:	**18** I 20
Ambiente:	**8** I 10
Gesamt:	87 I 100

© Matthias Stoewer

Witwenball

20357 Hamburg

Chic eingerichtet im Stil der goldenen 1920er-Jahre. Erstklassige Menüs mit regionalen Frischeprodukten und ausgezeichnete Desserts. Umfangreiche Weinkarte mit Fokus auf deutschem Wein.

Weidenallee 20
+49 40 53630085
witwenball.com
Bistro • Fine Dining • elegant

Essen:	**42** I 50
Service:	**18** I 20
Weinkarte:	**18** I 20
Ambiente:	**8** I 10
Gesamt:	86 I 100

Wolfs Junge

22085 Hamburg

Zertifiziertes Biorestaurant, in dem Sebastian Junge auf nachhaltig erzeugte Produkte setzt, die er zu zwei ausgezeichneten Fünf-Gänge-Menüs verarbeitet. Auch Vegetarier kommen auf ihre Kosten.

Zimmerstraße 30
+49 40 20965157
wolfs-junge.de
Bistro • bio • eigener Gemüsegarten • modern

Essen:	**44** I 50
Service:	**18** I 20
Weinkarte:	**18** I 20
Ambiente:	**8** I 10
Gesamt:	88 I 100

XO Seafoodbar

22767 Hamburg

Angesagtes Kiez-Restaurant mit entspannter Atmosphäre. Fisch, Meeresfrüchte und vegane Speisen bestimmen die wöchentlich wechselnde Speisekarte. Gute Auswahl an Cocktail, Sake und Natural Wines.

Paul-Roosen-Straße 22
+49 151 72423046
thisisxo.de
Bistro • Meeresfrüchte • Fisch • vegan

Essen:	**44** I 50
Service:	**17** I 20
Weinkarte:	**18** I 20
Ambiente:	**8** I 10
Gesamt:	87 I 100

Yoshi im Alsterhaus

20354 Hamburg

Ein Stück Japan im Alsterhaus. Das Kaiseki-Restaurant steht für Food-Sharing mit puristisch-raffinierten japanischen Menüs. Exzellente Sushi- und Sashimi-Gerichte und herrlicher Blick von der großen Terrasse auf die Binnenalster.

Jungfernstieg 16–20
+49 40 36099999
yoshi-hamburg.de
Bistro • japanisch • Fisch • unkonventionell

Essen:	**42** I 50
Service:	**18** I 20
Weinkarte:	**18** I 20
Ambiente:	**7** I 10
Gesamt:	85 I 100

Zeik

22299 Hamburg

Herausragend und lässig im entspannten Winterhude: Maurizio Oster feiert regionale Küche und hebt Produkte wie Sellerie, Schwarzwurzeln oder Karotten in kreativen Menüs auf ungeahnte Genusshöhen.

Sierichstraße 112
+49 40 46653531
zeik.de
Fine Dining • Bistro • Terrasse • regionale Produkte

Essen:	**46**	50
Service:	**18**	20
Weinkarte:	**18**	20
Ambiente:	**8**	10
Gesamt:	**90**	100

Zipang

20253 Hamburg

Chef Toshiharu Minami zelebriert feine japanische Küche in puristisch-edlem Ambiente. Herausragende Gerichte mit hervorragenden Produkten wie Thunfisch-Tatar mit japanischen Thunfisch-Kroketten.

Eppendorfer Weg 171
+49 40 43280032
zipang.de
Bistro • japanisch • Fisch • modern

Essen:	**43**	50
Service:	**17**	20
Weinkarte:	**17**	20
Ambiente:	**8**	10
Gesamt:	**85**	100

Zum alten Lotsenhaus

22605 Hamburg

Eines der ältesten Fischrestaurants und mit Traum-Elbblick. Gäste wählen zwischen drei oder vier Gängen und jeder Menge feinem Fisch wie Scholle, Zander, Lachsforelle oder Seeteufel. Dazwischen Labskaus oder Fischsuppe?

Övelgönne 13
+49 40 8800196
zum-alten-lotsenhaus.de
traditionell • am Wasser • Terrasse

Essen:	**43**	50
Service:	**17**	20
Weinkarte:	**18**	20
Ambiente:	**9**	10
Gesamt:	**87**	100

Zur Flottbeker Schmiede

22609 Hamburg

In einer denkmalgeschützten alten Schmiede mit offener Feuerstelle wird portugiesisch-mediterrane Küche vor allem in Form von Tapas serviert. Dazu kommen gute portugiesische Weine auf den Tisch.

Baron-Voght-Straße 79
+49 40 20918236
zurflottbekerschmiede.de
Bistro • mediterran • portugiesisch • entspannt

Essen:	**42**	50
Service:	**18**	20
Weinkarte:	**17**	20
Ambiente:	**8**	10
Gesamt:	**85**	100

MECKLENBURG-VORPOMMERN

Jagdhaus Heiligendamm — 18209 Bad Doberan

Familie Ramm legt in ihrem Restaurant viel Wert auf die Qualität der Produkte: Das Wild kommt aus der Region, das Gemüse aus ökologischem Anbau. Das Ergebnis: eine moderne nuancenreiche Kräuterküche.

Seedeichstraße 18b
+49 38203 735775
jagdhaus-heiligendamm.de
Familienbetrieb • deutsche Küche • eigener Kräutergarten

Essen:	**42** | 50
Service:	**18** | 20
Weinkarte:	**18** | 20
Ambiente:	**8** | 10
Gesamt:	86 | 100

Friedrich Franz — 18209 Bad Doberan-Heiligendamm

Seit 15 Jahren leitet Ronny Siewert die Küche des luxuriösen Gourmetrestaurants und beglückt die Gäste mit seiner intensiven Aromenküche. In seinen Menüs kombiniert er edle und regionale Produkte.

Prof.-Dr.-Vogel-Straße 6
+49 38203 7406210
grandhotel-heiligendamm.de
Fine Dining • französisch • Essen mit Aussicht

Essen:	**46** | 50
Service:	**19** | 20
Weinkarte:	**18** | 20
Ambiente:	**8** | 10
Gesamt:	91 | 100

Freustil — 18609 Binz

Eine der ersten Gourmetadressen auf Rügen: Seit zehn Jahren begeistert Küchenchef Ralf Haug seine Gäste mit seiner »natürlich feinen Kost«, die sich durch Kreativität und Finesse auszeichnet.

Zeppelinstraße 8
+49 38393 50444
freustil.de
Hotelrestaurant • Fine Dining • regionale Produkte

Essen:	**45** | 50
Service:	**18** | 20
Weinkarte:	**18** | 20
Ambiente:	**9** | 10
Gesamt:	90 | 100

Ostseelounge — 18347 Dierhagen

Das Gourmetrestaurant in der vierten Etage bietet nicht nur eine traumhafte Aussicht auf die Ostsee, sondern auch eine Küche voller Finessen auf allerhöchstem Niveau. Dazu eine hervorragende Weinbegleitung.

Ernst-Moritz-Arndt-Straße 6
+49 38226 520
gourmetrestaurant-ostseelounge.de
Fine Dining • modern • Terrasse • Essen mit Aussicht

Essen:	**46** | 50
Service:	**19** | 20
Weinkarte:	**18** | 20
Ambiente:	**9** | 10
Gesamt:	92 | 100

80–84 85–89 90–94 95–100 Punkte

Klassenzimmer in der Alten Schule 17258 Fürstenhagen

Spontan, frisch, saisonal: Küchenchef Daniel Schmidthaler richtet seine Menüs danach aus, was ihm die Gärtner, Bauern, Viehzüchter und Jäger der Region gerade anbieten. Und das alles auf Sterneniveau!

Zur Alten Schule 5 +49 39831 22023 hotelalteschule.de **Hotelrestaurant • Fine Dining • im Grünen**	Essen: **45** | 50 Service: **18** | 20 Weinkarte: **18** | 20 Ambiente: **8** | 10
	Gesamt: 89 | 100

Blüchers 17213 Göhren-Lebbin

Das gehobene Restaurant ist in der ehemaligen Schlosskapelle untergebracht und bietet Küchenklassiker mit Raffinesse, bevorzugt mit regionalen Produkten aus eigenem Anbau. Große erlesene Weinauswahl!

Schlossstraße 1 +49 39932 80100 schlosshotel-fleesensee.com **Hotelrestaurant • regionale Produkte • Terrasse**	Essen: **42** | 50 Service: **17** | 20 Weinkarte: **17** | 20 Ambiente: **8** | 10
	Gesamt: 84 | 100

Natürlich Büttner's 17489 Greifswald

Das sympathische Restaurant bietet nachhaltige, regional verwurzelte Frischeküche. Und nicht nur das! Es gibt auch Gutes aus eigener Manufaktur wie Lammbratwurst, Limoncello, Gin oder Pralinen.

Rakower Straße 9 +49 3834 8870737 natuerlich-buettners.de **regionale Produkte • Delikatessenverkauf • Terrasse**	Essen: **42** | 50 Service: **17** | 20 Weinkarte: **17** | 20 Ambiente: **8** | 10
	Gesamt: 84 | 100

Tischlerei 17489 Greifswald

Das Restaurant überzeugt mit ausgeprägter Aromenküche und ist hübsch am historischen Hafen gelegen. Hier werden die Gäste beispielsweise mit Fischsuppe oder Ossobuco beglückt. Schöne Terrasse.

Salinenstraße 22 +49 3834 884848 **Bistro • deutsche Küche • unkonventionell • entspannt**	Essen: **42** | 50 Service: **17** | 20 Weinkarte: **17** | 20 Ambiente: **7** | 10
	Gesamt: 83 | 100

The View 17094 Groß Nemerow

Erlebnisgastronomie im Panoramarestaurant: Unter der Leitung von Küchendirektor Thorsten Räth kommt ein kulinarischer Mix von lokalen Klassikern bis exotischen Kreationen auf den Tisch.

Bornmühle 35 +49 39605 359 bornmuehle.de **Hotelrestaurant • Allrounder • modern**	Essen: **42** | 50 Service: **17** | 20 Weinkarte: **17** | 20 Ambiente: **8** | 10
	Gesamt: 84 | 100

Medinis

18209 Heiligendamm

Wie ein Italienurlaub an der Ostsee: »Perfektion in der Einfachheit« lautet das Credo der modernen italienischen Hochküche, die im elegant-maritimen Ambiente auf den Tisch kommt. Ein Genuss!

Prof.-Dr.-Vogel-Straße 14	Essen: **42** / 50
+49 38203 400647	Service: **18** / 20
medinis-restaurant.com	Weinkarte: **18** / 20
italienisch • Terrasse • Essen mit Aussicht	Ambiente: **8** / 10
	Gesamt: 86 / 100

Bernstein

17424 Heringsdorf

Küchenchef Arjan Mensies verwendet für seine experimentierfreudigen Menüs frische und regionale Produkte aus Usedom und Umgebung. Dazu passt eine Auswahl an Weinen von jungen deutschen Winzern.

Kulmstraße 28	Essen: **43** / 50
+49 38378 54297	Service: **17** / 20
strandhotel-ostseeblick.de	Weinkarte: **17** / 20
Hotelrestaurant • Essen mit Aussicht • Terrasse	Ambiente: **8** / 10
	Gesamt: 85 / 100

Heinrich's

17424 Heringsdorf

Küchenchef Robert Kellner verwöhnt seine Gäste mit erstklassiger Regionalküche. Das Hotelrestaurant überzeugt mit frischem Ostseefisch, Wild aus hauseigener Jagd und Kräutern aus eigenem Garten.

Liehrstraße 10	Essen: **42** / 50
+49 38378 2320	Service: **18** / 20
strandhotel-heringsdorf.de	Weinkarte: **17** / 20
Essen mit Aussicht • Terrasse • eigener Kräutergarten	Ambiente: **8** / 10
	Gesamt: 85 / 100

Kulmeck Restaurant

17424 Heringsdorf

Wohl die beste Adresse für Casual Fine Dining auf Usedom: Spitzenkoch Tom Wickboldt zaubert im legendären Traditionslokal im Seebad Heringsdorf handwerklich perfekte Menükreationen. Hervorragend!

Kulmstraße 17	Essen: **45** / 50
+49 38378 488040	Service: **19** / 20
kulmeck.de	Weinkarte: **18** / 20
Fine Dining • modern • klassisch • elegant	Ambiente: **8** / 10
P	Gesamt: 90 / 100

The O'Room

17424 Heringsdorf

Ein außergewöhnlicher Ort für eine außergewöhnliche Gourmetküche: In der ersten Etage des Marc O'Polo Strandcasinos werden in stylishem Ambiente nordisch inspirierte Menüs auf den Tisch gezaubert. Toll!

Kulmstraße 33	Essen: **45** / 50
+49 38378 183912	Service: **18** / 20
strandcasino-marc-o-polo.com	Weinkarte: **18** / 20
Fine Dining • unkonventionell • modern	Ambiente: **8** / 10
	Gesamt: 89 / 100

Wappen-Saal

17166 Hohen-Demzin

Stilvolles Restaurant im Schlosshotel: Küchenchef Maik Albrecht serviert im neugotischen Ambiente des Wappen-Saals saisonale Menüs, inspiriert von Aromen und Produkten aus aller Welt.

Burg Schlitz 2	Essen: **43** I 50
+49 3996 12700	Service: **19** I 20
burg-schlitz.de	Weinkarte: **18** I 20
Hotelrestaurant • französisch • klassisch • elegant	Ambiente: **9** I 10
	Gesamt: 89 I 100

Ich weiß ein Haus am See

18292 Kuchelmiß

Der erste Stern in Mecklenburg ging vor 27 Jahren über dem Haus am See auf. Seitdem hält das Restaurant sein hohes Niveau – inzwischen mit dem klassisch-französischen Küchenstil von Raik Zeigner.

Paradiesweg 3	Essen: **45** I 50
+49 38457 23273	Service: **18** I 20
hausamsee.de	Weinkarte: **18** I 20
Hotelrestaurant • französisch • Seeterrasse	Ambiente: **8** I 10
	Gesamt: 89 I 100

Morizaner

17207 Ludorf

Slow Food wird hier großgeschrieben. Das Hotelrestaurant besticht mit seiner regionalen Küche, auch bei Vegetarischem und Veganem. Übrigens: Morizaner nannte man früher die Ureinwohner an der Müritz.

Rondell 7–8	Essen: **43** I 50
+49 39931 8400	Service: **18** I 20
gutshaus-ludorf.de	Weinkarte: **17** I 20
Hotelrestaurant • regionale Produkte • vegetarisch	Ambiente: **8** I 10
	Gesamt: 86 I 100

Landküche Hotel de Weimar

19288 Ludwigslust

Das Hotelrestaurant bietet »schnörkellose, frische Gerichte ohne Tamtam und Firlefanz«, wie Chefkoch Wilfried Glania-Bachmann seinen Kochstil selbst beschreibt. Die Weinkarte listet über 300 Positionen.

Schloßstraße 15	Essen: **42** I 50
+49 3874 4180	Service: **18** I 20
hotel-de-weimar.de	Weinkarte: **18** I 20
Hotelrestaurant • Casual Dining • deutsche Küche	Ambiente: **8** I 10
	Gesamt: 86 I 100

Morgenitz

17429 Morgenitz

Es sind die Frische des Fischs und die perfekte Zubereitung, die den Besuch im Morgenitz so unvergesslich machen. Gastgeber und Koch René Bobzin weiß, wie er seine Gäste kulinarisch glücklich macht.

Dewichower Straße 5	Essen: **42** I 50
+49 38372 70924	Service: **18** I 20
bauernstube-morgenitz.de	Weinkarte: **17** I 20
Gasthaus • Fisch • gemütlich • traditionell	Ambiente: **8** I 10
	Gesamt: 85 I 100

Allesisstgut

23992 Nakenstorf

Slow Food im schön gelegenen Hotelrestaurant: Die Küchencrew setzt auf bewusstes regionales und saisonales Essen. Fangfrischer Fisch aus dem Neuklostersee und der Ostsee. Erlesene Weinkarte.

Seestraße 1
+49 38422 4570
seehotel-neuklostersee.de
Hotelrestaurant • im Grünen • Seeterrasse

Essen:	42 | 50
Service:	17 | 20
Weinkarte:	16 | 20
Ambiente:	8 | 10
Gesamt:	83 | 100

Strelitz

17235 Neustrelitz

Er ist jung, wild und radikal. Sein Küchenstil bewegt sich zwischen experimentell und traditionell: Wenzel Pankratz kocht nur auf Holzfeuer und verwendet ausschließlich regionale Produkte.

Berliner Chaussee 1
+49 3981 447135
forsthaus-strelitz.de
Gasthaus • eigene Landwirtschaft • unkonventionell

Essen:	43 | 50
Service:	17 | 20
Weinkarte:	18 | 20
Ambiente:	8 | 10
Gesamt:	86 | 100

Fischrestaurant Seeblick

18375 Ostseebad Prerow

Von Aal über Dorsch und Steinbutt bis Zander – im familiengeführten Fischrestaurant gibt es alles, was Ostsee und Bodden zu bieten haben. Frischer geht es nicht. Und das Wild kommt vom Darß.

Hauptübergang zum Strand 28a
+49 38233 348
wolff-prerow.de
Familienbetrieb • Fisch • Wild • regionale Produkte

Essen:	42 | 50
Service:	17 | 20
Weinkarte:	15 | 20
Ambiente:	8 | 10
Gesamt:	82 | 100

Schimmel's

18347 Ostseebad Wustrow

Regionale Landhausküche im schön gelegenen Restaurant samt Pension. Jeden Tag gibt es zwei ausgewählte Menüs (drei bis fünf Gänge), dazu eine kleine feine Weinkarte mit rund 130 Positionen.

Parkstraße 1
+49 38220 66500
schimmels.de
Gasthaus • traditionell • klassisch • gemütlich

Essen:	43 | 50
Service:	17 | 20
Weinkarte:	17 | 20
Ambiente:	8 | 10
Gesamt:	85 | 100

Der Butt

18119 Rostock

Das Gourmetrestaurant im Jachthafen bietet nicht nur einen wunderschönen Ostseeblick, sondern auch eine hervorragende Sterneküche, die die Handschrift von Küchenchef André Münch trägt.

Am Yachthafen 1
+49 381 50400
hohe-düne.de
Hotelrestaurant • Fine Dining • elegant • international

Essen:	46 | 50
Service:	19 | 20
Weinkarte:	19 | 20
Ambiente:	9 | 10
Gesamt:	93 | 100

StromGold
18119 Rostock

Unkomplizierte Heimatküche mit sehr viel Fisch – von Ostseekutterscholle über Zander aus dem Bodden bis zu Warnemünder Matjes. Schöne Sonnenterrasse und vorbestellbare Picknickkörbe für den Strand.

Am Strom 75 +49 381 33745379 stromgoldamstrom.de **Fisch • Terrasse • gemütlich**	Essen: **42** | 50 Service: **16** | 20 Weinkarte: **16** | 20 Ambiente: **8** | 10 Gesamt: 82 | 100

Grützmann's
18573 Samtens

Ob Hirschbraten, Wildbolognese oder Wildsülze – im familiengeführten Restaurant kommt das Wild ausschließlich aus den Wäldern von Rügen auf den Tisch. Dazu empfiehlt sich ein dunkles Hausbier.

Gingster Straße 1 +49 38306 1487 restaurant-samtens.de **Gasthaus • eigener Kräutergarten • Wild • gemütlich**	Essen: **43** | 50 Service: **18** | 20 Weinkarte: **17** | 20 Ambiente: **7** | 10 Gesamt: 85 | 100

UTA GLEISER PHOTOGRAPHY

1751 im Weinhaus Uhle
19055 Schwerin

Die Küchenchefs Hans-Georg Ogrissek und Bastian Opitz setzen im Gourmetrestaurant des historischen Weinhauses auf regionale Aromenküche. Mit den entsprechenden Weinbegleitern dazu einfach ein Genuss!

Schusterstraße 13–15 +49 385 48939430 weinhaus-uhle.de **Hotelrestaurant • regionale Produkte • nachhaltig**	Essen: **43** | 50 Service: **18** | 20 Weinkarte: **19** | 20 Ambiente: **8** | 10 Gesamt: 88 | 100

Gourmetfabrik
19055 Schwerin

Hier trifft kulinarische Qualität auf klassisches Handwerk: Ob schneller Businesslunch oder romantisches Dinner zu zweit, alle Gerichte werden mit frischen Produkten aus der Region zubereitet.

Werderstraße 74B +49 385 76098570 gourmetfabrik.de **Casual Dining • regionale Produkte • nachhaltig • modern**	Essen: **42** | 50 Service: **18** | 20 Weinkarte: **17** | 20 Ambiente: **8** | 10 Gesamt: 85 | 100

La Bouche et El Pato

19053 Schwerin

Rustikales Bistro auf zwei Etagen. Man genießt mediterrane, leicht französisch beeinflusste Traditionsgerichte mitten in der Schweriner Innenstadt. Im Sommer schöne Terrasse in der Fußgängerzone.

Buschstraße 9
+49 385 39456092
bistrolabouche.de
Bistro • mediterran • gemütlich • Terrasse

Essen:	**42** | 50
Service:	**17** | 20
Weinkarte:	**18** | 20
Ambiente:	**8** | 10
Gesamt:	85 | 100

UTA GLEISER PHOTOGRAPHY

Weinbistro George

19055 Schwerin

Küchenchef Max Rothardus kreiert wechselnde Gerichte aus frischen regionalen Zutaten als ideale Begleiter zum großen Sortiment der Weinhandlung. Mit dabei: viele Spitzentrauben junger Winzer.

Schusterstraße 13–15
+49 385 48939430
weinhaus-uhle.de
Bistro • regionale Produkte • gemütlich

Essen:	**42** | 50
Service:	**18** | 20
Weinkarte:	**19** | 20
Ambiente:	**8** | 10
Gesamt:	87 | 100

Blauer Salon

17419 Seebad Ahlbeck

Speisen im legendären Grandhotel, in dem einst Kaiser und Könige zu Gast waren: Küchenchef Maik Gehrke zaubert französische Hochküche in den exklusiven Blauen Salon mit gerade mal vier Tischen.

Dünenstraße 47
+49 38378 620
seetel.de
Hotelrestaurant • Fine Dining • französisch • klassisch

P

Essen:	**43** | 50
Service:	**18** | 20
Weinkarte:	**18** | 20
Ambiente:	**8** | 10
Gesamt:	87 | 100

Kaisers Eck

17419 Seebad Ahlbeck

Wer dieses kulinarische Kleinod in Ahlbeck einmal für sich entdeckt hat, wird wiederkommen, wird hier doch eine frische, überraschend raffiniert zubereitete Regionalküche mit mediterranem Twist serviert. Ein Hochgenuss!

Kaiserstraße 1
+49 38378 30058
kaiserseck.de
Fine Dining • Fisch • mediterran • regionale Produkte

Essen:	**43** | 50
Service:	**19** | 20
Weinkarte:	**18** | 20
Ambiente:	**8** | 10
Gesamt:	88 | 100

Belvedere

17424 Seebad Heringsdorf

»Ostsee meets the world« lautet das Küchenkonzept im Fine-Dining-Restaurant. Da man im Wintergarten unter der Glaskuppel speisen kann, gibt es einen atemberaubenden Blick auf die Ostsee gratis dazu.

Delbrückstraße 10
+49 38378 33536
belvedere-heringsdorf.de
Hotelrestaurant • Fine Dining • Essen mit Aussicht

Essen:	**44** I 50
Service:	**18** I 20
Weinkarte:	**18** I 20
Ambiente:	**8** I 10
Gesamt:	88 I 100

Gutshaus Kubbelkow

18528 Sehlen

Im restaurierten historischen Gutshaus bietet das Restaurant eine bewusst klein gehaltene Speisekarte, denn hier legt man großen Wert auf die Frische der saisonalen Produkte aus der Region. Herzlicher Service.

Dorfstraße 8
+49 3838 8227777
kubbelkow.de
mediterran • französisch • regionale Produkte

Essen:	**43** I 50
Service:	**18** I 20
Weinkarte:	**17** I 20
Ambiente:	**8** I 10
Gesamt:	86 I 100

Ambiance

18586 Sellin

Das Wohlfühlangebot im privat geführten Hotel auf Rügen umfasst auch Wellness auf dem Teller: In klassischem Ambiente werden moderne Gerichte aus heimischen und regionalen Produkten serviert.

Wilhelmstraße 34
+49 38303 122150
roewers.de
regionale Produkte • Terrasse • Essen mit Aussicht

Essen:	**42** I 50
Service:	**17** I 20
Weinkarte:	**18** I 20
Ambiente:	**8** I 10
Gesamt:	85 I 100

Gutshaus Stolpe 17391 Stolpe

Kaninchenleberparfait mit Müritzer Räucheraal, gestockter Peene-Hecht, Filet von der Milchkuh: Küchenchef Christian Somann kocht modern-extravagant und ganz nach dem Motto: Denke global, kaufe regional.

Peenstraße 33	Essen: **45** / 50
+49 39721 5500	Service: **18** / 20
gutshaus-stolpe.de	Weinkarte: **18** / 20
Fine Dining • regionale Produkte • im Grünen	Ambiente: **9** / 10
	Gesamt: **90** / 100

Lara 18439 Stralsund

Das sympathische Restaurant ist in einem alten Stadthaus direkt am Stralsunder Hafen untergebracht und verwöhnt seine Gäste mit saisonaler deutscher Frischeküche sowie mediterranen Gerichten.

Am Fischmarkt 4–6	Essen: **42** / 50
+49 3831 666339	Service: **18** / 20
das-restaurant-lara.de	Weinkarte: **17** / 20
Bistro • deutsche Küche • mediterran • entspannt	Ambiente: **7** / 10
	Gesamt: **84** / 100

Kleines Meer 17192 Waren (Müritz)

Der neue Küchenchef Sebastian Hartwig verwendet vorwiegend Regionales für seine Gerichte. Das Wild kommt aus den umliegenden Wäldern, Fisch von den Müritzfischern, und auch der Käse ist regional produziert.

Alter Markt 7	Essen: **43** / 50
+49 3991 6480	Service: **17** / 20
restaurant-kleinesmeer.de	Weinkarte: **17** / 20
Hotelrestaurant • Seeterrasse • klassisch	Ambiente: **8** / 10
	Gesamt: **85** / 100

Tafelhuus 23966 Wismar

Regionale und saisonale Spezialitäten aus der Ostseeregion werden hier vor den Augen der Gäste zubereitet – dank der offenen Küche, in der Chefkoch Mario Peters und sein Team um den Herd herumwirbeln.

Bürgermeister-Haupt-Straße 36	Essen: **42** / 50
+49 3841 3742420	Service: **18** / 20
tafelhuus-restaurant.de	Weinkarte: **17** / 20
Casual Dining • Gastgarten • modern • elegant	Ambiente: **8** / 10
	Gesamt: **85** / 100

80–84 85–89 90–94 95–100 Punkte

NIEDERSACHSEN

Behnecke

38667 Bad Harzburg

Das Restaurant ähnelt einer typischen Harzer Gaststube, und auch die Küche folgt mit heimischem Wild und Fisch der Lokaltradition. Aber die klassischen Gerichte profitieren von mediterranem Einfluss.

Herzog-Wilhelm-Straße 54
+49 5322 7880
hotel-braunschweiger-hof.de
Hotelrestaurant • deutsche Küche • Wild • Terrasse

Essen:	**43** | 50
Service:	**18** | 20
Weinkarte:	**17** | 20
Ambiente:	**8** | 10
Gesamt:	86 | 100

Schmiedegasthaus Gehrke

31542 Bad Nenndorf

Ernst-August Gehrke erkochte sich im La Forge einen Stern, nun bietet er Gerichte der Saison an, regional und unverfälscht. 500 Weine laden zum Stöbern ein. Im Sommer wird auch im Obstgarten serviert.

Riepener Straße 21
+49 5725 94410
schmiedegasthaus.de
Hotelrestaurant • deutsche Küche • Gastgarten

Essen:	**43** | 50
Service:	**17** | 20
Weinkarte:	**19** | 20
Ambiente:	**7** | 10
Gesamt:	86 | 100

Apicius

26160 Bad Zwischenahn

Tim Extras Leidenschaft fürs Kochen wurde in der mütterlichen Küche geweckt. Noch immer hat der Sternekoch einen ausgeprägten Sinn für Klassiker, die er modern gestaltet und für die er Produkte des eigenen Hofs nutzt.

Eiden 9
+49 4403 698416
jagdhaus-eiden.de
eigener Gemüse- und Kräutergarten • deutsche Küche

Essen:	**45** | 50
Service:	**18** | 20
Weinkarte:	**18** | 20
Ambiente:	**8** | 10
Gesamt:	89 | 100

Jäger- und Fischerstuben

26160 Bad Zwischenahn

Das Jagdhaus inmitten eines weitläufigen Parks am Zwischenahner Meer serviert in drei romantischen Stuben Klassiker sowie regionale Fisch- und Wildgerichte – und empfiehlt sich für einen Herbstbesuch.

Eiden 9
+49 4403 698433
jagdhaus-eiden.de
deutsche Küche • Fisch • Essen mit Aussicht • gemütlich

Essen:	**44** | 50
Service:	**17** | 20
Weinkarte:	**17** | 20
Ambiente:	**8** | 10
Gesamt:	86 | 100

Müller
30890 Barsinghausen

In dem 300 Jahre alten Gasthaus bereiten die Brüder Müller Klassiker auf neue, köstliche Weise zu. Im Keller liegen 400 vornehmlich deutsche Weine. Die Terrasse gewährt Weitblick bis zum Deister.

Golterner Straße 2
+49 5108 2163
gasthausmueller.de
Gasthaus • regionale Produkte • gemütlich

Essen:	**42** I 50
Service:	**17** I 20
Weinkarte:	**16** I 20
Ambiente:	**7** I 10
Gesamt:	82 I 100

Stiller's Restaurant
30890 Barsinghausen

Das junge Team orientiert sich an regionaler, ehrlicher Küche mit besten Produkten und reichert sie mit italienischen Elementen an. Die Gäste speisen im freundlichen Restaurant oder im Biergarten.

Egestorfer Straße 36A
+49 5105 61818
stiller-geniessen.de
Biervielfalt • Terrasse • gemütlich

Essen:	**43** I 50
Service:	**17** I 20
Weinkarte:	**18** I 20
Ambiente:	**8** I 10
Gesamt:	86 I 100

Das Alte Haus
38100 Braunschweig

Das Fachwerkhaus im idyllischen Rundlingsdorf bietet Fleischgerichte vom Grill mit modernem Twist und eine gute Auswahl an deutschen Weinen. Am großen Antipasti-Buffet werden auch Vegetarier glücklich.

Alte Knochenhauerstraße 11
+49 531 6180100
altehaus.de
Fine Dining • Terrasse • elegant

Essen:	**45** I 50
Service:	**18** I 20
Weinkarte:	**18** I 20
Ambiente:	**8** I 10
Gesamt:	89 I 100

Monkey Rosé
38100 Braunschweig

Wie der Name schon suggeriert, haben die Weine hier denselben Stellenwert wie die Gerichte aus frischen saisonalen Produkten. Dabei wollen die Betreiber vor allem eines: Überraschungen auf den Tisch bringen.

Altstadtmarkt 1
+49 531 28793388
monkey-rose.de
deutsche Küche • französisch • romantisch

Essen:	**43** I 50
Service:	**17** I 20
Weinkarte:	**18** I 20
Ambiente:	**8** I 10
Gesamt:	86 I 100

Mono
38100 Braunschweig

Das kulinarische Spektrum der Japan-zentrierten Küche reicht von Sushi über Udon-Suppen bis zum Samba-Steak – kein Wunder: Mitinhaber ist der Berliner Star der asiatischen Fusionsküche: The Duc Ngo.

Papenstieg 4
+49 531 61491457
mono-restaurant.com
japanisch • Fisch • elegant

Essen:	**43** I 50
Service:	**18** I 20
Weinkarte:	**17** I 20
Ambiente:	**8** I 10
Gesamt:	86 I 100

Überland

38102 Braunschweig

Ein Gourmettempel auf drei Etagen hoch über Braunschweig. Das Küchen- und Speisenkonzept verantwortet Tim Mälzer – und das bedeutet: gute Fleischgerichte, herrlichen Fisch und allerlei saisonale Beilagen.

Willy-Brandt-Platz 18	Essen: **43** / 50
+49 531 18053410	Service: **17** / 20
ueberland-bs.de	Weinkarte: **17** / 20
Bar • deutsche Küche • Essen mit Aussicht	Ambiente: **8** / 10
	Gesamt: 85 / 100

Zucker

38122 Braunschweig

Die Backsteinwände der ehemaligen Zuckerraffinerie schaffen ein nüchternes Ambiente, dazu liefert die saisonale Küche mit Aromenvielfalt und gehobenen Versionen von Tafelspitz oder Wiener Schnitzel einen wunderbaren Kontrast.

Frankfurter Straße 2	Essen: **43** / 50
+49 531 281980	Service: **17** / 20
zucker-raffinerie.de	Weinkarte: **17** / 20
deutsche Küche • Terrasse • traditionell	Ambiente: **8** / 10
	Gesamt: 85 / 100

Henry's

21244 Buchholz in der Nordheide

Jan Philip Stöver kocht nach Saison und bringt dabei die Nordheide mit regionalen Kartoffeln und Wild aus den umliegenden Wäldern auf den Teller – hervorragende Landhausküche mit nachhaltigen Produkten.

Steinbecker Straße 111	Essen: **43** / 50
+49 4181 2000	Service: **17** / 20
zur-eiche.de	Weinkarte: **16** / 20
deutsche Küche • regionale Produkte • Terrasse	Ambiente: **8** / 10
	Gesamt: 84 / 100

Lege

30938 Burgwedel

Feines Landgasthaus mit saisonaler, klassischer Küche und Sinn für Eigengeschmack. Service und Weinempfehlungen machen Freude. Neben einem Menü mit Meeres- und Landtieren gibt es auch eines für Vegetarier.

Engenser Straße 2	Essen: **44** / 50
+49 5139 8233	Service: **17** / 20
gasthaus-lege.de	Weinkarte: **16** / 20
Gasthaus • deutsche Küche • Terrasse • gemütlich	Ambiente: **8** / 10
	Gesamt: 85 / 100

Allerkrug

29227 Celle

Im historischen Ortsteil der Heidestadt verbindet Sven Hütten die regionale Küche meisterhaft mit Ideen aus aller Welt. Die Inhaber betreiben auch eine Lebensmittelmanufaktur und geben Kochkurse.

Alte Dorfstraße 14	Essen: **43** / 50
+49 5141 84894	Service: **18** / 20
allerkrug.de	Weinkarte: **17** / 20
deutsche Küche • französisch • Gastgarten	Ambiente: **7** / 10
	Gesamt: 85 / 100

Das Esszimmer

29221 Celle

Hier ist wirklich alles hausgemacht, vom Brot bis zu den eingeweckten Moosbeeren. Die übersichtliche Karte bietet regionale Speisen in mediterranem Gewand. Im Sommer lockt die Gartenterrasse.

Hostmannstraße 37
+49 5141 9777536
dasesszimmer-celle.de
Fine Dining • Terrasse • entspannt

Essen:	43 | 50
Service:	18 | 20
Weinkarte:	17 | 20
Ambiente:	7 | 10
Gesamt:	85 | 100

Palio

29221 Celle

Das Palio nimmt einen mit auf eine sinnliche Reise in die Toskana – optisch mit seinem Palazzo-Ambiente, kulinarisch mit wechselnden Spezialitäten aus Italiens Regionen. Im Angebot ist auch ein rein vegetarisches Menü.

Hannoversche Straße 55–56
+49 5141 2010
althoffcollection.com
Hotelrestaurant • italienisch • mediterran • Gastgarten

Essen:	44 | 50
Service:	17 | 20
Weinkarte:	17 | 20
Ambiente:	8 | 10
Gesamt:	86 | 100

Schapers Restaurant

29225 Celle

Das Haus wird in vierter Generation von der Familie geführt. Tradition herrscht auch in der Küche. Die ist regional ausgerichtet und bietet klassische Gerichte mit mediterranen Akzenten.

Heese 6–7
+49 5141 94880
hotel-schaper.de
Familienbetrieb • deutsche Küche • Terrasse

Essen:	43 | 50
Service:	17 | 20
Weinkarte:	17 | 20
Ambiente:	7 | 10
Gesamt:	84 | 100

Köllners Landhaus

29223 Celle-Boye

Das Fachwerkhaus aus dem 16. Jahrhundert mit seinem weitläufigen Garten lädt zum Ausspannen ein. Für den kulinarischen Genuss sorgen die regionale und weltoffene Küche sowie die Karte mit 230 Weinen.

Im Dorfe 1
+49 5141 951950
koellners-landhaus.de
Hotelrestaurant • Vinothek • im Grünen • Terrasse

Essen:	43 | 50
Service:	17 | 20
Weinkarte:	17 | 20
Ambiente:	8 | 10
Gesamt:	85 | 100

Sterneck

27476 Cuxhaven

Spektakuläre Lage mit Blick auf Watt oder Nordseewellen. In der viel gerühmten Küche lässt Marc Rennhack moderne Klassik mit spanisch-orientalischen Aromen verschmelzen. Bemerkenswert: die gute Weinauswahl.

Cuxhavener Straße 86
+49 4721 4340
badhotel-sternhagen.de
Hotelrestaurant • Fine Dining • Essen mit Aussicht

Essen:	45 | 50
Service:	18 | 20
Weinkarte:	18 | 20
Ambiente:	8 | 10
Gesamt:	89 | 100

Schäferstuben

29328 Faßberg-Müden

Alexander Niemeyers Heidschnuckenbraten zeigt, wie sich regionale Heideküche mit französischer Kulinarik aufs Schönste vermählt. Charmant sind die Nischen im gemütlichen Restaurant und die Sommerterrasse.

Hauptstraße 7
+49 5053 98900
niemeyers-posthotel.de
Hotelrestaurant • Familienbetrieb • Terrasse • romantisch

Essen:	**44** I 50
Service:	**17** I 20
Weinkarte:	**17** I 20
Ambiente:	**8** I 10
Gesamt:	86 I 100

www.goefoto.de

Genießer Stube – Daniel Raub

37133 Friedland

In dem behaglichen Gastraum erlebt man Gourmetküche als klare Botschaft: Wer bei Sternekoch Daniel Raub speist, genießt Gerichte aus erlesenen saisonalen Produkten ohne Zierrat und in Vollendung.

Weghausstraße 20
+49 5504 93500
landhaus-biewald.de
Hotelrestaurant • Fine Dining • elegant

Essen:	**44** I 50
Service:	**18** I 20
Weinkarte:	**18** I 20
Ambiente:	**9** I 10
Gesamt:	89 I 100

Landhaus am See

30827 Garbsen

Speisen in hellem Design mit Blick auf den See – das Landhaus versteht sich als Ort der Auszeit. Die saisonal-regionale Küche bietet auch Vegetarisches, und die Weinkarte ist einen genauen Blick wert.

Seeweg 27–29
+49 5131 46860
landhausamsee.de
Hotelrestaurant • deutsche Küche • Terrasse • gemütlich

Essen:	**44** I 50
Service:	**18** I 20
Weinkarte:	**17** I 20
Ambiente:	**8** I 10
Gesamt:	87 I 100

Berggasthaus Niedersachsen

30989 Gehrden

Tolle Lage verschmilzt mit Fine Dining: Im Ausflugslokal auf 136 Meter Höhe gibt es gute Traditionsküche mit saisonalen Produkten – und einen Blick auf die weitläufige Parkanlage zum Sonnenuntergang.

Köthnerberg 4
+49 5108 3101
berggasthaus-niedersachsen.de
Gasthaus • deutsche Küche • am Berg • gemütlich

Essen:	**43** I 50
Service:	**17** I 20
Weinkarte:	**17** I 20
Ambiente:	**8** I 10
Gesamt:	85 I 100

Trüffel

38640 Goslar

Natürlich gibt es einige Trüffelgerichte. Daneben aber auch Speisen, bei denen Fleisch dominiert – und die werden modular, also mit variablen Beilagen und Saucen, angeboten. Schön ist die große Sonnenterrasse.

Bäckerstraße 106	Essen:	43 | 50
+49 5321 29677	Service:	17 | 20
restaurant-trueffel.de	Weinkarte:	16 | 20
Bistro • mediterran • Terrasse • modern	Ambiente:	8 | 10
	Gesamt:	84 | 100

Intuu

37073 Göttingen

Die Fusion von japanischer und südamerikanischer Küche macht die Kreationen von Dennis Düvel und Stefan Wiede zum Genuss. Gangfolgen gibt es nicht, gegessen wird, was fertig ist – und vor Aroma birst.

Berliner Straße 30	Essen:	43 | 50
+49 551 999530	Service:	18 | 20
freigeist-goettingen.de	Weinkarte:	17 | 20
Hotelrestaurant • Sushi • Sharing Menu	Ambiente:	8 | 10
	Gesamt:	86 | 100

Schillingshof

37133 Groß Schneen

Die Gourmetküche im historischen Fachwerkhaus ist traditionell und regional ausgerichtet, mit Lachs, Rinderfilet und Entenbrust auf der Karte – zeitgemäß interpretiert mit exzellenten Produkten.

Lappstraße 14	Essen:	43 | 50
+49 5504 228	Service:	17 | 20
schillingshof.de	Weinkarte:	17 | 20
Hotelrestaurant • deutsche Küche • regionale Produkte	Ambiente:	8 | 10
	Gesamt:	85 | 100

Albertz.

30175 Hannover

Im ehemaligen Bistro Schweizerhof kommen in legerem Ambiente kreative deutsche Gerichte auf den Tisch, die von Berliner Kalbsleber bis Seeteufel reichen und durch sehr gute Produkte bestechen.

Hinüberstraße 6	Essen:	43 | 50
+49 511 34950	Service:	18 | 20
schweizerhof-hannover.de	Weinkarte:	17 | 20
Hotelrestaurant • deutsche Küche • Terrasse	Ambiente:	8 | 10
	Gesamt:	86 | 100

Handwerk

30173 Hannover

Casual Fine Dining, das sich auf das Wesentliche konzentriert: Küchenchef Thomas Wohlfeld gestaltet geradezu puristische Gerichte – die ihm einen Stern eingetragen haben – ganz transparent in der offenen Küche.

Altenbekener Damm 17	Essen:	45 | 50
+49 511 26267588	Service:	18 | 20
handwerk-hannover.com	Weinkarte:	18 | 20
Casual Dining • Terrasse • modern	Ambiente:	9 | 10
	Gesamt:	90 | 100

Jante

30171 Hannover

Die nordisch geprägte Zwei-Sterne-Küche von Tony Hohlfeld frappiert immer wieder durch Originalität, Aromenvielfalt und Präzision. Kongenial ergänzt wird sie durch die Ideen der Sommelière Mona Schrader.

Marienstraße 116
+49 511 54555606
jante-restaurant.de
Fine Dining • deutsche Küche • unkonventionell

Essen:	48 | 50
Service:	20 | 20
Weinkarte:	19 | 20
Ambiente:	10 | 10
Gesamt:	97 | 100

Lindenblatt 800 Grad

30159 Hannover

Hier dreht sich alles um Fleisch; und um das möglichst perfekt mit schöner Kruste zu garen, kommt ein bis zu 800 Grad heißer Ofen zum Einsatz. Die Auswahl an Weinen von deutschen Winzern zeigt Sorgfalt.

Schuhstraße 11
+49 511 45008808
lindenblatt-hannover.de
Steak • entspannt • Geschäftsessen

Essen:	43 | 50
Service:	19 | 20
Weinkarte:	18 | 20
Ambiente:	8 | 10
Gesamt:	88 | 100

Marie

30161 Hannover

In dem modernen Restaurant im Bistro-Stil praktiziert Sven Holthaus klassische französische Küche auf neue Art – mit asiatischen Noten. Stets auf der Karte: die eigene Bouillabaisse aus Rauchfischfond.

Wedekindplatz 1
+49 511 65399074
restaurantmarie.de
französisch • modern • gemütlich

Essen:	42 | 50
Service:	18 | 20
Weinkarte:	17 | 20
Ambiente:	8 | 10
Gesamt:	85 | 100

Schorse

30159 Hannover

Eher Brasserie als Restaurant, bietet das Schorse im Souterrain des Landtags französische Klassiker und frische deutsche Küche. Bei schönem Wetter nimmt man gerne auf der Terrasse am Leinewehr Platz.

Hannah-Arendt-Platz 1
+49 511 30302411
schorse-im-leineschloss.de
deutsche Küche • im Schloss • Terrasse

Essen:	43 | 50
Service:	17 | 20
Weinkarte:	15 | 20
Ambiente:	8 | 10
Gesamt:	83 | 100

Schuberts Brasserie

30173 Hannover

Modern und leger gibt sich die Brasserie mit ihrem jungen Team. Die Küche basiert auf deutschen und französischen Klassikern in origineller Interpretation. Fixer Programmpunkt ist das vegane Menü.

Geibelstraße 77
+49 511 89963633
schuberts-brasserie.de
deutsche Küche • französisch • vegan • romantisch

Essen:	43 | 50
Service:	17 | 20
Weinkarte:	17 | 20
Ambiente:	8 | 10
Gesamt:	85 | 100

Shin Ramen

30159 Hannover

Für die aromatischen japanischen Nudelsuppen bereitet das Küchenteam sämtliche Zutaten original zu und stellt sogar die Nudeln selbst her – authentisch wie in Tokio ist auch die etwas enge Tischreihung.

Thielenplatz 3	Essen:	43 I 50
+49 511 5474240	Service:	18 I 20
shin-foods.com	Weinkarte:	14 I 20
japanisch • Ramen • modern	Ambiente:	7 I 10
	Gesamt:	82 I 100

THE LIVING – room –

30161 Hannover

Benjamin Meusel versteht sein kleines Restaurant als Wohnzimmer, das Platz für 16 Gäste bietet, die gemeinsam einen schönen Abend verbringen – und seine klassisch-kreative französische Küche genießen.

Weißekreuzstraße 31	Essen:	43 I 50
+49 511 6003981	Service:	17 I 20
theliving.eu	Weinkarte:	17 I 20
mediterran • modern • Eventlocation	Ambiente:	8 I 10
	Gesamt:	85 I 100

Titus im Röhrbein

30159 Hannover

Bei Dieter Grubert stehen das Produkt und der Geschmack im Mittelpunkt, er kocht klassisch-modern und ohne große Verzierungen, dafür mit Esprit. Das Ergebnis: großartige Küche mit verblüffenden Kombinationen.

Joachimstraße 6	Essen:	43 I 50
+49 511 835524	Service:	17 I 20
restaurant-titus.com	Weinkarte:	17 I 20
deutsche Küche • Fisch • gemütlich	Ambiente:	7 I 10
	Gesamt:	84 I 100

Votum

30159 Hannover

Benjamin Gallein praktiziert eine vorzügliche und gleichzeitig raffinierte Produktküche. Die Zusammenstellung der Menüs überlässt er den Gästen. Fine Dining in lässiger Atmosphäre mit Blick auf die Leine.

Hannah-Arendt-Platz 1	Essen:	47 I 50
+49 511 30302412	Service:	19 I 20
vo-tum.de	Weinkarte:	18 I 20
Fine Dining • französisch • im Schloss	Ambiente:	9 I 10
	Gesamt:	93 I 100

Flux

34346 Hannoversch Münden

Vorfahrt für Bio ist hier Programm. Köstlich, was die ambitionierte Küche aus regional-saisonalen, ökologisch erzeugten Produkten zaubert. Schönes Konzept: raffinierte vegetarische Gerichte, auf Wunsch plus Fleisch.

Buschweg 40	Essen:	44 I 50
+49 5541 9980	Service:	17 I 20
flux-biohotel.de	Weinkarte:	17 I 20
Hotelrestaurant • bio • nachhaltig • gemütlich	Ambiente:	7 I 10
	Gesamt:	85 I 100

Danzer's

26571 Juist

Slow Food auf der Nordseeinsel: Stefan Danzer kocht saisonale, oft regionaltypische Gerichte, etwa mit Seezunge, Matjes oder Lamm. Man speist im modernen Gastraum oder auf der Terrasse mit Blick zum Deich.

Wilhelmstraße 36	Essen: **43** | 50
+49 4935 8040	Service: **17** | 20
hotel-achterdiek.de	Weinkarte: **16** | 20
Hotelrestaurant • Fisch • Meeresfrüchte	Ambiente: **8** | 10
	Gesamt: 84 | 100

Max'es

30851 Langenhagen

Das Bistro im Familienhotel Wegner serviert deftige Speisen fein interpretiert, wie etwa Pastrami oder Burger vom Simmentaler Rind, und abends Fine Dining, bei dem auch Kaviar und Jakobsmuscheln mitspielen.

Walsroder Straße 39	Essen: **42** | 50
+49 511 7269143	Service: **18** | 20
restaurant-maxes.de	Weinkarte: **17** | 20
Fine Dining • regionale Produkte • Cocktails	Ambiente: **8** | 10
	Gesamt: 85 | 100

Field

29439 Lüchow

Erst das Design, dann das Rezept. Kreativ und mit einem Hauch von Kindheitsaromen zaubert Salvatore Fontanazza Besonderes wie Kalbsbries mit Gänsefuß und Aal mit Salzzitrone. Sehenswert: Chef's Table zur offenen Küche.

Bergstraße 6	Essen: **42** | 50
+49 5841 97760	Service: **18** | 20
hotel-katerberg.de	Weinkarte: **17** | 20
Hotelrestaurant • Fine Dining • italienisch • gemütlich	Ambiente: **8** | 10
	Gesamt: 85 | 100

Röhms Deli

21335 Lüneburg

Das moderne Gasthaus spielt im gesamten Spektrum, angefangen von Delikatessengeschäft über Konditorei bis zu À-la-carte-Restaurant. In diesem isst man feine Gerichte von großer Vielfalt in lässigem Ambiente.

Heiligengeiststraße 30	Essen: **43** | 50
+49 4131 24160	Service: **17** | 20
roehmsdeli.de	Weinkarte: **16** | 20
deutsche Küche • Delikatessenverkauf • Terrasse	Ambiente: **8** | 10
	Gesamt: 84 | 100

LandHaus Zum LindenHof

21439 Marxen

Das Landhaus am Rand der Nordheide wird bereits in siebter Generation familiengeführt. Entsprechend traditionell geht es in der Küche zu – mit klassischen Gerichten wie Heidschnuckenkeule, aber in modernem Gewand.

Hauptstraße 18	Essen: **43** | 50
+49 4185 4182	Service: **17** | 20
landhaus-zum-lindenhof.de	Weinkarte: **16** | 20
Familienbetrieb • deutsche Küche • regionale Produkte	Ambiente: **8** | 10
	Gesamt: 84 | 100

Waldschänke 49326 Melle

So schlicht der Name, so bodenständig-schmackhaft das Essen: Hier kommt Traditionelles wie Schmorgulasch, Schmorhühnchen oder Bergkäseauflauf auf den Teller, ergänzt mit frischen regionalen Produkten.

Dissener Straße 73	Essen: **43** | 50
+49 5429 2683	Service: **17** | 20
steinreich-alexanderbachmann.eu	Weinkarte: **15** | 20
deutsche Küche • Steak • Terrasse • urig	Ambiente: **7** | 10
	Gesamt: 82 | 100

von Euch 49716 Meppen

Raffinierte Frischeküche in elegant-modernem Ambiente. Sorgfältig ausgewählte Produkte werden schön verarbeitet – etwa bei den hausgemachten Ravioli. Mit Augenzwinkern und Aha-Effekt: Craftbier aus emsländischer Braumanufaktur.

Kuhstraße 21	Essen: **43** | 50
+49 5931 4950100	Service: **16** | 20
voneuch.de	Weinkarte: **17** | 20
Hotelrestaurant • nachhaltig • Terrasse	Ambiente: **7** | 10
	Gesamt: 83 | 100

Fährhaus Nessmersiel 26553 Neßmersiel

Jahreszeit, Marktangebot, aber auch Lust und Laune bestimmen die Karte mit regionalen und rustikalen Leckereien. Scholle und Krabben vom Kutter, Salzwiesenlamm oder Jungbullen-Rumpsteak kommen auf den Tisch.

Dorfstraße 42	Essen: **43** | 50
+49 4933 303	Service: **18** | 20
faehrhaus-nessmersiel.de	Weinkarte: **17** | 20
Hotelrestaurant • Fisch • regionale Produkte	Ambiente: **9** | 10
	Gesamt: 87 | 100

Sülbecker Krug 31688 Nienstädt

Wer hierher kommt, weiß, was er will: Fleisch in verschiedenen Variationen. Die besten Steaks kommen aus dem 800 Grad heißen Ofen. Daneben hält die Karte auch noch etwas Fisch und zwei vegetarische Gerichte bereit.

Mindener Straße 6	Essen: **43** | 50
+49 5724 3992550	Service: **17** | 20
suelbeckerkrug.de	Weinkarte: **17** | 20
Hotelrestaurant • Steak • Terrasse • gemütlich	Ambiente: **7** | 10
	Gesamt: 84 | 100

Heimisch

26506 Norden

Gemütlichkeit und heimisches Feines im schönen Ostfriesland. Das Küchenteam verwöhnt mit bewährten Klassikern und modernen Gerichten aus regionalen Schätzen. Das Lammkarree überzeugt ebenso wie die guten Weine.

Neuer Weg 53 +49 4931 175287 reichshof-norden.de **Hotelrestaurant • regionale Küche • Terrasse • gemütlich**	Essen: **43** | 50 Service: **17** | 20 Weinkarte: **15** | 20 Ambiente: **8** | 10 Gesamt: 83 | 100

Esszimmer im Inselloft Norderney

26548 Norderney

Einfache Tische und Stühle, die Kochstube einsehbar – im Esszimmer kommen frische und hochwertige Speisen in geradlinigem Stil auf den Tisch. Die Gäste loben den freundlichen und angenehmen Service.

Damenpfad 37 +49 4932 893800 inselloft-norderney.de **deutsche Küche • regionale Produkte • gemütlich**	Essen: **42** | 50 Service: **17** | 20 Weinkarte: **16** | 20 Ambiente: **8** | 10 Gesamt: 83 | 100

Oktopussy

26548 Norderney

Das Ambiente mag verspielt wirken, doch die Küchenchefs legen Wert auf nachhaltige Produkte, deren Herkunft sie kennen, und kochen kreativ auf hohem Niveau. Bei gutem Wetter wird im Garten gegrillt.

Luisenstraße 13–15 +49 4932 9342050 oktopussy-norderney.de **Fisch • eigener Kräutergarten • Terrasse • entspannt**	Essen: **43** | 50 Service: **18** | 20 Weinkarte: **16** | 20 Ambiente: **8** | 10 Gesamt: 85 | 100

Seesteg

26548 Norderney

Markus Kebschull machte sich im Sterneck einen Namen, nun kocht er auf Norderney in einer einsehbaren Küche und die Gäste können dem Chef bei der Zubereitung seiner spektakulären Gerichte zuschauen.

Damenpfad 36a +49 4932 893600 seesteg-norderney.de **Hotelrestaurant • Fine Dining • Seeterrasse • romantisch**	Essen: **44** | 50 Service: **18** | 20 Weinkarte: **17** | 20 Ambiente: **8** | 10 Gesamt: 87 | 100

Weisse Düne

26548 Norderney

Schönes Strandrestaurant in den Dünen mit Nordseeblick. Aus der Küche kommen inseltypische Gerichte wie Kartoffelsuppe, aber auch Tafelspitz – bei gutem Wetter wird auf die Terrasse serviert, bei Sturm an den Kamin.

Weiße Düne 1 +49 4932 935717 weisseduene.com **Bar • Meeresfrüchte • Essen mit Aussicht**	Essen: **43** | 50 Service: **16** | 20 Weinkarte: **16** | 20 Ambiente: **8** | 10 Gesamt: 83 | 100

Novalis

37176 Nörten-Hardenberg

Der Lyriker Novalis inspirierte zum Namen und spornt Küchenchef Malte Gunzert zu Höchstleistungen an. Seine saisonal beeinflussten Gerichte und Menüs aus regionalen Zutaten sind ein Gedicht.

Hinterhaus 11a
+49 5503 9810
burghotel-hardenberg.de
vegetarisch • Terrasse • Essen mit Aussicht

Essen:	43	50
Service:	17	20
Weinkarte:	17	20
Ambiente:	8	10
Gesamt:	85	100

Waldwerk

37154 Northeim

Die Küche setzt konsequent auf regionale Zutaten, manche davon kommen aus dem Wald direkt vor der Tür: Kräuter, Pilze, Fichtennadeln. So entstehen saisonale Gerichte von teils verblüffender Originalität.

Am Gesundbrunnen
+49 5551 6070
waldwerk-northeim.de
regionale Küche • im Grünen • Terrasse • gemütlich

P

Essen:	43	50
Service:	18	20
Weinkarte:	17	20
Ambiente:	8	10
Gesamt:	86	100

Kevin Gideon

26122 Oldenburg

Verspielte, aromakrasse Küche ohne Grenzen – so lautet Kevin Gideons Motto. In seinem kleinen Restaurant mit 22 Sitzplätzen bereitet er in der offenen Küche wechselnde Menüs zu, allesamt innovativ und klar benannt.

Heiligengeistwall 9
+49 441 18005066
kevingideon.de
Fine Dining • modern • regionale Produkte

Essen:	44	50
Service:	18	20
Weinkarte:	17	20
Ambiente:	8	10
Gesamt:	87	100

Friedrich

49078 Osnabrück

Guter Mix aus eleganter Atmosphäre, innovativer französisch-basierter Küche und wohltuender Gästebetreuung. Die Weinkarte zeugt von großem Sachverstand. Bistro-Gerichte gibt es im Kleinen Friedrich.

Lotter Straße 99
+49 541 96380899
friedrich-osnabrueck.de
Fine Dining • französisch • Gastgarten

Essen:	45	50
Service:	19	20
Weinkarte:	18	20
Ambiente:	8	10
Gesamt:	90	100

Iko

49086 Osnabrück

Tom Elstermeyer hat ein Gesamtkunstwerk geschaffen: Das moderne Styling des Restaurants stammt von ihm, das Geschirr ist selbst getöpfert, und in der offenen Küche bereitet er mutig aromenstarke Gerichte zu.

Stadtweg 38a
+49 541 44018030
iko-restaurant.de
regionale Küche • Terrasse • unkonventionell

Essen:	44	50
Service:	18	20
Weinkarte:	17	20
Ambiente:	8	10
Gesamt:	87	100

Kesselhaus

49084 Osnabrück

Attraktive Industriearchitektur, gepaart mit kreativ-urbaner Weltküche in einem Menü, das alle sechs Wochen wechselt. Küchenchef Randy de Jong kreiert saisonal geprägte, moderne Kreativgerichte.

Neulandstraße 12
+49 541 97000072
kesselhaus-os.de
Fine Dining • Terrasse • unkonventionell

Essen:	46	50
Service:	18	20
Weinkarte:	18	20
Ambiente:	8	10
Gesamt:	90	100

Walhalla

49074 Osnabrück

Genuss im Herzen von Osnabrück im ältesten Gasthaus der Stadt. Herzhaftes wie geschmorte Ochsenbacke in Altbiersauce und Internationales wie Maispoulardenbrust mit Erbsen-Wasabi-Püree begeistern.

Bierstraße 24
+49 541 34910
hotel-walhalla.de
Hotelrestaurant • deutsche Küche • elegant

Essen:	43	50
Service:	17	20
Weinkarte:	17	20
Ambiente:	8	10
Gesamt:	85	100

Wilde Triebe

49082 Osnabrück

Hunger und Liebe sind hier die wilden Triebe. Abwechslungsreich präsentiert sich die regelmäßig wechselnde Karte mit regionaler, saisonaler Küche im schönen, modern gestalteten Rotklinkerambiente.

Am Sutthauser Bahnhof 5
+49 541 60079033
wilde-triebe.de
regionale Produkte • Terrasse • modern

Essen:	43	50
Service:	17	20
Weinkarte:	17	20
Ambiente:	8	10
Gesamt:	85	100

Graf Everstein

37647 Polle

Allein die Lage an der Burgruine sowie der Blick auf Weser und Bergland sind einen Besuch wert. Dazu kommt eine klassische Küche mit frischen regionalen Produkten und gutem Preis-Leistungs-Verhältnis.

Amtsstraße 6
+49 5535 999780
graf-everstein.de
Terrasse • deutsche Küche • Essen mit Aussicht

Essen:	43	50
Service:	17	20
Weinkarte:	15	20
Ambiente:	8	10
Gesamt:	83	100

Restaurant Fachwerk

31737 Rinteln

Im zauberhaft modernisierten Fachwerkhaus kehrten bereits vor 300 Jahren Gäste ein. Heute verwöhnt Küchenmeister Daniel Klein mit leichter regional-saisonaler Landküche. Unterhaltsam: Plätze in der Fußgängerzone.

Klosterstraße 42
+49 5751 95040
hotel-stadtkassel.de
Hotelrestaurant • deutsche Küche • Terrasse • urig

Essen:	43	50
Service:	18	20
Weinkarte:	19	20
Ambiente:	8	10
Gesamt:	88	100

Schaumburger Ritter 31737 Rinteln

In dem uralten Gasthaus haben Besucher die Wahl zwischen dem eleganten Restaurant mit internationaler Gourmetküche und der rustikalen Ritterstube, in der es auch kulinarisch wie im Mittelalter zugeht.

Burgstraße 2–4	Essen: **43** I 50
+49 5152 947460	Service: **17** I 20
schaumburger-ritter.de	Weinkarte: **16** I 20
deutsche Küche • Steak • urig	Ambiente: **8** I 10
	Gesamt: 84 I 100

Ramster 29640 Schneverdingen

Regionale, saisonale Küche mitten in der Lüneburger Heide. Marcus Ramster verbindet Kreativität mit Tradition. Typisch ist der Schneverdinger Heidschnuckenbraten aus der Keule von Herden aus dem Naturpark.

Heberer Straße 16	Essen: **43** I 50
+49 5193 6888	Service: **17** I 20
hotel-ramster.de	Weinkarte: **16** I 20
Hotelrestaurant • regionale Produkte • Terrasse	Ambiente: **8** I 10
	Gesamt: 84 I 100

Lieblingsplatz 21218 Seevetal

Zwischen hohen Eichen und Forellenteichen zaubert Küchenchef Markus Schubert feine Lieblingsspeisen aus Qualitätsprodukten. Unbedingt probieren: die Knödelgerichte. Schöne Seeterrasse und Wintergarten mit Kamin.

Moorstraße 41	Essen: **43** I 50
+49 4105 6766966	Service: **17** I 20
restaurant-lieblingsplatz.de	Weinkarte: **16** I 20
deutsche Küche • Steak • Fisch • Seeterrasse	Ambiente: **8** I 10
	Gesamt: 84 I 100

Backers 49767 Twist

In siebter Generation in Familienbesitz, setzt Familie Backer auf nachhaltigen Genuss. Rehwild aus den heimischen Wäldern kommt als Sauerbraten, Ragout oder geschmorte Schulter, Gemüse wird selbst angebaut.

Kirchstraße 25	Essen: **44** I 50
+49 5936 904770	Service: **18** I 20
gasthof-backers.de	Weinkarte: **16** I 20
Gasthaus • regionale Küche • nachhaltig • im Grünen	Ambiente: **8** I 10
	Gesamt: 86 I 100

Pades 27283 Verden

Wolfgang Pade schnuppert noch heute mit Faszination an Kochtöpfen in aller Welt, um seinen Erfahrungsschatz zu vertiefen. Seine ambitionierte Frischeküche mit regionalen Zutaten begeistert Stammgäste ebenso wie Reisende.

Grüne Straße 15	Essen: **44** I 50
+49 4231 3060	Service: **17** I 20
pades.de	Weinkarte: **17** I 20
regionale Produkte • Terrasse • entspannt	Ambiente: **8** I 10
	Gesamt: 86 I 100

Ratsstube

38709 Wildemann

Mit viel Liebe führt Familie Geinitz Hotel und Restaurant mit raffinierter Wirtshausküche. Auf der Karte stehen regionale Produkte wie 72 Stunden gegarte Schulter vom Harzer Rind oder Wild mit »Gemüsigem« als Begleitung.

Bohlweg 37
+49 5323 6261
hotel-rathaus-wildemann.de
Hotelrestaurant • deutsche Küche • regionale Produkte

Essen:	**43**	50
Service:	**18**	20
Weinkarte:	**16**	20
Ambiente:	**8**	10
Gesamt:	85	100

Artischocke

26382 Wilhelmshaven

»Ehrlich, aufrichtig und einfach« lautet hier das Motto. Gekocht werden französische Klassiker und Saisongerichte der Region, allesamt mit besten Lebensmitteln. Wer es leger mag, speist im Bistro.

Peterstraße 19
+49 4421 34305
artischocke-whv.de
französisch • regionale Produkte • gemütlich

Essen:	**42**	50
Service:	**18**	20
Weinkarte:	**16**	20
Ambiente:	**8**	10
Gesamt:	84	100

Aqua

38440 Wolfsburg

Sven Elverfeld gibt Gas in der Autostadt: raffinierte Kompositionen mit hoher Komplexität. In zwei Menüs mit bis zu sieben Gängen heißt es »Neues entdecken« oder bei »Meine Verbundenheit« Heißgeliebtes wieder mal schmecken.

Parkstraße 1
+49 5361 606056
restaurant-aqua.com
Hotelrestaurant • Fine Dining • elegant

Essen:	**50**	50
Service:	**20**	20
Weinkarte:	**20**	20
Ambiente:	**10**	10
Gesamt:	100	100

Terra

38440 Wolfsburg

Die große Fensterfront des Terra begeistert mit Ausblick aufs Wasser des Hafenbeckens und die Küche mit saisonal ausgerichteten Gerichten, die die Natürlichkeit der Produkte zelebrieren. Sehr freundlicher Service.

Parkstraße 1
+49 5361 607091
ritzcarlton.com
Hotelrestaurant • Steak • elegant

Essen:	**43**	50
Service:	**18**	20
Weinkarte:	**18**	20
Ambiente:	**8**	10
Gesamt:	87	100

wildfrisch Gutsküche

38446 Wolfsburg

Im ehemaligen Torhaus des Ritterguts gibt es keine Trennung zwischen Küche und Gastraum. So erleben die Besucher die Zubereitung von Flammkuchen, Hirschcarpaccio oder Fisch aus der Müritz hautnah mit.

Schulenburgstraße 16
+49 5363 8133310
wildfrisch.de
deutsche Küche • regionale Produkte • unkonventionell

Essen:	**43**	50
Service:	**17**	20
Weinkarte:	**17**	20
Ambiente:	**8**	10
Gesamt:	85	100

Zur Börse

27639 Wurster Nordseeküste

Im idyllischen Ortskern liegt das 300 Jahre alte Gasthaus, das einst als Viehbörse diente. Heute serviert Familie Wolters exzellente regionale Küche mit einem Fischmenü und – sommers – Röhrkohlpuffer.

In der Langen Straße 22
+49 4705 1277
zur-boerse.de
Familienbetrieb • Fisch • regionale Produkte • gemütlich

Essen:	**43** | 50
Service:	**17** | 20
Weinkarte:	**16** | 20
Ambiente:	**7** | 10
Gesamt:	83 | 100

SCHLESWIG-HOLSTEIN

Jagdhaus Waldfrieden

25485 Bilsen

Gediegenes Romantikhotel vor den Toren Hamburgs. Im schicken Restaurant sorgt Küchenchef Thomas Lubig mit Klassikern wie Bauernente oder einfach nur Katenschinkenbrot für zufriedene Gäste.

Kieler Straße 1
+49 4106 61020
waldfrieden.com
Hotelrestaurant • traditionell • regionale Produkte

Essen:	**41** | 50
Service:	**17** | 20
Weinkarte:	**17** | 20
Ambiente:	**8** | 10
Gesamt:	83 | 100

Odins Haithabu

24866 Busdorf

Hausgemachte und regionale Köstlichkeiten sind das Aushängeschild des traditionsreichen Ausflugslokals: Rippe vom Geestschwein, »Ochse rosa kalt« mit Bratkartoffeln, Wikinger-Pizza und Salate.

Haddebyer Chaussee 13
+49 4621 850500
odins-haddeby.de
Gasthaus • regionale Produkte • Fisch • Terrasse

Essen:	**41** | 50
Service:	**18** | 20
Weinkarte:	**15** | 20
Ambiente:	**8** | 10
Gesamt:	82 | 100

Sette Feinbistro

25335 Elmshorn

Italienisch geprägte Küche im Bistro-Stil. Die Gäste werden mit zahlreichen Pasta-Gerichten und vielfältig verarbeitetem Gemüse verwöhnt. Dazu serviert man Weine aus Deutschland und Italien.

Marktstraße 7
+49 4121 262939
sette-feinbistro.de
Bistro • deutsche Küche • italienisch • modern

Essen:	**43** | 50
Service:	**17** | 20
Weinkarte:	**17** | 20
Ambiente:	**8** | 10
Gesamt:	85 | 100

Margaretenhof 23769 Fehmarn

Stilvoll eingerichtetes Restaurant in einem historischen Landhaus. Sascha und Christine Dietrich sorgen für eine gehobene Küche aus den besten Zutaten der Region wie zum Beispiel fangfrischem Fisch.

Neujellingsdorf 7
+49 4371 87670
restaurant-margaretenhof.com
Gasthaus • Thai • japanisch • regionale Produkte

Essen:	**42** I 50
Service:	**17** I 20
Weinkarte:	**16** I 20
Ambiente:	**8** I 10
Gesamt:	83 I 100

Columbus 24939 Flensburg

Der Entdecker ist Namenspate, das gelungene Ambiente nimmt mit auf eine Gedankenreise. Auch in der hervorragenden Frischeküche geht es auf Entdeckungstour, etwa mit rumgebeiztem Lachs-Sashimi und Matjes.

Schiffbrücke 33
+49 461 16068200
hotel-hafen-flensburg.de
Hotelrestaurant • Allrounder • gemütlich

Essen:	**42** I 50
Service:	**18** I 20
Weinkarte:	**17** I 20
Ambiente:	**8** I 10
Gesamt:	85 I 100

Das Grace 24944 Flensburg

Luxuriöses Hotel im Hafenviertel Sonwik mit gleich vier Restaurants. Im Gourmetrestaurant Das Grace kommen die beiden Menüfolgen »Farm« und »Förde« auf den Tisch. Ausgezeichnete Weinkarte.

Fördepromenade 30
+49 461 1672360
dasjames.com
Hotelrestaurant • Fine Dining • eigene Landwirtschaft

Essen:	**46** I 50
Service:	**19** I 20
Weinkarte:	**18** I 20
Ambiente:	**8** I 10
Gesamt:	91 I 100

Ursprung 25840 Friedrichstadt

Modern gestaltetes Hotel mit gehobener Küche mitten im Holländerstädtchen. Der junge Küchenchef Jan Boddenberg bringt Klassiker der deutschen und internationalen Küche auf den Tisch.

Am Mittelburgwall 4
+49 4881 93050
hotel-aquarium.de
Hotelrestaurant • Casual Dining • Steak • Fisch

Essen:	**44** I 50
Service:	**18** I 20
Weinkarte:	**17** I 20
Ambiente:	**8** I 10
Gesamt:	87 I 100

Brasserie – Alter Meierhof

24960 Glücksburg

Neben dem Gourmetrestaurant Meierei Dirk Luther erweitert die Brasserie den Vitalhotel-Schlemmerboulevard mit zahlreichen Fisch- und Fleischgerichten à la française. Dazu gibt's eine umfangreiche Weinauswahl.

Uferstraße 1
+49 4631 6199411
alter-meierhof.de
Hotelrestaurant • französisch • Terrasse

Essen:	**42** | 50
Service:	**18** | 20
Weinkarte:	**18** | 20
Ambiente:	**8** | 10
Gesamt:	86 | 100

Felix

24960 Glücksburg

An der Flensburger Förde gelegenes Strandhotel mit skandinavischer Atmosphäre. Die Speisekarte bietet mehrgängige Menüs und perfekt zubereitete Spezialitäten vom Lavasteingrill.

Kirstenstraße 6
+49 4631 61410
strandhotelgluecksburg.de
Hotelrestaurant • mediterran • Fisch • Terrasse

Essen:	**42** | 50
Service:	**17** | 20
Weinkarte:	**17** | 20
Ambiente:	**8** | 10
Gesamt:	84 | 100

Meierei Dirk Luther

24960 Glücksburg

Das Restaurant ist das kulinarische Aushängeschild des Hauses, in dem der Spitzenkoch Dirk Luther klassisch französische Küche mit modernen Akzenten handwerklich perfekt zubereitet.

Uferstraße 1
+49 4631 6199411
alter-meierhof.de
Hotelrestaurant • Fine Dining • französisch • modern

Essen:	**48** | 50
Service:	**19** | 20
Weinkarte:	**19** | 20
Ambiente:	**9** | 10
Gesamt:	95 | 100

Das Eucken

25813 Husum

Wo einst Pennäler die Schulbank drückten, logieren heute Gäste im stilvollen Hotelambiente und genießen erstklassige Gerichte aus regionalen Zutaten. Gute Weinkarte und stimmungsvolle Bar.

Südersraße 2
+49 4841 8330
altes-gymnasium.de
Hotelrestaurant • regionale Küche • gemütlich

Essen:	**42** | 50
Service:	**17** | 20
Weinkarte:	**17** | 20
Ambiente:	**7** | 10
Gesamt:	83 | 100

Brüdigams Wildwechsel 25582 Kaaks

Schmucker Landgasthof im idyllischen Ort Kaaks, in dem Frank Brüdigam europäische Landhausküche serviert. Dabei verarbeitet er Frischeprodukte aus der Region zu kreativen Menüs. Zuvorkommender Service.

Waidmannsweg 2
+49 4893 9373128
bruedigams-wildwechsel.de
Gasthaus • Wild • Terrasse

Essen:	**42** | 50
Service:	**18** | 20
Weinkarte:	**17** | 20
Ambiente:	**8** | 10
Gesamt:	85 | 100

Ahlmanns 24105 Kiel

Stilvoll eingerichtetes Gourmetrestaurant in einer alten Bankiersvilla. Küchenchef Lasse Knickrehm sorgt für ein großartiges Genusserlebnis in acht Gängen, aus denen der Gast wählen kann. Gute Weine.

Niemannsweg 102
+49 431 8811
kieler-kaufmann.de
Hotelrestaurant • elegant • Terrasse • regionale Produkte

Essen:	**44** | 50
Service:	**18** | 20
Weinkarte:	**18** | 20
Ambiente:	**8** | 10
Gesamt:	88 | 100

Bärenkrug 24113 Kiel

Familiäres Hotelrestaurant mit langer Tradition und ausgezeichneter Regionalküche. Klassiker wie Sauerfleisch, Kieler Butt oder Molfseer Fischersalat überzeugen die Stammgäste immer wieder.

Hamburger Chaussee 10
+49 4347 71200
baerenkrug.de
Hotelrestaurant • regionale Produkte • gemütlich

Essen:	**43** | 50
Service:	**17** | 20
Weinkarte:	**17** | 20
Ambiente:	**8** | 10
Gesamt:	85 | 100

Claudio's Ristorante alla Scala 24114 Kiel

Feine italienische Landhausküche in ungezwungener Wohnzimmeratmosphäre. Claudio Berlese serviert mehrere Menüfolgen, die täglich neu – je nach Marktangebot – zusammengestellt werden.

Königsweg 47
+49 431 676867
italienisch • Bistro • gemütlich

Essen:	**42** | 50
Service:	**17** | 20
Weinkarte:	**18** | 20
Ambiente:	**8** | 10
Gesamt:	85 | 100

Fischers Fritz 24109 Kiel

Familiär geführtes Hotel im maritimen Stil mit elegantem Restaurant. Es werden vor allem typische regionale Spezialitäten wie Deichwiesenlamm und Wild aus Holsteiner Jagd angeboten – und natürlich Fisch.

Martenshofweg 2–8
+49 431 5331300
hotel-birke.de
Hotelrestaurant • Fisch • eigener Kräutergarten

Essen:	**43** | 50
Service:	**18** | 20
Weinkarte:	**18** | 20
Ambiente:	**8** | 10
Gesamt:	87 | 100

Flygge

24105 Kiel

Puristisch eingerichtetes Restaurant im Kieler Kanu-Club mit Terrasse und herrlichem Fördeblick. Nordisch geprägte Küche mit erlesenen Zutaten von kleinen Erzeugern. Exklusiver Chef's Table.

Düsternbrooker Weg 46
+49 431 566002
flygge-kiel.de
Fine Dining • regionale Produkte • Essen mit Aussicht

Essen:	44	50
Service:	18	20
Weinkarte:	17	20
Ambiente:	8	10
Gesamt:	87	100

Königshafen

25992 List

Bereits die fünfte Generation der Familie Hansen sorgt für echte friesische Gastfreundschaft. Im Restaurant kommen vor allem bodenständige Gerichte wie Kalbsbacke, Kabeljaufilet oder Scholle auf den Tisch.

Alte Dorfstraße 1
+49 4651 870446
koenigshafen.de
Gasthaus • Fisch • Gastgarten • klassisch

Essen:	42	50
Service:	17	20
Weinkarte:	17	20
Ambiente:	8	10
Gesamt:	84	100

Carls Travemünde

23570 Lübeck

Botschafter Thomas Martin und Küchenchef Stefan Tischer punkten mit gehobener französischer Kochkunst. Signature Dishes wie Bouillabaisse oder Tatar vom Ochsen überzeugen mit Zutaten aus dem Norden.

Außenallee 10
+49 4502 3070847
carls-travemuende.de
französisch • regionale Produkte • Terrasse

Essen:	42	50
Service:	18	20
Weinkarte:	17	20
Ambiente:	8	10
Gesamt:	85	100

Johanna Berger – das Restaurant

23552 Lübeck

In der Lübecker Altstadt in einem Gründerzeithaus gelegenes Restaurant, in dem Gastgeberin Johanna Berger exzellente Menüs perfekt auf den Tisch bringt. Ausgezeichnete Weinkarte und fachkundiger Service.

Doktor-Julius-Leber-Straße 69
+49 451 58696890
restaurant-johanna-berger.de
Fine Dining • traditionell • Terrasse

Essen:	43	50
Service:	18	20
Weinkarte:	18	20
Ambiente:	8	10
Gesamt:	87	100

Schiffergesellschaft

23552 Lübeck

Klassische norddeutsche Küche mit modernem Twist im historischen Gildehaus. Fangfrischer Seefisch, Holsteiner Weiderind und Gemüse aus der Region zählen zu den Zutaten für die köstlichen Gerichte.

Breite Straße 2
+49 451 76776
schiffergesellschaft.de
Gasthaus • Casual Dining • Fisch • vegan

Essen:	42	50
Service:	17	20
Weinkarte:	16	20
Ambiente:	8	10
Gesamt:	83	100

Schlumachers

23552 Lübeck

Beim »Überraschungsmenü aus dem Warenkorb« wählt man aus drei bis sechs Gängen. Dann begibt man sich vertrauensvoll in die Hände der Küchencrew von Gabrijel Pranjic und freut sich auf Köstliches aus rund 150 Zutaten.

Schlumacherstraße 4	Essen: **43** | 50
+49 451 7075566	Service: **17** | 20
schlumachers.de	Weinkarte: **17** | 20
Casual Dining • französisch • entspannt	Ambiente: **8** | 10
	Gesamt: 85 | 100

Wullenwever

23552 Lübeck

Fine Dining im historischen Kaufmannshaus in der Altstadt. Küchenchef Roy Petermann nimmt seine Gäste mit auf eine beeindruckende Reise durch die moderne, mediterran geprägte Genusswelt.

Beckergrube 71	Essen: **46** | 50
+49 451 704333	Service: **19** | 20
wullenwever.de	Weinkarte: **18** | 20
Fine Dining • moderne Küche • mediterran • elegant	Ambiente: **8** | 10
	Gesamt: 91 | 100

Lindenhof 1887

25774 Lunden

Im Traditionshaus Lindenhof genießen die Gäste in modernem Ambiente bodenständige, handwerklich perfekte Küchenkunst. Neben Fleisch- und Fischgerichten gibt es auch Angebote für Vegetarier.

Friedrichstraße 39	Essen: **42** | 50
+49 4882 407	Service: **17** | 20
lindenhof1887.de	Weinkarte: **17** | 20
Gasthaus • Casual Dining • regionale Produkte • modern	Ambiente: **8** | 10
P	Gesamt: 84 | 100

Melkhus

23714 Malente

Feine heimische Küche in rustikaler Umgebung. Im Melkhus von Gut Immenhof direkt am Kellersee kommen die Zutaten aus der direkten Umgebung. Hervorragend: geschmorte Ochsenbäckchen.

Rothensande 1	Essen: **42** | 50
+49 4523 88280	Service: **18** | 20
gut-immenhof.de	Weinkarte: **16** | 20
deutsche Küche • eigene Landwirtschaft • Seeterrasse	Ambiente: **8** | 10
	Gesamt: 84 | 100

Rodesand 23714 Malente

Gourmetrestaurant des Guts Immenhof. Küchenchef Patrick Kühn steht für eine ambitionierte modern-klassische Küche und verwöhnt seine Gäste mit Schwarzfederhuhn, Kaisergranat und anderen Köstlichkeiten.

Rothensande 1	Essen: **45** | 50
+49 4523 8828441	Service: **19** | 20
gut-immenhof.de	Weinkarte: **19** | 20
Hotelrestaurant • regionale Produkte • Fisch • vegetarisch	Ambiente: **9** | 10
P	Gesamt: 92 | 100

Zum Dückerstieg 25554 Neuendorf-Sachsenbande

Schöner Landgasthof mit frischer und regionaler Landhausküche. Spanferkelrücken auf Schnittlauchstampf, Dorschfilet oder kaltes Roastbeef mit Remoulade zählen zu den Klassikern.

Dückerstieg 7	Essen: **43** | 50
+49 4823 92929	Service: **17** | 20
dueckerstieg.de	Weinkarte: **15** | 20
Hotelrestaurant • Gasthaus • deutsche Küche • klassisch	Ambiente: **9** | 10
P	Gesamt: 84 | 100

Am Kamin 24534 Neumünster

Karl Ress bietet in seinem gemütlichen Restaurant ein ausgezeichnetes Überraschungsmenü. Auch bei den À-la-carte-Gerichten verwendet er beste Zutaten aus der Region. Eigener Kräutergarten.

Propstenstraße 13	Essen: **43** | 50
+49 4321 42853	Service: **17** | 20
am-kamin.info	Weinkarte: **17** | 20
französisch • regionale Produkte • eigener Krätergarten	Ambiente: **8** | 10
P	Gesamt: 85 | 100

Zwutschkerl Alm 22848 Norderstedt

Ein Stück Österreich hoch im Norden: Im urgemütlichen Ambiente kommt bodenständige Kost auf den Tisch. Wiener Schnitzel gehört da ebenso dazu wie Brettljause oder Käsekrainer. Freundlicher Service.

Gutenbergring 30a	Essen: **42** | 50
+49 40 5253431	Service: **17** | 20
zwutschkerl-alm.de	Weinkarte: **17** | 20
Bistro • österreichisch • gemütlich	Ambiente: **8** | 10
P	Gesamt: 84 | 100

1797 24321 Panker

Das Gourmetrestaurant ist Teil eines über 500 Jahre alten Gehöfts nahe der Ostsee. Küchenchef Volker M. Fuhrwerk bietet moderne deutsche Küche mit einem Schwerpunkt auf Fisch und Meeresfrüchten.

Gut Panker	Essen: **46** | 50
+49 4381 90690	Service: **18** | 20
ole-liese.de	Weinkarte: **18** | 20
Gasthaus • eigene Landwirtschaft • entspannt	Ambiente: **9** | 10
	Gesamt: 91 | 100

80–84 85–89 90–94 95–100 Punkte

Ole Liese Wirtschaft

24321 Panker

Das Restaurant ist Mittelpunkt des historischen Gutshofs. In gemütlicher Landhausatmosphäre kommen bodenständige Klassiker der deutschen Küche wie Königsberger Klopse oder Kalbshaxe auf den Tisch.

Gut Panker	Essen: **42** I 50
+49 4381 90690	Service: **18** I 20
oleliese.de	Weinkarte: **15** I 20
Hotelrestaurant • eigener Kräutergarten • Terrasse	Ambiente: **8** I 10
	Gesamt: 83 I 100

Rolin

25421 Pinneberg

Das Hotel Cap Polonio mit Teilen der Originaleinrichtung des gleichnamigen Schnelldampfers setzt in seinem Restaurant auf französisch inspirierte Gourmetküche von Chefkoch Marc Ostermann.

Fahltskamp 48	Essen: **43** I 50
+49 4101 5330	Service: **17** I 20
cap-polonio.de	Weinkarte: **16** I 20
Hotelrestaurant • Fisch • vegetarisch	Ambiente: **7** I 10
P	Gesamt: 83 I 100

Eat.Share.Live

24306 Plön

Gastronomie im privaten Esszimmer von Robert Stolz am Plöner See. Verwendung finden Zutaten aus der Region, die handwerklich perfekt verarbeitet werden. Ein Ort, an dem Gäste zu Freunden werden können.

Markt 24	Essen: **44** I 50
+49 4522 7895295	Service: **18** I 20
robertstolz.de	Weinkarte: **18** I 20
Fine Dining • regionale Produkte • deutsche Küche	Ambiente: **8** I 10
P	Gesamt: 88 I 100

Leesch

25764 Reinsbüttel

Dithmarscher Klassiker und international Inspiriertes im schönen Restaurant von Kathrin Leesch und Küchenchef Thorben Witt-Leesch. Köstlich: Dreierlei vom Landschwein mit Filet, Bauch und gebackenem Bauch.

Dorfstraße 14	Essen: **42** I 50
+49 4833 2289	Service: **17** I 20
my-suite-leesch.de	Weinkarte: **16** I 20
Hotelrestaurant • modern • elegant	Ambiente: **8** I 10
P	Gesamt: 83 I 100

Salt & Silver am Meer

25826 Sankt Peter-Ording

Rustikales Restaurant direkt am Meer. Das Meer bestimmt mit Muscheln, Austern und Fischen auch die Speisekarte. Es gibt aber auch Fleisch von Rindern und Lämmern von den Salzwiesen sowie Salate.

Zum Böhler Strand	Essen: **43** I 50
+49 173 427436	Service: **17** I 20
saltandsilver.de	Weinkarte: **17** I 20
Casual Dining • regionale Küche • Fisch • Meeresfrüchte	Ambiente: **8** I 10
	Gesamt: 85 I 100

DiVa 🍴🍴

23683 Scharbeutz

Ferienhotel mit großem Wellnessbereich an der Ostsee. Im stilvoll eingerichteten Gourmetrestaurant setzt Gunter Ehinger auf Menüfolgen mit klassischen Gerichten. Ausgewogene Weinkarte.

Strandallee 146 +49 4503 35266 belveder.de **Hotelrestaurant • Fine Dining • mediterran • Terrasse**	Essen: **45** | 50 Service: **18** | 20 Weinkarte: **18** | 20 Ambiente: **8** | 10 Gesamt: **89** | 100

Kai3 🍴🍴🍴

25997 Sylt (Hörnum)

Küchenchef Felix Gabel setzt für seine Gourmetküche auf »Nordic Fusion« mit heimischen und skandinavischen Produkten. Überraschende Kombinationen, nachhaltig verarbeitet für neue geschmackliche Dimensionen.

Am Kai 3 +49 4651 46070 budersand.de **Fine Dining • regionale Produkte • Fisch**	Essen: **45** | 50 Service: **18** | 20 Weinkarte: **18** | 20 Ambiente: **10** | 10 Gesamt: **91** | 100

Strönholt 🍴🍴

25997 Sylt (Hörnum)

Fangfrischer Fisch, Krustentiere und Muscheln sowie Fleischgerichte bestimmen die Karte. Strönholt – sylterisch für Strandgut – bietet luftigfrisches Ambiente inmitten der Dünen mit Blick auf den Golfplatz.

Fernsicht 1 +49 4651 4492727 stroenholt.de **Gasthaus • Casual Dining • regionale Produkte • Fisch**	Essen: **43** | 50 Service: **18** | 20 Weinkarte: **17** | 20 Ambiente: **8** | 10 Gesamt: **86** | 100

Gogärtchen 🍴🍴

25999 Sylt (Kampen)

Eine Institution in Kampen mit herrlichem Garten, Außenbar und schönem norddeutsch-modernem Ambiente. Auf Sylter-Royal-Austern zum Start folgen norddeutsche Klassiker, aber auch feines Internationales.

Strönwai 12 +49 4651 41242 gogaertchen.com **Casual Dining • Allrounder • Meeresfrüchte**	Essen: **43** | 50 Service: **18** | 20 Weinkarte: **17** | 20 Ambiente: **8** | 10 Gesamt: **86** | 100

Tipken's by Nils Henkel 🍴🍴

25980 Sylt (Keitum)

Das neue Konzept ist voll eingeschlagen, die Handschrift von Nils Henkel deutlich zu erkennen. Anspruchsvolle und aromatische »Fauna«- und »Flora«-Menüs. Die Kulisse ist zwar gediegen, aber lässig.

Am Tipkenhoog 18 +49 4651 46066533 severins-sylt.de **Fine Dining • im Grünen • elegant**	Essen: **44** | 50 Service: **18** | 20 Weinkarte: **18** | 20 Ambiente: **9** | 10 Gesamt: **89** | 100

Landhaus Severin's

25980 Sylt (Morsum)

Charmantes Landhaus mit umwerfendem Blick. Aus Wildkräutern der Sylter Heidelandschaft, frischen Meerestieren und Produkten heimischer Bauern entstehen Gerichte, die Tradition mit Moderne verbinden.

Nösistig 13
+49 4651 4606880
landhaus-severins.de
Gasthaus • regionale Produkte • Fisch • Terrasse

Essen:	**43** I 50
Service:	**18** I 20
Weinkarte:	**16** I 20
Ambiente:	**8** I 10
Gesamt:	85 I 100

Käpt'n Selmer Stube

25980 Sylt (Munkmarsch)

Traumhaft schönes Haus mit herrlichem Ausblick, nordischem Design, Delfter Fliesen und einem Kachelofen als liebevolle Details. Sylter Austern, fangfrischer Fisch und die Auswahl klassischer Fleischgerichte sind ein Genuss.

Bi Heef 1
+49 4651 93970
faehrhaus-sylt.de
Fine Dining • Allrounder • Fisch • Essen mit Aussicht

Essen:	**44** I 50
Service:	**18** I 20
Weinkarte:	**18** I 20
Ambiente:	**8** I 10
Gesamt:	88 I 100

Dorint Söl'ring Hof

25980 Sylt (Rantum)

Vollendete Kochkunst mit filigranen, leichten, saisonalen Kreationen vom Küchenchef-Duo Benedikt Arps und Jan Fehling. Unübertroffen ist die Lage in den Dünen. Große Weinkarte von Restaurantleiterin Bärbel Ring.

Am Sandwall 1
+49 4651 836200
soelring-hof.de
Fine Dining • Fisch • Meeresfrüchte • elegant

Essen:	**48** I 50
Service:	**19** I 20
Weinkarte:	**19** I 20
Ambiente:	**10** I 10
Gesamt:	96 I 100

Samoa Seepferdchen

25980 Sylt (Rantum)

Mit den Dünen im Blick und der Nordsee in der Nase schmecken fangfrische Fische, berühmt als Bouillabaisse oder Moules frites, aber auch Currys sowie vegetarische und vegane Gerichte. Legendäres Labskaus.

Hörnumer Straße 70
+49 4651 5579
samoa-seepferdchen.com
Casual Dining • Fisch • Essen mit Aussicht

Essen:	**42** I 50
Service:	**17** I 20
Weinkarte:	**16** I 20
Ambiente:	**7** I 10
Gesamt:	82 I 100

Sansibar

25980 Sylt (Rantum)

Das Kultrestaurant in den Dünen ist ein Muss bei jedem Sylt-Besuch. Köstliche Fisch- und Fleischgerichte kommen auf den Tisch, beste Tropfen von der imposanten Weinkarte ins Glas. Beeindruckend guter Service.

Hörnumer Straße 80
+49 4651 964647
sansibar.de
Casual Dining • Delikatessenverkauf • Essen mit Aussicht

Essen:	**44** I 50
Service:	**19** I 20
Weinkarte:	**20** I 20
Ambiente:	**9** I 10
Gesamt:	92 I 100

Ydo Sol Images

Bodendorf's

25980 Sylt (Tinnum)

Holger Bodendorfs feine Kreationen versprechen finessenreiche Sternstunden. Die Menüs mit sechs bis neun Gängen sind handwerklich überaus raffiniert: exzellente Produkte, mit besonderen Details auf den Punkt gebracht.

Boy-Nielsen-Straße 10
+49 4651 8899
landhaus-stricker.com
Fine Dining • Allrounder • entspannt • modern

Essen:	**46** I 50
Service:	**18** I 20
Weinkarte:	**18** I 20
Ambiente:	**9** I 10
Gesamt:	91 I 100

Ydo Sol Images

Siebzehn84

25980 Sylt (Tinnum)

Inspiriert von Holger Bodendorfs Haute Cuisine kommen hier Klassiker und kreative Gerichte in gemütlichem Ambiente auf den Tisch. Roastbeef mit Asia-Twist, krosse Entenmaultasche oder Rinderbäckchen machen Appetit.

Boy-Nielsen-Straße 10
+49 4651 88990
landhaus-stricker.com
Casual Dining • Allrounder • gemütlich

Essen:	**44** I 50
Service:	**18** I 20
Weinkarte:	**18** I 20
Ambiente:	**8** I 10
Gesamt:	88 I 100

Altes Zollhaus

25980 Sylt (Westerland)

Backsteinidylle mitten in Westerland, elegantes Ambiente im Inneren und schöne Terrasse. Feine Karte mit Inspiration aus der ganzen Welt, aber natürlich auch Regionales wie Husumer Rind und fangfrischer Fisch.

Boysenstraße 18
+49 4651 449443
altes-zollhaus-sylt.de
Gasthaus • internationale Küche • Fisch • Terrasse

Essen:	**45**	50
Service:	**17**	20
Weinkarte:	**18**	20
Ambiente:	**8**	10
Gesamt:	88	100

Bistro Stadt Hamburg

25980 Sylt (Westerland)

In der schönen Hotelinstitution schmecken nachmittags Kuchen und Törtchen fantastisch. Abends gibt es für den anspruchsvollen Hunger Bistro-Klassiker wie Filet-Burger, Rinderroulade, Kabeljau und Nordseekrabben mit Spiegelei.

Strandstraße 2
+49 4651 8580
hotelstadthamburg.com
Allrounder • klassisch • gemütlich

Essen:	**42**	50
Service:	**17**	20
Weinkarte:	**17**	20
Ambiente:	**9**	10
Gesamt:	85	100

Hardy's

25980 Sylt (Westerland)

Küchenchef Ulrich Person geht die leichte Gourmetküche wunderbar von der Hand. Lachs und Kaviar mit Blumenkohlcreme, Jakobsmuschel mit Hummus, Heilbutt mit Champagner-Senf-Sauce oder Filet mit Sauce béarnaise.

Strandstraße 2
+49 4651 8580
hotelstadthamburg.com
Casual Dining • Fisch • elegant

Essen:	**44**	50
Service:	**17**	20
Weinkarte:	**18**	20
Ambiente:	**8**	10
Gesamt:	87	100

Hummerkoje

25980 Sylt (Westerland)

Die Küche beherrscht den Spagat zwischen fein und rustikal, Hummer gibt es klassisch zubereitet, aber auch als Roll mit Brioche und Fritten, als Surf and Turf oder Burger. Frischer Fisch und Fleisch runden das Menü ab.

Elisabethstraße 15
+49 4651 9959257
ilovesylt.de
Casual Dining • Fisch • Steak

Essen:	**43**	50
Service:	**18**	20
Weinkarte:	**16**	20
Ambiente:	**8**	10
Gesamt:	85	100

JM Jörg Müller

25980 Sylt (Westerland)

Friesenstube mit Kultstatus und hervorragender Küche mit typischen Jörg-Müller-Köstlichkeiten wie Zanderweißwürstchen, Pot au Feu vom Nordseehummer, Dorsch mit Senfsauce oder Hasenpfeffer aus Morsumer Jagd.

Süderstraße 8	Essen: **45** | 50
+49 4651 27788	Service: **18** | 20
jmsylt.de	Weinkarte: **20** | 20
Casual Dining • Fisch • französisch	Ambiente: **8** | 10
	Gesamt: 91 | 100

Oma Wilma

25980 Sylt (Westerland)

Moderne friesische Heimatküche, liebevoll benannt nach Oma Wilma von Gastgeber Nicolas Rathge. Unbeschwert gezauberte regionale Gerichte im schönen Friesenhaus. Im Sommer Fisch frisch aus der Nordsee.

Gurtstig 32	Essen: **43** | 50
+49 4651 8860066	Service: **18** | 20
omawilma.de	Weinkarte: **17** | 20
Casual Dining • Allrounder • gemütlich	Ambiente: **7** | 10
	Gesamt: 85 | 100

Tellerrand

25980 Sylt (Westerland)

Hausmannskost mit Pfiff meets Gourmetküche: Im stylishen Restaurant begeistert Küchenchef Jan Ole Sander mit gehobener deutscher Küche und euroasiatischen Einflüssen. Schöner heller Wintergarten und Spitzenweine.

Sankt-Nicolai-Straße 1	Essen: **42** | 50
+49 4651 4465300	Service: **17** | 20
tellerrand-sylt.de	Weinkarte: **17** | 20
modern • entspannt • Terrasse	Ambiente: **8** | 10
	Gesamt: 84 | 100

Web Christel

25980 Sylt (Westerland)

Kultstatus unterm Reetdach für Stammgenießer und alle, die es werden wollen. Vielfältige Karte mit Fisch, Fleisch und Vegetarischem, frisch und raffiniert zubereitet. Hummer ist ein Muss, detto die gemütlichen Strandkörbe.

Süderstraße 11	Essen: **43** | 50
+49 4651 22900	Service: **17** | 20
webchristel.de	Weinkarte: **17** | 20
Gasthaus • Meeresfrüchte • Fisch	Ambiente: **8** | 10
	Gesamt: 85 | 100

Gutsküche Wulksfelde

22889 Tangstedt

Vor den Toren der Stadt Hamburg schön im grünen Alstertal gelegenes Landhaus mit ambitionierter und nachhaltiger Küche. Serviert werden hauptsächlich vegetarische Speisen, gerne auch mal orientalisch.

Wulksfelder Damm 15–17	Essen: **44** | 50
+49 40 64419441	Service: **18** | 20
gutskueche.de	Weinkarte: **18** | 20
Gasthaus • traditionell • bio • regionale Produkte	Ambiente: **8** | 10
	Gesamt: 88 | 100

Horizont

23669 Timmendorfer Strand

Das schmucke Hotel ist ein Logenplatz mit herrlichem Ausblick auf den Ostseestrand. Im Restaurant verwöhnt Sebastian Hamester mit innovativer nordischer Küche und asiatischen Elementen.

Strandallee 47–49
+49 4503 87040
strandhotel-fontana.de
Sushi • elegant • Terrasse

Essen:	**44** I 50
Service:	**18** I 20
Weinkarte:	**18** I 20
Ambiente:	**9** I 10
Gesamt:	89 I 100

Orangerie

23669 Timmendorfer Strand

Erlesene Gourmetküche im Maritim Seehotel Timmendorfer Strand. Lutz Niemann setzt in der offenen Küche auf Traditionelles mit lokalen und französischen Einflüssen. Ausgezeichnete Weinkarte.

Strandallee 73b
+49 4503 6050
orangerie-timmendorfer-strand.de
Hotelrestaurant • Fine Dining • französisch • klassisch

Essen:	**46** I 50
Service:	**18** I 20
Weinkarte:	**18** I 20
Ambiente:	**8** I 10
Gesamt:	90 I 100

Bootshaus

23758 Weissenhaus

Das Strandrestaurant ist Teil des Luxushotels Grand Village und liegt direkt am Ostseestrand. Serviert wird feine italienische Küche. Am Abend ein traumhafter Platz, um den Sonnenuntergang zu genießen!

Parkallee 1
+49 4382 92620
weissenhaus.de
italienisch • Essen mit Aussicht • regionale Produkte

Essen:	**42** I 50
Service:	**18** I 20
Weinkarte:	**17** I 20
Ambiente:	**8** I 10
Gesamt:	85 I 100

Courtier

23758 Weissenhaus

Gourmetrestaurant im stilvollen Resort Weissenhaus an der Ostsee. Christian Scharrer präsentiert im herrschaftlichen Rahmen ausgezeichnete Menüfolgen mit raffinierten Gerichten. Perfekter Service.

Parkallee 1
+49 4382 9262100
weissenhaus.de
Hotelrestaurant • Fine Dining • im Schloss

Essen:	**48** I 50
Service:	**18** I 20
Weinkarte:	**19** I 20
Ambiente:	**10** I 10
Gesamt:	95 I 100

Alt Wyk

25938 Wyk auf Föhr

Daniela und René Dittrich stehen für perfektes Gastgebertum und anspruchsvolle Menüs mit heimischen Produkten. Hausgemachtes Brot, Pralinen, Kekse und Schokolade, hervorragendes Kalbsfilet, Fisch und Gemüse-Sushi.

Große Straße 4
+49 4681 3212
alt-wyk.de
Fine Dining • regionale Produkte • gemütlich

Essen:	**46** I 50
Service:	**18** I 20
Weinkarte:	**18** I 20
Ambiente:	**8** I 10
Gesamt:	90 I 100

ROTE-BETE-COOKIES
MIT INGWER-ROTKOHL-DIP

Foto: Marcus Wiesner

EN
DIE BESTEN RESTAURANTS
UND GASTHÄUSER IN
BERLIN, BRANDENBURG,
SACHSEN, SACHSEN-ANHALT
UND THÜRINGEN

Rutz Restaurant
10115 Berlin
Seite 135

Tim Raue
10969 Berlin
Seite 138

Horváth
10999 Berlin
Seite 125

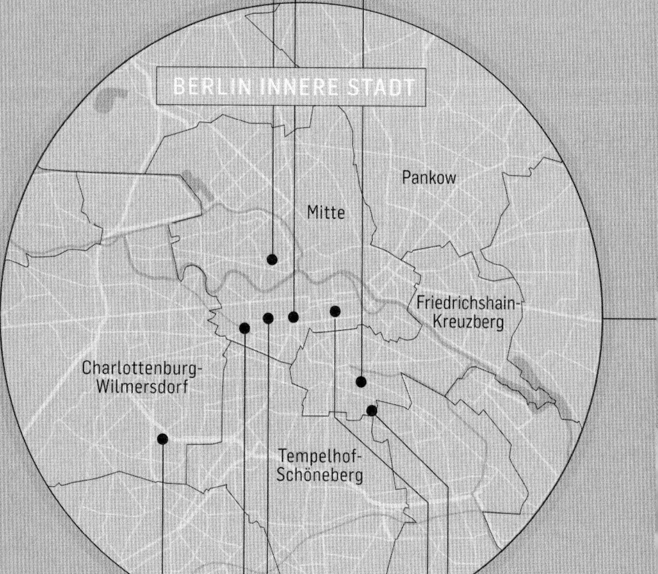

Bieberbau
10715 Berlin
Seite 116

Facil
10785 Berlin
Seite 122

Nobelhart & Schmutzig
10969 Berlin
Seite 131

Coda
12047 Berlin
Seite 119

Lorenz Adlon Esszimmer
10117 Berlin
Seite 129

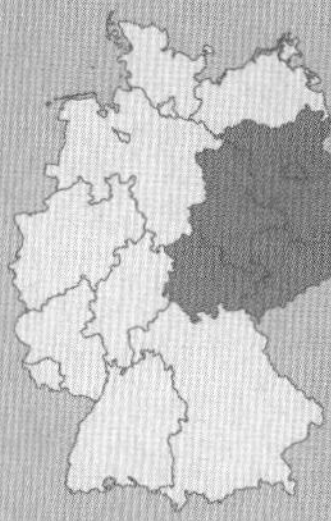

TOP-10 IM OSTEN

BERLIN, BRANDENBURG, SACHSEN, SACHSEN-ANHALT, THÜRINGEN

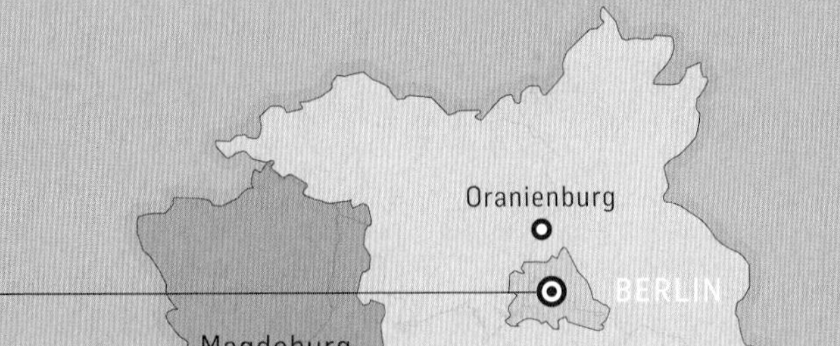

Zeitwerk
38855 Wernigerode
Seite 159

Pietsch
38855 Wernigerode
Seite 159

BERLIN

136 — 10115 Berlin

Ein berückender Mix aus peruanischen und italienischen Produkten, die Mathias Diaz zu kulinarischen Überraschungen verarbeitet. Die Rezepte seiner Kindheit sind Basis für kreative Geschmacksexplosionen.

Linienstraße 136	Essen: **43** | 50
+49 30 27909683	Service: **18** | 20
136-berlin.com	Weinkarte: **18** | 20
Casual Dining • italienisch • peruanisch • unkonventionell	Ambiente: **8** | 10
	Gesamt: 87 | 100

1811 — 10629 Berlin

Wie in einem Landgasthof fühlt man sich im Altberliner Restaurant, das die traditionelle Küche mit französischen und mediterranen Einflüssen ergänzt. Regionale und saisonale Zutaten sind der Fokus.

Schlüterstraße 55	Essen: **43** | 50
+49 30 8813440	Service: **18** | 20
1811.berlin	Weinkarte: **17** | 20
Gasthaus • deutsche Küche • regionale Produkte • elegant	Ambiente: **8** | 10
	Gesamt: 86 | 100

3 Schwestern — 10997 Berlin

Kleine feine Karte mit alpenländischen und mediterranen Gerichten in Bioqualität, die man im hohen Saal des ehemaligen Stiftskrankenhauses genießt. Im schönen Biergarten gilt: unbedingt reservieren!

Mariannenplatz 2	Essen: **43** | 50
+49 30 600318600	Service: **17** | 20
3schwestern.com	Weinkarte: **15** | 20
Bistro • nachhaltig • bio • Gastgarten	Ambiente: **8** | 10
	Gesamt: 83 | 100

893 Ryotei — 10625 Berlin

Im Ambiente eines geheimnisvollen Yakuza-Clubs wird die gelungene Idee von japanischem Fine Dining zelebriert. Chef The Duc Ngo steht für Authentizität, feinstes Handwerk und kreative Gerichte.

Kantstraße 135	Essen: **45** | 50
+49 176 56754107	Service: **17** | 20
893ryotei.de	Weinkarte: **18** | 20
Casual Dining • japanisch • unkonventionell	Ambiente: **9** | 10
	Gesamt: 89 | 100

aerde

10965 Berlin

Ein puristisches, in Erdtönen gehaltenes Ambiente und eine spannende Küche von Justus Will, die sich an den Aromen aus Wald und Wiese orientiert: immer saisonal und so oft es geht regional inspiriert.

Am Lokdepot 6
+49 30 76909980
aerde.de
regionale Produkte • saisonal • modern

Essen:	43 | 50
Service:	18 | 20
Weinkarte:	17 | 20
Ambiente:	8 | 10
Gesamt:	86 | 100

Am Steinplatz

10623 Berlin

Chefkoch Oliver Fritz nimmt seine Gäste mit auf eine kulinarische Reise, die durch ihre vielen Aromen begeistert. Natürlich findet sich zu jedem Gericht auch der perfekte Wein.

Steinplatz 4
+49 30 5544447053
restaurantsteinplatz.com
Hotelrestaurant • Casual Dining • regionale Produkte

Essen:	44 | 50
Service:	19 | 20
Weinkarte:	18 | 20
Ambiente:	10 | 10
Gesamt:	91 | 100

AV-Restaurant

10435 Berlin

Im heruntergerockten Ambiente einer Kiezkneipe findet man eines der spannendsten Casual-Dining-Restaurants der Stadt: Antonio Vinciguerra vereint hochkreative Cross-over-Küche mit Nachhaltigkeit und Saisonalität.

Schönhauser Allee 44
+49 30 27018851
avrestaurantberlin.com
Casual Dining • nachhaltig • regionale Produkte • vegan

Essen:	43 | 50
Service:	18 | 20
Weinkarte:	16 | 20
Ambiente:	8 | 10
Gesamt:	85 | 100

Bandol sur mer

10115 Berlin

Sterneküche in einer ehemaligen Dönerbude: Andreas Saul und sein junges Team schaffen den Spagat zwischen hochkulinarischem Anspruch mit Zutaten aus dem eigenen Garten, höchster Kreativität und Coolness.

Torstraße 167
+49 30 67302051
bandolsurmer.de
Casual Dining • regionale Produkte • unkonventionell

Essen:	45 | 50
Service:	17 | 20
Weinkarte:	19 | 20
Ambiente:	8 | 10
Gesamt:	89 | 100

Baret

10178 Berlin

Hoch über den Dächern Berlins thront das Baret, ein urbanes Restaurant im Dachgeschoss des Humboldt Forums. Küchenchef Danny Benedettini interpretiert bodenständige, klassische Gerichte neu.

Schloßplatz
+49 176 72894500
baret.berlin
Allrounder • regionale Produkte • Essen mit Aussicht • Bar

Essen:	41 | 50
Service:	17 | 20
Weinkarte:	17 | 20
Ambiente:	9 | 10
Gesamt:	84 | 100

Barra
12049 Berlin

Die können's, die Briten: Daniel Remers und Neil Paterson kombinieren in ihrem stilvollen Lokal regionale Zutaten und besondere Geschmacksnoten ihrer Heimat mit frisch-frecher Berliner Kreativität.

Okerstraße 2
+49 30 81860757
barraberlin.com
Casual Dining • regionale Produkte • Sharing Menu

Essen:	42	50
Service:	18	20
Weinkarte:	17	20
Ambiente:	8	10
Gesamt:	85	100

Berta
10963 Berlin

Jerusalem, London, Paris – und jetzt Berlin. Im Berta kocht der umtriebige Sternekoch Assaf Granit israelisch-levantinisch und kombiniert Innovation mit traditionellen Familienrezepten.

Stresemannstraße 99
+49 162 8861827
bertarestaurant.com
Levante • modern • gemütlich

Essen:	43	50
Service:	19	20
Weinkarte:	17	20
Ambiente:	8	10
Gesamt:	87	100

Bieberbau
10715 Berlin

Ob Kabeljau mit Zitrone, Saiblingskaviar mit Kokos oder Blaubeere mit Kamille – die perfekt aufeinander abgestimmten Kreationen von Sternekoch Stephan Garkisch sind immer ein Genuss!

Durlacher Straße 15
+49 30 8532390
bieberbau-berlin.de
Fine Dining • deutsche Küche • regionale Produkte

Essen:	47	50
Service:	19	20
Weinkarte:	18	20
Ambiente:	9	10
Gesamt:	93	100

Blend
10787 Berlin

Berlin in a melting pot – das ist die Idee von Chef Marcel Oms, der in seinen Gerichten Orient und Okzident, Streetfood und Fine Dining, Soulfood und Edelküche verbindet. Und das sehr zur Freude seiner Gäste.

Budapester Straße 25
+49 30 26962970
restaurant-blend.com
Allrounder • Bistro • modern

Essen:	42	50
Service:	17	20
Weinkarte:	15	20
Ambiente:	8	10
Gesamt:	82	100

Bob & Thoms
10777 Berlin

Die französische Inspiration haben Felix Thoms und »Bob« Körber aus dem Alt Luxemburg mitgebracht. Im Wohnzimmerlokal servieren sie kreative Klassiker – von der Hummercremesuppe bis zum Kalbstatar.

Welserstraße 10–12
+49 30 20929492
bobthoms.berlin
Casual Dining • französisch • modern • gemütlich

Essen:	42	50
Service:	18	20
Weinkarte:	15	20
Ambiente:	8	10
Gesamt:	83	100

Bocca di Bacco

10117 Berlin

Authentische italienische Küchenklassiker, die seit mehr als 20 Jahren täglich zeitgemäß interpretiert werden. Dafür steht der »Edelitaliener« in Berlins Mitte. Dazu mehr als 250 Rot- und Weißweine.

Friedrichstraße 167/168 +49 30 20672828 boccadibacco.de Casual Dining • italienisch • traditionell	Essen: **43** I 50 Service: **17** I 20 Weinkarte: **17** I 20 Ambiente: **8** I 10 Gesamt: 85 I 100

Bonvivant

10781 Berlin

Das Cocktail-Bistro in Schöneberg perfektioniert Casual Fine Dining dank Küchenchef Nikodemus Berger und bringt die vegetarisch-vegane Vielfalt mit Raffinesse auf ein neues Niveau.

Goltzstraße 32 +49 176 61722602 bonvivant.berlin vegetarisch • vegan • gemütlich • Bar	Essen: **46** I 50 Service: **19** I 20 Weinkarte: **18** I 20 Ambiente: **8** I 10 Gesamt: 91 I 100

Borchardt

10117 Berlin

Gehobene österreichisch-französische Küche mit Promifaktor – sogar Johnny Depp soll gern wegen des Schnitzels vorbeikommen. Der kundige Service unterstützt gern bei der Wahl des passenden Tropfens.

Französische Straße 47 +49 30 81886262 borchardt-restaurant.de Gasthaus • österreichisch • französisch • traditionell	Essen: **43** I 50 Service: **18** I 20 Weinkarte: **19** I 20 Ambiente: **9** I 10 Gesamt: 89 I 100

Brasserie Colette

10789 Berlin

Gehobene französische Küche im lässigen Look eines Bahnhoflokals mit Holzbänken. Die raffinierten wechselnden Menüs nach der Empfehlung von Chef Tim Raue ragen aber über das Brasserie-Konzept hinaus.

Passauer Straße 5–7 +49 30 21992174 brasseriecolette.de Casual Dining • Bistro • französisch • Geschäftsessen	Essen: **43** I 50 Service: **18** I 20 Weinkarte: **17** I 20 Ambiente: **8** I 10 Gesamt: 86 I 100

Bricole

10437 Berlin

Angenehm lockere, aber aufmerksame Bistro-Atmosphäre, in der man sich als Gast sehr wohlfühlt. Die regionale Sterneküche von Steve Zeidler präsentiert sich im Kiez weltläufig und auf feinstem Niveau.

Senefelderstraße 30 +49 30 84421362 bricole.de Casual Dining • regionale Produkte • vegetarisch	Essen: **45** I 50 Service: **19** I 20 Weinkarte: **19** I 20 Ambiente: **8** I 10 Gesamt: 91 I 100

Brikz

10623 Berlin

Patron Arne Anker eröffnete das Brikz getreu dem Motto: Kochen ist pure Leidenschaft. Enge Beziehungen zu den Lieferanten stehen im Fokus und die Karte wird auf die gerade verfügbaren Zutaten zugeschnitten.

Grolmanstraße 53/54	Essen:	44 | 50
+49 30 31803780	Service:	18 | 20
restaurantbrikz.com	Weinkarte:	18 | 20
Fine Dining • regionale Produkte • nachhaltig	Ambiente:	8 | 10
	Gesamt:	88 | 100

BRLO BRWHOUSE

10963 Berlin

Das urbane Brauhaus samt Biergarten auf der Brache am Gleisdreieck ist inzwischen eine Institution. Frische Gemüseküche, Fleisch aus dem Smoker und dazu eine fein abgestimmte Vielfalt an Biersorten.

Schöneberger Straße 16	Essen:	42 | 50
+49 30 55577606	Service:	16 | 20
brlo-brwhouse.de	Weinkarte:	15 | 20
Biervielfalt • modern • unkonventionell	Ambiente:	7 | 10
P	Gesamt:	80 | 100

Buchholz

12359 Berlin

Im ruhig gelegenen Gutshof im grünen Vorort servieren Matthias Buchholz und sein Team gehobene Regionalküche auf bestem Niveau – von der klassischen Frankfurter Grünen Soße bis zum edlen Gutshofmenü.

Alt-Britz 81	Essen:	42 | 50
+49 30 60034607	Service:	16 | 20
matthias-buchholz.de	Weinkarte:	17 | 20
Gasthaus • eigener Kräutergarten • gemütlich	Ambiente:	8 | 10
	Gesamt:	83 | 100

Capital Grill

10117 Berlin

In gemütlicher Kaminatmosphäre bietet der Members-only-Club klassische Speisen, die von ausgewählten Weinen begleitet werden. Von Frühstück bis Mittag- und Abendessen kann man hier zu jeder Tageszeit genießen.

Mohrenstraße 30	Essen:	41 | 50
+49 30 2062976	Service:	17 | 20
berlincapitalclub.de	Weinkarte:	17 | 20
Steak • klassisch • Geschäftsessen	Ambiente:	8 | 10
	Gesamt:	83 | 100

Charlotte & Fritz

10117 Berlin

Im samtig-plüschigen Salonambiente wird modernes und entspanntes Casual Dining zelebriert. Chef Daniel Müller kocht mit geschickter Hand und klugem Kopf die Klassiker der gehobenen regionalen Küche.

Charlottenstraße 49	Essen:	43 | 50
+49 30 20336363	Service:	17 | 20
charlotteundfritz.com	Weinkarte:	17 | 20
Hotelrestaurant • regionale Produkte • traditionell	Ambiente:	8 | 10
P	Gesamt:	85 | 100

Chicha

12047 Berlin

Südamerikanisch-bunt präsentiert sich das ambitionierte Restaurant im Kiez. Simón Limón, der Küchenchef mit peruanischen Wurzeln, bereitet genauso aromatische wie optisch betörende Spezialitäten aus den Anden zu.

Friedelstraße 34
+49 30 62731010
chicha-berlin.de
Casual Dining • peruanisch • modern • unkonventionell

Essen: **42** | 50
Service: **17** | 20
Weinkarte: **15** | 20
Ambiente: **8** | 10
Gesamt: 82 | 100

Choi

10119 Berlin

Eine stille Oase des intimen Genusses: Gerade mal zwölf Gäste haben Platz am Küchentresen von Sooyeon Choi, wo diese drei verschiedene koreanische Menüs anbietet: mit Fleisch, mit Seafood oder vegetarisch.

Fehrbelliner Straße 4
+49 176 61941932
choiberlin.de
Casual Dining • koreanisch • modern • unkonventionell

Essen: **43** | 50
Service: **18** | 20
Weinkarte: **17** | 20
Ambiente: **8** | 10
Gesamt: 86 | 100

ChungKing Noodles

10999 Berlin

Man muss ab und an etwas warten, bevor man die hipsten Shanghai-Nudeln Berlins probieren kann. Ash Lee bereitet eigene Variationen traditioneller Gerichte zu, Basis ist das scharfe Chiliöl aus ihrer Heimatstadt.

Reichenberger Straße 35
chinesisch • modern • entspannt • unkonventionell

Essen: **43** | 50
Service: **16** | 20
Weinkarte: **15** | 20
Ambiente: **7** | 10
Gesamt: 81 | 100

Clärchens Ballhaus

10117 Berlin

Die Küche ist nicht ganz so traditionell wie das legendäre Tanzlokal mit Livemusik und Spiegelsaal: Neben Buletten und Königsberger Klopsen stehen auch Ceviche und vegane Döner-Bowl auf der Karte.

Auguststraße 24
+49 30 555785440
claerchensball.haus
deutsche Küche • klassisch • traditionell

Essen: **41** | 50
Service: **17** | 20
Weinkarte: **15** | 20
Ambiente: **8** | 10
Gesamt: 81 | 100

Coda

12047 Berlin

Der Patisseriekönig René Frank hat allen Skeptikern bewiesen, dass man auch allein mit einer hochkreativen Dessertküche seine Gäste beglücken kann. Fantastische Aromen prägen seine ungewöhnlichen Menüs.

Friedelstraße 47
+49 30 91496396
coda-berlin.com
Fine Dining • regionale Produkte • nachhaltig

Essen: **48** | 50
Service: **19** | 20
Weinkarte: **18** | 20
Ambiente: **8** | 10
Gesamt: 93 | 100

Cookies Cream

10117 Berlin

Nach 15 Jahren hat Stephan Hentschel das Cookies verlassen. Seit Mitte Oktober steht Nicholas Hahn am Herd des Szeneladens, der schon am Steinplatz mit innovativer vegetarischer Küche überzeugen konnte.

Behrenstraße 55	Essen:	**45** | 50
+49 30 680730448	Service:	**17** | 20
cookiescream.com	Weinkarte:	**18** | 20
Casual Dining • vegetarisch • unkonventionell • vegan	Ambiente:	**8** | 10
	Gesamt:	88 | 100

Cordo

10115 Berlin

Ob »Hafenrundfahrt« oder »Gartenrundfahrt«, die Menüfolgen von Küchenchef Yannic Stockhausen sind voller Finesse, unprätentiös und ressourcenschonend. Große Auswahl an biologisch-dynamischen Weinen.

Große Hamburger Straße 32	Essen:	**46** | 50
+49 30 27581215	Service:	**18** | 20
cordo.berlin	Weinkarte:	**19** | 20
Fine Dining • regionale Produkte • nachhaltig	Ambiente:	**8** | 10
	Gesamt:	91 | 100

Crackers

10117 Berlin

Fürs Speakeasy-Feeling im alten Clubambiente muss man klingeln. Blau leuchtet die offene Küche, in der nachhaltige raffinierte Rezepte – auch mit Fleisch und Fisch – auf hohem Niveau zubereitet werden.

Friedrichstraße 158	Essen:	**42** | 50
+49 30 680730488	Service:	**18** | 20
crackersberlin.com	Weinkarte:	**18** | 20
Casual Dining • nachhaltig • unkonventionell • Bar	Ambiente:	**9** | 10
	Gesamt:	87 | 100

Cumberland

10707 Berlin

Ein elegantes italienisches Restaurant mit Anspruch direkt am Ku'damm. Auf der Karte finden sich Klassiker wie römische Carbonara und besondere Schätze wie Rochenflügel und Steinbuttragout.

Kurfürstendamm 194	Essen:	**42** | 50
+49 30 27696308	Service:	**18** | 20
ristorante-cumberland.de	Weinkarte:	**17** | 20
italienisch • elegant • Terrasse	Ambiente:	**8** | 10
	Gesamt:	85 | 100

Dae Mon 10178 Berlin

Samuel Haas und Phillip Steixner sind die neuen Küchenchefs des stylishen Restaurants, das mit kreativen und weltoffenen Menüs unterschiedlichste Aromen aus Korea, Japan und Europa verbindet.

Monbijouplatz 11	Essen: **42** I 50
+49 30 26304811	Service: **16** I 20
dae-mon.com	Weinkarte: **17** I 20
Fine Dining • koreanisch • japanisch	Ambiente: **8** I 10
	Gesamt: 83 I 100

Dicke Wirtin 10623 Berlin

Getreu dem Motto »Lieber 'n bissken mehr, aber dafür wat Jutet« findet man auf der Karte deftige Altberliner Küche: Rinderleber, Königsberger Klopse und Schweinebraten, aber auch vegetarische Optionen.

Carmer Straße 9	Essen: **42** I 50
+49 30 3124952	Service: **18** I 20
dicke-wirtin.de	Weinkarte: **18** I 20
deutsche Küche • traditionell • urig	Ambiente: **7** I 10
	Gesamt: 85 I 100

Diekmann 10719 Berlin

Austern in Berlin? Dann zu Diekmann! Vorne an der Austernbar gibt es auch Kaviar und Champagnerbegleitung, im gemütlichen Bistro französische Klassiker von Entenleberparfait bis Rinderfilet.

Meinekestraße 7	Essen: **43** I 50
+49 30 8833321	Service: **18** I 20
diekmann-restaurant.de	Weinkarte: **18** I 20
Bistro • Meeresfrüchte • französisch • Geschäftsessen	Ambiente: **8** I 10
	Gesamt: 87 I 100

District Mot 10119 Berlin

Aromatisches Saigon-Streetfood im authentisch-bunten Trash-Ambiente. Serviert werden kreativ interpretierte vietnamesische Klassiker wie intensive Pho-Suppen, Bánh-mì-Baguettes oder Hot-BBQ-Gerichte.

Rosenthaler Straße 62	Essen: **42** I 50
+49 30 20089284	Service: **17** I 20
district-mot.com	Weinkarte: **16** I 20
vietnamesisch • unkonventionell • entspannt	Ambiente: **8** I 10
	Gesamt: 83 I 100

Eins44 12045 Berlin

Souschef Julius Nowak hat nach dem Rücktritt von Daniel Achilles den Kochlöffel im schicken Industriebau übernommen. Die »exklusive Bauchküche ohne Tamtam« bietet daher weiterhin bestes Fine Dining.

Elbestraße 28/29	Essen: **45** I 50
+49 30 62981212	Service: **18** I 20
eins44.com	Weinkarte: **18** I 20
Fine Dining • regionale Produkte • unkonventionell	Ambiente: **8** I 10
P	Gesamt: 89 I 100

Ernst

13347 Berlin

Die Plätze sind rar an der langen Holztheke im Ernst. Nur neun Personen kommen in den Genuss, die innovativen Menüs zu genießen. Puristische, japanisch beeinflusste Produktküche auf höchstem Niveau!

Gerichtstraße 54

ernstberlin.de

Casual Dining • Showküche • unkonventionell

Essen:	**46** I 50
Service:	**18** I 20
Weinkarte:	**19** I 20
Ambiente:	**9** I 10
Gesamt:	92 I 100

Facil

10785 Berlin

Mit Sicherheit eines der besten, aber auch eines der entspanntesten Restaurants der Stadt. Im buddhistisch-gelassenen Ambiente servieren Michael Kempf und sein Team virtuose internationale Menüs.

Potsdamer Straße 3, 5. Etage
+49 30 590051234
facil.de

Fine Dining • elegant • vegetarisch

P

Essen:	**47** I 50
Service:	**19** I 20
Weinkarte:	**19** I 20
Ambiente:	**9** I 10
Gesamt:	94 I 100

Faelt

10823 Berlin

Eine perfekte Mischung aus cooler Sterneküche und kieziger Herzlichkeit. In der offenen Küche zelebrieren Björn Swanson und sein Team die Kunst, unprätentiöse, aber hochgeniale lokale Menüs zuzubereiten.

Vorbergstraße 10a
+49 171 9477316
faelt.de

Fine Dining • unkonventionell • saisonal • vegetarisch

Essen:	**45** I 50
Service:	**18** I 20
Weinkarte:	**18** I 20
Ambiente:	**8** I 10
Gesamt:	89 I 100

Fischerhütte am Schlachtensee

14163 Berlin

Kalbsleber, Kartoffelsuppe oder Zander: Berliner Küchenklassiker werden im historischen Gasthaus direkt am See serviert. Auch der Biergarten und die Sonnenterrasse sind ein beliebtes Ausflugsziel.

Fischerhüttenstraße 136
+49 30 80498310
fischerhuette-berlin.de

deutsche Küche • im Grünen • Seeterrasse • klassisch

Essen:	**43** I 50
Service:	**16** I 20
Weinkarte:	**18** I 20
Ambiente:	**8** I 10
Gesamt:	85 I 100

FREA

10115 Berlin

»Full taste, zero waste« – die kreativen pflanzenbasierten Menüs von Jasmin und David Johannes Suchy heben veganes Essen auf ein neues Niveau, sowohl vom Geschmack als auch von der Nachhaltigkeit her.

Kleine Hamburger Straße 2
+49 30 98396198
frea.de

Casual Dining • vegan • nachhaltig • unkonventionell

Essen:	**43** I 50
Service:	**17** I 20
Weinkarte:	**17** I 20
Ambiente:	**8** I 10
Gesamt:	85 I 100

Freundschaft

10117 Berlin

Dass Wein trinken auch cool sein kann, beweisen Willi Schlögl und Johannes Schellhorn nun seit mehr als fünf Jahren. Am 25-Meter-Tresen im Souterrain werden die beeindruckendsten Tropfen ausgeschenkt.

Mittelstraße 1
+49 30 80492444
istdeinbesterfreund.com
Bar • österreichisch • entspannt

Essen:	42 | 50
Service:	18 | 20
Weinkarte:	19 | 20
Ambiente:	8 | 10
Gesamt:	87 | 100

Funky Fisch

10625 Berlin

Gelungener Mix aus Casual Dining, feiner mediterraner Fischküche und asiatischer Aromenraffinesse: Im lässigen Restaurant von Cross-Kitchen-Erfinder The Duc Ngo kommt zusammen, was zusammengehört.

Kantstraße 135–136
+49 163 9382215
neu.funky-fisch.de
Casual Dining • Fisch • unkonventionell

Essen:	44 | 50
Service:	17 | 20
Weinkarte:	18 | 20
Ambiente:	8 | 10
Gesamt:	87 | 100

Gärtnerei

10115 Berlin

Ein Paradies für Großstadtpflanzen – und damit sind nicht nur die üppigen Blumenarrangements im Gastraum gemeint. Neben Spinatknödel und veganem Gärtner-Menü gibt es auch Linumer Wiesenkalb und Ceviche.

Torstraße 179
+49 30 24631450
gaertnerei-berlin.com
mediterran • deutsche Küche • vegetarisch • entspannt

Essen:	41 | 50
Service:	17 | 20
Weinkarte:	17 | 20
Ambiente:	8 | 10
Gesamt:	83 | 100

Golden Phoenix

10707 Berlin

Im dekadent-verspielten Ambiente eines Pariser Nachtclubs der 1920er-Jahre spielt die Sinnlichkeit auch beim Essen eine große Rolle. Das betörende Menü besteht aus 15 kleinen aromatischen Versuchungen.

Brandenburgische Straße 21
+49 151 64625945
goldenphoenix.berlin
Casual Dining • chinesisch • französisch • elegant

Essen:	43 | 50
Service:	17 | 20
Weinkarte:	17 | 20
Ambiente:	9 | 10
Gesamt:	86 | 100

Golvet Restaurant

10785 Berlin

Nicht nur das urbane Ambiente und der Ausblick über die Stadt begeistern. Auch die moderne und weltläufige Produktküche von Jonas Zörner sowie der höchst aufmerksame Service sind vorbildlich.

Potsdamer Straße 58
+49 30 89064222
golvet.de
Fine Dining • regionale Produkte • Essen mit Aussicht

Essen:	45 | 50
Service:	19 | 20
Weinkarte:	18 | 20
Ambiente:	9 | 10
Gesamt:	91 | 100

80–84 85–89 90–94 95–100 Punkte

Grace

10719 Berlin

Im opulent gestalteten Speisesaal des Hotels Zoo serviert Martin Bruhns asiatisch-europäische Fusionsküche auf hohem Niveau. Die luxuriösen Sharing Plates bieten alles von Tatar bis Sashimi.

Kurfürstendamm 25
+49 30 88437884
grace-berlin.com
Hotelrestaurant • Fine Dining • asiatisch • elegant

Essen:	**44**	50
Service:	**19**	20
Weinkarte:	**17**	20
Ambiente:	**8**	10
Gesamt:	88	100

Grill Royal

10117 Berlin

Cooles Ambiente, moderne Kunst, Blick aufs Wasser, weltläufiger Service. Dazu eine schnörkellose Küche mit feinstem Dry-Aged Fleisch vom Grill, aber auch Meeresfrüchte und Vegetarisches. So is(s)t Berlin.

Friedrichstraße 105b
+49 30 28879288
grillroyal.com
Casual Dining • Steak • Fisch

Essen:	**43**	50
Service:	**18**	20
Weinkarte:	**19**	20
Ambiente:	**9**	10
Gesamt:	89	100

Hallmann & Klee

12055 Berlin

Weiße Ziegelwände, schlichte Designermöbel, dezent-aufmerksamer Service: Im kleinen Restaurant wirkt alles ebenso durchdacht wie die ehrliche saisonale Casual-Dining-Küche von Chefin Sarah Hallmann.

Böhmische Straße 13
+49 30 23938186
hallmann-klee.de
Casual Dining • regionale Produkte • entspannt

Essen:	**44**	50
Service:	**18**	20
Weinkarte:	**18**	20
Ambiente:	**8**	10
Gesamt:	88	100

heimlichTreu

10115 Berlin

Mittags und abends gibt es hier mediterrane Tapas, die nach dem Sharing-Prinzip genossen werden sollen. Darauf abgestimmt sind hausgemachte Drinks und Sodas mit außergewöhnlichen Aromen.

Anklamer Straße 38
+49 30 48494599
heimlichtreu.de
mediterran • Sharing Menu • Gastgarten

Essen:	**42**	50
Service:	**16**	20
Weinkarte:	**18**	20
Ambiente:	**8**	10
Gesamt:	84	100

Heritage

10117 Berlin

Küchenchef Florian Glauert verbindet deutsche, französische und mediterrane Küche zu etwas Neuem. Am Gendarmenmarkt beglückt er seine Gäste mit aromatischen Klassikern und feinen vegetarischen Gerichten.

Charlottenstraße 52	Essen:	44 | 50
+49 30 5870 9771 910	Service:	17 | 20
heritage-restaurants.com	Weinkarte:	17 | 20
Fine Dining • Geschäftsessen • elegant	Ambiente:	8 | 10
	Gesamt:	86 | 100

Hoa Rong

10117 Berlin

Das Lokal betreten heißt in eine Märchenwelt eintauchen: Der Raum ist in goldgelbes Licht getunkt und reichlich dekoriert. Auch die nordvietnamesische Küche, die hier serviert wird, ist magisch.

Georgenstraße 25	Essen:	42 | 50
+49 30 43666683	Service:	18 | 20
hoa-rong.com	Weinkarte:	16 | 20
Casual Dining • vietnamesisch • gemütlich	Ambiente:	8 | 10
	Gesamt:	84 | 100

Horváth

10999 Berlin

Küchenchef Sebastian Frank nutzt für seine experimentelle österreichische Sterneküche vorrangig erstklassiges Gemüse. So kommen unvergessliche Gerichte wie »Sellerie, reif und jung« zustande.

Paul-Lincke-Ufer 44a	Essen:	48 | 50
+49 30 61289992	Service:	19 | 20
restaurant-horvath.de	Weinkarte:	19 | 20
Fine Dining • österreichisch • vegetarisch • entspannt	Ambiente:	8 | 10
	Gesamt:	94 | 100

Hot Spot

10709 Berlin

Das ungewöhnliche chinesische Restaurant ist bekannt für seinen Patron Herr Wu, seines Zeichens ein großer Kenner deutscher Weine, der gerne und kompetent empfiehlt, was zur intensiven Aromenküche aus Sichuan passt.

Eisenzahnstraße 66	Essen:	43 | 50
+49 30 89006878	Service:	18 | 20
restaurant-hotspot.de	Weinkarte:	19 | 20
Casual Dining • chinesisch • entspannt • unkonventionell	Ambiente:	7 | 10
	Gesamt:	87 | 100

80–84 85–89 90–94 95–100 Punkte

Hugos
10787 Berlin

Klassische französisch-deutsche Edelküche im ebenso edlen Ambiente und mit Blick über das alte Westberlin. Chef Eberhard Lange kocht produktversessen, mit technischer Perfektion und ohne Schnickschnack.

Budapester Straße 2 +49 30 26021263 berlin.intercontinental.com **Fine Dining • Essen mit Aussicht • Geschäftsessen**	Essen: **46** I 50 Service: **18** I 20 Weinkarte: **19** I 20 Ambiente: **9** I 10 Gesamt: 92 I 100

India Club
10117 Berlin

Mitten in Berlin, direkt hinter dem Hotel Adlon, hebt Chef Manish Bahukhandi mit seiner »Rustic Cuisine« voller raffinierter Aromen den Begriff vom Indisch-Essen-Gehen auf ein völlig neues Niveau.

Behrenstraße 72 +49 30 20628610 india-club-berlin.com **Casual Dining • indisch • Meeresfrüchte • vegetarisch**	Essen: **44** I 50 Service: **18** I 20 Weinkarte: **17** I 20 Ambiente: **8** I 10 Gesamt: 87 I 100

Irma la Douce
10785 Berlin

Ungezwungenes Gourmetlokal. Auf der Speisekarte finden sich französische Klassiker wie Bœuf bourguignon, Tatar oder Bouillabaisse, innovativ interpretiert von Küchenchef Francesco Contiero.

Potsdamer Straße 102 +49 30 23000555 irmaladouce.de **Fine Dining • französisch • entspannt**	Essen: **44** I 50 Service: **19** I 20 Weinkarte: **18** I 20 Ambiente: **8** I 10 Gesamt: 89 I 100

Julius
13347 Berlin

Ein kulinarisches Highlight in Wedding. Die Karte wechselt wöchentlich, die Gerichte sind saisonal, die Zutaten stammen von kleinen Produzenten aus der Region. Dazu ein sehr hippes Flair.

Gerichtstraße 31 juliusberlin.de **Allrounder • regionale Produkte • entspannt • modern**	Essen: **44** I 50 Service: **17** I 20 Weinkarte: **17** I 20 Ambiente: **8** I 10 Gesamt: 86 I 100

Jungbluth
12163 Berlin

Auch in Steglitz gibt es Fine Dining, allerdings in der unaufgeregten, eher lockeren Variante. Im netten Nachbarschaftslokal bieten André Sawahn und Felix Leisegang wunderbare und bezahlbare Menüs.

Lepsiusstraße 63
+49 30 79789605
jungbluth-restaurant.de
Casual Dining • vegetarisch • regionale Produkte

Essen:	43 | 50
Service:	19 | 20
Weinkarte:	17 | 20
Ambiente:	8 | 10
Gesamt:	87 | 100

Kin Dee
10785 Berlin

Essen in thailändischem »Family Style«: Alle Gerichte werden in die Mitte des Tischs gestellt, alle probieren alles. Nur fair angesichts der großartigen aromatischen Küche von Dalad Kambhu.

Lützowstraße 81
+49 30 2155294
kindeeberlin.com
Thai • Sharing Menu • entspannt • unkonventionell

Essen:	43 | 50
Service:	18 | 20
Weinkarte:	16 | 20
Ambiente:	8 | 10
Gesamt:	85 | 100

Kink
10119 Berlin

Das Kink steht für unkomplizierte Küche, die Freude bereitet, und coole Signature Drinks, die man sowohl in kurzer als auch in langer Variante bestellen kann. Ein idealer Hangout-Spot!

Schönhauser Allee 176
+49 30 41207344
kink-berlin.de
Casual Dining • Gastgarten • vegetarisch • modern

Essen:	42 | 50
Service:	16 | 20
Weinkarte:	16 | 20
Ambiente:	8 | 10
Gesamt:	82 | 100

Kitchen Library
10623 Berlin

Casual Fine Dining in echter Bibliotheksatmosphäre bei Daniela und Udo Knörlein. Ein besonderes Highlight sind hier die selbst eingemachten Pickles, die man auch für zu Hause bestellen kann.

Bleibtreustraße 55
+49 30 3125449
kitchen-library.de
deutsche Küche • französisch • gemütlich • entspannt

Essen:	42 | 50
Service:	17 | 20
Weinkarte:	16 | 20
Ambiente:	8 | 10
Gesamt:	83 | 100

Kochu Karu
10437 Berlin

Bini Lee und José Miranda Morillo sind ein ungewöhnliches Paar. Die koreanische Opernsängerin und der spanische Koch vereinen die Küchen ihrer Heimatländer zu wunderbaren Menüs, oft auch mit Musik.

Eberswalder Straße 35
+49 30 80938191
kochukaru.de
Casual Dining • koreanisch • spanisch • entspannt

Essen:	43 | 50
Service:	18 | 20
Weinkarte:	17 | 20
Ambiente:	8 | 10
Gesamt:	86 | 100

Kramer

12047 Berlin

Erlebnisgastronomie bei Kramer: Gekocht wird philippinische, japanische und mexikanische Küche am offenen Feuer. Die vielen Pflanzen schaffen eine gemütliche Gewächshaus-Atmosphäre.

Pannierstraße 41	Essen: **42** I 50
+49 30 50565738	Service: **18** I 20
kramerberlin.com	Weinkarte: **17** I 20
Showküche • modern • Cocktails • unkoventionell	Ambiente: **8** I 10
	Gesamt: 85 I 100

Kurpfalz Weinstuben

10629 Berlin

In dieses Traditionslokal kommt man gerne. Nicht nur wegen der bodenständigen, aber modernen Winzerküche, vor allem wegen der großartigen Weinauswahl – allein die Schoppenkarte weist knapp 50 Positionen auf.

Wilmersdorfer Straße 93	Essen: **40** I 50
+49 30 8836664	Service: **18** I 20
kurpfalz-weinstuben.de	Weinkarte: **19** I 20
Gasthaus • deutsche Küche • unkonventionell	Ambiente: **8** I 10
	Gesamt: 85 I 100

Lamazère

10627 Berlin

Klassisches Bistro mit roten Lederbänken und eng stehenden kleinen Tischen. Der freundliche Patron, Régis Lamazère, serviert ambitionierte französische Klassiker und berät kompetent bei den Weinen.

Stuttgarter Platz 18	Essen: **43** I 50
+49 30 31800712	Service: **16** I 20
lamazere.de	Weinkarte: **18** I 20
Bistro • Casual Dining • französisch • entspannt	Ambiente: **8** I 10
	Gesamt: 85 I 100

Larb-Koi

10245 Berlin

Chef Monay Keawmali hat früher im Khwan um die Ecke gearbeitet. Weil er weniger Kompromisse eingehen wollte, kocht er jetzt selbst: frisch, authentisch thailändisch, einfallsreich und durchaus scharf.

Krossener Straße 15	Essen: **42** I 50
+49 30 74078235	Service: **18** I 20
	Weinkarte: **16** I 20
Bistro • Thai • Fisch • Meeresfrüchte	Ambiente: **7** I 10
	Gesamt: 83 I 100

Le Petit Royal

10623 Berlin

Das Grill Royal hat auch einen kleinen Bruder im Westen: In der Küche steht allerbestes Dry-Aged Fleisch im Fokus, doch auch Fisch und Meeresfrüchte werden auf klassisch französische Art zubereitet.

Grolmanstraße 59	Essen: **42** I 50
+49 30 330060750	Service: **17** I 20
lepetitroyal.de	Weinkarte: **16** I 20
Casual Dining • Steak • Fisch • Meeresfrüchte	Ambiente: **9** I 10
	Gesamt: 84 I 100

Lode & Stijn

10999 Berlin

Auf den ersten Blick eher unscheinbar, entpuppt sich das Restaurant als wahres Fine-Dining-Schmuckstück. Lode van Zuylen und Stijn Remi zaubern aus lokalen Zutaten ein einzigartiges Tasting-Menü.

Lausitzer Straße 25
+49 30 65214507
lode-stijn.de
Fine Dining • regionale Produkte • unkonventionell

Essen:	**44** I 50
Service:	**18** I 20
Weinkarte:	**18** I 20
Ambiente:	**8** I 10
Gesamt:	88 I 100

Lokal

10115 Berlin

Skandinavisch reduzierter Chic im Galerienviertel, Hipnessfaktor garantiert. Passend dazu gibt es optisch beglückende Gerichte aus besten regionalen Zutaten, die natürlich auch den Gaumen begeistern.

Linienstraße 160
+49 30 28449500
lokal-berlinmitte.de
Casual Dining • Geschäftsessen • vegetarisch

Essen:	**42** I 50
Service:	**17** I 20
Weinkarte:	**16** I 20
Ambiente:	**8** I 10
Gesamt:	83 I 100

Long March

10997 Berlin

Seit Jahren etabliertes südchinesisches Lokal in Kreuzberg. Hier gibt es abwechslungsreich gefüllte Dim-Sum und Dumplings für jeden Geschmack. Die Weinkarte birgt perfekt auf die Speisen abgestimmte Schätze.

Wrangelstraße 20
+49 175 8889221
longmarchcanteen.com
chinesisch • modern • unkonventionell

Essen:	**43** I 50
Service:	**16** I 20
Weinkarte:	**17** I 20
Ambiente:	**8** I 10
Gesamt:	84 I 100

Lorenz Adlon Esszimmer

10117 Berlin

Das eleganteste Restaurant der Stadt im bekanntesten Hotel Deutschlands: Küchenchef Reno Brändli serviert in luxuriösem Ambiente ein Menü aus den ausgesuchtesten Produkten, zubereitet in feinster Handarbeit.

Unter den Linden 77
+49 30 2261 1960
lorenzadlon-esszimmer.de
Fine Dining • Hotelrestaurant • elegant

Essen:	**48** I 50
Service:	**19** I 20
Weinkarte:	**19** I 20
Ambiente:	**10** I 10
Gesamt:	96 I 100

Lovis

10627 Berlin

Sophia Rudolph serviert im Lovis nicht nur ein ausgezeichnetes Menü, das Ambiente ist ebenso außergewöhnlich: Das ehemalige Gefängnis erstrahlt nach einem aufwendigen Umbau in neuem Glanz.

Kantstraße 79
+49 30 201805160
lovisrestaurant.com
Casual Dining • regionale Produkte • modern • Bar

Essen:	**44** I 50
Service:	**18** I 20
Weinkarte:	**18** I 20
Ambiente:	**9** I 10
Gesamt:	89 I 100

Lucky Leek

10405 Berlin

Veganes Restaurant mit Anspruch. Die Tasting-Menüs bieten Einblick in die Vielfältigkeit pflanzlicher Lebensmittel – von eingelegtem Chicorée bis zu einem hausgemachten veganen Käsegang. Ein Erlebnis!

Kollwitzstraße 54
+49 30 66408710
lucky-leek.com
Casual Dining • vegan • nachhaltig • entspannt

Essen:	**43**	50
Service:	**18**	20
Weinkarte:	**17**	20
Ambiente:	**8**	10
Gesamt:	86	100

Lutter & Wegner

10117 Berlin

Das Lutter & Wegner ist ein alteingesessenes Lokal in Berlin-Mitte, das deutsche und österreichische Küche sowie feine Weine aus der eigenen Weinhandlung direkt nebenan serviert. Ein Berliner Klassiker!

Charlottenstraße 56
+49 30 20295415
l-w-berlin.de
Vinothek • österreichisch • deutsche Küche • traditionell

Essen:	**43**	50
Service:	**18**	20
Weinkarte:	**18**	20
Ambiente:	**8**	10
Gesamt:	87	100

Macionga

10707 Berlin

Sebastian Leyer ist ein ambitionierter Koch, seine Gerichte aus regionalen Produkten gehen aromatisch in die Tiefe und haben Biss. Sommelier André Macionga serviert dazu die passenden Weine.

Xantener Straße 9
+49 179 1134673
restaurantmacionga.com
regionale Produkte • Vinothek • entspannt

Essen:	**44**	50
Service:	**18**	20
Weinkarte:	**18**	20
Ambiente:	**9**	10
Gesamt:	89	100

Mastan

10961 Berlin

Ehrliche französische Bistro-Küche ohne Schnickschnack: Küchenchef Yann Mastantuono, der bei Drei-Sterne-Koch Alain Ducasse lernte, verwirklicht mit dem Mastan seinen Traum vom eigenen Restaurant.

Gneisenaustraße 67
+49 30 49924844
restaurantmastan.com
Bistro • französisch • gemütlich

Essen:	**45**	50
Service:	**18**	20
Weinkarte:	**17**	20
Ambiente:	**8**	10
Gesamt:	88	100

Michelberger

10243 Berlin

Die Zutaten für die Casual-Fine-Dining-Küche kommen von der hoteleigenen Landwirtschaft im Spreewald. Herrliches Gemüse trifft auf sorgsam ausgewählte tierische Produkte. Wortwörtlich »from farm to table«!

Warschauer Straße 39–40
+49 30 29778590
michelbergerhotel.com
Casual Dining • modern • eigene Landwirtschaft

Essen:	**42**	50
Service:	**17**	20
Weinkarte:	**17**	20
Ambiente:	**8**	10
Gesamt:	84	100

Mine

10719 Berlin

Das schicke Lokal bietet nach eigenen Angaben »Fun Dining«. Konkret bedeutet das: eine große Auswahl an modernen italienischen Gerichten auf gehobenem Niveau, begleitet von spannenden Weinen und Drinks.

Meinekestraße 10	Essen: **44** | 50
+49 30 88926363	Service: **17** | 20
minerestaurant.de	Weinkarte: **17** | 20
Casual Dining • italienisch • modern	Ambiente: **8** | 10
	Gesamt: 86 | 100

MontRaw

10115 Berlin

Gemütliches Casual-Fine-Dining-Lokal mit mediterran-israelischer Küche und aufregenden Signature Drinks. Im Sommer lockt die große Terrasse, im Winter die intime Atmosphäre des kleinen Gastraums.

Torstraße 189	Essen: **42** | 50
+49 30 33901243	Service: **17** | 20
montraw.com	Weinkarte: **17** | 20
Casual Dining • mediterran • Levante • Terrasse	Ambiente: **8** | 10
	Gesamt: 84 | 100

Nobelhart & Schmutzig

10969 Berlin

Seit 2015 ist Billy Wagners Lokal aus der Fine-Dining-Szene Berlins nicht mehr wegzudenken. Das brutal-lokale Menü von Micha Schäfer überzeugt in zehn Gängen mit Innovation und technischer Finesse.

Friedrichstraße 218	Essen: **46** | 50
+49 30 25940610	Service: **20** | 20
nobelhartundschmutzig.com	Weinkarte: **20** | 20
Fine Dining • regionale Produkte • nachhaltig	Ambiente: **9** | 10
	Gesamt: 95 | 100

November

10435 Berlin

Hochwertige japanische Küche in zurückgenommenem Interieur. Das Highlight ist die Raw Bar, an der Sashimi, Nigiri und andere Specials in feinster Produktqualität hergestellt werden.

Husemannstraße 15	Essen: **43** | 50
+49 162 3332135	Service: **17** | 20
november.berlin	Weinkarte: **16** | 20
Casual Dining • japanisch • Fisch • Meeresfrüchte	Ambiente: **9** | 10
	Gesamt: 85 | 100

Nußbaumerin

10629 Berlin

Seit 2008 genießt das Lokal den Ruf der ersten Adresse Berlins, wenn es um österreichische Küche geht. Sei es Schnitzel oder Tafelspitz, ein Essen hier versetzt einen sogleich ins schöne Nachbarland.

Leibnizstraße 55	Essen: **43** | 50
+49 30 50178033	Service: **18** | 20
nussbaumerin.de	Weinkarte: **18** | 20
Gasthaus • österreichisch • traditionell • Geschäftsessen	Ambiente: **8** | 10
	Gesamt: 87 | 100

Oh, Panama

10785 Berlin

Küchenchef Johann Maier serviert in diesem Casual-Fine-Dining-Lokal deutsche Küche mit bayerischem Einschlag – am besten wie Tapas untereinander teilen! Dazu gibt es Drinks und Naturweine.

Potsdamer Straße 91	Essen: **42** I 50
+49 30 983208435	Service: **18** I 20
oh-panama.com	Weinkarte: **17** I 20
Casual Dining • Sharing Menu • regionale Produkte	Ambiente: **8** I 10
	Gesamt: 85 I 100

ORA

10999 Berlin

Serviert werden in der ehemaligen Apotheke aus dem 19. Jahrhundert ein saisonales Menü sowie hochwertige Barsnacks von Austern bis Prosciutto. Dazu trinkt man außergewöhnliche Weine oder Cocktails.

Oranienplatz 14	Essen: **43** I 50
+49 30 50955989	Service: **17** I 20
ora.berlin	Weinkarte: **17** I 20
nachhaltig • gemütlich • unkonventionell	Ambiente: **9** I 10
	Gesamt: 86 I 100

Orania

10999 Berlin

Bekannt ist das Orania vor allem für die X-Berg-Ente, die in einem Vier-Gänge-Menü genossen werden kann. Diesen Klassiker gibt es sogar in einer vegetarischen Variante. Zeitgemäß und köstlich!

Oranienplatz 17	Essen: **46** I 50
+49 30 69539680	Service: **18** I 20
orania.berlin	Weinkarte: **19** I 20
Hotelrestaurant • Casual Dining • modern	Ambiente: **9** I 10
P	Gesamt: 92 I 100

Osterberger

10115 Berlin

Im Kiezlokal Osterberger kommen alle auf ihre Kosten: Die Bistro-Küche bietet sowohl Fleischessern als auch Veganern herrliche Geschmackserlebnisse. Dabei wird Nachhaltigkeit großgeschrieben.

Elisabethkirchstraße 2	Essen: **43** I 50
+49 30 26565661	Service: **18** I 20
osterberger.de	Weinkarte: **16** I 20
Bistro • modern • nachhaltig • vegan	Ambiente: **8** I 10
	Gesamt: 85 I 100

Osteria Centrale

10623 Berlin

Seit Jahren eine der ersten Adressen, wenn es um italienische Küche geht. Das Charlottenburger Szenelokal bietet eine wechselnde Auswahl an italienischen Klassikern aus Zutaten bester Qualität.

Bleibtreustraße 51	Essen: **44** I 50
+49 30 31013263	Service: **18** I 20
	Weinkarte: **18** I 20
italienisch • mediterran • traditionell	Ambiente: **8** I 10
	Gesamt: 88 I 100

Ottenthal

10623 Berlin

Hier treffen sich Berliner, um das vielleicht beste Wiener Schnitzel der Stadt zu essen. Dazu bestellt man aus der umfangreichen Weinkarte, besondere Favoriten können auch für zu Hause geordert werden.

Kantstraße 153	Essen:	43 | 50
+49 30 3133162	Service:	18 | 20
ottenthal.com	Weinkarte:	18 | 20
österreichisch • gemütlich • Vinothek	Ambiente:	8 | 10
	Gesamt:	87 | 100

Otto

10435 Berlin

Puristisch gestaltetes Szenelokal mit fantastischer Küche. Vadim Otto Ursus serviert ein Menü aus regionalen Zutaten, die das Küchenteam zum Teil selbst in der Umgebung von Berlin sammelt.

Oderberger Straße 56	Essen:	43 | 50
+49 30 58705176	Service:	18 | 20
otto-berlin.net	Weinkarte:	17 | 20
Sharing Menu • regionale Produkte • nachhaltig	Ambiente:	8 | 10
	Gesamt:	86 | 100

Papillon

10623 Berlin

Mit Dinner, Drinks und Dance lockt das Papillon in der City West. Das Interieur versprüht den Glamour der 70er-Jahre. Dazu passend werden französische und italienische Gerichte gereicht.

Hardenbergplatz 15	Essen:	42 | 50
+49 30 555792829	Service:	18 | 20
papillon-berlin.com	Weinkarte:	17 | 20
mediterran • modern • Meeresfrüchte	Ambiente:	8 | 10
	Gesamt:	85 | 100

Pastis

14197 Berlin

Vincent Garcia und seine Frau Adeline servieren in der kleinen Brasserie Pastis klassisch französische Gerichte wie Tarte flambée, Fischsuppe »Marseille« oder Entenstopfleber-Terrine.

Rüdesheimer Straße 9	Essen:	42 | 50
+49 30 81055769	Service:	17 | 20
restaurant-pastis.de	Weinkarte:	17 | 20
Bistro • französisch • klassisch • traditionell	Ambiente:	8 | 10
	Gesamt:	84 | 100

POTS

10785 Berlin

Klassische deutsche Speisen mit einem innovativen Ansatz werden im POTS im Hotel Ritz von Chef de Cuisine Christopher Kujanski kredenzt. Der regionale Bezug der Zutaten steht im Mittelpunkt.

Potsdamer Platz 3	Essen:	42 | 50
+49 30 337775402	Service:	18 | 20
potsrestaurant.com	Weinkarte:	18 | 20
Sharing Menu • deutsche Küche • Terrasse • modern	Ambiente:	8 | 10
P	Gesamt:	86 | 100

Prism

10627 Berlin

Küchenchef Gal Ben Moshe und Sommelière und Gastgeberin Jacqueline Lorenz verwöhnen ihre Gäste im Prism mit israelisch-arabischer Küche auf höchstem Niveau, die an die israelische Heimat erinnert.

Fritschestraße 48	Essen: **46** I 50
+49 30 54710861	Service: **19** I 20
prismberlin.de	Weinkarte: **19** I 20
Fine Dining • Levante • modern	Ambiente: **8** I 10
	Gesamt: 92 I 100

Remi

10119 Berlin

Im verglasten Erdgeschoss des Suhrkamp Verlags in Berlin-Mitte findet man das Remi, das zweite Restaurant der niederländischen Gastronomen Lode van Zuylen und Stijn Remi. Die Küche ist europäisch-modern.

Torstraße 48	Essen: **42** I 50
+49 30 27593090	Service: **17** I 20
remi-berlin.de	Weinkarte: **17** I 20
modern • entspannt • Geschäftsessen	Ambiente: **9** I 10
	Gesamt: 85 I 100

Renger-Patzsch

10823 Berlin

Das Gasthaus hat seinen Namen dem Landschaftsfotografen Albert Renger-Patzsch zu verdanken und serviert bodenständige deutsch-französische Spezialitäten wie Tarte flambée und Rinderrouladen.

Wartburgstraße 54	Essen: **43** I 50
+49 30 7842059	Service: **18** I 20
renger-patzsch.com	Weinkarte: **17** I 20
Gasthaus • französisch • deutsche Küche • traditionell	Ambiente: **8** I 10
	Gesamt: 86 I 100

Restaurant 1687

10117 Berlin

Nuancen von Beige und Gold sowie grüne Samtbänke schaffen einen Bezug zum besonderen Ort: Das 1687 befindet sich auf einem ehemaligen Kirchengelände und überzeugt durch eine ambitionierte Küche.

Mittelstraße 30	Essen: **42** I 50
+49 30 20630611	Service: **17** I 20
1687.berlin	Weinkarte: **17** I 20
Allrounder • regionale Produkte • Geschäftsessen	Ambiente: **8** I 10
	Gesamt: 84 I 100

Richard

10997 Berlin

Das Beste von beidem: Von Sonntag bis Mittwoch serviert das Richard-Bistro entspannte Gerichte ohne Schnickschnack. Den Rest der Woche gibt es wie gewohnt die Menüs vom Sternekoch.

Köpenicker Straße 174	Essen: **46** I 50
+49 30 49207242	Service: **18** I 20
restaurant-richard.de	Weinkarte: **18** I 20
französisch • vegetarisch • klassisch	Ambiente: **8** I 10
	Gesamt: 90 I 100

Root

10117 Berlin

Letztes Jahr eröffnete das Root im Telegraphenamt. Dahinter steht Roland Mary, der auch Begründer des Borchardt ist. Die Menüs sind aus aller Welt inspiriert. Das Sushi ist hervorragend.

Monbijoustraße 11
+49 30 994059150
root-restaurant.com
Hotelrestaurant • Sushi • modern

Essen:	**42**	50
Service:	**18**	20
Weinkarte:	**18**	20
Ambiente:	**8**	10
Gesamt:	86	100

Rotisserie Weingrün

10178 Berlin

Am offenen Flammenwandgrill in der Rotisserie Weingrün werden Kalbshaxen, finnischer Flammlachs und Lammbraten zubereitet. Die Küche ist durchweg bodenständig mit einer gut sortierten Weinkarte.

Gertraudenstraße 10–12
+49 30 20621900
rotisserie-weingruen.de
Steak • Fisch • entspannt

Essen:	**42**	50
Service:	**18**	20
Weinkarte:	**18**	20
Ambiente:	**8**	10
Gesamt:	86	100

Rüdiger's

10777 Berlin

Österreichische Spezialitäten auf höchstem Niveau kreiert Daniel Rüdiger im Rüdiger's in Schöneberg. Wiener Schnitzel, steirisches Backhendl und Wiener Tafelspitz stehen unter anderem auf der Karte.

Motzstraße 63
+49 30 25797597
ruedigers-berlin.de
österreichisch • traditionell • klassisch • Terrasse

Essen:	**43**	50
Service:	**18**	20
Weinkarte:	**17**	20
Ambiente:	**8**	10
Gesamt:	86	100

Stefan Josef Mueller

Rutz Restaurant

10115 Berlin

Als einziges Restaurant in Berlin besitzt das Rutz drei Michelin-Sterne. Küchendirektor Marco Müller und Küchenchef Dennis Quetsch sind bekannt für kreative Kompositionen, die alle Sinne stimulieren.

Chausseestraße 8
+49 30 24628760
rutz-restaurant.de
Fine Dining • nachhaltig • elegant • modern

Essen:	**50**	50
Service:	**20**	20
Weinkarte:	**20**	20
Ambiente:	**10**	10
Gesamt:	100	100

Rutz Zollhaus 10961 Berlin

Im denkmalgeschützten Zollhaus am Landwehrkanal in Kreuzberg kocht Marco Müller neu interpretierte Berliner Gerichte. Bodenständige Zutaten und Rezepte sowie erlesene Weine runden das Konzept ab.

Carl-Herz-Ufer 30	Essen: **44** I 50
+49 30 233276670	Service: **18** I 20
rutz-zollhaus.de	Weinkarte: **20** I 20
regionale Produkte • Gastgarten • im Grünen	Ambiente: **8** I 10
	Gesamt: 90 I 100

Ryke 10405 Berlin

Kieztreffpunkt in Prenzlauer Berg: dezent und natürlich eingerichtet mit viel Holz. Die Speisen von Küchenchef Roman Schönberger sind saisonal mit Einflüssen aus seiner Heimat Kasachstan.

Rykestraße 39	Essen: **42** I 50
+49 30 44013538	Service: **18** I 20
ryke-berlin.de	Weinkarte: **16** I 20
regionale Produkte • entspannt • Brunch	Ambiente: **8** I 10
	Gesamt: 84 I 100

Sagrantino 10117 Berlin

Das Sagrantino in Berlin-Mitte bietet italienisches Dolce Vita pur: eine umfangreiche Weinkarte, insbesondere Weine vom umbrischen Sagrantino, feine italienische Speisen und italienische Leichtigkeit.

Behrenstraße 47	Essen: **40** I 50
+49 30 20646895	Service: **15** I 20
sagrantino-winebar.de	Weinkarte: **18** I 20
Vinothek • italienisch • mediterran • Geschäftsessen	Ambiente: **7** I 10
	Gesamt: 80 I 100

Schneeweiß 10245 Berlin

In weißem Ambiente lädt das Restaurant Schneeweiß in Friedrichshain zu hochwertigen und bodenständigen alpenländischen Speisen wie Saftgulasch vom Tafelspitz, Backhendl und Käsespätzle ein.

Simplonstraße 16	Essen: **42** I 50
+49 30 29049704	Service: **17** I 20
schneeweiss-berlin.de	Weinkarte: **16** I 20
Casual Dining • österreichisch • modern • entspannt	Ambiente: **8** I 10
	Gesamt: 83 I 100

Seaside – Fish & Seafood Bar
10117 Berlin

Nordische Atmosphäre und Fischmarkt-Flair: Das Seaside am Gendarmenmarkt bietet eine große Auswahl an fangfrischem Fisch und Meeresfrüchten sowie die darauf abgestimmten Weine an.

Mohrenstraße 17
+49 30 20917354
seaside-fish.com
Bistro • Fisch • Meeresfrüchte • Geschäftsessen

Essen:	**42**	50
Service:	**16**	20
Weinkarte:	**16**	20
Ambiente:	**8**	10
Gesamt:	82	100

Shiori
10119 Berlin

Shiori ist die Wertschätzung des Moments und von der japanischen Teezeremonie inspiriert. Beim 11- bis 13-Gänge-Menü im Omakase-Stil stehen Frische und Saisonalität an oberster Stelle.

Max-Beer-Straße 13
+49 30 64467442
shioriberlin.com
japanisch • Sushi • Meeresfrüchte • modern

Essen:	**44**	50
Service:	**19**	20
Weinkarte:	**16**	20
Ambiente:	**9**	10
Gesamt:	88	100

Sissi
10777 Berlin

Österreichische Klassiker wie Wiener Schnitzel, Käferbohnensalat und Kaiserschmarren stehen auf der Karte im Sissi. Was als Feinkostladen begann, ist heute ein Ort für österreichische Esskultur.

Motzstraße 34
+49 30 21018101
sissi-berlin.de
österreichisch • unkonventionell • Delikatessenverkauf

Essen:	**42**	50
Service:	**18**	20
Weinkarte:	**17**	20
Ambiente:	**8**	10
Gesamt:	85	100

Skykitchen
10369 Berlin

Er lernte bei zahlreichen namenhaften Köchen und ist jetzt Küchenchef im Skykitchen: Im 12. Stock des Hotels Andel's kredenzt Sascha Kurgan Gerichte, die kreativ und von der Natur inspiriert sind.

Landsberger Allee 106
+49 30 4530532620
skykitchen.berlin
Fine Dining • modern • Essen mit Aussicht

P

Essen:	**45**	50
Service:	**19**	20
Weinkarte:	**18**	20
Ambiente:	**9**	10
Gesamt:	91	100

Spaghetteria
10435 Berlin

In lässiger Atmosphäre mit italienischem Flair serviert die Spaghetteria im Kollwitzkiez in Prenzlauer Berg frisch zubereitete Pasta. Von den sechs Gerichten auf der Speisekarte wechseln drei jeden Tag.

Kollwitzstraße 89
+49 176 18089901
spaghetteria.de
italienisch • modern • entspannt

Essen:	**40**	50
Service:	**17**	20
Weinkarte:	**16**	20
Ambiente:	**8**	10
Gesamt:	81	100

80–84 85–89 90–94 95–100 Punkte

Tante Fichte Speiselokal

10967 Berlin

Fine Dining mit kroatischen Einflüssen: In der Küche von Dominik Matokanovic werden regionale Produkte mit den Aromen des Balkans verfeinert. Die Weinkarte beinhaltet 650 Positionen.

Fichtestraße 31	Essen: **43** I 50
+49 30 69001522	Service: **18** I 20
tantefichte.berlin	Weinkarte: **18** I 20
mediterran • regionale Produkte • Terrasse	Ambiente: **8** I 10
	Gesamt: **87** I 100

The Grain

10437 Berlin

Die gekonnte Mischung aus Wasser und Mehl sorgt für den luftigen Teig bei den Pizzabäckerinnen Sara und Musa im The Grain. Auf der Karte stehen Klassiker wie Diavola, Bufala und Piccante.

Gleimstraße 38	Essen: **40** I 50
+49 30 25325361	Service: **18** I 20
thegrainberlin.de	Weinkarte: **15** I 20
italienisch • Pizza • gemütlich • unkonventionell	Ambiente: **7** I 10
	Gesamt: **80** I 100

The Grand

10178 Berlin

Auf dem Southbend-Grill wird feinstes Rind aus Irland oder regional aus der Rhön zubereitet. Französisch angehaucht sind die Speisen auf der Karte, die von Küchenchef Tilo Roth perfektioniert werden.

Hirtenstraße 4	Essen: **43** I 50
+49 30 2789099 555	Service: **16** I 20
the-grand-berlin.com	Weinkarte: **17** I 20
Steak • Geschäftsessen • modern	Ambiente: **8** I 10
	Gesamt: **84** I 100

theNOname

10117 Berlin

Kreativität, Toleranz und Genuss. Im theNOname werden alle Sinne angesprochen. Hier trifft Kunst auf Minimalismus im Interieur sowie in der Küche. Ein Casual-Fine-Dining-Erlebnis, das zu Berlin passt.

Oranienburger Straße 32	Essen: **46** I 50
+49 30 279099027	Service: **18** I 20
the-noname.de	Weinkarte: **18** I 20
Fine Dining • unkonventionell • modern	Ambiente: **8** I 10
	Gesamt: **90** I 100

Tim Raue

10969 Berlin

An Tim Raue kommt man kulinarisch nicht vorbei. In seinem Restaurant kreiert der Sternekoch eine asiatisch inspirierte Küche. Das »Kolibri-Menü« ist eine Hommage an Berlin, das »Koi-Menü« von Fernost geprägt.

Rudi-Dutschke-Straße 26	Essen: **48** I 50
+49 30 25937930	Service: **19** I 20
tim-raue.com	Weinkarte: **20** I 20
Fine Dining • asiatisch • modern	Ambiente: **9** I 10
	Gesamt: **96** I 100

Tisk 🍴🍴

12053 Berlin

Das Küchenkonzept basiert auf From-farm-to-table-Menüs. Auf der eigenen Tisk-Farm, die sich bei Berlin befindet, werden Gemüse und Kräuter angebaut, die dann zu kreativen Gerichten verarbeitet werden.

Neckarstraße 12
+49 30 39820000
tisk-speisekneipe.de
eigener Gemüsegarten • deutsche Küche • modern

Essen:	**42** | 50
Service:	**17** | 20
Weinkarte:	**18** | 20
Ambiente:	**8** | 10
Gesamt:	**85** | 100

Torbar

10115 Berlin

Ein angesagtes Restaurant gleich bei der Torstraße und Dieter Meiers zweites Restaurant in Berlin. Der Züricher Unternehmer, Künstler und Musiker setzt auf kleine Horsd'œuvres zum Teilen.

Gartenstraße 115
+49 30 55202582
torbar.berlin
französisch • unkonventionell • modern

Essen:	**42** | 50
Service:	**18** | 20
Weinkarte:	**17** | 20
Ambiente:	**8** | 10
Gesamt:	**85** | 100

Trio

10178 Berlin

Dezent und gemütlich mit dunkelroten Tischen und Holzstühlen. Im Trio überwiegt der Wirtshauscharme, jedoch modern interpretiert. Gekocht wird deftige deutsche Hausmannskost wie Eintöpfe und Gulasch.

Linienstraße 13
+49 30 33901310
trioberlin.webflow.io
Gasthaus • entspannt • regionale Produkte

Essen:	**42** | 50
Service:	**18** | 20
Weinkarte:	**17** | 20
Ambiente:	**8** | 10
Gesamt:	**85** | 100

Tulus Lotrek

10967 Berlin

Kreative Kulinarik im Tulus Lotrek: Chefkoch Max Strohe liebt das Ausgefallene und kredenzt ein vegetarisches oder omnivores Menü. Sommelière Ilona Scholl serviert dazu den passenden Wein.

Fichtestraße 24
+49 30 41956687
tuluslotrek.de
Fine Dining • Terrasse • unkonventionell

Essen:	**45** | 50
Service:	**19** | 20
Weinkarte:	**18** | 20
Ambiente:	**8** | 10
Gesamt:	**90** | 100

UUU Berlin

13353 Berlin

Exklusives Chinese-Fine-Dining-Restaurant im Wedding mit nicht mal zehn in einem Kreis angeordneten Sitzplätzen. Die intime Gästerunde wird mit hochqualitativen Gerichten und einer tollen Getränkebegleitung verwöhnt.

Sprengelstraße 15
+49 30 56009028
uuu-berlin.de
Fine Dining • chinesisch • modern

Essen:	**43** | 50
Service:	**19** | 20
Weinkarte:	**16** | 20
Ambiente:	**9** | 10
Gesamt:	**87** | 100

Volt

10999 Berlin

Im von Kupfer und Backstein dominierten Ambiente im ehemaligen Umspannwerk werden drei Menüs gekocht. Nach einer Dekade als Küchenchef überlässt Inhaber Matthias Gleiß das Feld seinem jungen Team.

Paul-Lincke-Ufer 21	Essen: **43** I 50
+49 30 338402320	Service: **18** I 20
restaurant-volt.de	Weinkarte: **18** I 20
Casual Dining • deutsche Küche • regionale Produkte	Ambiente: **9** I 10
	Gesamt: 88 I 100

Vox

10785 Berlin

Europäische Küche trifft auf asiatische Einflüsse: In der offenen Showküche werden Sushi vom japanischen Meister zubereitet. Ansonsten bietet das Vox saisonale À-la-carte-Gerichte und Menüs an.

Marlene-Dietrich-Platz 2	Essen: **43** I 50
+49 30 25531772	Service: **18** I 20
vox-restaurant.de	Weinkarte: **18** I 20
Hotelrestaurant • Sushi • japanisch	Ambiente: **8** I 10
P	Gesamt: 87 I 100

Weinbau

10823 Berlin

Ein bisschen kulinarische Inspiration aus Japan und Israel, aber vor allem ganz viel Italianità serviert Giacomo Mannucci in seiner Weinbar. Bis zu 100 Weinpositionen kommen vorwiegend – aber nicht nur – aus Italien.

Akazienstraße 3	Essen: **40** I 50
+49 30 54599047	Service: **17** I 20
weinbau.bonita.berlin	Weinkarte: **18** I 20
Vinothek • italienisch • Tapas • Delikatessenverkauf	Ambiente: **8** I 10
	Gesamt: 83 I 100

BRANDENBURG

AS am See

15526 Bad Saarow

Andreas Staack entwickelt moderne regionale Gerichte aus besten Zutaten, die souverän zubereitet und im kulinarischen Gleichklang serviert werden. Die angebotene Weinbegleitung ist durchdacht.

Seestraße 9	Essen: **42** I 50
+49 33631 599244	Service: **18** I 20
asamsee.de	Weinkarte: **18** I 20
Casual Dining • regionale Produkte • entspannt	Ambiente: **8** I 10
P	Gesamt: 86 I 100

Villa Contessa 15526 Bad Saarow

Malerisch gelegen am Ufer des Scharmützelsees, bietet dieses Restaurant ein wunderschönes Wohlfühlambiente mit French-Riviera-Flair und fantasievoller Fine Cuisine sowie traumhaftem Seeblick.

Seestraße 18	Essen:	42 | 50
+49 33631 58018	Service:	18 | 20
villa-contessa.de	Weinkarte:	18 | 20
Hotelrestaurant • Essen mit Aussicht • im Grünen	Ambiente:	8 | 10
	Gesamt:	86 | 100

Landlust Körzin 14547 Beelitz

Schön gelegenes Familienhotel mit einem sehr guten Restaurant. Die gelungene Regionalküche wird gerne auch am großen Tisch für alle Gäste serviert. Das ist appetit- und kommunikationsfördernd.

Körzin 19	Essen:	42 | 50
+49 173 2483983	Service:	17 | 20
landlust-koerzin.de	Weinkarte:	16 | 20
Gasthaus • bio • im Grünen • gemütlich	Ambiente:	7 | 10
	Gesamt:	82 | 100

Inspektorenhaus 14770 Brandenburg an der Havel

Direkt in der Altstadt, in bewusst reduziertem Ambiente, findet man zeitgemäße Regionalküche. Benjamin Döbbel bereitet exzellente Menüs aus dem, was ihm Lieferanten aus nächster Umgebung liefern.

Altstädtischer Markt 9	Essen:	43 | 50
+49 3381 3282139	Service:	17 | 20
inspektorenhaus.de	Weinkarte:	17 | 20
Casual Dining • regionale Produkte • nachhaltig • modern	Ambiente:	8 | 10
	Gesamt:	85 | 100

Speisenkammer 03096 Burg (Spreewald)

Marco Giedow setzt auf frische Waren aus dem Spreewald, alte Gemüsesorten und traditionelle Zubereitungsmethoden. Im gemütlichen Scheunenrestaurant gibt es nur ein mehrgängiges, fein abgestimmtes Menü.

Waldschlösschenstraße 48	Essen:	42 | 50
+49 35603 750087	Service:	17 | 20
speisenkammer-burg.de	Weinkarte:	17 | 20
Gasthaus • im Grünen • gemütlich	Ambiente:	8 | 10
P	Gesamt:	84 | 100

Lou im Cavalierhaus 03042 Cottbus

Der weltoffene Fürst Pückler ist (Spitz-)Namensgeber für das historische Restaurant und mit seinen Tafelbüchern Inspiration für Küchenchef Tim Sillak, der gerne Wild und Fisch aus der Region verarbeitet.

Zum Kavalierhaus 9	Essen:	44 | 50
+49 355 49397030	Service:	19 | 20
cavalierhaus-branitz.de	Weinkarte:	17 | 20
Fine Dining • regionale Produkte • nachhaltig • klassisch	Ambiente:	9 | 10
P	Gesamt:	89 | 100

Bollwerk 4

15890 Eisenhüttenstadt

Küchenchef Steffen Krüger verwandelt bodenständige regionale Rezepte in moderne Menüs mit dem gewissen Etwas: Zum Dry-Aged Schwarzfederhuhn wird Zitronenpasta serviert. Feine bezahlbare Weinauswahl.

Lindenplatz 1
+49 3364 740264
bollwerk4.de
deutsche Küche • entspannt • gemütlich

Essen:	**40** I 50
Service:	**17** I 20
Weinkarte:	**17** I 20
Ambiente:	**9** I 10
Gesamt:	83 I 100

Sawito

14612 Falkensee

Gastgeber Patrik Schwabe und Küchenchef Marco Wahl (ehemals im Duke) bringen kulinarische Kultur über die Berliner Stadtgrenze. Wahls geradlinige Küche überrascht mit kreativen Ideen und schöner Optik.

Spandauer Straße 14
+49 3322 1218566
restaurant-sawito.com
Casual Dining • regionale Produkte • entspannt

Essen:	**43** I 50
Service:	**18** I 20
Weinkarte:	**18** I 20
Ambiente:	**8** I 10
Gesamt:	87 I 100

Goldener Hahn

03238 Finsterwalde

Seit über 20 Jahren beweisen Frank und Iris Schreiber mit ihrer französisch inspirierten Regionalküche Beständigkeit in der kulinarischen Diaspora. Jeder Teller ist Augenweide und Gaumenschmaus zugleich.

Bahnhofstraße 3
+49 3531 2214
goldenerhahn.com
Fine Dining • regionale Produkte • klassisch

Essen:	**44** I 50
Service:	**19** I 20
Weinkarte:	**18** I 20
Ambiente:	**7** I 10
Gesamt:	88 I 100

Schloss Ribbeck

14641 Nauen

Saisonales Mittagessen in bodenständig-guter Qualität, samstags wird auch abends serviert. Schwerpunkt sind Klassiker wie Rinderrouladen oder Lachsfilet, die Ribbecksche Birne gibt's dann flüssig.

Theodor-Fontane-Straße 10
+49 33237 859015
schlossribbeck.de
deutsche Küche • im Schloss • traditionell

Essen:	**42** I 50
Service:	**17** I 20
Weinkarte:	**17** I 20
Ambiente:	**8** I 10
Gesamt:	84 I 100

Wilde Klosterküche

15898 Neuzelle

Sehr stylish, fast urban, und das im eher beschaulichen Neuzelle. Manuel Bunke und sein Team bieten von Donnerstag bis Sonntag ein regionales und nachhaltiges Menü an, das Spaß macht und überrascht.

Bahnhofstraße 18
+49 33652 823990
wildeklosterkueche.de
Casual Dining • regionale Produkte • unkonventionell

Essen:	**42** I 50
Service:	**18** I 20
Weinkarte:	**17** I 20
Ambiente:	**8** I 10
Gesamt:	85 I 100

Philippsthal

14558 Nuthetal

Saisonale Produktküche im denkmalgeschützten Bau. Guido Kachel verarbeitet vor allem Regionales in seiner französisch inspirierten Küche, viele Zutaten stammen sogar aus dem schönen eigenen Garten.

Philippsthaler Dorfstraße 35	Essen:	42 | 50
+49 33200 524432	Service:	17 | 20
restaurant-philippsthal.de	Weinkarte:	17 | 20
französisch • deutsche Küche • klassisch • gemütlich	Ambiente:	8 | 10
P	Gesamt:	84 | 100

Garage du Pont

14467 Potsdam

In der ehemaligen Oldtimer-Garage wird in nostalgischem Bistro-Ambiente klassische französische Küche angeboten. Es gibt Flammkuchen, Bouillabaisse, natürlich Steak frites und gute französische Weine.

Berliner Straße 88	Essen:	42 | 50
+49 331 87093272	Service:	17 | 20
garagedupont.de	Weinkarte:	16 | 20
französisch • Gastgarten • unkoventionell	Ambiente:	8 | 10
P	Gesamt:	83 | 100

Juliette

14467 Potsdam

Das Juliette ist nicht nur das beste französische Restaurant in Potsdam, auch aus Berlin kommen die Gäste extra angereist. Carsten Rettschlag verbindet in seinen Menüs typisch Klassisches mit kreativer Raffinesse.

Jägerstraße 39	Essen:	43 | 50
+49 331 2701791	Service:	17 | 20
restaurant-juliette.de	Weinkarte:	17 | 20
französisch • klassisch • gemütlich	Ambiente:	8 | 10
	Gesamt:	85 | 100

Kochzimmer

14467 Potsdam

Im ältesten Restaurant Potsdams stehen David Schubert und Nico Werner am Herd. Die beiden haben hier eine »neue preußische Küche« kreiert, die aus regionalen Produkten überraschende Sechs-Gänge-Menüs zaubert.

Am Neuen Markt 10	Essen:	46 | 50
+49 331 20090666	Service:	19 | 20
restaurant-kochzimmer.de	Weinkarte:	18 | 20
Fine Dining • regionale Produkte • modern	Ambiente:	9 | 10
	Gesamt:	92 | 100

Villa Kellermann

14467 Potsdam

Hervorragende Weine von Inhaber Günther Jauch, bodenständig-raffinierte Rezepte von Tim Raue, kongenial interpretiert von Küchenchef Christopher Wecker: Hier speisen nicht nur Potsdams Prominente gerne.

Mangerstraße 34	Essen:	44 | 50
+49 331 20046540	Service:	18 | 20
villakellermann.de	Weinkarte:	18 | 20
Fine Dining • deutsche Küche • entspannt	Ambiente:	10 | 10
	Gesamt:	90 | 100

80–84 85–89 90–94 95–100 Punkte

Hasenpfeffer

14712 Rathenow

Von Green umringt: Entspanntes Casual Dining mit Blick auf das Golfresort. Küchenchef Christopher Franz verwendet vorwiegend Havelländer Produkte, die er kreativ in modern-extravagante Menüs verwandelt.

Ferchesarer Straße 8B
+49 3385 5540
golfresort-semlin.de
Hotelrestaurant • elegant • klassisch

Essen:	42 I 50
Service:	17 I 20
Weinkarte:	17 I 20
Ambiente:	8 I 10
Gesamt:	84 I 100

Kleinod – Schloss Reichenow

15345 Reichenow-Möglin

Im schön gelegenen, scheinbar verwunschenen Schloss gibt es ein Kleinod – so heißt nämlich das Restaurant, in dem der neue Küchenchef Tomasz Niemczyk französisch inspirierte Regionalküche zubereitet.

Neue Dorfstraße 1
+49 33437 276628
schlossreichenow.com
Hotelrestaurant • im Schloss • im Grünen

Essen:	42 I 50
Service:	17 I 20
Weinkarte:	17 I 20
Ambiente:	8 I 10
Gesamt:	84 I 100

Der Seehof Rheinsberg

16831 Rheinsberg

Schön gelegenes kleines Stadthotel mit ausgezeichnetem Restaurant. Chef Daniel Pfeiffer kocht variantenreiche Regionalküche, Chefin Kathrin sorgt für freundlichen Service und kompetente Weinberatung.

Seestraße 18
+49 33931 4030
seehof-rheinsberg.de
Hotelrestaurant • regionale Produkte • entspannt

Essen:	42 I 50
Service:	17 I 20
Weinkarte:	16 I 20
Ambiente:	8 I 10
Gesamt:	83 I 100

Köllnitzer Hofküche

15859 Storkow (Mark)

Wer auf gemüselastige Küche steht, wird die Kreationen von Stefan Ziegenhagen lieben. Das Gros der verwendeten Produkte stammt aus eigenem Anbau. Highlight ist das saisonal wechselnde Drei-Gänge-Menü.

Groß Schauener Hauptstraße 31
+49 33678 61084
koellnitz.de
eigene Landwirtschaft • Fisch • nachhaltig • bio

Essen:	43 I 50
Service:	18 I 20
Weinkarte:	16 I 20
Ambiente:	8 I 10
Gesamt:	85 I 100

Hammers Landgasthof

14513 Teltow

Gehobener Gasthof mit schönem Garten, dessen Betreiber es verstehen, gutbürgerliche Küche mit viel Charme zu servieren. Dazu gibt es gute Burger, eine kleine Pizzeria und freundlichen Service.

Genshagener Straße 1
+49 3328 41423
hammers-landhotel.de
Hotelrestaurant • Familienbetrieb • klassisch

Essen:	42 I 50
Service:	17 I 20
Weinkarte:	16 I 20
Ambiente:	8 I 10
Gesamt:	83 I 100

Fischhaus Am Kleinen Glubigsee

15864 Wendisch Rietz

Im reetgedeckten Gasthaus wandern vor allem frische heimische Fische in Pfanne und Kochtopf: Zander, Schleie und Aale werden gar selbst gefischt. Empfehlung: die kalte Gurkensuppe mit Flusskrebsen.

Am Kleinen Glubigsee 31	Essen: **42** | 50
+49 33679 75073	Service: **17** | 20
fischhaus-glubigsee.de	Weinkarte: **16** | 20
deutsche Küche • Fisch • traditionell • Seeterrasse	Ambiente: **8** | 10
	Gesamt: 83 | 100

Filterhaus

14542 Werder (Havel)

Der abendliche Blick auf den Bootshafen an der Spree ist schon allein einen Ausflug in die ehemalige Fabrikhalle wert. Die angenehm übersichtliche Karte bietet gutes Bodenständiges mit dem gewissen Etwas.

Adolf-Damaschke-Straße 56	Essen: **42** | 50
+49 3327 5724457	Service: **17** | 20
restaurant-filterhaus.de	Weinkarte: **16** | 20
Seeterrasse • modern • entspannt	Ambiente: **8** | 10
	Gesamt: 83 | 100

Zum Rittmeister

14542 Werder (Havel)

Alles, was ein Landgasthof braucht: gutes Bier aus der eigenen Brauerei und bodenständige Brandenburger Landküche mit Klassikern wie Eisbeinsülze, Zanderfilet oder die beliebten Königsberger Kochklopse.

Seestraße 9	Essen: **42** | 50
+49 3327 4646	Service: **16** | 20
zum-rittmeister.de	Weinkarte: **17** | 20
Gasthaus • Brauerei • deutsche Küche • im Grünen	Ambiente: **8** | 10
	Gesamt: 83 | 100

SACHSEN

St. Andreas

08280 Aue-Bad Schlema

Innovative deutsche Küche auf internationalem Niveau gibt es hier im minimalistischen Gastraum. Chefkoch Benjamin Unger kocht leidenschaftlich mit überraschenden Zutaten. Grandiose Weinauswahl.

Altmarkt 1	Essen: **45** | 50
+49 3771 5920	Service: **18** | 20
hotel-blauerengel.de	Weinkarte: **19** | 20
Hotelrestaurant • Fine Dining • elegant	Ambiente: **8** | 10
	Gesamt: 90 | 100

Tausendgüldenstube

08280 Aue-Bad Schlema

Neu interpretierte sächsische Traditionsgerichte und feine Haute Cuisine treffen hier aufeinander. Die Weinkarte ist umfassend und das Interieur modern-traditionell. Versiert ist der freundliche Service.

Altmarkt 1
+49 3771 5920
hotel-blauerengel.de
Hotelrestaurant • regionale Produkte • deutsche Küche

Essen:	**43** | 50
Service:	**18** | 20
Weinkarte:	**19** | 20
Ambiente:	**8** | 10
Gesamt:	88 | 100

Renoir

08209 Auerbach

Südfranzösisch speisen mit besten Weinen aus dem Süden der Grande Nation. Ulf König setzt auf saisonale Zutaten und bringt mit Gastgeber André Baldauf französische Spezialitäten in die Region.

Schönheider Straße 235
+49 3744 215119
restaurant-renoir.de
französisch • mediterran • klassisch

Essen:	**42** | 50
Service:	**18** | 20
Weinkarte:	**17** | 20
Ambiente:	**7** | 10
Gesamt:	84 | 100

Wjelbik

02625 Bautzen

Hier steht die sorbische Küche im Mittelpunkt, und Chef Thomas Lukasch interpretiert sie auf exzellente Weise neu. Wunderbar sind die regionalen Weine, die mit den saisonalen Zutaten korrespondieren.

Kornstraße 7
+49 3591 42060
wjelbik.de
Familienbetrieb • Gasthaus • sorbisch

Essen:	**42** | 50
Service:	**17** | 20
Weinkarte:	**16** | 20
Ambiente:	**8** | 10
Gesamt:	83 | 100

Alexxanders

09130 Chemnitz

Eines der besten Restaurants in Chemnitz – die kleine Karte ist geprägt von regionalen Spezialitäten und frischen Zutaten. Der Fisch ist besonders gut. Dazu kommt eine wunderbare Weinauswahl.

Ludwig-Kirsch-Straße 9
+49 371 4311111
alexxanders.de
Hotelrestaurant • Bar • modern

Essen:	**43** | 50
Service:	**18** | 20
Weinkarte:	**17** | 20
Ambiente:	**8** | 10
Gesamt:	86 | 100

Max Louis

09113 Chemnitz

Experimentierfreudige Küche, die lückenlos an die guten alten Zeiten anknüpft. In der ehemaligen Fabrik gibt es optisch wie geschmacklich ansprechende Gerichte – vom Chemnitzer Tofu bis zum Dry-Aged Steak.

Schönherrstraße 8
+49 371 46402433
max-louis.de
entspannt • modern • eigener Kräutergarten

Essen:	**41** | 50
Service:	**17** | 20
Weinkarte:	**16** | 20
Ambiente:	**8** | 10
Gesamt:	82 | 100

Villa Esche

09120 Chemnitz

In wunderbarer Van-der-Velde-Architektur gibt es globale und regionale Spezialitäten. Die Weinkarte ist vielfältig und der Service umsichtig. Falk Heinrich entwickelt wöchentlich eine neue Karte.

Parkstraße 58	Essen: **42** I 50
+49 371 2361363	Service: **18** I 20
restaurant-villaesche.de	Weinkarte: **17** I 20
im Park • klassisch • elegant	Ambiente: **8** I 10
	Gesamt: 85 I 100

Neubert's

08451 Crimmitschau

Im Mittelpunkt des gemütlich-rustikal eingerichteten Restaurants steht das Steak in all seinen Variationen. Die exzellente Fleischqualität wird durch eine feine Weinauswahl und saisonale Zutaten ergänzt.

Jakobsgasse 25a	Essen: **42** I 50
+49 3762 941806	Service: **18** I 20
neuberts-restaurant.de	Weinkarte: **17** I 20
Steak • regionale Produkte • urig • gemütlich	Ambiente: **8** I 10
	Gesamt: 85 I 100

Caroussel Nouvelle

01097 Dresden

Stillvolles und minimalistisches Interieur trifft auf eine Küche, die französische Bistro-Klassiker mit sächsischen Traditionsgerichten verbindet. Die Weinauswahl ist international und divers.

Königstraße 14	Essen: **43** I 50
+49 351 80030	Service: **18** I 20
buelow-palais.de	Weinkarte: **18** I 20
Fine Dining • Hotelrestaurant • klassisch	Ambiente: **8** I 10
	Gesamt: 87 I 100

Daniel

01309 Dresden

Mitten in Dresden liegt dieses Kleinod der detailverliebten und traditionsreichen Küche. Daniel Fischer kocht sächsisch mit regionalen Produkten, die Weinauswahl ist grundsolide, der Service agiert zuvorkommend.

Gluckstraße 3/Ecke Dürerstraße	Essen: **43** I 50
+49 351 81197575	Service: **17** I 20
restaurant-daniel.de	Weinkarte: **16** I 20
Casual Dining • deutsche Küche • regionale Produkte	Ambiente: **8** I 10
	Gesamt: 84 I 100

Deli im Elements

01099 Dresden

Von der Terrasse aus kann man einen Wasserfall bewundern und dabei getrüffelte Ravioli oder leckere Fleischgerichte verspeisen. Die Karte und der Service sind lässig, die Weinkarte erfrischend.

Königsbrücker Straße 96	Essen: **42** I 50
+49 351 2721696	Service: **18** I 20
restaurant-elements.de	Weinkarte: **18** I 20
Casual Dining • modern • Gastgarten	Ambiente: **8** I 10
	Gesamt: 86 I 100

e-VITRUM
01069 Dresden

Dort, wo VW Limousinen baut, kocht Mario Pattis in stylishem Interieur ambitionierte und experimentelle Gerichte. Fein ist die kleine Weinkarte. Die Palette reicht von Currywurst bis Kaviar.

Lennéstraße 1
+49 351 4204250
vitrum-dresden.de
Allrounder • Geschäftsessen • modern

Essen:	42	50
Service:	17	20
Weinkarte:	17	20
Ambiente:	8	10
Gesamt:	84	100

ElbUferei
01097 Dresden

Südeuropäische Gerichte und butterzarte Steaks kreiert Marcel Kube in seiner Küche. Herrlich leger geht es im Gastraum der angesagten Location zu, im Sommer gerne auch auf der Terrasse. Besonders köstlich: die Tapas.

Leipziger Straße 29
+49 351 4481110
elbuferei.de
Hotelrestaurant • entspannt • mediterran

Essen:	42	50
Service:	17	20
Weinkarte:	16	20
Ambiente:	8	10
Gesamt:	83	100

Elements
01099 Dresden

Minimalistisches Ambiente, Designermöbel und saisonale Gourmetgerichte gibt es bei Sternekoch Stephan Mießner in einer revitalisierten Fabrik. Die Küche ist innovativ und die Weinkarte ausgiebig.

Königsbrücker Straße 96
+49 351 2721696
restaurant-elements.de
Fine Dining • regionale Produkte • elegant

Essen:	45	50
Service:	18	20
Weinkarte:	18	20
Ambiente:	9	10
Gesamt:	90	100

Estancia Beef-Club
01099 Dresden

Exzellente Steaks, Fleischgerichte und saisonale Kreationen im Herzen Dresdens. Die Weinkarte überrascht mit Neuentdeckungen. Das Küchenteam schafft eine lässige Atmosphäre im stylishen Interieur.

Forststraße 1
+49 351 81157899
estancia-dresden.de
Steak • modern • Terrasse • entspannt

Essen:	42	50
Service:	18	20
Weinkarte:	17	20
Ambiente:	8	10
Gesamt:	85	100

finesse
01067 Dresden

Im Herzen der Altstadt zaubert Elvis Harbek innovative Fleisch- und Fischgerichte. Der Service ist lässig und die Weinkarte divers. Im stylishen Interieur speist man mit Blick aufs barocke Zentrum.

Schützengasse 13
+49 351 48454930
restaurant-finesse.de
Casual Dining • deutsche Küche • entspannt

Essen:	42	50
Service:	19	20
Weinkarte:	17	20
Ambiente:	8	10
Gesamt:	86	100

Genuss Atelier

01099 Dresden

Marcus und Nicole Blonkowski schaffen eine leckere Gourmetküche zu günstigen Preisen. Besonders das Überraschungsmenü bietet einen Überblick über ihr Können. Die Weine sind regional und innovativ.

Bautzner Straße 149
+49 351 25028337
genuss-atelier.net
Fine Dining • modern • entspannt • Gewölbe

Essen:	**45** I 50
Service:	**18** I 20
Weinkarte:	**17** I 20
Ambiente:	**9** I 10
Gesamt:	89 I 100

Heiderand

01324 Dresden

Martin Walther bringt schlesische Gemütlichkeit und Küche nach Dresden. Das Team kocht auf hohem Niveau und verbindet dabei Innovation und regionale Zutaten zu exzellenten Gerichten, begleitet von gutem Wein.

Ullersdorfer Platz 4
+49 351 2683166
heiderand.restaurant
Casual Dining • Familienbetrieb • modern • entspannt

Essen:	**44** I 50
Service:	**18** I 20
Weinkarte:	**18** I 20
Ambiente:	**8** I 10
Gesamt:	88 I 100

[m]eatery

01067 Dresden

Mitten im prachtvollen Gewandhaus Hotel kocht das Team im stylishen Interieur. Exzellent sind die hauseigenen Dry-Aged Steaks, aber auch die frischen Burger und Cocktailkreationen sowie die umfangreiche Weinkarte.

Ringstraße 1
+49 351 494980
meatery.de
Steak • Burger • Cocktails • entspannt

Essen:	**43** I 50
Service:	**18** I 20
Weinkarte:	**17** I 20
Ambiente:	**8** I 10
Gesamt:	86 I 100

Moritz

01067 Dresden

Restaurant mit traditionsreicher Küche und Neuinterpretationen auf der Karte. Die Weinauswahl ist ebenso atemberaubend wie der Blick auf den Neumarkt. Dazu ein netter Service und Schweizer Lässigkeit.

An der Frauenkirche 13
+49 351 417270
moritz-dresden.de
Hotelrestaurant • Fine Dining • Essen mit Aussicht

Essen:	**42** I 50
Service:	**18** I 20
Weinkarte:	**18** I 20
Ambiente:	**8** I 10
Gesamt:	86 I 100

Petit Frank

01127 Dresden

Bistro mit überraschender und zugleich rustikaler französischer Küche. André Fröbel und Frank Ollhoff servieren mit ihrem entspannten Team zudem wunderbare Weine. Im Sommer ist die Terrasse herrlich.

Bürgerstraße 14
+49 351 8211900
petit-frank.de
französisch • Gewölbe • gemütlich

Essen:	**43** I 50
Service:	**18** I 20
Weinkarte:	**17** I 20
Ambiente:	**8** I 10
Gesamt:	86 I 100

Raskolnikoff

01099 Dresden

Schwerpunkt ist die zeitgemäße Interpretation der russischen Küche. Empfehlenswert sind die zarten Pelmeni, die zu guten Weinen gereicht werden. Das Interieur ist rustikal-stylish, das Publikum jung.

Böhmische Staße 34	Essen: **42** | 50
+49 351 8045706	Service: **17** | 20
raskolnikoff.de	Weinkarte: **17** | 20
Gasthaus • regionale Produkte • Gastgarten • entspannt	Ambiente: **8** | 10
	Gesamt: 84 | 100

Schmidt's

01109 Dresden

Hier wird regional und saisonal sächsisch gekocht und das Essen im stylishen Gastraum frisch serviert. Exzellent sind die täglich wechselnden Menüs. Dazu gibt es regionale Weine und Biere.

Moritzburger Weg 67	Essen: **43** | 50
+49 351 8044883	Service: **18** | 20
schmidts-dresden.de	Weinkarte: **17** | 20
Casual Dining • regionale Produkte • modern	Ambiente: **8** | 10
P	Gesamt: 86 | 100

Ven

01067 Dresden

Marcel Spahn und sein Team kochen detailverliebt und mit Leidenschaft. Kulinarische Abende sind hier ein Ritt durch die globale Fusion. Avantgardistische Cocktails gibt es in der Twist Bar im sechsten Stock.

Rampische Straße 9	Essen: **43** | 50
+49 351 795150	Service: **18** | 20
ven-dresden.de	Weinkarte: **17** | 20
Hotelrestaurant • Terrasse • modern	Ambiente: **8** | 10
	Gesamt: 86 | 100

Genussbar by Ronny Löser

09599 Freiberg

Ronny Löser ist ein absolut lässiger Gastgeber, der eine umfassende Weinkarte pflegt. Das Küchenteam um Tobias Hänsel kocht innovativ, traditionell und dennoch undogmatisch. Der Service ist entspannt.

Mönchsstraße 1	Essen: **43** | 50
+49 3731 2188290	Service: **18** | 20
genussbar-freiberg.de	Weinkarte: **18** | 20
deutsche Küche • klassisch • Gastgarten	Ambiente: **8** | 10
P	Gesamt: 87 | 100

Brasserie Ehrlich

01705 Freital

Die »Schweinerei« als Dessert ist die Empfehlung und zugleich humorvoll und lecker. Die Karte glänzt mit exzellentem Fleisch. Familiäre Atmosphäre, minimalistisches Interieur und eine solide Weinkarte!

Wiesenweg 1	Essen: **43** | 50
+49 351 30934232	Service: **17** | 20
brasserie-ehrlich.de	Weinkarte: **17** | 20
Familienbetrieb • mediterran • entspannt	Ambiente: **8** | 10
P	Gesamt: 85 | 100

Schwarzbachtal

01848 Hohnstein

Im traditionsreichen Gasthaus gibt es rustikale und modern interpretierte Klassiker mit gutem Wein. Schön sind auch die Konzerte und Lesungen, bei denen die leckere Landfrauenküche der Höhepunkt ist.

Niederdorfstraße 3	Essen: **41** | 50
+49 35975 80345	Service: **16** | 20
schwarzbachtal.de	Weinkarte: **17** | 20
Gasthaus • regionale Produkte • im Grünen	Ambiente: **8** | 10
P	Gesamt: 82 | 100

Westphalenhof

02977 Hoyerswerda

Alexander und Oliver Westphal kochen inmitten von Hoyerswerda exzellente Fusionsküche mit regionalem Fundament. Begehbar ist das internationale Weinsortiment. Der Service ist zuvorkommend und kenntnisreich.

Dorfaue 43	Essen: **43** | 50
+49 3571 913944	Service: **18** | 20
westphalenhof.de	Weinkarte: **19** | 20
deutsche Küche • elegant • Vinothek	Ambiente: **8** | 10
P	Gesamt: 88 | 100

Rosenschänke

01731 Kreischa

Deftig geht es hier zu, und vieles dreht sich um Kräuter und Blumen – das macht die regional geprägte Landhausküche besonders gehaltvoll und spannend. Die Weinkarte ist übersichtlich, aber fein und regional.

Baumschulenstraße 17	Essen: **42** | 50
+49 35206 21870	Service: **18** | 20
landhotel-rosenschaenke.de	Weinkarte: **17** | 20
Hotelrestaurant • Gasthaus • deutsche Küche	Ambiente: **8** | 10
P	Gesamt: 85 | 100

C'est la vie

04109 Leipzig

Französische Bistrot-Kultur im Zentrum von Leipzig. Das Küchenteam serviert Klassiker wie Entenleber, Muscheln, Hummer und Profiterolen. Die Weinbegleitung gleicht einer Reise durch Frankreich.

Zentralstraße 7	Essen: **44** | 50
+49 341 97501210	Service: **18** | 20
cest-la-vie.restaurant	Weinkarte: **18** | 20
französisch • klassisch • gemütlich	Ambiente: **8** | 10
	Gesamt: 88 | 100

Frieda

04155 Leipzig

Lisa Angermann, Andreas Reinke und ihr Team servieren ein Menü, das es in sich hat – auch in der vegetarischen Variante »Frieda naturell«. Alles auf hohem Niveau, der Schwerpunkt liegt auf französischer Fusion.

Menckestraße 48–50	Essen: **45** | 50
+49 341 56108648	Service: **19** | 20
frieda-restaurant.de	Weinkarte: **18** | 20
Fine Dining • regionale Produkte • entspannt	Ambiente: **8** | 10
	Gesamt: 90 | 100

80–84 85–89 90–94 95–100 Punkte

Genussreich

04177 Leipzig

Lichtdurchflutetes Bistro mit experimenteller und leckerer deutscher Küche aus vorzugsweise regionalen Produkten. Die Karte wechselt im 14-Tage-Rhythmus, und an Wochenenden gibt es Kuchen und Torten.

Nathanaelstraße 1 +49 341 97579571 genussreich-leipzig.de **Bistro • deutsche Küche • regionale Produkte • Allrounder**	Essen:	**41** | 50
	Service:	**18** | 20
	Weinkarte:	**15** | 20
	Ambiente:	**8** | 10
	Gesamt:	82 | 100

Macis

04109 Leipzig

Zwischen Bäckerei und Biomarkt wird in der Küche aus regionalen Produkten schmackhafte Fusion gekocht. Das Restaurant kreiert Menüs mit Austern, Huhn und Rind. Das Sauerteigbrot ist exzellent.

Markgrafenstraße 10 +49 341 22287520 macis-leipzig.de **Casual Dining • modern • entspannt • bio**	Essen:	**42** | 50
	Service:	**17** | 20
	Weinkarte:	**17** | 20
	Ambiente:	**8** | 10
	Gesamt:	84 | 100

Max Enk

04109 Leipzig

Regionale und saisonale Produkte werden hier zu kulinarischen Symbiosen aus deutscher und französischer Küche kombiniert. Die Weine sind vielfältig, das Interieur ist stylish, der Service lässig.

Neumarkt 9–19 +49 341 9997638 max-enk.de **regionale Produkte • modern • elegant • Bar**	Essen:	**42** | 50
	Service:	**18** | 20
	Weinkarte:	**18** | 20
	Ambiente:	**8** | 10
	Gesamt:	86 | 100

Michaelis

04107 Leipzig

Stylishes und minimalistisches Interieur. Serviert werden kreative Menüs in leuchtenden Farben und mit internationalen Zutaten. Schön ist das Dinner-Menü am Abend, der Service agiert herzlich und kompetent.

Paul-Gruner-Straße 44 +49 341 26780 michaelis-leipzig.de **Hotelrestaurant • Fine Dining • Terrasse**	Essen:	**43** | 50
	Service:	**18** | 20
	Weinkarte:	**17** | 20
	Ambiente:	**8** | 10
	Gesamt:	86 | 100

Münsters

04155 Leipzig

Rustikalität und Zukunftsgewandtheit treffen in Gohlis aufeinander, dazu ein Biergarten. Das Team hat Leidenschaft, seit zehn Jahren gibt es nun schon seine schmackhafte Küche in der ehemaligen Mühle.

Platnerstraße 11–13 +49 341 5906309 münsters.com **Gasthaus • Gastgarten • Bar**	Essen:	**42** | 50
	Service:	**17** | 20
	Weinkarte:	**15** | 20
	Ambiente:	**7** | 10
	Gesamt:	81 | 100

Planerts

04109 Leipzig

Minimalistisches Interieur, gepaart mit ausgefallener asiatischer Fusionsküche. Besonders empfehlenswert sind die Thai-Currys. Dazu gibt es einen zuvorkommenden Service und eine moderne Weinkarte.

Ritterstraße 23	Essen:	42 | 50
+49 341 99999975	Service:	18 | 20
planerts.com	Weinkarte:	17 | 20
Casual Dining • modern • entspannt	Ambiente:	8 | 10
	Gesamt:	85 | 100

Restaurant 7010

04109 Leipzig

Asiatisch wird hier modern interpretiert. Und man experimentiert durchaus ambitioniert mit Zutaten aus Japan, Vietnam und Thailand. Spektakulär ist der Blick auf die Altstadt von Leipzig, das Ambiente warm und stylish.

Augustusplatz 1	Essen:	40 | 50
+49 341 21829 910	Service:	17 | 20
dein-felix.de	Weinkarte:	17 | 20
Hotelrestaurant • Casual Dining • Essen mit Aussicht	Ambiente:	8 | 10
	Gesamt:	82 | 100

Schaarschmidts

04157 Leipzig

Humorvoll gestaltet ist die kleine, aber feine Karte, die gutbürgerliche sächsische Küche ebenso wie internationale Fusion-Spezialitäten enthält. Die Weinkarte ist vielfältig und der Service leidenschaftlich.

Coppistraße 32	Essen:	42 | 50
+49 341 9120517	Service:	17 | 20
schaarschmidts.de	Weinkarte:	18 | 20
deutsche Küche • Gasthaus • traditionell	Ambiente:	8 | 10
	Gesamt:	85 | 100

Stadtpfeiffer

04109 Leipzig

Französische Spezialitäten werden im Herzen des Gewandhauses klassisch und modern interpretiert. Exzellent sind die Weinkarte und die detailverliebten Menükompositionen von Detlef und Petra Schlegel.

Augustusplatz 8	Essen:	46 | 50
+49 341 2178920	Service:	19 | 20
stadtpfeiffer.de	Weinkarte:	18 | 20
Fine Dining • französisch • klassisch	Ambiente:	8 | 10
	Gesamt:	91 | 100

Zest

04277 Leipzig

Vegane Speisen mit überraschenden Aromen und Zutaten stehen hier im Mittelpunkt. Dazu gibt es eine breit gefächerte und innovative Weinkarte und minimalistisches Interieur. Kreativ sind die wechselnden Menüs.

Bornaische Straße 54	Essen:	42 | 50
+49 341 2319126	Service:	17 | 20
zest-leipzig.de	Weinkarte:	17 | 20
vegan • unkonventionell • nachhaltig	Ambiente:	7 | 10
	Gesamt:	83 | 100

Ratsstube

09212 Limbach-Oberfrohna

Überraschende Menüs und internationale Weinauswahl in einem rustikalen Gasthaus. Die Zutaten sind saisonal und der Service zuvorkommend. Ronny und Antje Pester verwöhnen mit innovativer Küche.

Rathausplatz 1	Essen: **42** | 50
+49 3722 92480	Service: **18** | 20
ratsstube-restaurant.de	Weinkarte: **17** | 20
Gasthaus • Familienbetrieb • regionale Produkte	Ambiente: **8** | 10
	Gesamt: 85 | 100

Weinbeißerei

04416 Markkleeberg

Exzellente Gerichte aus aller Welt und regionale Weine. Besonders die Auswahl der Gewächse aus dem Saale-Unstrut-Gebiet begeistert. Dazu ein rustikales Interieur und zuvorkommender Service.

Seeblick 4	Essen: **42** | 50
+49 341 3366608	Service: **17** | 20
weinbeisserei.de	Weinkarte: **18** | 20
im Grünen • klassisch • entspannt	Ambiente: **8** | 10
	Gesamt: 85 | 100

Adams Gasthof

01468 Moritzburg

Traditionsreiches Lokal in Moritzburg mit exzellenter Hausmannskost und traditionell-innovativen Küchenexperimenten. Ausgezeichnet sind die Küchenklassiker des Ostens: Würzfleisch und Soljanka.

Markt 9	Essen: **42** | 50
+49 35207 99775	Service: **17** | 20
adamsgasthof.de	Weinkarte: **17** | 20
Gasthaus • deutsche Küche • im Grünen	Ambiente: **8** | 10
	Gesamt: 84 | 100

Felsenbirne

01796 Pirna

Der junge Küchenchef Felix Mikulla fokussiert bei seinen Neukreationen vegetarische und vegane Zutaten. Im Menü zeigt er aber, dass er mit Fleisch auch gut umzugehen weiß. Der Service ist herzlich.

Lange Straße 34	Essen: **41** | 50
+49 3501 7599791	Service: **18** | 20
felsenbirne-restaurant.de	Weinkarte: **16** | 20
Casual Dining • vegetarisch • Terrasse	Ambiente: **8** | 10
	Gesamt: 83 | 100

Lazy Laurich

01796 Pirna

Küchenchef Sören Oertel experimentiert gerne und macht aus regionalen und saisonalen Produkten spannende Gerichte. Klassiker wie Tafelspitz oder Schnitzel sorgen im Restaurant für Genussmomente.

Hauptplatz 4	Essen: **41** | 50
+49 3501 7709088	Service: **17** | 20
lazylaurich.de	Weinkarte: **16** | 20
Hotelrestaurant • deutsche Küche • modern	Ambiente: **9** | 10
	Gesamt: 83 | 100

Atelier Sanssouci 🍴🍴🍴

01445 Radebeul

Wunderbare französische Küche vom jungen und ambitionierten Maître Marcus Langer. Dieser verbindet exzellente Produkte und grandiose Weine mit einem stilvollen und zugleich minimalistischen Ambiente.

Augustusweg 48 +49 351 7956660 hotel-villa-sorgenfrei.de **Fine Dining • französisch • elegant**	Essen: **46** | 50 Service: **18** | 20 Weinkarte: **18** | 20 Ambiente: **10** | 10 Gesamt: 92 | 100

Gaumenkitzel 🍴🍴

01445 Radebeul

In rustikalem Ambiente pflegt Tilo Hamann seine gutbürgerliche, saisonale und regional geprägte Küche. Sonntagnachmittag gibt es Kaffee und Kuchen. Die Terrasse im Garten ist ein schönes Refugium.

Coswiger Straße 23 +49 351 79514393 gaumenkitzel-radebeul.de **eigener Weinbau • regionale Produkte • nachhaltig • bio**	Essen: **43** | 50 Service: **18** | 20 Weinkarte: **17** | 20 Ambiente: **8** | 10 Gesamt: 86 | 100

Schloss Wackerbarth 🍴

01445 Radebeul

Das Staatsweingut bietet erlesene Weine und Sekt. Zu den exzellenten Gewächsen werden wunderbare sächsische und mediterrane Spezialitäten gereicht. Der Blick von der Terrasse fällt auf die Weinberge.

Wackerbarthstraße 1 +49 351 8955310 schloss-wackerbarth.de **Gasthaus • eigener Weinbau • im Schloss**	Essen: **42** | 50 Service: **17** | 20 Weinkarte: **17** | 20 Ambiente: **8** | 10 Gesamt: 84 | 100

Bärwalde 🍴🍴

01471 Radeburg

Im klassischen Gasthof wird die französische Küche zelebriert. Olav und Manuela Seidel kochen traditionell und mit regionalem Schwerpunkt bei den Zutaten. Außerdem bieten sie wunderbare Weine an. Großes Handwerk!

Kalkreuther Straße 10A +49 35208 342901 olav-seidel.de **französisch • regionale Produkte • traditionell**	Essen: **44** | 50 Service: **18** | 20 Weinkarte: **18** | 20 Ambiente: **8** | 10 Gesamt: 88 | 100

Al Forno 🍴🍴

02681 Schirgiswalde-Kirschau

Toskana und Oberlausitz gehen hier eine Symbiose ein. Exzellent sind die vielen italienischen Tropfen, die auf der großen Weinkarte angeboten werden. Pasta und Pizza wie bei Mamma.

Bautzener Straße 74 +49 3592 5200 bei-schumann.de **Hotelrestaurant • italienisch • Pizza**	Essen: **42** | 50 Service: **17** | 20 Weinkarte: **18** | 20 Ambiente: **8** | 10 Gesamt: 85 | 100

Juwel

02681 Schirgiswalde-Kirschau

In der Oberlausitz das beste Haus am Platz. Robert Hauptvogel kocht mit Topprodukten. Exzellente Weine, großartige Käseauswahl, verführerische Patisserie und lässiger Service.

Bautzener Straße 74
+49 3592 5200
bei-schumann.de
Hotelrestaurant • Fine Dining • regionale Produkte

Essen:	**46** | 50
Service:	**18** | 20
Weinkarte:	**18** | 20
Ambiente:	**9** | 10
Gesamt:	91 | 100

Weberstube

02681 Schirgiswalde-Kirschau

Umfassende Karte mit grandiosen Überraschungen. Leckeres Brot, französisch-deutsche Fusionsküche und eine internationale Weinkarte mit Neuentdeckungen. Wunderbare Desserts liefert die benachbarte Patisserie.

Bautzener Straße 74
+49 3592 5200
bei-schumann.de
Hotelrestaurant • deutsche Küche • traditionell

Essen:	**42** | 50
Service:	**17** | 20
Weinkarte:	**18** | 20
Ambiente:	**8** | 10
Gesamt:	85 | 100

Schillerstuben

04435 Schkeuditz

Besonders auf der Sonnenterrasse lassen sich die südfranzösischen Spezialitäten und die wunderbare Weinauswahl genießen. Mutig sind die innovativen Menüs und die Desserts. Gekocht wird saisonal.

Herderstraße 26
+49 34204 14716
schillerstuben.de
französisch • klassisch • Terrasse

Essen:	**43** | 50
Service:	**18** | 20
Weinkarte:	**17** | 20
Ambiente:	**8** | 10
Gesamt:	86 | 100

Erbgericht Tautewalde

2681 Wilthen

Köstliche Fleischgerichte stehen hier im Mittelpunkt – Enrico Schulz kocht regional und saisonal. Der Service umsorgt den Gast mit viel Engagement, das Ambiente ist lässig, die Weinkarte divers.

Tautewalde 61
+49 3592 38300
tautewalde.de
Hotelrestaurant • deutsche Küche • modern

Essen:	**42** | 50
Service:	**18** | 20
Weinkarte:	**17** | 20
Ambiente:	**8** | 10
Gesamt:	85 | 100

SACHSEN-ANHALT

Warias
06242 Braunsbedra

An der Marina des gefluteten Tagebausees kocht Steffen Warias Klassisch-Regionales wie Rinderrouladen oder Cordon bleu vom Havelländer Apfelschwein – neu interpretiert und immer kreativ angerichtet.

Markt 13–14
+49 34633 9090
warias-restaurant.de
Hotelrestaurant • deutsche Küche • regionale Produkte

Essen:	**42** | 50
Service:	**17** | 20
Weinkarte:	**16** | 20
Ambiente:	**8** | 10
Gesamt:	83 | 100

Speiseberg
06120 Halle

Für eine erlesene Handvoll an Gästen bereiten Konstantin Kuntzsch und sein Team ein ambitioniertes und auf jeden Fall unvergessliches Acht-Gänge-Menü. Maximal 13 Personen finden im stylishen Lokal Platz.

Kröllwitzer Straße 45
+49 151 56519090
bergschenke-halle.com
Fine Dining • regionale Produkte • modern

Essen:	**46** | 50
Service:	**18** | 20
Weinkarte:	**18** | 20
Ambiente:	**9** | 10
Gesamt:	91 | 100

Landhaus Hadrys
39116 Magdeburg

Am Stadtrand mit grünem Garten wird ausgezeichnete moderne Regionalküche serviert. Das bis zu siebengängige Menü aus der Karte – auch in vegetarischer Version – dürfen die Gäste selbst zusammenstellen.

An der Halberstädter Chaussee 1
+49 391 6626680
landhaus-hadrys.de
Gasthaus • regionale Produkte • Terrasse

Essen:	**43** | 50
Service:	**17** | 20
Weinkarte:	**17** | 20
Ambiente:	**8** | 10
Gesamt:	85 | 100

Zufriedenheit
06618 Naumburg

Küchenchef Tilo Kucel-Strate variiert in seiner saisonalen Feinschmeckerküche regionale Gerichte mit aromatischen Einflüssen aus Südeuropa. Ins Glas kommen heimische Weine von Saale und Unstrut.

Steinweg 26
+49 3445 7912051
gasthof-zufriedenheit.de
Gasthaus • regionale Produkte • Gastgarten

Essen:	**43** | 50
Service:	**18** | 20
Weinkarte:	**18** | 20
Ambiente:	**8** | 10
Gesamt:	87 | 100

80–84 85–89 90–94 95–100 Punkte

Le Mariage

06484 Quedlinburg

Genügend Zeit sollte man sich schon nehmen, denn die präzisen, fein abgestimmten Menüs von Sebastian Lorenz verdienen die gleiche Wertschätzung von den Gästen wie von jenen, die selbige liebevoll zubereiten.

Billungstraße 10
+49 3946 96180
hotelambruehl.de
Fine Dining • Hotelrestaurant • international

Essen:	**44**	50
Service:	**18**	20
Weinkarte:	**18**	20
Ambiente:	**8**	10
Gesamt:	**88**	100

Weinstube

06484 Quedlinburg

Auch in der Weinstube, dem ehemaligen Pferdestall des Hofs, sorgt Küchenchef Sebastian Lorenz für ambitionierte Gerichte wie »Forelle auf Tamarillo und Rucola« oder exklusives Dry-Aged Filet.

Billungstraße 11
+49 3946 96180
hotelambruehl.de
Gasthaus • entspannt • elegant

Essen:	**42**	50
Service:	**17**	20
Weinkarte:	**18**	20
Ambiente:	**8**	10
Gesamt:	**85**	100

20zwanzig

06536 Südharz

Chef Philipp Liebisch setzt auf eine international inspirierte deutsche Küche mit frischen regionalen Zutaten, die zu spannenden Gerichten wie Wildleberknödeln führen. Überraschungsmenü ab 55 Euro.

Thyrahöhe 24
+49 34654 85900
hotel-freiwerk.de
Hotelrestaurant • deutsche Küche • Wild • im Grünen

Essen:	**43**	50
Service:	**17**	20
Weinkarte:	**17**	20
Ambiente:	**8**	10
Gesamt:	**85**	100

1699

39590 Tangermünde

Gehobene deutsch-europäische Küche im Schlossambiente mit fantastischem Blick über die Elbe, auch ostdeutsche Klassiker wie Würzfleisch und frische Süßwasserfische werden variantenreich zubereitet.

Auf der Burg, Amt 1
+49 39322 7373
schloss-tangermuende.de
Hotelrestaurant • deutsche Küche • im Schloss

Essen:	**43**	50
Service:	**18**	20
Weinkarte:	**17**	20
Ambiente:	**8**	10
Gesamt:	**86**	100

Gaststuben Gothisches Haus

38855 Wernigerode

Im historischen Ambiente von Hexenstube, Ritterstube und Bohlenstube werden kreative Gerichte der Harzer Küche serviert – von der deftigen Hühnersuppe über Forellenfilets bis zum feinen Hirschbraten.

Marktplatz 2	Essen:	42 | 50
+49 3943 675460	Service:	18 | 20
travelcharme.com	Weinkarte:	18 | 20
Hotelrestaurant • regionale Produkte • gemütlich	Ambiente:	8 | 10
	Gesamt:	86 | 100

Pietsch

38855 Wernigerode

18 Sitzplätze am langen Tresen, ein Menü mit vielen perfekt zubereiteten Gängen: Robin Pietsch und sein aufmerksames Team beglücken uns mit chinesisch, koreanisch und japanisch inspirierten Gerichten.

Breite Straße 53a	Essen:	47 | 50
+49 3943 5536053	Service:	19 | 20
robin-pietsch.de	Weinkarte:	18 | 20
Fine Dining • Showküche • modern	Ambiente:	8 | 10
	Gesamt:	92 | 100

Zeitwerk

38855 Wernigerode

Es geht pünktlich los im Zeitwerk. Das grandiose Menü aus 15 bis 17 Gängen, das Robin Pietsch aus regionalen Zutaten zaubert, wird um 19.15 Uhr aufgetischt – bis zu vier Stunden Genusszeit sollte man schon einplanen.

Breite Straße 53a	Essen:	47 | 50
+49 3943 6947884	Service:	19 | 20
dein-zeitwerk.de	Weinkarte:	18 | 20
Fine Dining • regionale Produkte • unkonventionell	Ambiente:	8 | 10
	Gesamt:	92 | 100

Vogelherd

39261 Zerbst

Ansprechendes Traditionslokal, das etwas außerhalb im Grünen liegt, aber die Anfahrt wert ist – schon allein wegen der liebevoll zusammengestellten klassischen Menüs mit viel Wild und Fisch aus der Region.

Lindauer Straße 78	Essen:	42 | 50
+49 3923 780444	Service:	17 | 20
	Weinkarte:	17 | 20
Gasthaus • deutsche Küche • traditionell	Ambiente:	7 | 10
	Gesamt:	83 | 100

Pretzsch

06632 Zscheiplitz

Chefin Gabriele Schnee kocht bewusst regional, saisonal und bodenständig. Auf der Slow-Food-Karte findet man gelungene Klassiker wie Rinderroulade und Hausmachersülze, aber auch Tiroler Spinatknödel.

Am Anger 6	Essen:	41 | 50
+49 34464 27311	Service:	17 | 20
gasthaus-pretzsch.de	Weinkarte:	17 | 20
Gasthaus • deutsche Küche • Essen mit Aussicht	Ambiente:	7 | 10
	Gesamt:	82 | 100

THÜRINGEN

Masters

99444 Blankenhain

Inmitten der Thüringer Provinz kreieren Danny Schwabe und sein Team Speisen auf Weltniveau. Die Küche spielt mit exzellenten Zutaten und Aromen und schafft so eine Symbiose aus Avantgarde und Tradition.

Weimarer Straße 60
+49 36459 61644430
golfresort-weimarerland.de
Fine Dining • mediterran • elegant

Essen:	**45** I 50
Service:	**18** I 20
Weinkarte:	**17** I 20
Ambiente:	**9** I 10
Gesamt:	89 I 100

BjoernsOx

36466 Dermbach

Bjoern Leist ist ein Avantgardist, der in der Thüringer Provinz exzellente Kücheninnovation schafft. In dem kleinen Restaurant mit fünf Tischen serviert er achtgängige Menüs und schmackhafte Weine.

Bahnhofstraße 2
+49 36964 869230
rhoener-botschaft.de
Fine Dining • regionale Produkte • gemütlich

Essen:	**45** I 50
Service:	**20** I 20
Weinkarte:	**18** I 20
Ambiente:	**8** I 10
Gesamt:	91 I 100

Landgrafenstube

99817 Eisenach

Klöße und Rostbratwurst, dazu Weine von der Saale. Annett Reinhardt hat sich der Historie verschrieben und interpretiert Thüringer Spezialitäten neu. Vorbild sind die Festbankette auf der Burg.

Auf der Wartburg 2
+49 3691 7970
wartburghotel.de
regionale Produkte • Terrasse • Essen mit Aussicht

Essen:	**43** I 50
Service:	**17** I 20
Weinkarte:	**17** I 20
Ambiente:	**9** I 10
Gesamt:	86 I 100

Turmschänke

99817 Eisenach

Ulrich Röschs Küche ist detailverliebt und geprägt von innovativen Traditionen. Frische Produkte treffen auf solide Handwerkskunst, eine gut sortierte Weinkarte und leidenschaftlichen Service.

Karlsplatz 28
+49 3691 213533
turmschaenke-eisenach.de
regionale Produkte • traditionell • gemütlich

Essen:	**43** I 50
Service:	**17** I 20
Weinkarte:	**17** I 20
Ambiente:	**8** I 10
Gesamt:	85 I 100

Bachstelze

99094 Erfurt

Die leidenschaftliche Küchenchefin Maria Groß kocht in der gemütlichen Backsteinvilla raffinierte und innovative Klassiker mit regionalen und saisonalen Zutaten. Cool und lässig ist auch der Service.

Hamburger Berg 5
+49 361 7968386
bachstelze-erfurt.de
regionale Produkte • nachhaltig • entspannt

Essen:	**45** I 50
Service:	**20** I 20
Weinkarte:	**17** I 20
Ambiente:	**8** I 10
Gesamt:	**90** I 100

Ballenberger

99084 Erfurt

Christin Ballenberger ist die Hausherrin in diesem idyllischen Paradies mit gutem Service. Exzellent sind die Lunch-Karten. Am Abend werden regionale Klassiker und eine stattliche Getränkeauswahl serviert.

Gotthardtstraße 25/26
+49 361 64456088
das-ballenberger.de
Allrounder • gemütlich • klassisch

Essen:	**42** I 50
Service:	**17** I 20
Weinkarte:	**16** I 20
Ambiente:	**8** I 10
Gesamt:	**83** I 100

Clara

99084 Erfurt

Mitten in Erfurt bietet Sternekoch Christopher Weigel seinen Gästen exzellente Aromenküche, die von Experimentierlust zeugt. Regionale Produkte stehen hier im Zentrum. Dazu kommt eine internationale Weinkarte.

Futterstraße 15/16
+49 361 5688207
restaurant-clara.de
Fine Dining • modern • regionale Produkte

Essen:	**46** I 50
Service:	**18** I 20
Weinkarte:	**18** I 20
Ambiente:	**8** I 10
Gesamt:	**90** I 100

Estima by Catalana

99084 Erfurt

Jan-Hendrik Feldner kreiert feine Degustationsmenüs in dem französisch-katalanisch angehauchten Lokal mit modernem Interieur. Auch die Weinkarte ist vom mediterranen Flair inspiriert – und der Service lässig.

Allerheiligenstraße 3
+49 361 5506335
estima-erfurt.de
Fine Dining • spanisch • französisch

Essen:	**43** I 50
Service:	**18** I 20
Weinkarte:	**17** I 20
Ambiente:	**8** I 10
Gesamt:	**86** I 100

Il Cortile
99084 Erfurt

Denise König bietet ein kreatives Degustationsmenü mit innovativen Ansätzen in ihrem gemütlichen Restaurant im Herzen der Altstadt. Gäste lieben ihre leichte mediterrane Küche. Charmanter Service.

Johannesstraße 150
+49 361 5664411
ilcortile.de
italienisch • entspannt • klassisch

Essen:	43 | 50
Service:	17 | 20
Weinkarte:	16 | 20
Ambiente:	8 | 10
Gesamt:	84 | 100

Zumnorde
99084 Erfurt

Rustikales Interieur und globale Finesse in einem aufwendig sanierten Stadtpalais inmitten von Erfurt. Gekocht wird saisonal und innovativ. Die Weinkarte ist divers und die Raucherlounge sehenswert.

Grafengasse 2–6
+49 361 5680426
hotel-zumnorde.de
modern • regionale Produkte • Gastgarten

Essen:	42 | 50
Service:	17 | 20
Weinkarte:	17 | 20
Ambiente:	8 | 10
Gesamt:	84 | 100

Scala
07743 Jena

Spektakulärer Blick über Jena, gepaart mit exzellenter und detailverliebter Fusionsküche und einer stattlichen Weinauswahl. Besonders zu erwähnen: die Sharing-Menüs und der internationale Lunch.

Leutragraben 1, JenTower 27.–29. OG
+49 3641 356666
scala-jena.de
Fine Dining • modern • Essen mit Aussicht

Essen:	44 | 50
Service:	17 | 20
Weinkarte:	17 | 20
Ambiente:	8 | 10
Gesamt:	86 | 100

Feine Speiseschenke
99734 Rüdigsdorf

Die Karte reicht von gutbürgerlich bis experimentell. Der Schwerpunkt liegt auf saisonaler Küche mit innovativen Einflüssen, die sich regionaler Produkte sowie Fleisch und Fisch aus dem Umland bedient.

Winkelberg 13–15
+49 3631 4736490
speiseschenke.de
klassisch • regionale Produkte • gemütlich

P

Essen:	43 | 50
Service:	17 | 20
Weinkarte:	16 | 20
Ambiente:	8 | 10
Gesamt:	84 | 100

Güldene Gans
07318 Saalfeld

Historisches Ambiente, rustikales Interieur, moderne Küche und eine ausgewogene Getränkeauswahl. Der Gast wählt zwischen Menüs mit Namen wie »Klassik« oder »Fluss und Meer«. Die Küche ist mediterran geprägt.

Markt 25
+49 3671 520468
gueldene-gans.de
regionale Produkte • klassisch • Gastgarten

P

Essen:	42 | 50
Service:	17 | 20
Weinkarte:	16 | 20
Ambiente:	8 | 10
Gesamt:	83 | 100

Andreas Scholz

99423 Weimar

Die Menüs sind innovativ und zeugen von großer Experimentierfreude, die Weinauswahl ist solide. In der Jugendstilvilla von Rudolf Steiner schafft das Team Geschmackserlebnisse mit internationalem Flair.

Prellerstraße 2	Essen: **43** | 50
+49 3643 861922	Service: **17** | 20
restaurant-andreas-scholz.de	Weinkarte: **16** | 20
deutsche Küche • mediterran • gemütlich	Ambiente: **8** | 10
	Gesamt: 84 | 100

AnnA

99423 Weimar

Küchenchef Johannes Wallner kombiniert im besten Haus am Platz Regionales mit internationalen Einflüssen – entweder à la carte oder bei den Monatsmenüs mit vorwiegend deutscher Weinbegleitung.

Markt 19	Essen: **43** | 50
+49 3643 802639	Service: **17** | 20
hotelelephantweimar.de	Weinkarte: **17** | 20
regionale Produkte • entspannt • Terrasse	Ambiente: **8** | 10
	Gesamt: 85 | 100

Weinbar Weimar

99423 Weimar

Eine gut sortierte internationale Weinauswahl und kosmopolitisches Flair erwarten einen hier im stylishen Interieur. Dazu kommen exzellente Gerichte und fein komponierte Menüs sowie ein lässiger Service.

Humboldtstraße 2	Essen: **43** | 50
+49 3643 4699533	Service: **17** | 20
weinbar-weimar.de	Weinkarte: **18** | 20
Weinbar • urig • gemütlich	Ambiente: **8** | 10
	Gesamt: 86 | 100

Zum weißen Schwan

99423 Weimar

Im traditionell-urigen Interieur haben schon die Heroen der Weimarer Klassik gespeist. Serviert werden regionale Thüringer Küche und auch immer wieder schmackhafte Innovationen. Umsichtiger Service.

Frauentorstraße 23	Essen: **42** | 50
+49 3643 908751	Service: **17** | 20
weisserschwan.de	Weinkarte: **16** | 20
Gasthaus • traditionell • urig	Ambiente: **8** | 10
	Gesamt: 83 | 100

BÄRLAUCH-CRÊPES
MIT QUARK-WEINCREME

Foto: Marcus Wiesner

DIE BESTEN RESTAURANTS
UND GASTHÄUSER IN HESSEN,
NORDRHEIN-WESTFALEN,
RHEINLAND-PFALZ
UND IM SAARLAND

Vendôme
51429 Bergisch Gladbach
Seite 197

Ox & Klee
50678 Köln
Seite 230

PURS
56626 Andernach
Seite 248

Sonnora
54518 Dreis
Seite 257

Schanz
54498 Piesport
Seite 272

Victor's Fine Dining by Christian Bau
66706 Perl-Nennig
Seite 284

Louis
66740 Saarlouis
Seite 286

Esplanade
66111 Saarbrücken
Seite 284

Lafleur
60325 Frankfurt am Main
Seite 175

Gustav
60323 Frankfurt am Main
Seite 175

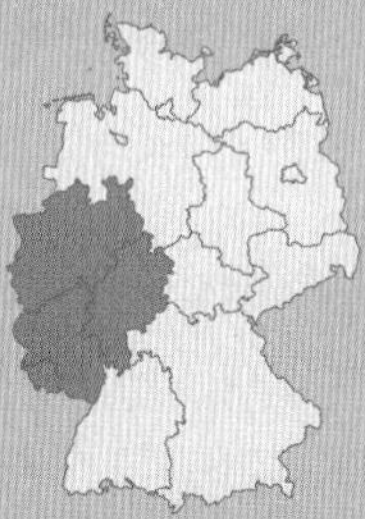

TOP-10 IM WESTEN

HESSEN, NORDRHEIN-WESTFALEN, RHEINLAND-PFALZ, SAARLAND

HESSEN

Emstaler Höhe

34308 Bad Emstal

Hier wird auf Unnötiges verzichtet und dennoch an nichts gespart. Aromen, Texturen, Einflüsse, Regionales und Exotisches kombiniert die Küche sehr harmonisch – à la carte ebenso wie auf dem Schlemmerbuffet.

Kissinger Straße 2
+49 5624 5090
emstaler-hoehe.de
Hotelrestaurant • regionale Produkte • klassisch

Essen:	43 / 50
Service:	17 / 20
Weinkarte:	18 / 20
Ambiente:	8 / 10
Gesamt:	86 / 100

L'étable

36251 Bad Hersfeld

Das in Erdtönen gehaltene Gourmetrestaurant – einst Stallungen der Postkutschenstation – besticht mit dezent-eleganter Atmosphäre. Constantin Kaisers finessenreicher Küchenstil passt perfekt dazu.

Linggplatz 11
+49 6621 1890
zumsternhersfeld.de
Hotelrestaurant • Fine Dining • klassisch

Essen:	45 / 50
Service:	17 / 20
Weinkarte:	17 / 20
Ambiente:	8 / 10
Gesamt:	87 / 100

Stern's

36251 Bad Hersfeld

Traditionsreiches Restaurant mit rustikal-elegantem Gastraum samt Kaminofen. Aus topfrischen Produkten werden gaumenschmeichelnde Gerichte gezaubert. Freitags gibt es ein Champagnermenü in fünf Gängen.

Linggplatz 11
+49 6621 1890
zumsternhersfeld.de
Hotelrestaurant • deutsche Küche • gemütlich • Steak

Essen:	42 / 50
Service:	17 / 20
Weinkarte:	17 / 20
Ambiente:	8 / 10
Gesamt:	84 / 100

Lindenallee — 61350 Bad Homburg

Sehr gute bürgerliche Küche, wie sie sein soll und wie es die Gäste mögen: frisch und saisonal aus guten Produkten. Das »Stammessen« im stilvollen Restaurant ist Rinderroulade mit Wirsing und Semmelknödel.

Lindenallee 2	Essen: **42** | 50
+49 6172 8506601	Service: **18** | 20
restaurant-lindenallee.de	Weinkarte: **17** | 20
deutsche Küche • gemütlich • Terrasse	Ambiente: **7** | 10
	Gesamt: 84 | 100

bellas — 65812 Bad Soden am Taunus

Isabelle Pering verwendet hauptsächlich Bioprodukte aus der Umgebung, die sie in raffinierten Gerichten in Szene setzt. Heimatküche mit kreativen Akzenten. Dazu wird Naturwein empfohlen.

Langstraße 15	Essen: **43** | 50
+49 617 49529141	Service: **18** | 20
bellaslokal.de	Weinkarte: **17** | 20
Casual Dining • regionale Produkte • unkonventionell	Ambiente: **8** | 10
	Gesamt: 86 | 100

Blauer Aff — 64625 Bensheim

Das geschichtsträchtige Wirtshaus mit der blau gestrichenen Fassade verbindet deutsche Küche, regionale Weinauswahl und historisches Ambiente. Für das Kochkässchnitzel braucht man ordentlich Appetit.

Kappengasse 2	Essen: **42** | 50
+49 6251 72958	Service: **18** | 20
blauer-aff.de	Weinkarte: **17** | 20
Gasthaus • urig • gemütlich	Ambiente: **7** | 10
P	Gesamt: 84 | 100

Lammershof — 69488 Birkenau

Fleisch von eigenen Weiden, Produkte heimischer Erzeuger und Zutaten aus aller Welt sind die Basis für eine vielseitige Speisekarte. Darauf zu finden sind etwa Hummer, Seezunge oder Bisonfilet mit wildem Brokkoli.

Abtsteinacher Straße 2	Essen: **45** | 50
+49 6201 845030	Service: **18** | 20
lammershof.de	Weinkarte: **17** | 20
Gasthaus • gemütlich • Steak	Ambiente: **8** | 10
P	Gesamt: 88 | 100

Stuben

69488 Birkenau

Rund um den Kachelofen kommen alle zusammen: Stammgäste und Neuentdecker, die die topfrischen Gerichte – teils mit Bisonfleisch von den eigenen Weiden – zu schätzen wissen. Montags ist Bison-Burger-Tag.

Abtsteinacher Straße 2	Essen:	42 | 50
+49 6201 845030	Service:	18 | 20
lammershof.de	Weinkarte:	17 | 20
Gasthaus • eigene Fleischerei • Steak • gemütlich	Ambiente:	8 | 10
	Gesamt:	85 | 100

Orangerie

64285 Darmstadt

Die herrliche Gartenanlage ist barock, die Küche zeitgemäß. Die Nummer eins für Liebhaber der »cucina italiana« in Darmstadt. Die gastfreundlichen Brüder Carroccia nehmen internationale Einflüsse auf.

Bessunger Straße 44	Essen:	41 | 50
+49 6151 3966446	Service:	16 | 20
orangerie-darmstadt.de	Weinkarte:	17 | 20
Casual Dining • italienisch • Fisch • entspannt	Ambiente:	8 | 10
	Gesamt:	82 | 100

OX

64289 Darmstadt

Darmstadts erstes Sternerestaurant. David Fink verdient sich Auszeichnungen und Gästezuspruch mit kreativen Kompositionen. Casual Fine Dining und Topservice im puristisch gestalteten Restaurant.

Mauerstraße 6	Essen:	45 | 50
+49 6151 9615333	Service:	18 | 20
ox-restaurant.de	Weinkarte:	17 | 20
Fine Dining • modern • unkonventionell	Ambiente:	8 | 10
	Gesamt:	88 | 100

Gutsschänke Neuhof

63303 Dreieich

Seit 70 Jahren ein beliebter Treffpunkt im Grünen, um abzuschalten und zu genießen. In der Schenke des Hofguts und auf der Terrasse gefallen gekonnt zubereitete internationale Gerichte.

Hofgut Neuhof	Essen:	42 | 50
+49 6102 30000	Service:	17 | 20
gutsschaenkeneuhof.de	Weinkarte:	17 | 20
Gasthaus • im Grünen • gemütlich	Ambiente:	8 | 10
	Gesamt:	84 | 100

Klosterschänke

65346 Eberbach

Im behutsam modernisierten ehemaligen Zisterzienserrefektorium genießt man Deftiges und Feines aus der Region, am besten bei einem Glas Rheingau-Riesling des zugehörigen Weinguts.

Kloster Eberbach	Essen:	42 | 50
+49 6723 993299	Service:	18 | 20
kloster-eberbach.de	Weinkarte:	17 | 20
Gasthaus • klassisch • regionale Produkte	Ambiente:	8 | 10
	Gesamt:	85 | 100

Anleger 511

65343 Eltville

Fans schwören auf das Urlaubsflair, das die großzügige Terrasse vermittelt. Bei unkomplizierten Speisen und gut gekühltem Riesling genießt man die Aussicht auf vorbeiziehende Schiffe und den Rhein.

Platz von Montrichard 2 +49 6123 689168 anleger511.de **Bistro • unkonventionell • Terrasse • Essen mit Aussicht**	Essen: **42** | 50 Service: **17** | 20 Weinkarte: **16** | 20 Ambiente: **8** | 10
	Gesamt: 83 | 100

Baiken

65343 Eltville

Lebendige Gutsausschank mit hübschem Gastraum, herzlichem Service und grundanständiger deutscher Küche. Im Sommer wird inmitten von Reben und mit Blick auf Eltville und die Weinberge gespeist.

Wiesweg 86 +49 6123 900345 baiken.de **Gasthaus • Essen mit Aussicht • klassisch • Terrasse**	Essen: **43** | 50 Service: **18** | 20 Weinkarte: **17** | 20 Ambiente: **8** | 10
P	Gesamt: 86 | 100

Eltvinum

65343 Eltville

Hier wird im besten Sinne querfeldein gekocht: mit guten Zutaten, frischen Ideen und keinerlei Hemmungen, diverse Länderküchen zu mischen, weil der rote Faden letztlich gutes Essen ohne Dogmen ist.

Schmittstraße 2 +49 6123 601780 eltvinum.de **Steak • entspannt • modern**	Essen: **42** | 50 Service: **17** | 20 Weinkarte: **17** | 20 Ambiente: **7** | 10
	Gesamt: 83 | 100

Jean

65343 Eltville

Johannes »Jean« Frankenbachs Gerichte sind Genuss pur – für Gaumen, Herz und Auge. Seit 2011 bereichert er den Familienbetrieb mit seiner Interpretation einer französisch geprägten Gourmetküche.

Wilhelmstraße 13 +49 6123 9040 hotel-frankenbach.de **Hotelrestaurant • Fine Dining • gemütlich**	Essen: **45** | 50 Service: **18** | 20 Weinkarte: **17** | 20 Ambiente: **8** | 10
P	Gesamt: 88 | 100

Kronenschlösschen

65347 Eltville

Große europäische Klassik im romantisch-gediegenen Setting des Rheingauer Genusshotels. Seit 2020 setzt der weit gereiste Roland Gorgosilich mit Aromen und Einflüssen aus aller Welt markante Akzente.

Rheinallee +49 6723 640 kronenschloesschen.de **Hotelrestaurant • Fine Dining • französisch • Terrasse**	Essen: **46** | 50 Service: **17** | 20 Weinkarte: **20** | 20 Ambiente: **9** | 10
P	Gesamt: 92 | 100

Y Wine & Kitchen 65343 Eltville

Hippes Lokal in der Schnittmenge zwischen Neo-Brasserie, Gourmettempel und Weinbar. Küchenchef Karsten Fricke spielt gekonnt mit Opulenz und Purismus, Heimatverbundenheit und internationalem Stil.

Rheingauer Straße 22 +49 6123 7096563 y-wineandkitchen.com **Casual Dining • eigener Weinbau • regionale Produkte**	Essen: **42** I 50 Service: **18** I 20 Weinkarte: **18** I 20 Ambiente: **9** I 10
	Gesamt: 87 I 100

Bärenmühle – Maison Martron 35110 Frankenau

Rezeptbücher aus der Hugenottenzeit standen Pate für die zeitgemäßen Interpretationen. Suprême von der Poularde wird mit Macadamiapüree, das Piemonteser Rind mit sautierten Radieschen serviert.

Lengeltalstraße 2 +49 6455 759040 baerenmuehle.de **Gasthaus • klassisch • französisch • im Grünen**	Essen: **43** I 50 Service: **18** I 20 Weinkarte: **17** I 20 Ambiente: **8** I 10
P	Gesamt: 86 I 100

Philipp Soldan 35066 Frankenberg

Erik Arnecke steht für eine sehr natürliche Gourmetküche mit Charakter, die ihre Herkunft in den kleinen feinen Zwischentönen verrät. Der Anspruch an die verwendeten Produkte könnte kaum höher sein.

Marktplatz 2–4 +49 6451 7500 sonne-frankenberg.de **Fine Dining • Hotelrestaurant • regionale Produkte**	Essen: **45** I 50 Service: **18** I 20 Weinkarte: **18** I 20 Ambiente: **8** I 10
P	Gesamt: 89 I 100

Sonne Stuben 35066 Frankenberg

Das Zweitrestaurant der Sonne Frankenberg setzt einen Kontrapunkt zur Sterneküche. Aus der Küche von Timo Schröder und Markus Willich kommt Unkompliziertes wie Quiche, Steak, Pasta und Rouladen.

Marktplatz 2–4 +49 6451 7500 sonne-frankenberg.de **Hotelrestaurant • regionale Produkte • entspannt**	Essen: **42** I 50 Service: **18** I 20 Weinkarte: **18** I 20 Ambiente: **8** I 10
P	Gesamt: 86 I 100

Bidlabu

60313 Frankfurt am Main

Früh reservieren! Im coolen Gastraum oder »uff de Gass« gibt's nicht viele Plätze, und die sind dank der anspruchsvollen Bistro-Küche und der unverkrampften Atmosphäre sehr begehrt. Günstige Menüs.

Kleine Bockenheimer Straße 14
+49 69 95648784
bidlabu.de
Bistro • entspannt • Casual Dining • Terrasse

Essen:	**45**	50
Service:	**18**	20
Weinkarte:	**17**	20
Ambiente:	**7**	10
Gesamt:	87	100

Bornheimer Ratskeller

60385 Frankfurt am Main

Der Ratskeller ist ein Unikum – genauso wie sein Betreiber: Architekt, Koch und Metzger Mario Furlanello. Bis auf Gemüse, Fisch und Käse stammt alles auf den Tellern aus seiner eigenen Produktion.

Kettelerallee 72
+49 69 79370300
ratskeller-bornheim.de
regionale Produkte • Gastgarten • entspannt

Essen:	**42**	50
Service:	**18**	20
Weinkarte:	**18**	20
Ambiente:	**8**	10
Gesamt:	86	100

Carmelo Greco

60598 Frankfurt am Main

Lieblingsadresse für alle, die unverfälschte italienische Gerichte aus hochwertigen Produkten schätzen. Selten so gekonnt und interessant in Szene gesetzt wie von Carmelo Greco. Schickes Ristorante.

Ziegelhüttenweg 1–3
+49 69 60608967
carmelo-greco.de
Fine Dining • italienisch • elegant

Essen:	**45**	50
Service:	**18**	20
Weinkarte:	**17**	20
Ambiente:	**9**	10
Gesamt:	89	100

Carte Blanche

60316 Frankfurt am Main

Der Name ist Programm: Sebastian Ziese komponiert aus dem Tageseinkauf Überraschungsmenüs. Dabei verblüfft er oft mit unkonventionellen Kompositionen und teilweise unbekannten Zutaten. Probieren!

Egenolffstraße 39
+49 69 27245883
carteblanche-ffm.de
Casual Dining • nachhaltig • regionale Produkte

Essen:	**43**	50
Service:	**18**	20
Weinkarte:	**16**	20
Ambiente:	**8**	10
Gesamt:	85	100

Chairs

60385 Frankfurt am Main

Die Küche bietet mehr, als das Lokal auf den ersten Blick vermuten lässt, und entspricht eher den namensgebenden Designerstühlen. Milan Müller und Dennis Aukili verwenden vor allem Bioprodukte.

Gronauer Straße 1
+49 69 48446922
chairsffm.de
Casual Dining • regionale Produkte • unkonventionell

Essen:	**44**	50
Service:	**17**	20
Weinkarte:	**18**	20
Ambiente:	**7**	10
Gesamt:	86	100

Emma Metzler

60594 Frankfurt am Main

Ob zum schnellen Mittagslunch, zum Kaffee und Kuchen oder zum Dinner mit regionalen Zutaten; ob im urbanen Restaurant oder auf der großen Terrasse im Grünen: eine gute Adresse für alle Anlässe.

Schaumainkai 17
+49 69 83040094
emmametzler.de
Fisch • bio • Terrasse

Essen:	**44** | 50
Service:	**18** | 20
Weinkarte:	**17** | 20
Ambiente:	**8** | 10
Gesamt:	87 | 100

Erno's Bistro

60323 Frankfurt am Main

Tolles Bistro mit erstklassiger französischer Küche und super Weinen. Patron Eric Huber und Küchenchef Valéry Mathis bilden seit drei Jahrzehnten ein Dream-Team. Perfektion, die locker daherkommt.

Liebigstraße 15
+49 69 721997
ernosbistro.de
Fine Dining • französisch • klassisch

Essen:	**46** | 50
Service:	**18** | 20
Weinkarte:	**18** | 20
Ambiente:	**8** | 10
Gesamt:	90 | 100

Forno D'Oro

60435 Frankfurt am Main

Lecker, günstig und ungezwungen: Diese drei Wörter stehen für das Erfolgsgeheimnis der Pizzeria, deren große Karte auch viele Fisch- und Fleischgerichte listet. Freundlicher Service.

Homburger Landstraße 66
+49 69 5483860
forno-d-oro.de
italienisch • Pizza • klassisch

Essen:	**42** | 50
Service:	**18** | 20
Weinkarte:	**17** | 20
Ambiente:	**8** | 10
Gesamt:	85 | 100

Frankfurter Botschaft

60327 Frankfurt am Main

Tolle Location am Westhafen. Die Glasfront des stylishen Restaurants gibt den Blick auf den Main frei, Terrasse direkt am Wasser. Fine Dining inklusive famoser Frankfurter Grüner Soße.

Westhafenplatz 6–8
+49 69 24004899
frankfurterbotschaft.de
Casual Dining • regionale Produkte • gemütlich

Essen:	**43** | 50
Service:	**18** | 20
Weinkarte:	**16** | 20
Ambiente:	**8** | 10
Gesamt:	85 | 100

Franziska

60599 Frankfurt am Main

Die Aussicht aus der Beletage des Henninger Turms ist atemberaubend; die Gerichte können sich aber ebenfalls sehen (und schmecken!) lassen. Modern interpretierte deutsche Klassiker dominieren.

Hainer Weg 72
+49 69 66377640
mook-group.de
Casual Dining • Essen mit Aussicht • modern

Essen:	**43** | 50
Service:	**18** | 20
Weinkarte:	**16** | 20
Ambiente:	**9** | 10
Gesamt:	86 | 100

Gerbermühle

60594 Frankfurt am Main

DAS Ausflugsziel in Frankfurt – in einer grünen Oase am Main mit Blick auf die Skyline. Im hellen, hübsch designten Restaurant und auf der Terrasse schmecken internationale und lokale Spezialitäten.

Gerbermühlstraße 105
+49 69 68977790
gerbermuehle.de
Gasthaus • entspannt • Terrasse

Essen:	42 | 50
Service:	17 | 20
Weinkarte:	17 | 20
Ambiente:	8 | 10
Gesamt:	84 | 100

Gustav

60323 Frankfurt am Main

Jochim Busch kocht immer besser: souveräner, prägnanter und inzwischen unverwechselbar sowie möglichst nachhaltig mit Produkten aus der Region. Großes kulinarisches Kino in sehr angenehmer Kulisse.

Reuterweg 57
+49 69 74745252
restaurant-gustav.de
Fine Dining • modern • regionale Produkte

Essen:	48 | 50
Service:	19 | 20
Weinkarte:	18 | 20
Ambiente:	9 | 10
Gesamt:	94 | 100

Heimat | Essen & Weine

60311 Frankfurt am Main

Viele Gäste schwärmen von Bouillabaisse, Gänsestopfleber und Seeteufel, andere von Käse- oder Schinkenteller. Ausgezeichnete Weinauswahl. Sympathisches Restaurant mit Großstadtflair.

Berliner Straße 70
+49 69 29725994
heimat-restaurant.de
Casual Dining • modern • entspannt • Geschäftsessen

Essen:	43 | 50
Service:	18 | 20
Weinkarte:	18 | 20
Ambiente:	8 | 10
Gesamt:	87 | 100

Lafleur

60325 Frankfurt am Main

Die Nummer eins in Hessen. Andreas Kroliks grandiose Küche der Aromen adelt das wunderschöne Restaurant. Auch sein veganes Menü ist eine Klasse für sich. Erstklassiger Service, imposante Weinkarte.

Palmengartenstraße 11
+49 69 90029
restaurant-lafleur.de
Fine Dining • elegant • nachhaltig • Fisch

P

Essen:	48 | 50
Service:	19 | 20
Weinkarte:	20 | 20
Ambiente:	9 | 10
Gesamt:	96 | 100

Leuchtendroter

60314 Frankfurt am Main

Auch im trendigen Schwesterbetrieb des Seven Swans werden ideenreiche vegane Köstlichkeiten serviert – vom Frühstücksbrunch bis zum Dinner mit elf kleinen und geschmacklich vielfältigen Gängen.

Lindleystraße 17
+49 170 818057
leuchtendroter.com
vegan • Terrasse • unkonventionell • entspannt

P

Essen:	42 | 50
Service:	17 | 20
Weinkarte:	17 | 20
Ambiente:	7 | 10
Gesamt:	83 | 100

80–84 85–89 90–94 95–100 Punkte

Lohninger

60594 Frankfurt am Main

»Super Mario« (Lohninger) ist Everybody's Darling. Der Österreicher kann Wiener Schnitzel und Kaiserschmarren – und vieles mehr aus aller Welt. Alles sehr geschmackvoll. Mutter Erika ist die gute Seele des Hauses.

Schweizer Straße 1
+49 69 247557860
lohninger.de
Gasthaus • Casual Dining • österreichisch • klassisch

Essen:	**44**	50
Service:	**18**	20
Weinkarte:	**18**	20
Ambiente:	**9**	10
Gesamt:	**89**	100

l'Ecume

60316 Frankfurt am Main

»Klasse statt Masse« lautet die Philosophie der französisch geprägten Küche, die sich auf wenige Gerichte konzentriert. Aber die haben es in sich und heben sich oft von bekannten Zubereitungen ab.

Friedberger Landstraße 62
+49 69 90437307
restaurant-lecume.de
französisch • modern • entspannt

Essen:	**43**	50
Service:	**18**	20
Weinkarte:	**18**	20
Ambiente:	**8**	10
Gesamt:	**87**	100

Main Tower

60311 Frankfurt am Main

Ganz oben (im 53. Stockwerk) und mittendrin in der City: Neben der grandiosen Aussicht aus 187 Meter Höhe und dem stylishen Design begeistern die abwechslungsreichen und anspruchsvollen Kreationen.

Neue Mainzer Straße 52–58
+49 69 36504777
maintower-restaurant.de
Fine Dining • Essen mit Aussicht • modern

Essen:	**45**	50
Service:	**17**	20
Weinkarte:	**18**	20
Ambiente:	**9**	10
Gesamt:	**89**	100

MainNizza

60329 Frankfurt am Main

Vor allem bei schönem Wetter der »place to be« am Main. Im coolen Restaurant mit großer Glasfront und auf der Terrasse herrscht Lebensfreude. Gut zubereitete Bistro-Gerichte. Klasse Wiener Schnitzel.

Untermainkai 17
+49 69 26952922
mainnizza.de
modern • Terrasse • am Wasser

P

Essen:	**43**	50
Service:	**18**	20
Weinkarte:	**18**	20
Ambiente:	**8**	10
Gesamt:	**87**	100

Mangetsu

60486 Frankfurt am Main

Hier kehren viele Japaner ein, um authentische Gerichte aus ihrer Heimat zu genießen – von Sushi über Ramen und Gegrilltes bis zu Meeresfrüchten. Und das in typisch asiatischer Kneipenatmosphäre.

Varrentrappstraße 57
+49 69 772210
izakaya-mangetsu.de
japanisch • Sushi • entspannt

Essen:	**43**	50
Service:	**18**	20
Weinkarte:	**17**	20
Ambiente:	**7**	10
Gesamt:	**85**	100

Masa Japanese Cuisine

60314 Frankfurt am Main

Masaru Oae führt authentische japanische Spitzenküche mit europäischen Elementen zusammen: Das neungängige Menü mit Sashimi und Sushi ist ein kulinarisches Erlebnis. Passende Sake-Begleitung.

Hanauer Landstraße 131
+49 69 60666247
masa-frankfurt.de
Fine Dining • japanisch • Sushi

Essen:	45	50
Service:	17	20
Weinkarte:	17	20
Ambiente:	8	10
Gesamt:	87	100

Medici

60311 Frankfurt am Main

Die Brüder Christos und Stamatios Simiakos präsentieren im Zentrum moderne europäische Küche – kompromisslos frisch, kreativ und auf zuverlässig hohem Niveau. Preiswerter Mittagstisch.

Weißadlergasse 2
+49 69 21990794
restaurantmedici.de
Casual Dining • klassisch • entspannt

Essen:	41	50
Service:	17	20
Weinkarte:	16	20
Ambiente:	8	10
Gesamt:	82	100

Mon Amie Maxi

60325 Frankfurt am Main

Mon Amie Maxi: Das sagen viele, die hier die französische Lebensart feiern und in prächtiger Kulisse beste Brasserie-Gerichte von Edelprodukten ebenso genießen wie Bœuf bourguignon. Austern-Bar!

Bockenheimer Landstraße 31
+49 69 71402121
mook-group.de
Casual Dining • französisch • gemütlich

Essen:	43	50
Service:	18	20
Weinkarte:	18	20
Ambiente:	9	10
Gesamt:	88	100

Nihonryori Ken

60594 Frankfurt am Main

Traditionelle Kaiseki-Küche, gekonnt umgesetzt und aufwendig zelebriert. Von der Bar aus kann man Kentaro Fujita, der ausschließlich japanische Produkte verwendet, bei der Arbeit zusehen.

Wallstraße 22
+49 69 97694660
ken-japan.de
Fine Dining • japanisch • klassisch • elegant

Essen:	42	50
Service:	17	20
Weinkarte:	17	20
Ambiente:	8	10
Gesamt:	84	100

Omonia

60318 Frankfurt am Main

Taverne und Bar, wie der Name schon sagt. Die ausgezeichnete griechische Küche adelt Klassiker wie Fleischspieße und Meeresfrüchte vom Grill mit einem modernen Touch. Puristisches Interieur.

Eckenheimer Landstraße 126
+49 69 593314
restaurant-omonia.de
griechisch • modern • entspannt

Essen:	42	50
Service:	18	20
Weinkarte:	17	20
Ambiente:	8	10
Gesamt:	85	100

Leopardi

Ponte

60487 Frankfurt am Main

Mediterran und urban, populär und sehr gut – vor allem die fangfrischen Fische und Meeresfrüchte, die Tapas und die portugiesische Cataplana (Schmortopf mit Garnelen, Kalmar, Muscheln und Steinbutt).

Am Weingarten 5
+49 69 24704041
restaurant-ponte-frankfurt.de
Fisch • mediterran • Meeresfrüchte • entspannt

Essen:	**42** | 50
Service:	**17** | 20
Weinkarte:	**17** | 20
Ambiente:	**7** | 10
Gesamt:	83 | 100

Schönemann

60313 Frankfurt am Main

Die wunderbare Bouillabaisse von hessischen Fischen steht für Miguel Wagners Konzept, deutsche und französische Elemente zu vereinen und möglichst regionale Zutaten zu verwenden. Edel und schön.

Opernplatz 16
+49 69 256695864
restaurant-schoenemann.de
gemütlich • regionale Produkte • französisch

Essen:	**42** | 50
Service:	**18** | 20
Weinkarte:	**17** | 20
Ambiente:	**8** | 10
Gesamt:	85 | 100

Seven Swans & The Tiny Cup

60311 Frankfurt am Main

Konsequent vegan, regional, saisonal und nachhaltig – und ungemein geschmackvoll. Ricky Saward setzt in seinem schmalen Mini-Lokal auf zwei Etagen Maßstäbe. Die Köche übernehmen auch den Service.

Mainkai 4
+49 178 8539718
thetinycup.de
Fine Dining • vegan • bio

Essen:	**45** | 50
Service:	**18** | 20
Weinkarte:	**17** | 20
Ambiente:	**8** | 10
Gesamt:	88 | 100

Sushimoto

60313 Frankfurt am Main

Mitsunori Sakamoto ist offiziell Botschafter der japanischen Küche. Seine Delikatessen sind von herausragender Qualität. »Schmecke gut«, sagt er, wenn er die Teller über den Tresen reicht. Stimmt!

Konrad-Adenauer-Straße 7
+49 69 1310057
sushimoto.eu
Casual Dining • japanisch • Sushi

Essen:	**43** | 50
Service:	**18** | 20
Weinkarte:	**17** | 20
Ambiente:	**8** | 10
Gesamt:	86 | 100

The Ivory Club

60325 Frankfurt am Main

Pionier und längst Kult: In diesem indischen »Tempel des feinen Geschmacks« muss man einmal gewesen sein – und kommt dann gerne wieder, auch wegen der leckeren Tandoori-Gerichte und Currys.

Taunusanlage 15
+49 69 77067767
mook-group.de
Casual Dining • indisch • Cocktails

Essen:	**44** | 50
Service:	**18** | 20
Weinkarte:	**18** | 20
Ambiente:	**9** | 10
Gesamt:	89 | 100

The Sakai

60596 Frankfurt am Main

Am besten sitzt man am Tresen und schaut Hiro Sakai zu, wie er seine hohe japanische Kochkunst zelebriert. So bekommt man ein Gespür für seine Akribie und Leidenschaft. Tolles Omakase-Menü mit Wagyu-Steak.

Hedderichstraße 69
+49 69 89990330
the-sakai.com
japanisch • Sushi • traditionell

Essen:	**43** | 50
Service:	**17** | 20
Weinkarte:	**17** | 20
Ambiente:	**8** | 10
Gesamt:	85 | 100

Villa Merton

60487 Frankfurt am Main

Im eleganten Ambiente herrscht entspannte Atmosphäre – dank des vorbildlichen Services. Die Küche vereint Klassisches und Modernes und stellt das Produkt in den Mittelpunkt. Beliebter Chef's Table.

Am Leonhardsbrunn 12
+49 69 703033
restaurant-villa-merton.de
Fine Dining • elegant • Geschäftsessen

Essen:	**44** | 50
Service:	**18** | 20
Weinkarte:	**18** | 20
Ambiente:	**8** | 10
Gesamt:	88 | 100

Villa Rothschild

61462 Frankfurt am Main

Innen und außen sehr schön – und nach dreijähriger Pause sofort wieder top. Der junge Philipp Schlosshauer kocht an diesem geschichtsträchtigen Ort modern, kreativ, harmonisch und gerne regional.

Im Rothschildpark 1
+49 6174 900
brhhh.com
Hotelrestaurant • elegant • regionale Produkte

Essen:	**44** | 50
Service:	**18** | 20
Weinkarte:	**18** | 20
Ambiente:	**9** | 10
Gesamt:	89 | 100

Weinsinn

60329 Frankfurt am Main

Lichtblick im Bahnhofsviertel: Im modernen Restaurant genießt man ein bisschen Weltstadtflair und eine entsprechend weltoffene Küche mit starken regionalen Akzenten auf hohem Niveau. Umfangreiche Weinkarte.

Weserstraße 4
+49 69 56998080
weinsinn.de
Fine Dining • modern • unkonventionell • Geschäftsessen

Essen:	**45** | 50
Service:	**18** | 20
Weinkarte:	**18** | 20
Ambiente:	**8** | 10
Gesamt:	89 | 100

Zenzakan

60325 Frankfurt am Main

Der Pan Asian Supperclub ist exklusiv und glamourös, unverkrampft und etwas geheimnisvoll. Weithin bekannt ist die erstklassige Qualität der fernöstlichen Gaumenfreuden. Fine Dining mal anders.

Taunusanlage 15	Essen: **43** I 50
+49 69 97086908	Service: **18** I 20
mook-group.de	Weinkarte: **17** I 20
Fine Dining • japanisch • Sushi	Ambiente: **9** I 10
	Gesamt: 87 I 100

Bastian's Restaurant

61169 Friedberg

Chris Bastian Draisbach überzeugt im malerischen Fachwerkhaus mit modern interpretierter französisch-deutschen Küche; immer aus frischen und hochwertigen, gerne auch regionalen Zutaten.

Erbsengasse 16	Essen: **44** I 50
+49 6031 6726551	Service: **17** I 20
bastians-restaurant.de	Weinkarte: **17** I 20
Casual Dining • entspannt • nachhaltig	Ambiente: **8** I 10
	Gesamt: 86 I 100

Christian & Friends

36037 Fulda

Den raffinierten Kreationen von Christian Steska merkt man dessen pure Lust am Kochen an. Dabei stützt er sich auf erstklassige Zutaten, ergänzt um eine Weinkarte mit Raritäten aus aller Welt.

Nonnengasse 5	Essen: **45** I 50
+49 162 4139588	Service: **18** I 20
christianandfriends.de	Weinkarte: **18** I 20
Fine Dining • gemütlich • klassisch	Ambiente: **8** I 10
	Gesamt: 89 I 100

Goldener Karpfen

36037 Fulda

Gourmetinstitution, Wohlfühlort, Begegnungsstätte: Der Karpfen ist alles in einem. Serviert wird regionale Küche aus ausgewählten, saisonalen Grundprodukten, die pfiffig veredelt werden. Tolle Fischkompetenz!

Simpliziusbrunnen 1	Essen: **42** I 50
+49 661 6800	Service: **17** I 20
hotel-goldener-karpfen.de	Weinkarte: **17** I 20
Gasthaus • gemütlich • romantisch	Ambiente: **7** I 10
	Gesamt: 83 I 100

Burgrestaurant Schwarzenstein

65366 Geisenheim

Getreu dem Motto »Klassik währt am längsten« werden in romantischem Setting Rheingauer Weine und Altbewährtes mit Bodenhaftung serviert. Sommers lockt die von Weinreben umrankte historische Terrasse.

Rosengasse 32	Essen: **43** I 50
+49 6722 99500	Service: **17** I 20
burg-schwarzenstein.de	Weinkarte: **18** I 20
Hotelrestaurant • Casual Dining • deutsche Küche	Ambiente: **8** I 10
	Gesamt: 86 I 100

Müllers auf der Burg 🍴🍴 65366 Geisenheim

Austern, Kaviar, Currywurst: TV-Koch Nelson Müllers Brasserie-Konzept auf Burg Schwarzenstein lebt vom lässigen Nebeneinander. Der moderne Pavillon punktet mit Rheingaublick und Meeresfrüchte-Bar.

Rosengasse 32
+49 6722 99500
burg-schwarzenstein.de
Casual Dining • elegant • klassisch

Essen:	**43** | 50
Service:	**17** | 20
Weinkarte:	**17** | 20
Ambiente:	**8** | 10
Gesamt:	85 | 100

Zwei und Zwanzig 🍴 65366 Geisenheim

Vegane Küche mit Wow-Faktor in lässigem Ambiente. Die bunten und ideenreichen Gerichte – etwa gebackener Hokkaidokürbis mit Ebly-Kichererbsensalat oder Auberginen-Ossobuco – lassen nichts vermissen.

Lindenplatz 1
+49 6722 7108312
zwei-und-zwanzig.de
Casual Dining • vegan • unkonventionell

Essen:	**43** | 50
Service:	**18** | 20
Weinkarte:	**16** | 20
Ambiente:	**7** | 10
Gesamt:	84 | 100

Heyligenstaedt 🍴🍴 35392 Gießen

Hier passt alles zum Motto »Choose happy«: Historie und Moderne vereinen sich in dieser wunderbaren Location. Marcus Leidner tischt auf, was vielen schmeckt, und hat eine Vorliebe für Gegrilltes.

Aulweg 41
+49 641 4609650
restaurant-heyligenstaedt.de
modern • Casual Dining • entspannt

Essen:	**43** | 50
Service:	**17** | 20
Weinkarte:	**17** | 20
Ambiente:	**8** | 10
Gesamt:	85 | 100

Knossos 🍴 35398 Gießen

Mehr als ein guter Grieche – und nach dem Umzug noch beliebter: mediterranes Fischrestaurant in neuer und toller Location. Schöne Terrasse direkt am Lahnufer, modern gestaltete Gasträume.

Schlachthofstraße 3
+49 641 63827
knossos-giessen.de
griechisch • modern • Terrasse

Essen:	**42** | 50
Service:	**17** | 20
Weinkarte:	**16** | 20
Ambiente:	**8** | 10
Gesamt:	83 | 100

Tandreas 🍴🍴 35394 Gießen

Neue Eigentümer und neue Pächter, die angenehme Landhausatmosphäre und die Lieblingsgerichte auf der Speisekarte sind aber geblieben. Beliebte Bistro-Klassiker inklusive Burger und Steaks.

Licher Straße 55
+49 641 94070
tandreas.de
Hotelrestaurant • Allrounder • Terrasse

Essen:	**42** | 50
Service:	**18** | 20
Weinkarte:	**17** | 20
Ambiente:	**8** | 10
Gesamt:	85 | 100

Bocca D'Oro

64347 Griesheim

Südländische Leichtigkeit regiert hier im Service ebenso wie auf dem Teller. Bei Pizza vertraut Leo Ferrante auf das 200 Jahre alte Originalrezept, bei Fischen setzt er aber auch gerne moderne Ideen um. Nettes Ristorante.

Wilhelm-Leuschner-Straße 160A	Essen: **43** | 50
+49 6155 8316161	Service: **18** | 20
bocca-doro.de	Weinkarte: **16** | 20
gemütlich • Fisch • klassisch	Ambiente: **8** | 10
	Gesamt: 85 | 100

Farmerhaus

64823 Groß-Umstadt

Auch so kann afrikanische Küche sein: frei von Klischees, dafür leicht, frisch und gespickt mit vielen kleinen Aha-Momenten. Die Cape-Tapas mit Bobotie, Krokodil und Zebraschinken muss man probieren.

Am Farmerhaus 1	Essen: **42** | 50
+49 6078 911191	Service: **18** | 20
farmerhaus.de	Weinkarte: **16** | 20
Gasthaus • Casual Dining • afrikanisch	Ambiente: **8** | 10
	Gesamt: 84 | 100

Villa Busch

35708 Haiger

Ein Schmuckkästchen mit edlem Interieur. »Chef Ralf« (Dörr) präsentiert mittags und abends ein breites Repertoire von »sehr gutbürgerlich« bis gehoben. Guter Service. Schöne Terrasse.

Westerwaldstraße 4	Essen: **44** | 50
+49 2773 9189031	Service: **17** | 20
villabusch.com	Weinkarte: **18** | 20
Casual Dining • Terrasse • Essen mit Aussicht • modern	Ambiente: **8** | 10
P	Gesamt: 87 | 100

Die Adler Wirtschaft

65347 Hattenheim

Zeit, Wertschätzung und kompromissloses Qualitätsdenken sind die Grundpfeiler dieser kulinarischen Institution. Genuss nach dem Prinzip »Vom Einfachen das Beste« wird in jedem Detail gelebt.

Hauptstraße 31	Essen: **44** | 50
+49 6723 7982	Service: **17** | 20
franzkeller.de	Weinkarte: **19** | 20
Gasthaus • bio • traditionell	Ambiente: **8** | 10
P	Gesamt: 88 | 100

Zum Krug

65347 Hattenheim

Allein schon für die mit allerlei Rheingau-Raritäten gespickte Weinkarte lohnt ein Besuch. Auf der Speisekarte findet sich Deftiges und Feines mit regionaltypischem Charakter aus Produkten von höchster Qualität.

Hauptstraße 34	Essen: **44** | 50
+49 6723 99680	Service: **18** | 20
zum-krug-rheingau.de	Weinkarte: **20** | 20
Gasthaus • deutsche Küche • klassisch • gemütlich	Ambiente: **8** | 10
P	Gesamt: 90 | 100

Hohenhaus

37293 Herleshausen

Das zum stilvollen Hideaway Schloss Hohenhaus gehörende Gourmetlokal treibt nachhaltigen Genuss auf die Spitze. Im intimen Setting serviert man zehn Gänge mit Produkten aus der Region und der Bretagne.

Hohenhaus 1
+49 5654 9870
hohenhaus.de
Fine Dining • französisch • elegant

Essen:	**45** / 50
Service:	**18** / 20
Weinkarte:	**18** / 20
Ambiente:	**8** / 10
Gesamt:	89 / 100

Hohenhaus Grill

37293 Herleshausen

Gelebte Nachhaltigkeit frei von Dogmatismus. Dazu gehören Getreidefelder, Wild aus eigener Jagd, Schaf aus eigener Zucht. Und doch darf neben deutschem Stör dänischer Langustino auf der Karte stehen.

Hohenhaus 1
+49 5654 9870
hohenhaus.de
Gasthaus • im Grünen • gemütlich

Essen:	**42** / 50
Service:	**18** / 20
Weinkarte:	**18** / 20
Ambiente:	**8** / 10
Gesamt:	86 / 100

Krone Gaststuben

64739 Höchst im Odenwald

Gut essen und trinken in familiärem Ambiente. Zum sympathischen Familienbetrieb gehören ein Fine-Dining-Restaurant mit ambitionierter Kreativküche sowie eine Gaststube mit bodenständigen Gerichten.

Rondellstraße 20
+49 6163 93100
krone-hetschbach.de
Gasthaus • gemütlich • deutsche Küche

Essen:	**41** / 50
Service:	**17** / 20
Weinkarte:	**16** / 20
Ambiente:	**8** / 10
Gesamt:	82 / 100

Krone Restaurant

64739 Höchst im Odenwald

Karl-Ludwig Wölfelschneider kocht seit vielen Jahren mit großer Sorgfalt und im Einklang mit den Jahreszeiten. Zusätzlich zum großen Menü gibt es ein kleineres vegetarisches von Feld und Garten.

Rondellstraße 20
+49 6163 93100
krone-hetschbach.de
Gasthaus • klassisch • französisch

Essen:	**42** / 50
Service:	**17** / 20
Weinkarte:	**17** / 20
Ambiente:	**8** / 10
Gesamt:	84 / 100

A Tavola Da Totò

65719 Hofheim

Seit mehr als 40 Jahren eine beliebte Adresse in Diedenbergen: Wer Lust auf gute Pizza und Pasta hat, ist im lebendigen Ristorante von Familie Cali richtig. Und zum Schluss leckeres Tiramisu.

Weilbacher Straße 1
+49 6192 2007171
datoto-hofheim.de
italienisch • Pizza • traditionell

Essen:	**42** / 50
Service:	**18** / 20
Weinkarte:	**17** / 20
Ambiente:	**8** / 10
Gesamt:	85 / 100

Die Scheuer

65719 Hofheim

Küchenchef und Jäger Ralph Stöckle trifft mit seinen gekonnt zubereiteten Speisen ins Schwarze; darunter Klassiker aus seiner schwäbischen Heimat. Außer den Fischen kommt alles aus der Nähe.

Burgstraße 12	Essen: **43** | 50
+49 6192 27774	Service: **18** | 20
die-scheuer.de	Weinkarte: **17** | 20
Gasthaus • regionale Produkte • entspannt	Ambiente: **8** | 10
	Gesamt: 86 | 100

Giorgios

65329 Hohenstein

Im Sommer wärmt die Sonne auf der Terrasse, im Winter das Kaminfeuer im behaglichen Restaurant. Die regional geprägten Gerichte haben Pfiff. Zum Ausklang empfiehlt sich Mirabellenparfait vom Hofgut-Obst.

Georgenthal 1	Essen: **43** | 50
+49 6128 9430	Service: **18** | 20
hofgut-georgenthal.de	Weinkarte: **17** | 20
Hotelrestaurant • Casual Dining • regionale Produkte	Ambiente: **8** | 10
	Gesamt: 86 | 100

Henrich HÖER's Speisezimmer

65510 Idstein

In diesem historischen Fachwerkjuwel überzeugt die Küche mittags und abends mit modernen und anspruchsvollen Kreationen, die in stilvollen Gaststuben oder im idyllischen Innenhof gespeist werden können. Guter Service.

Obergasse 26	Essen: **43** | 50
+49 6126 6500226	Service: **18** | 20
hoerhof.de	Weinkarte: **17** | 20
Fine Dining • im Schloss • elegant	Ambiente: **8** | 10
	Gesamt: 86 | 100

Neidharts Küche

61184 Karben

Landgenuss-Restaurant mit persönlicher Wohlfühlatmosphäre: Das ist das Konzept von Reiner Neidhart, der Köstliches aus der Wetterau frisch und höchst appetitlich auf den Teller bringt.

Robert-Bosch-Straße 48	Essen: **41** | 50
+49 6039 934443	Service: **18** | 20
neidharts-kueche.de	Weinkarte: **15** | 20
deutsche Küche • regionale Produkte • gemütlich	Ambiente: **7** | 10
	Gesamt: 81 | 100

Mondi

34117 Kassel

Schlichte Zutaten, überraschende Zubereitungen und gelebte Werte im Nova-Regio-Lokal mit offener Küche. Vertraute Produzenten liefern Gemüse, Fleisch und Fisch. Tolle alkoholfreie Getränkebegleitung.

Wilhelmshöher Allee 34	Essen: **41** | 50
+49 561 83079318	Service: **16** | 20
mondi-restaurant.de	Weinkarte: **16** | 20
Casual Dining • vegetarisch • nachhaltig	Ambiente: **7** | 10
	Gesamt: 80 | 100

Ambiente Italiano

65451 Kelsterbach

Das Gourmetrestaurant in der Alten Oberförsterei überzeugt mit anspruchsvollen Menüs. Pedro Fernandes kocht mit viel Leidenschaft. Lichtdurchfluteter Wintergarten und hübsche Mainblick-Terrasse.

Staufenstraße 16
+49 6107 9896840
ambienteitaliano.de
Casual Dining • italienisch • gemütlich

Essen:	**43** | 50
Service:	**18** | 20
Weinkarte:	**17** | 20
Ambiente:	**8** | 10
Gesamt:	86 | 100

Trattoria Alte Oberförsterei

65451 Kelsterbach

Die einfachere Alternative zum gehobenen Ambiente Italiano unter dem gleichen Dach, dafür auch etwas quirliger. Im gemütlichen Interieur sind Pizza und Pasta der Renner, Fisch und Fleisch sind aber genauso gut.

Staufenstraße 16
+49 6107 9896840
ambienteitaliano.de
italienisch • Pizza • gemütlich

Essen:	**40** | 50
Service:	**17** | 20
Weinkarte:	**16** | 20
Ambiente:	**7** | 10
Gesamt:	80 | 100

Weinschänke Schloss Groenesteyn

65399 Kiedrich

Dirk Schröers Küche lebt von der gekonnten Fusion einfacher und besonderer Zutaten, die er aufs Feinste verwebt. Den guten Teamvibe spürt auch der Gast im Service. Dazu ein Ausblick wie aus dem Bilderbuch.

Oberstraße 36
+49 6123 1533
groenesteyn.net
Fine Dining • Terrasse • gemütlich

Essen:	**45** | 50
Service:	**18** | 20
Weinkarte:	**18** | 20
Ambiente:	**8** | 10
Gesamt:	89 | 100

Adler Kronberg

61476 Kronberg im Taunus

Das Traditionsgasthaus in der Altstadt punktet weiter mit österreichischen Klassikern, auch wenn Miteigentümer und Ex-Fußballprofi Martin Hinteregger nur noch selten da ist. Toller Gewölbekeller.

Friedrich-Ebert-Straße 13
+49 6173 7027156
adlerkronberg.de
Gasthaus • deutsche Küche • österreichisch

Essen:	**42** | 50
Service:	**18** | 20
Weinkarte:	**17** | 20
Ambiente:	**8** | 10
Gesamt:	85 | 100

Grüne Gans

61476 Kronberg im Taunus

Klein und fein, in einem Fachwerkhaus mit lauschigem Hof in der Altstadt untergebracht. Wie die Einrichtung verbindet auch die Küche Tradition und Moderne. Viele kommen allein wegen der super Flammkuchen.

Pferdstraße 20
+49 6173 783666
gruene-gans.com
Gasthaus • gemütlich • französisch

Essen:	**41** | 50
Service:	**17** | 20
Weinkarte:	**15** | 20
Ambiente:	**7** | 10
Gesamt:	80 | 100

Schuberts
36341 Lauterbach

Pfiffig umgesetzte Klassiker mit hessischer Bodenhaftung und internationalem Twist. Stefan Schubert setzt mit seiner unprätentiösen Küche einen angenehmen Kontrapunkt zu Trends und Effekthascherei.

Kanalstraße 12	Essen:	42 I 50
+49 6641 96070	Service:	18 I 20
hotel-schubert.de	Weinkarte:	18 I 20
Hotelrestaurant • Fisch • klassisch • Familienbetrieb	Ambiente:	8 I 10
	Gesamt:	86 I 100

360°
65549 Limburg an der Lahn

Alexander Hohlwein nimmt die Gäste mit seinem Menü mit auf eine aromatisch sehr abwechslungsreiche »Weltreise«. Gutes Preis-Leistungs-Verhältnis. Businesslunch und im Sommer chillige Lounge.

Bahnhofsplatz 1a	Essen:	45 I 50
+49 6431 2113360	Service:	18 I 20
restaurant360grad.de	Weinkarte:	18 I 20
Fine Dining • modern • elegant	Ambiente:	8 I 10
	Gesamt:	89 I 100

Fellini
65549 Limburg an der Lahn

Mario di Blasio ist der Fellini der Bischofsstadt und sorgt hier für Dolce Vita. Die im Ganzen gebratenen Fische sind spitze, das Kalbskotelett ist prima. Di Blasio kocht schnörkellos und ohne aufwendige Beilagen.

Frankenstraße 9	Essen:	42 I 50
+49 6431 5840420	Service:	17 I 20
fellini-limburg.de	Weinkarte:	17 I 20
italienisch • klassisch • Terrasse	Ambiente:	8 I 10
	Gesamt:	84 I 100

Margaux
65549 Limburg an der Lahn

Fabian Sollbach hat sich im zweiten Jahr gesteigert; seine frankophilen Kompositionen sind jetzt finessenreicher und geschmacksstärker. Lockere Atmosphäre im schmalen Gastraum. Tolles Porzellan.

Kornmarkt 7	Essen:	43 I 50
+49 6431 5975677	Service:	18 I 20
margaux-restaurant.de	Weinkarte:	18 I 20
französisch • modern • traditionell	Ambiente:	8 I 10
	Gesamt:	87 I 100

Der Löwe
63589 Linsengericht

Lokale, aber durchaus nicht frugale Speisen in beständiger Qualität und ohne modische Ausreißer, dafür mit besten Grundprodukten versiert zubereitet und vom herzlichen Service aufs Angenehmste serviert.

Dorfstraße 20	Essen:	42 I 50
+49 6051 71343	Service:	17 I 20
derloewe.com	Weinkarte:	16 I 20
Gasthaus • gemütlich • regionale Produkte	Ambiente:	8 I 10
	Gesamt:	83 I 100

Die Schmelz

35457 Lollar

Von charmanten Ideen durchzogene Traditionsküche in idyllischer Lage. Familie Jung legt großen Wert auf Regionalität und Frische, das Wild etwa stammt aus heimischer Jagd. Sehr authentisches Flair!

Schmelz 3	Essen: **42** I 50
+49 6406 3419	Service: **17** I 20
schmelz-muehle.de	Weinkarte: **16** I 20
Gasthaus • bio • Fisch • Wild	Ambiente: **8** I 10
	Gesamt: 83 I 100

Weinwirtschaft Laquai

65391 Lorch

Bodenständige Gerichte und hauseigene Weine warten im Fachwerkhaus mit Garten. Auf der Karte viel Regionales wie Wildschweinsülze, Wisperforelle und Spundekäs. Zur Weinwirtschaft gehört auch die Vinothek.

Schwalbacher Straße 20	Essen: **42** I 50
+49 6726 839213	Service: **18** I 20
weingut-laquai.de	Weinkarte: **18** I 20
Hausmannskost • eigener Weinbau • Gastgarten	Ambiente: **7** I 10
	Gesamt: 85 I 100

Fleur de Sel

63477 Maintal

Zum Glück braucht es manchmal einen kulinarischen Kurzurlaub, hier führt er direkt in die Provence. In authentischem Ambiente wird bei Pilz-Tartine und Lamm französisch-mediterraner Genuss zelebriert.

Florscheidstraße 19	Essen: **42** I 50
+49 6181 9683385	Service: **18** I 20
restaurant-fleurdesel.de	Weinkarte: **16** I 20
französisch • gemütlich • klassisch	Ambiente: **7** I 10
	Gesamt: 83 I 100

Marburger Esszimmer

35037 Marburg

»Green Fine Dining« vom Feinsten – und zwar kulinarisch genauso wie optisch dank des neu gestalteten Restaurants. Denis Feix überrascht mit seltenen Produkten und überzeugt mit kreativen und geschmackvollen Gerichten.

Anneliese-Pohl-Allee 1	Essen: **45** I 50
+49 6421 8890471	Service: **19** I 20
marburger-esszimmer.de	Weinkarte: **18** I 20
Casual Dining • Sushi • Fisch • Terrasse	Ambiente: **8** I 10
	Gesamt: 90 I 100

Neuer Haferkasten

63263 Neu-Isenburg

Die vielen Bilder prominenter Gäste an den Wänden dokumentieren den Kultstatus. Im behaglichen Ristorante und im Garten werden erstklassige kalabrische Speisen und Topweine serviert.

Frankfurter Straße 118	Essen: **43** I 50
+49 6102 35329	Service: **18** I 20
neuer-haferkasten.de	Weinkarte: **18** I 20
Casual Dining • italienisch • klassisch	Ambiente: **8** I 10
	Gesamt: 87 I 100

Landgasthof zur Post
36399 Nieder-Moos

Sebastian Heil und Katharina Koros haben der Sternegastronomie den Rücken gekehrt, um den elterlichen Betrieb mit frischen Ideen fortzuführen. Gekocht wird bodenständig mit Produkten aus der Region.

Zum See 10
+49 6644 295
gasthofzurpost-nieder-moos.de
Gasthaus • regionale Produkte • gemütlich

Essen:	42	50
Service:	17	20
Weinkarte:	15	20
Ambiente:	7	10
Gesamt:	81	100

Die Greisslerei
61440 Oberursel

Eat, drink & be happy: Diesem Motto werden Speise- und Getränkeauswahl, Einrichtung und Atmosphäre sowie Service gerecht. Fabian Fuiko verwöhnt die Gäste vom Frühstück bis zum Abendessen.

Rathausplatz 9
+49 6171 9796836
die-greisslerei.de
österreichisch • gemütlich • klassisch

Essen:	43	50
Service:	18	20
Weinkarte:	17	20
Ambiente:	8	10
Gesamt:	86	100

Kraftwerk
61440 Oberursel

Früher ein industrielles, heute ein kulinarisches Kraftwerk. Die hohe Halle hat Charme, die Küche Pfiff. Kreative Kompositionen mit den Schwerpunkten Österreich und Deutschland, der Heimat der Chefs.

Zimmersmühlenweg 2
+49 6171 929982
kraftwerkrestaurant.de
Casual Dining • österreichisch • klassisch

Essen:	43	50
Service:	18	20
Weinkarte:	17	20
Ambiente:	8	10
Gesamt:	86	100

Brentanohaus
65375 Oestrich-Winkel

Im historischen Landgut, einst Sommerresidenz von Goethe, wird regionale Rheingauer Sonntagsküche mit mediterranem Twist serviert. Einzigartig: die romantische Terrasse mit Blick auf die Weinberge.

Am Lindenplatz 2
+49 6723 8854070
brentanohaus.de
regionale Produkte • eigener Weinbau • Terrasse

Essen:	43	50
Service:	18	20
Weinkarte:	18	20
Ambiente:	8	10
Gesamt:	87	100

Graues Haus 65375 Oestrich-Winkel

Stilvolle Gastronomie in Deutschlands ältestem Steinhaus am Rhein. Zum neuen Konzept gehört es, gehobene Küche für jedermann erschwinglich zu machen, und zwar mittels eines moderaten Menüpreises samt Wein.

Graugasse 8	Essen: 43 | 50
+49 6723 8853911	Service: 18 | 20
graueshaus.com	Weinkarte: 17 | 20
Gastgarten • klassisch • traditionell	Ambiente: 8 | 10
	Gesamt: 86 | 100

Bees Restaurant 65385 Rüdesheim am Rhein

Mit großem Einfallsreichtum wird die Idee einer von den verschiedenen Geschmacksrichtungen geprägten Frischeküche umgesetzt. Der Gastraum mit den kobaltblauen Wänden versprüht kosmopolitisches Flair.

Am Rottland 6	Essen: 44 | 50
+49 6722 4191916	Service: 18 | 20
beesrestaurant.de	Weinkarte: 18 | 20
Fine Dining • elegant • modern	Ambiente: 8 | 10
	Gesamt: 88 | 100

Breuer's Rüdesheimer Schloss 65385 Rüdesheim am Rhein

Der Name lässt erahnen, dass hier Wein eine große Rolle spielt. Es lohnt der Blick auf die umfangreiche Raritätenkarte. Dazu verwöhnt Küchenchef Michael Hemberger nach allen Regeln der Kunst.

Steingasse 10	Essen: 43 | 50
+49 6722 90500	Service: 17 | 20
ruedesheimer-schloss.com	Weinkarte: 19 | 20
Gasthaus • gemütlich • regionale Produkte	Ambiente: 7 | 10
	Gesamt: 86 | 100

F40 Las Brisas 65428 Rüsselsheim

Im »Home of Tapas« gibt's auch prima Steaks, Burger und Salate in vielerlei Variationen. Im großräumigen Restaurant und im Außenbereich herrscht eine unverkrampfte südländische Atmosphäre.

Elisabethenstraße 20	Essen: 42 | 50
+49 6142 9428554	Service: 17 | 20
las-brisas.de	Weinkarte: 15 | 20
Steak • Burger • Tapas • unkonventionell	Ambiente: 7 | 10
	Gesamt: 81 | 100

Schaab-Louis 65428 Rüsselsheim

Ob im historischen Wirtshaus oder im lauschigen Biergarten unter einer uralten Kastanie: Die Gäste sitzen gemütlich, trinken Wein und stärken sich mit Flammkuchen und bodenständigen Speisen.

Ludwigstraße 23	Essen: 42 | 50
+49 6142 13248	Service: 18 | 20
schaab-louis.de	Weinkarte: 17 | 20
deutsche Küche • entspannt • Gastgarten	Ambiente: 8 | 10
	Gesamt: 85 | 100

Landgraf

64342 Seeheim-Jugenheim

Vom Landhausstil – gedrechselte Holzstühle, rot karierter Stoff und gefaltete Servietten – sollte man sich nicht täuschen lassen. Die Küche, deutsch und italienisch, genügt auch hohen Ansprüchen.

Felsbergstraße 49
+49 6257 5051795
gasthaus-landgraf.de
Gasthaus • gemütlich • Steak

Essen:	**42**	50
Service:	**17**	20
Weinkarte:	**17**	20
Ambiente:	**8**	10
Gesamt:	84	100

Landhaus Kehl

36142 Tann

Das seit vier Generationen familiengeführte Haus im Herzen der Rhön verwöhnt seine Gäste mit regionalen und saisonalen Klassikern, einer gemütlichen Atmosphäre und authentischer Herzlichkeit.

Eisenacher Straße 15
+49 6682 387
landhaus-kehl.de
Gasthaus • gemütlich • traditionell • Wild

Essen:	**41**	50
Service:	**17**	20
Weinkarte:	**16**	20
Ambiente:	**8**	10
Gesamt:	82	100

Uwe & Uli

61250 Usingen

Der Name ist Programm. Die kleine Gaststube im Fachwerkidyll am Marktplatz hat nur 14 Plätze, und es wirkt hier so, als würde Uwe Weber, der gerne mit Aromen spielt, daheim für Freunde kochen. Vom Feinsten!

Marktplatz 21
+49 6081 5763760
uwe-uli.de
Casual Dining • Steak • Terrasse • traditionell

Essen:	**43**	50
Service:	**17**	20
Weinkarte:	**17**	20
Ambiente:	**8**	10
Gesamt:	85	100

Wissegiggl

65606 Villmar

Im Sommer sitzt man im idyllischen Biergarten am Laubusbach, sonst im rustikalen und gemütlichen Gasthaus. Rumpsteak mit Bratkartoffeln, Wildgulasch, Schnitzel und Forelle sind eine sichere Bank.

Wiesenstraße 3
+49 6483 8007765
wissegiggl.de
Hausmannskost • Wild • Burger • urig

Essen:	**41**	50
Service:	**17**	20
Weinkarte:	**16**	20
Ambiente:	**7**	10
Gesamt:	81	100

Zur Schlupp

65396 Walluf

Michael Ehrhardt hat ein Faible für bodenständige Klassik, selbst gemachte Teigwaren und Schmorgerichte, zubereitet nach alter Schule. Im Service hält Ehefrau Isabelle stets den passenden Wein bereit.

Hauptstraße 25	Essen: **44** | 50
+49 6123 72638	Service: **19** | 20
gasthauszurschlupp.de	Weinkarte: **17** | 20
Fine Dining • Gasthaus • gemütlich	Ambiente: **8** | 10
	Gesamt: 88 | 100

Burg Gleiberg

35435 Wettenberg

Verschiedene Restaurants bieten für jede Situation und jeden Gaumen etwas: In den Nassauer Stuben wird gehobene Verwöhnküche, in Albertusklause und -garten eher Unkompliziert-Deftiges serviert.

Burgstraße 90	Essen: **43** | 50
+49 641 8778918	Service: **18** | 20
burggleiberg.de	Weinkarte: **16** | 20
Gasthaus • Gewölbe • entspannt	Ambiente: **7** | 10
	Gesamt: 84 | 100

Benner's

65189 Wiesbaden

Eindrucksvolles Restaurant im Kurhaus mit schöner Terrasse. Neben den Klassikern (Lachstatar, Wiener Schnitzel, halbe Ente) gefallen die kosmopolitischen Speisen. Der sonntägliche Brunch ist ein Hit.

Kurhausplatz 1	Essen: **42** | 50
+49 611 536200	Service: **17** | 20
benner-s.de	Weinkarte: **16** | 20
Bistro • Casual Dining • Terrasse	Ambiente: **8** | 10
	Gesamt: 83 | 100

Chez Mamie

65183 Wiesbaden

Très chic und in: In der Brasserie und Bar genießt man Austern, Hummer und Kaviar ebenso wie herzhafte französische Bistro-Klassiker. Ab 12 Uhr durchgehend geöffnet. Hübscher Innenhof.

Spiegelgasse 9	Essen: **43** | 50
+49 611 36024800	Service: **18** | 20
chez-mamie.de	Weinkarte: **17** | 20
französisch • Gastgarten • entspannt	Ambiente: **8** | 10
	Gesamt: 86 | 100

Comeback

65183 Wiesbaden

Keineswegs nur für die Laufkundschaft in der Fußgängerzone! Freunde der italienischen Küche steuern das Ristorante, wo man sich wohlfühlen und köstliche Pizza, Pasta und andere Spezialitäten essen kann, ganz gezielt an.

Goldgasse 13	Essen: **42** | 50
+49 611 373802	Service: **18** | 20
ristorante-comeback.de	Weinkarte: **17** | 20
italienisch • klassisch • Pizza	Ambiente: **8** | 10
	Gesamt: 85 | 100

Das Goldstein by Gollners 65207 Wiesbaden

Die Wiesbadener fahren gerne raus ins Goldsteintal – und viele Fans kommen von weit her. Dafür gibt es gute Gründe: herrliches Ambiente, tadellose Speisen, famose Weine und Gastgeber Günter Gollner.

Goldsteintal 50	Essen:	44 | 50
+49 611 541187	Service:	18 | 20
gollners.de	Weinkarte:	19 | 20
Gasthaus • österreichisch • gemütlich	Ambiente:	9 | 10
	Gesamt:	90 | 100

Di Gregorio 65189 Wiesbaden

Ciccio Di Gregorio und Sohn Daniel haben sich mit ihrer gehobenen mediterranen Küche einen Namen gemacht – und viele Freunde. Erstklassiger Fisch nach Tageseinkauf. Klein, elegant und gemütlich.

Frankfurter Straße 36	Essen:	44 | 50
+49 611 3757177	Service:	18 | 20
di-gregorio.de	Weinkarte:	18 | 20
italienisch • elegant • Fisch • Terrasse	Ambiente:	8 | 10
	Gesamt:	88 | 100

Ydo Sol Images

Ente Bistro 65183 Wiesbaden

Die kleine Ente watschelt munter umher, versorgt sich aber aus der Küche und dem Weinkeller der Mutter. »Fine dining – simply casual«, wie es zu Recht heißt, mit französischem und italienischem Einschlag.

Kaiser-Friedrich-Platz 3–4	Essen:	43 | 50
+49 611 133666	Service:	17 | 20
nassauer-hof.de	Weinkarte:	19 | 20
Hotelrestaurant • Casual Dining • entspannt	Ambiente:	8 | 10
	Gesamt:	87 | 100

Ente Restaurant

65183 Wiesbaden

Die Ente ist eine Institution in Wiesbaden, so wie das Kurhaus gegenüber, und seit 44 Jahren ununterbrochen mit einem Michelin-Stern dekoriert. Michael Kammermeier kocht auf der Höhe der Zeit. Legendäre Weinkarte.

Kaiser-Friedrich-Platz 3–4
+49 611 133666
nassauer-hof.de
Hotelrestaurant • Fine Dining • klassisch • Terrasse

Essen:	**45** | 50
Service:	**18** | 20
Weinkarte:	**19** | 20
Ambiente:	**9** | 10
Gesamt:	91 | 100

Forsthaus Rheinblick

65199 Wiesbaden

Die »Förster« verstehen sich nicht nur auf Hirsch, Reh und Wildsülze, sondern haben auch ein gutes Händchen für andere regionale Köstlichkeiten und Fisch. Gemütliches Restaurant mit Terrasse.

Frauensteiner Straße 117
+49 611 429171
forsthaus-rheinblick.net
Gasthaus • gemütlich • klassisch

Essen:	**43** | 50
Service:	**18** | 20
Weinkarte:	**17** | 20
Ambiente:	**8** | 10
Gesamt:	86 | 100

Henrichs

65183 Wiesbaden

Schickes Restaurant im neuen Adina-Hotel. Im modern gestylten Ambiente oder auf der Terrasse wird mittags und abends eine teils asiatisch angehauchte Brasserie-Küche vom Feinsten serviert.

Taunusstraße 1A
+49 611 90066999
henrichs-wiesbaden.de
Allrounder • modern • Terrasse

Essen:	**44** | 50
Service:	**18** | 20
Weinkarte:	**18** | 20
Ambiente:	**8** | 10
Gesamt:	88 | 100

I-Punkt

65183 Wiesbaden

Sehen und gesehen werden an der Wiesbadener Prachtstraße: Man sitzt schön – ob auf der überdachten Terrasse oder drinnen – und isst auch noch gut; vor allem beliebte und unkomplizierte Gerichte.

Wilhelmstraße 49
+49 611 5801998
ipunkt-wiesbaden.de
entspannt • Terrasse • Essen mit Aussicht

Essen:	**43** | 50
Service:	**18** | 20
Weinkarte:	**18** | 20
Ambiente:	**8** | 10
Gesamt:	87 | 100

Landhaus Diedert 65195 Wiesbaden

Ein besonderer Ort am Kloster und am Stadtrand im Grünen. Zum Wohlfühlfaktor des gediegenen Landhauses trägt nicht zuletzt die international inspirierte Küche von Nicolas Sieberling bei. Überwiegend regionale Zutaten.

Am Kloster Klarenthal 9	Essen: **43** | 50
+49 611 1846600	Service: **18** | 20
landhaus-diedert.de	Weinkarte: **18** | 20
Gasthaus • im Grünen • Terrasse • klassisch	Ambiente: **8** | 10
	Gesamt: 87 | 100

Martino Kitchen 65183 Wiesbaden

Bio ist den Chefs zu wenig; sie kennen alle Lieferanten und verwenden nur Produkte aus nachhaltiger Aufzucht oder Anbau. Zwei Menüs unter dem Motto »Erntezeit« und »Good karma« (vegan). Schmeckt!

Webergasse 6–8	Essen: **42** | 50
+49 611 9905530	Service: **18** | 20
martino.kitchen	Weinkarte: **17** | 20
Casual Dining • modern • nachhaltig • bio	Ambiente: **8** | 10
	Gesamt: 85 | 100

Weinhaus Sinz 65201 Wiesbaden

Die herzliche Gastlichkeit von Familie Sinz zeigt sich überall in den gemütlichen Stuben und auf der Terrasse. Feine saisonale Rheingauer Küche und Herzhaftes. Die Forelle kommt direkt aus dem Becken.

Herrnbergstraße 17	Essen: **42** | 50
+49 611 942890	Service: **18** | 20
weinhaus-sinz.de	Weinkarte: **18** | 20
Gasthaus • deutsche Küche • gemütlich • Hausmannskost	Ambiente: **8** | 10
	Gesamt: 86 | 100

Gutshof Itterbach 34508 Willingen (Upland)

Der schmucke Gutshof ist ein beliebter Ort für Festivitäten. Im zugehörigen Gourmetrestaurant kann man aber auch den kleinen Luxus im Alltag bei Steaks, Saisonalem und Vegetarischem zelebrieren.

Mühlenkopfstraße 7	Essen: **41** | 50
+49 5632 96940	Service: **18** | 20
gutshof-itterbach.de	Weinkarte: **16** | 20
Gasthaus • gemütlich • deutsche Küche	Ambiente: **8** | 10
	Gesamt: 83 | 100

Kaltwassers Wohnzimmer

64673 Zwingenberg

Der Name steht für das Flair und das Konzept des sympathischen Restaurants. Marc-André Kaltwasser kreiert aus seinem Warenkorb wöchentlich wechselnde Menüs auf zuverlässig hohem Niveau.

Obergasse 15
+49 6251 1058640
kaltwasserswohnzimmer.de
Casual Dining • gemütlich • regionale Produkte

Essen:	**44** | 50
Service:	**18** | 20
Weinkarte:	**17** | 20
Ambiente:	**8** | 10
Gesamt:	87 | 100

NORDRHEIN-WESTFALEN

Bistro Quellenhof

52062 Aachen

Entspannte Atmosphäre herrscht im Bistro des Park-Hotels Quellenhof. Das Angebot der Küche ist verlockend groß und reicht von Caesar Salad über Yellow-Fin-Tuna-Tatar bis zu klassischem Steak frites.

Monheimsallee 52
+49 241 9132954
parkhotel-quellenhof.de
Bistro • französisch • Allrounder • Terrasse

Essen:	**43** | 50
Service:	**18** | 20
Weinkarte:	**17** | 20
Ambiente:	**8** | 10
Gesamt:	86 | 100

La Becasse

52064 Aachen

Seit mehr als 40 Jahren kocht Christof Lang hier seine französisch inspirierte Küche. Chapeau! Kulinarische Klassik ist im mondänen Restaurant mittags und abends gesetzt, die Weinauswahl bestens.

Hanbrucher Straße 1
+49 241 74444
labecasse.de
Fine Dining • französisch • elegant

Essen:	**46** | 50
Service:	**18** | 20
Weinkarte:	**18** | 20
Ambiente:	**9** | 10
Gesamt:	91 | 100

Plaisir

52066 Aachen

Ein Vergnügen für den Gaumen. Hamid Heidarzadeh serviert in seinem schicken Restaurant eine vielfältige Gourmetküche: modern interpretierte Klassiker mit asiatischen und mediterranen Einflüssen.

Schlossstraße 16
+49 241 89464514
plaisiraachen.de
Fine Dining • vegetarisch • elegant

Essen:	**45** | 50
Service:	**18** | 20
Weinkarte:	**18** | 20
Ambiente:	**8** | 10
Gesamt:	89 | 100

80–84 85–89 90–94 95–100 Punkte

St. Benedikt

52076 Aachen

Ein Glück für alle, dass Familie Kreus nach der Flut das Comeback gelang: Maximilian Kreus kocht klassisch, aber finessenreich. Dazu kommt die hervorragende Weinberatung – mit ausschließlich deutschen Weinen.

Benediktusplatz 12	Essen: **45** | 50
+49 2408 2888	Service: **19** | 20
stbenedikt.de	Weinkarte: **18** | 20
Fine Dining • französisch • Terrasse • elegant	Ambiente: **8** | 10
	Gesamt: **90** | 100

Zum goldenen Einhorn

52062 Aachen

In Aachen eine Institution, bietet das historische Gasthaus einen ganzen Reigen an gutbürgerlichen Speisen, immer herzhaft zubereitet und aus Tradition in handfesten Portionen serviert.

Markt 33	Essen: **42** | 50
+49 241 32693	Service: **17** | 20
zum-goldenen-einhorn.com	Weinkarte: **16** | 20
deutsche Küche • Essen mit Aussicht • traditionell	Ambiente: **8** | 10
	Gesamt: **83** | 100

Penz Am Dom

48341 Altenberge

In historisch-gemütlichem Ambiente genießt man eine frische und regionale Küche, die sich an den Jahreszeiten orientiert. Tradition und Leidenschaft spürt man sowohl auf dem Teller als auch beim Personal.

Kirchstraße 13	Essen: **42** | 50
+49 2505 9399530	Service: **18** | 20
penz-am-dom.de	Weinkarte: **17** | 20
Familienbetrieb • deutsche Küche • gemütlich	Ambiente: **8** | 10
P	Gesamt: **85** | 100

Menge

59821 Arnsberg

Das familiengeführte Hotel ist in Sachen gutes Essen seit vielen Jahren verlässlich. Das wechselnde Feinschmeckermenü ist längst ein Klassiker, dazu bietet die Karte tolle regionale Gerichte.

Ruhrstraße 60	Essen: **43** | 50
+49 2931 52520	Service: **18** | 20
hotel-menge.de	Weinkarte: **17** | 20
Hotelrestaurant • Familienbetrieb • klassisch	Ambiente: **8** | 10
P	Gesamt: **86** | 100

Alte Schule

57319 Bad Berleburg

So kann Schule Spaß machen. Im gemütlichen Restaurant stehen Wildgerichte, Cordon bleu und der Schnitzel-Klassiker »Wittgensteiner Krüstchen« mit Spiegelei und Pommes auf der attraktiven Karte.

Goetheplatz 1	Essen: **43** | 50
+49 2751 9204780	Service: **18** | 20
hotel-alteschule.de	Weinkarte: **17** | 20
Casual Dining • Burger • Wild • unkonventionell	Ambiente: **9** | 10
P	Gesamt: **87** | 100

Haus im Turm

53604 Bad Honnef

Ein junges Team in Küche und Service sorgt für viel Schwung im renommierten Gasthaus am Fuße des Drachenfelsens. Mediterran angehaucht, bietet die Küche regionale Gerichte aus heimischen Zutaten.

Drachenfelsstraße 4–7 +49 2224 7799911 hausimturm.de **regionale Produkte • Terrasse • eigener Weinbau**	Essen: **43** I 50 Service: **17** I 20 Weinkarte: **17** I 20 Ambiente: **8** I 10 Gesamt: 85 I 100

Jagdhofstuben

57334 Bad Laasphe

Frisches Wild und Grilladen vom Holzkohlengrill – im sehenswerten, stilecht dekorierten Restaurant ist beides vom Feinsten. Dazu lässt die Getränkekarte kaum Wünsche offen. Ein stimmiges Konzept!

Glashütter Straße 20 +49 2754 3990 jagdhof-glashuette.de **Hotelrestaurant • Familienbetrieb • Wild • romantisch**	Essen: **44** I 50 Service: **18** I 20 Weinkarte: **18** I 20 Ambiente: **8** I 10 Gesamt: 88 I 100

Dröppelminna

51465 Bergisch Gladbach

Joël Schramm ist mit Leib und Seele Gastgeber und sein liebevoll dekoriertes Restaurant ein beliebter Treffpunkt für Feinschmecker. Aus der offenen Küche kommen fein abgeschmeckte herzhafte Gerichte.

Herrenstrunden 3 +49 2202 32528 restaurant-droeppelminna.de **französisch • urig • gemütlich**	Essen: **43** I 50 Service: **18** I 20 Weinkarte: **17** I 20 Ambiente: **8** I 10 Gesamt: 86 I 100

Vendôme

51429 Bergisch Gladbach

Seit 2000 hat Joachim Wissler die Leitung des Gourmetrestaurants im Althoff Grandhotel Schloss Bensberg inne. Zu den klassisch französischen, aber dennoch modernen Kreationen gesellen sich perfekt passende Weine.

Kadettenstraße +49 2204 420906 schlossbensberg.com **Fine Dining • Hotelrestaurant • französisch • elegant**	Essen: **48** I 50 Service: **19** I 20 Weinkarte: **19** I 20 Ambiente: **9** I 10 Gesamt: 95 I 100

Altes Kornhaus

37688 Beverungen

Frisch zubereitet und liebevoll angerichtet sind alle Speisen, die im Restaurant von Ann-Marie und Raphael Nübel serviert werden. Immer eine gute Wahl ist der »Heimatgenuss-Burger« mit krossen Pommes.

Klingenburgstraße 24 +49 5273 5089 alteskornhaus.de **Gasthaus • Steak • Burger • Terrasse**	Essen: **43** I 50 Service: **18** I 20 Weinkarte: **17** I 20 Ambiente: **8** I 10 Gesamt: 86 I 100

80–84 85–89 90–94 95–100 Punkte

Buschkamp

33659 Bielefeld

Die lange Tradition wird im denkmalgeschützten Ambiente sichtbar, die Küche ist dabei klassisch ausgerichtet und bringt gutbürgerliche Gerichte auf die Teller, die handwerklich ohne Fehl und Tadel sind.

Buschkampstraße 75 +49 521 492800 museumshof-senne.de **Gasthaus • im Museum • traditionell**	Essen: **43** | 50 Service: **18** | 20 Weinkarte: **17** | 20 Ambiente: **8** | 10 Gesamt: **86** | 100

EssBar

33602 Bielefeld

Dass die meisten Produkte aus der Region kommen, ist für Küchenchef Sebastian Lehmeier Ehrensache. Gekocht wird klassisch mit Blick über den Tellerrand bis in die asiatische Aromenwelt.

Am Bahnhof 3 +49 521 5282 635 bielefelder-hof.de **Hotelrestaurant • mediterran • Terrasse**	Essen: **42** | 50 Service: **17** | 20 Weinkarte: **16** | 20 Ambiente: **8** | 10 Gesamt: **83** | 100

GUI

33602 Bielefeld

Kulinarische Genussmomente im schicken Ambiente. Das sympathische Restaurant wandelt traumsicher auf internationalen Küchenpfaden, und da dürfen asiatische Anklänge natürlich nicht fehlen. Sehr gute Weinauswahl!

Gehrenberg 8 +49 521 5222119 gui-restaurant.de **Bistro • mediterran • Terrasse • modern**	Essen: **42** | 50 Service: **18** | 20 Weinkarte: **17** | 20 Ambiente: **8** | 10 Gesamt: **85** | 100

Höptners Abendmahl

33611 Bielefeld

Ein bisschen abseits gelegen, wird in dem heimeligen Ambiente rund um den Kamin exklusive Küche zelebriert. Klassisch im Ansatz, aber modern akzentuiert. Die Weinauswahl und -beratung sind erwähnenswert gut.

Johannisstraße 11A +49 521 86105 abendmahl-restaurant.de **Gasthaus • historischer Ort • unkonventionell**	Essen: **44** | 50 Service: **18** | 20 Weinkarte: **17** | 20 Ambiente: **8** | 10 Gesamt: **87** | 100

Klötzer's

33602 Bielefeld

Längst eine Bielefelder Institution, bietet die ambitionierte Küche einen guten Mix aus internationalen Klassikern und saisonal wechselnden Gerichten. Tipp: unterhaltsame Abendveranstaltungen.

Ritterstraße 33 +49 521 96775 20 kloetzer-delikatessen.de **Casual Dining • vegetarisch • gemütlich**	Essen: **42** | 50 Service: **18** | 20 Weinkarte: **16** | 20 Ambiente: **8** | 10 Gesamt: **84** | 100

Tomatissimo 🍴🍴

33619 Bielefeld

Gekocht wird mediterran mit regionalen Produkten – serviert wird auch an »Bernhards Küchentisch«. Das Dry-Aged Beef kommt aus dem eigenen Reifeschrank. Im Sommer lockt die Terrasse am Dorfbrunnen.

Am Tie 15 +49 521 163333 tomatissimo.de **eigener Kräutergarten • mediterran • modern**	Essen: **44** I 50 Service: **18** I 20 Weinkarte: **17** I 20 Ambiente: **8** I 10 Gesamt: 87 I 100

Domschenke 🍴

48727 Billerbeck

Mediterran inspiriert und gleichsam raffiniert-rustikal zubereitet präsentieren sich die durchdachten Gerichte, die Küchenchef Frank Groll seinen Gästen auftischt. Unkompliziert und einfach gut.

Markt 6 +49 2543 93200 domschenke-groll.com **Hotelrestaurant • regionale Produkte • traditionell**	Essen: **42** I 50 Service: **17** I 20 Weinkarte: **16** I 20 Ambiente: **8** I 10 Gesamt: 83 I 100

Mussumer Krug 🍴🍴

46395 Bocholt

Mit Brot und Butter startet das kulinarische Erlebnisprogramm im Mussumer Krug. Was dann folgt, sind einfallsreich arrangierte und handwerklich perfekt zubereitete Gerichte voller aromatischer Power.

Mussumer Kirchweg 143 +49 2871 13678 mussumerkrug.de **Gasthaus • regionale Produkte • Fisch • traditionell**	Essen: **43** I 50 Service: **18** I 20 Weinkarte: **18** I 20 Ambiente: **8** I 10 Gesamt: 87 I 100

Five 🍴🍴

44787 Bochum

Nicolai Menting und Tibor Werzl servieren ihren Gästen ausschließlich zwei attraktive und kreativ durchdachte Menüs mit den passenden Getränken, die alle zwei Monate wechseln. Unbedingt reservieren!

Hellweg 28–30 +49 170 7490875 five-bochum.de **Casual Dining • unkonventionell • entspannt**	Essen: **43** I 50 Service: **18** I 20 Weinkarte: **17** I 20 Ambiente: **8** I 10 Gesamt: 86 I 100

Franz Ferdinand 🍴🍴

44791 Bochum

Auch wenn das Ambiente wenig alpenländisch aussieht, ist hier österreichische Kulinarik zu Hause – mit vielen Klassikern aus der Wiener Küche, ergänzt durch international inspirierte Gerichte.

Klinikstraße 51 +49 234 93539212 franzferdinand-bochum.de **Gasthaus • österreichisch • traditionell**	Essen: **43** I 50 Service: **18** I 20 Weinkarte: **17** I 20 Ambiente: **8** I 10 Gesamt: 86 I 100

Halbedel's Gasthaus

53173 Bonn

Großartig, was Rainer-Maria Halbedel an konzentriertem Geschmack in seine Gerichte legt. Die sind – klassisch französisch – aus besten Produkten zubereitet und immer ein kulinarisches Gesamtkunstwerk.

Rheinallee 47
+49 228 354253
halbedels-gasthaus.de
Fine Dining • französisch • traditionell

Essen:	**46**	50
Service:	**19**	20
Weinkarte:	**18**	20
Ambiente:	**9**	10
Gesamt:	92	100

K.u.K. Weinhäuschen am Rhein

53179 Bonn

Österreich am Rhein? Zumindest kulinarisch betrachtet stimmt die Richtung, die die Küche der gemütlichen Location eingeschlagen hat: Tafelspitz, Wiener Schnitzel, Backhendl und Kaiserschmarren.

Fährstraße 26
+49 228 362756
kuk-weinhaus.de
Gasthaus • österreichisch • Terrasse • traditionell

Essen:	**41**	50
Service:	**18**	20
Weinkarte:	**17**	20
Ambiente:	**8**	10
Gesamt:	84	100

Kinkel-Stuben

53227 Bonn

Das seit über 40 Jahren inhabergeführte Weinlokal lockt nicht nur mit seinen hausgemachten Speisen, sondern vor allem mit Weinen aus allen Ecken Deutschlands und der Welt. Empfehlung: die Quiche.

Kinkelstraße 1
+49 228 441558
kinkelstuben.de
Vinothek • französisch • traditionell • urig

Essen:	**41**	50
Service:	**18**	20
Weinkarte:	**19**	20
Ambiente:	**8**	10
Gesamt:	86	100

Konrad's

53113 Bonn

Ganz oben wird leger französisch gekocht, im 17. Stockwerk des Marriott Hotels liegt das schicke Restaurant mit grandioser Aussicht. Der junge Service berät kompetent, die Weinauswahl ist passend.

Platz der Vereinten Nationen 4
+49 228 28050684
konrads-bonn.de
Hotelrestaurant • Bar • Essen mit Aussicht • modern

Essen:	**44**	50
Service:	**18**	20
Weinkarte:	**17**	20
Ambiente:	**9**	10
Gesamt:	88	100

Kris&Chris 53121 Bonn

»Heimat für Weltenbummler« lautet das Konzept des ansprechenden Restaurants, das ständig wechselnde und spannende Gerichte aus aller Welt anbietet. Kosmopolitische Kulinarik auf hohem Niveau!

Magdalenenstraße 19	Essen:	42 | 50
+49 228 96291256	Service:	18 | 20
kris-chris.de	Weinkarte:	17 | 20
Casual Dining • modern • entspannt • regionale Produkte	Ambiente:	8 | 10
	Gesamt:	85 | 100

Oliveto 53111 Bonn

Traditionelle italienische Gericht neu interpretiert – im Königshof kann man sich davon geschmacklich überzeugen. Pizza sucht man hier vergebens, findet aber klassische Pasta-Gerichte und »Principale«.

Adenauerallee 9	Essen:	43 | 50
+49 228 26010	Service:	17 | 20
ameronhotels.com	Weinkarte:	17 | 20
Hotelrestaurant • italienisch • Essen mit Aussicht	Ambiente:	8 | 10
	Gesamt:	85 | 100

Redüttchen 53177 Bonn

Zu Hauptstadtzeiten war die Redoute der Ort für Staatsempfänge und Bankette. Heute genießt man im ehemaligen Gärtnerhäuschen die ambitionierte Küche von Matthias Pietsch und einen herzlichen Service.

Kurfürstenallee 1	Essen:	44 | 50
+49 228 68898840	Service:	18 | 20
reduettchen.de	Weinkarte:	18 | 20
Fine Dining • gemütlich • entspannt	Ambiente:	8 | 10
P	Gesamt:	88 | 100

Strandhaus 53111 Bonn

Maritimes Flair mitten in Bonn. Küchenchefin Astrid Kuth kocht klassisch mit saisonalem Bezug und modernen Akzenten. Die lauschige Terrasse ergänzt die gemütlich-charmante Atmosphäre im Innenraum.

Georgstraße 28	Essen:	43 | 50
+49 228 3694949	Service:	18 | 20
strandhaus-bonn.de	Weinkarte:	16 | 20
Terrasse • entspannt • klassisch	Ambiente:	8 | 10
P	Gesamt:	85 | 100

Yunico im Kameha Grand 53227 Bonn

»Yu« + »unico« = einzigartig – und das sind auch die Kreationen von Küchenchef Christian Sturm-Willms. Eine japanische Reise, die mit mediterranen Einflüssen gespickt ist. Plus: herrlicher Rhein-Blick.

Am Bonner Bogen 1	Essen:	45 | 50
+49 228 43345000	Service:	18 | 20
kamehabonn.de	Weinkarte:	18 | 20
Hotelrestaurant • Fine Dining • japanisch • Terrasse	Ambiente:	9 | 10
	Gesamt:	90 | 100

Bahnhof Nord

46240 Bottrop

Wo früher Gepäck aufbewahrt wurde, wird heute ambitioniert gekocht. Im alten Bahnhof setzt die Küche auf Klassik und Regionalität, Favorit ist das Wiener Schnitzel mit hausgemachten Bratkartoffeln.

Am Vorthbach 10
+49 2041 988944
bahnhofnord.de
Gasthaus • regionale Produkte • traditionell

Essen:	43 | 50
Service:	18 | 20
Weinkarte:	17 | 20
Ambiente:	8 | 10
Gesamt:	86 | 100

Almer Schlossmühle

59929 Brilon

Martin Steiner hat kulinarisch einiges zu bieten. Seine Speisekarte ist umfangreich und wandelt mit Wiener Backhendl und heimischem Rehragout gekonnt zwischen Österreich und dem Sauerland.

Schlossstraße 13
+49 2964 9451430
almer-schlossmuehle.de
Gasthaus • österreichisch • gemütlich

Essen:	43 | 50
Service:	18 | 20
Weinkarte:	17 | 20
Ambiente:	8 | 10
Gesamt:	86 | 100

Zum Adler

32257 Bünde

Das Gasthaus aus dem 19. Jahrhundert hat den Sprung in die Moderne geschafft. Serviert wird neben Fleisch vom frei laufenden Wagyu-Rind eine überzeugende Auswahl an veganen Gerichten. Auch das Ambiente stimmt.

Moltkestraße 1
+49 5223 4926453
adler-restaurant.de
Steak • Frühstück • vegan • Terrasse

Essen:	42 | 50
Service:	18 | 20
Weinkarte:	16 | 20
Ambiente:	8 | 10
Gesamt:	84 | 100

Das Essperiment

33129 Delbrück

Björn Bitzer war in seinem Berufsleben viel unterwegs, entsprechend vielfältig und kosmopolitisch ist sein Küchenstil. Die Gäste können sich auf zeitgemäße und vor allem aromenstarke Gerichte freuen.

Schöninger Straße 74
+49 5250 9956377
restaurant-essperiment.de
Gasthaus • regionale Produkte • modern

Essen:	42 | 50
Service:	17 | 20
Weinkarte:	17 | 20
Ambiente:	8 | 10
Gesamt:	84 | 100

Kantiners 33129 Delbrück

Das geschmackvoll dekorierte Restaurant ist die Wirkungsstätte von Raphael Strunz, dessen regional orientierte und traditionell ausgerichtete Küche weit über Delbrück hinaus geschätzt wird.

Graf-Sporck-Straße 34	Essen: **42** | 50
+49 5250 98880	Service: **18** | 20
waldkrug.de	Weinkarte: **16** | 20
Hotelrestaurant • Familienbetrieb • deutsche Küche	Ambiente: **8** | 10
	Gesamt: 84 | 100

Dagernova Culinarium 53507 Dernau

Natürlich spielen die Weine der Genossenschaft im eigenen Restaurant die erste Geige und werden zur ambitionierten Küche angeboten. Die punktet mit Klassikern aus dem gutbürgerlichen Repertoire.

Ahrweg 7	Essen: **41** | 50
+49 2643 8321	Service: **18** | 20
dagernova.de	Weinkarte: **18** | 20
deutsche Küche • regionale Produkte • elegant	Ambiente: **8** | 10
	Gesamt: 85 | 100

Jan's Restaurant 32756 Detmold

Es geht hoch her im Hotelrestaurant, das mit seinem Ambiente und der launigen Atmosphäre eher an eine Brasserie erinnert. Die Küche ist auf Gourmetkurs, gekonnt zubereitet zwischen Klassik und Moderne.

Lange Straße 19	Essen: **45** | 50
+49 5231 980990	Service: **17** | 20
jandiekjobst.de	Weinkarte: **17** | 20
Casual Dining • regionale Produkte • unkonventionell	Ambiente: **8** | 10
	Gesamt: 87 | 100

Goldener Anker 46282 Dorsten

Man kennt ihn aus TV-Kochshows; in seinem schicken Restaurant geht es deutlich ruhiger zu: Hier verwöhnt Björn Freitag mit seiner facettenreichen Gourmetküche – oder unterhält die Gäste in der Kochschule.

Lippetor 4	Essen: **45** | 50
+49 2362 22553	Service: **18** | 20
bjoern-freitag.de	Weinkarte: **19** | 20
Fine Dining • modern • elegant	Ambiente: **8** | 10
	Gesamt: 90 | 100

Rosin

46286 Dorsten

TV-Koch Frank Rosin verlässt sich hier vollkommen auf Küchenchef Oliver Engelke und Sommelière Susanne Spies. Klassisch und kreativ serviert der Koch drei bis fünf Gänge – auf Wunsch auch mehr.

Hervester Straße 18
+49 2369 4322
frankrosin.de
Fine Dining • Vinothek • elegant

Essen:	**46**	50
Service:	**19**	20
Weinkarte:	**19**	20
Ambiente:	**9**	10
Gesamt:	93	100

Chuzo

44137 Dortmund

In der modern gestylten Location dreht sich alles um Tapas und Spieße. Letztere – die saftigen Chuzos – werden auf dem Lavasteingrill frisch zubereitet, die Auswahl an Tapas ist bemerkenswert vielfältig.

Kleine Beurhausstraße 26
+49 211 95427555
dortmund.chuzo.de
spanisch • Cocktails • modern • entspannt

Essen:	**42**	50
Service:	**17**	20
Weinkarte:	**16**	20
Ambiente:	**8**	10
Gesamt:	83	100

Grammons

44309 Dortmund

Französisch inspiriert und mit Esprit wandelt Dirk Grammons Gourmetküche sicher zwischen Klassik und Moderne. Ein Genuss für alle Sinne, der mit dem passenden Wein noch einmal an Qualität gewinnt.

Wieckesweg 29
+49 231 93144465
grammons.de
Fine Dining • französisch • klassisch • elegant

Essen:	**46**	50
Service:	**18**	20
Weinkarte:	**18**	20
Ambiente:	**9**	10
Gesamt:	91	100

La Cuisine Mario Kalweit

44141 Dortmund

Ein bisschen Feinkost, Kochkurse – und natürlich das Restaurant. Mario Kalweit ist vielseitig engagiert, bringt alles unter einen Hut und punktet mit modernen Gourmetkreationen mit Bodenhaftung.

Lübkestraße 21
+49 231 5316198
mariokalweit.de
Fine Dining • Delikatessenverkauf • Terrasse

Essen:	**44**	50
Service:	**18**	20
Weinkarte:	**17**	20
Ambiente:	**8**	10
Gesamt:	87	100

Lennhof

44227 Dortmund

Attila Karpati und sein Team haben es drauf. Mit vielen guten Ideen und handwerklicher Präzision bereiten sie aus regionalen und saisonalen Produkten wunderbar herzhafte und feine Speisen.

Menglinghauser Straße 20
+49 231 758190
der-lennhof.de
Hotelrestaurant • regionale Produkte • Gastgarten

Essen:	**42**	50
Service:	**17**	20
Weinkarte:	**16**	20
Ambiente:	**8**	10
Gesamt:	83	100

The Stage
44225 Dortmund

Kulinarisches Kino in der siebten Etage des Dula-Centers. Das Team um Michael Dyllong bietet ein extravagantes Menü, gerne auch mal vegetarisch. Sommelier Ciro De Luca sorgt für die passende Weinbegleitung.

Karlsbader Straße 1A	Essen: **45** I 50
+49 231 7100111	Service: **18** I 20
thestage-dortmund.com	Weinkarte: **18** I 20
Fine Dining • Essen mit Aussicht • modern	Ambiente: **8** I 10
	Gesamt: 89 I 100

Vida
44229 Dortmund

Stylishes Ambiente, eine kreative internationale Küche – und das zu fairen Preisen. Das Menü »Vida« überzeugt auch in der vegetarischen Variante; gemütlich sitzt und snackt man auch an der Bar.

Hagener Straße 231	Essen: **44** I 50
+49 231 95009940	Service: **18** I 20
vida-dortmund.com	Weinkarte: **17** I 20
Fine Dining • Bar • modern • elegant	Ambiente: **8** I 10
P	Gesamt: 87 I 100

Küppersmühle
47051 Duisburg

Der Klassiker in dem am Rhein gelegenen Restaurant ist die täglich frisch gekochte Bouillabaisse. Mittags und abends geöffnet, bietet die Karte daneben noch eine ganze Reihe attraktiver Gerichte.

Philosophenweg 49–51	Essen: **43** I 50
+49 203 5188880	Service: **18** I 20
kueppersmuehle-restaurant.de	Weinkarte: **17** I 20
Casual Dining • Terrasse • Essen mit Aussicht	Ambiente: **8** I 10
P	Gesamt: 86 I 100

Mimi e Rosa
47051 Duisburg

Das kleine Restaurant ist ein Dorado für Liebhaber von Krustentieren und guten Fischgerichten. Irische Felsenaustern kommen hier ebenso auf die Teller wie marinierte Sardellen oder in Limette gegarter Kabeljau.

Dellstraße 36	Essen: **42** I 50
+49 203 22921	Service: **18** I 20
	Weinkarte: **16** I 20
Casual Dining • italienisch • traditionell	Ambiente: **8** I 10
	Gesamt: 84 I 100

Mod by Sven Nöthel
47199 Duisburg

Authentische Küche aus regionalen Produkten. Sven Nöthel fühlt und kocht heimatverbunden, schaut aber auch über den Tellerrand. Zwei Menüs bietet er an, dazu »betreutes Trinken« als Getränkebegleitung.

Grafschafter Straße 197a	Essen: **45** I 50
+49 176 23557864	Service: **18** I 20
mod-dining.com	Weinkarte: **17** I 20
Fine Dining • Allrounder • vegetarisch • entspannt	Ambiente: **8** I 10
P	Gesamt: 88 I 100

Villa Patrizia
47058 Duisburg

Dank der italienischen Gastgeber Patrizia und Nico Bodean fühlt es sich hier wie im Süden an. Spitzenprodukte und Tophandwerk schicken die Gäste auch geschmacklich auf Reisen.

Mülheimer Straße 213
+49 203 330480
villa-patrizia.de
italienisch • Terrasse • elegant

Essen:	**43**	50
Service:	**18**	20
Weinkarte:	**18**	20
Ambiente:	**8**	10
Gesamt:	87	100

1876 Daniel Dal-Ben
40239 Düsseldorf

Fisch und Meeresfrüchte sind essenzieller Bestandteil der von Leichtigkeit und Charakter geprägten Gerichte. Daniel Dal-Bens ungebremste Kreativität zeigt sich in seinem Acht-Gänge-Menü. Angenehmer Service.

Grunerstraße 42a
+49 211 1717361
1876.restaurant
Fine Dining • gemütlich • modern

Essen:	**45**	50
Service:	**18**	20
Weinkarte:	**18**	20
Ambiente:	**8**	10
Gesamt:	89	100

Agata's
40217 Düsseldorf

Geschickt verbindet Marcel Förster Finesse und Eleganz mit Kraft und Tiefe. Die farbenfrohen Cross-over-Gerichte sind echte Eyecatcher, ebenso das kosmopolitische Interieur des Gourmetrestaurants.

Kirchfeldstraße 59
+49 211 20030616
agatas.de
Fine Dining • elegant • modern

Essen:	**45**	50
Service:	**18**	20
Weinkarte:	**18**	20
Ambiente:	**9**	10
Gesamt:	90	100

Bar Olio
40211 Düsseldorf

In dieser ebenso beliebten wie belebten Gastro-Institution kann man weder reservieren noch mit EC-Karte zahlen. Weinkarte, Flair und die Frische der Speisen ziehen ein bunt gemischtes Publikum an.

Schirmerstraße 54
+49 211 3677294
bar-olio.de
Bistro • italienisch • Meeresfrüchte • entspannt

Essen:	**42**	50
Service:	**18**	20
Weinkarte:	**18**	20
Ambiente:	**8**	10
Gesamt:	86	100

Bistro Fatal
40233 Düsseldorf

Das lässig geführte Bistro ist bekannt für tadellos zubereitete Klassiker von Rilettes bis Pot au Feu sowie ausgewählte, teils naturbelassene Weine. Ein weiteres Plus: die Terrasse vor dem Haus.

Hermannsstraße 29
+49 211 36183023
bistro-fatal.com
Bistro • französisch • Meeresfrüchte • Terrasse

Essen:	**44**	50
Service:	**18**	20
Weinkarte:	**17**	20
Ambiente:	**8**	10
Gesamt:	87	100

Bouchon
40477 Düsseldorf

Französisch kochen möchten viele, hier steht mit Patrick Zielonka tatsächlich ein Franzose hinter dem Herd. Das Repertoire: von klassisch bis modern. Ehefrau Svetlana Dunets kümmert sich um den Wein.

Blücherstraße 70	Essen: **44** | 50
+49 211 97713417	Service: **18** | 20
lebouchon-duesseldorf.de	Weinkarte: **18** | 20
Casual Dining • französisch • Meeresfrüchte • entspannt	Ambiente: **9** | 10
	Gesamt: 89 | 100

Brasserie Stadthaus
40213 Düsseldorf

Für viele Düsseldorfer DIE Adresse, wenn es um gehobene französische Küche geht. Das Ambiente ist einzigartig und elegant – ob im Innenhof oder unter der Kassettendecke des 400 Jahre alten Stadthauses.

Mühlenstraße 31	Essen: **43** | 50
+49 211 16092815	Service: **18** | 20
brasserie-stadthaus.de	Weinkarte: **18** | 20
französisch • Gastgarten • klassisch	Ambiente: **8** | 10
	Gesamt: 87 | 100

Dox
40221 Düsseldorf

An Extravaganz wird hier nicht gespart. Vor der eindrucksvollen Kulisse der Düsseldorfer Skyline schmecken Austern, Hummer Thermidor oder Steak au poivre besonders gut.

Speditionstraße 19	Essen: **43** | 50
+49 211 91341775	Service: **18** | 20
dox-restaurant.de	Weinkarte: **17** | 20
Hotelrestaurant • Allrounder • Essen mit Aussicht	Ambiente: **9** | 10
P	Gesamt: 87 | 100

Em Brass
40479 Düsseldorf

»Em Brass« (rheinländisch für »im Stress«) ist hier allenfalls zu Stoßzeiten der Koch, denn das stets gut besuchte Bistro sorgt mit seiner frischen Wohlfühlküche plus Wein für echte Blitzerholung.

Moltkestraße 122	Essen: **43** | 50
+49 162 2420515	Service: **18** | 20
	Weinkarte: **17** | 20
Allrounder • Casual Dining • Terrasse	Ambiente: **8** | 10
	Gesamt: 86 | 100

EssBar
40479 Düsseldorf

Fusionsküche at its best. Daniel Baur gelingt das Kunststück, die verschiedensten Küchenstile und -traditionen so zu vermählen, dass es nicht beliebig wirkt und vor allem harmonisch schmeckt.

Kaiserstraße 27	Essen: **43** | 50
+49 211 91193905	Service: **18** | 20
hm-essbar.de	Weinkarte: **18** | 20
Casual Dining • französisch • deutsche Küche • asiatisch	Ambiente: **8** | 10
	Gesamt: 87 | 100

Fritz's Frau Franzi

40215 Düsseldorf

Modernes Fine Dining in mondänem Ambiente. Tobias Rocholl, seit Frühjahr 2022 neuer Küchenchef, setzt auf eine leichte zeitgemäße Hochküche mit viel Fisch und raffinierten vegetarischen Kreationen.

Adersstraße 8
+49 211 370750
fritzs-frau-franzi.de
Hotelrestaurant • Fine Dining • modern

Essen:	**44** | 50
Service:	**18** | 20
Weinkarte:	**18** | 20
Ambiente:	**9** | 10
Gesamt:	89 | 100

Hashi, Petite chinoiserie

40235 Düsseldorf

Mit großer Herzlichkeit und hoher Weinaffinität betreiben Mingyue Gao »Lulu« und ihr Mann Zhenkun Wang ihr Restaurant in Flingern. Der Stil: chinesische Frischeküche, kreativ interpretiert.

Ackerstraße 182
+49 211 68789908
hashi-mahlzeit.de
Casual Dining • chinesisch • französisch • entspannt

Essen:	**43** | 50
Service:	**18** | 20
Weinkarte:	**16** | 20
Ambiente:	**8** | 10
Gesamt:	85 | 100

Hitchcoq

40477 Düsseldorf

Szenelokal mit Diner-Flair und Hähnchengerichten in allen Schärfegraden und Schattierungen. Zu supersaftigen Wings und Drumsticks oder Chicken&Waffles werden selbst gebraute Hausbiere serviert.

Nordstraße 30
+49 211 23395288
hitchcoq.de
Casual Dining • Brauerei • unkonventionell

Essen:	**42** | 50
Service:	**17** | 20
Weinkarte:	**17** | 20
Ambiente:	**7** | 10
Gesamt:	83 | 100

Hülsmann

40545 Düsseldorf

Verlässliche Anlaufstelle für Liebhaber unkomplizierter, aber seit über 30 Jahren tadellos zubereiteter Brasserie-Küche. Die lebendige Atmosphäre und der aufmerksame Service haben Seltenheitswert.

Belsenplatz 1
+49 211 86399330
brasserie-huelsmann.de
Bistro • französisch • traditionell

Essen:	**42** | 50
Service:	**17** | 20
Weinkarte:	**16** | 20
Ambiente:	**8** | 10
Gesamt:	83 | 100

Im Schiffchen

40489 Düsseldorf

Die virtuosen Kreationen aus der Feder von Jean-Claude Bourgueil sind zeitlos, äußerst ästhetisch und prägnant. Auch nach Jahrzehnten gehen dem Maître des angesehenen Gourmettempels die Ideen nicht aus.

Kaiserswerther Markt 9
+49 211 401050
im-schiffchen.de
Fine Dining • französisch • klassisch

Essen:	**45** | 50
Service:	**18** | 20
Weinkarte:	**18** | 20
Ambiente:	**9** | 10
Gesamt:	90 | 100

Kö59 by Björn Freitag 40215 Düsseldorf

Egal, ob nur ein Glas an der Wein- und Champagnerbar oder ein genussvolles Mahl: In Björn Freitags schickem Restaurant ist alles möglich. Das dreigängige Signature-Tasting-Menü gibt es auch in Vegan.

Königsallee 59	Essen: **44** | 50
+49 211 8285 1220	Service: **17** | 20
koe59.com	Weinkarte: **17** | 20
Hotelrestaurant • Bar • Casual Dining • elegant	Ambiente: **8** | 10
	Gesamt: **86** | 100

L'arte in Cucina 40625 Düsseldorf

Mit viel Passion wird hier toskanische Küche auf ein neues Level gehievt. Zu Klassikern wie Pappa al pomodoro gesellt sich Feines wie Tagliatelle mit Perlhuhn, Kaninchen mit Oliven oder Stracchino-Mousse.

Gerricusplatz 6	Essen: **42** | 50
+49 211 52039590	Service: **17** | 20
arteincucina.de	Weinkarte: **17** | 20
Casual Dining • italienisch • modern • entspannt	Ambiente: **8** | 10
	Gesamt: **84** | 100

Le Flair 40477 Düsseldorf

Mit verblüffender Natürlichkeit gelingt es dem Team um Dany Cerf, erstklassige Produkte in ein kulinarisches Feuerwerk für Augen und Gaumen zu verwandeln. Faszinierend, wie raffiniert Purismus schmecken kann.

Marc-Chagall-Straße 108	Essen: **46** | 50
+49 211 51455688	Service: **18** | 20
restaurant-leflair.de	Weinkarte: **18** | 20
Fine Dining • französisch • modern • elegant	Ambiente: **9** | 10
	Gesamt: **91** | 100

Lido Hafen 40221 Düsseldorf

Casual Fine Dining mit 360-Grad-Blick über den Medienhafen in ausgesprochen niveauvollem Ambiente. Zur ambitionierten Gastronomie der Lido-Gruppe gehören auch das Bistro sowie der Malkasten in der Stadt.

Am Handelshafen 15	Essen: **43** | 50
+49 211 15768730	Service: **17** | 20
lido1960.de	Weinkarte: **17** | 20
Casual Dining • mediterran • Essen mit Aussicht	Ambiente: **8** | 10
	Gesamt: **85** | 100

Münstermanns Kontor 40213 Düsseldorf

Auf der riesigen Speisekarte nicht fündig zu werden, ist schier unmöglich. Von Spanferkelhaxe bis Lachs-Sashimi mit Knuspergarnele ist alles dabei. Da nimmt man die geschäftige Atmosphäre gern in Kauf.

Hohe Straße 11	Essen: **43** | 50
+49 211 1300416	Service: **18** | 20
muenstermann-kontor.de	Weinkarte: **17** | 20
Casual Dining • Allrounder • Steak	Ambiente: **8** | 10
	Gesamt: **86** | 100

Nagaya

40211 Düsseldorf

Seit 2003 lässt Yoshizumi Nagaya Aromen und Techniken der asiatischen Kochkunst mit westlichen Elementen verschmelzen. Seine Kreationen sind mal filigran, mal kraftvoll-zupackend. Dazu unbedingt Sake.

Klosterstraße 42	Essen: 46 | 50
+49 211 8639636	Service: 18 | 20
nagaya.de	Weinkarte: 18 | 20
Fine Dining • japanisch • modern	Ambiente: 9 | 10
	Gesamt: 91 | 100

Nagomi

40210 Düsseldorf

Zuverlässige Adresse für authentische japanische Küche mit sehr guter Fischqualität. Es lohnt sich, auch mal rechts und links von Sushi und Sashimi zu ordern. Die Thekenplätze machen doppelt Spaß.

Bismarckstraße 53	Essen: 43 | 50
+49 211 41658988	Service: 18 | 20
nagomi.de	Weinkarte: 17 | 20
Casual Dining • japanisch • traditionell	Ambiente: 8 | 10
	Gesamt: 86 | 100

noa Foodbar

40223 Düsseldorf

In Murat Avcioglus Foodbar wird quer durch alle Länderküchen und überaus frisch und kreativ gekocht – von vegetarischer Ceviche über krossen Asia-Schweinebauch bis zu Ricotta-Tortellini mit Blaubeeren.

Martinstraße 11	Essen: 42 | 50
+49 211 15201446	Service: 18 | 20
noafoodbar.de	Weinkarte: 18 | 20
eigener Gemüsegarten • Delikatessenverkauf • entspannt	Ambiente: 8 | 10
	Gesamt: 86 | 100

Nørds

40233 Düsseldorf

Betont puristisch gehaltenes Restaurant im Stadtteil Flingern mit skandinavisch inspirierter Küche von Chef Sebastian Wego. Die Karte ist sehr fokussiert: zwei Vorspeisen, drei Hauptgänge, Käseplatte.

Lindenstraße 73	Essen: 43 | 50
+49 211 26103031	Service: 18 | 20
nords.eatbu.com	Weinkarte: 17 | 20
Casual Dining • modern • entspannt	Ambiente: 8 | 10
	Gesamt: 86 | 100

Parlin

40213 Düsseldorf

Unkomplizierte Bistro-Küche unter einer der schönsten Stuckdecken Düsseldorfs. Exzellente Weinkarte mit Fokus auf Frankreich, Deutschland und Italien. Der Käse stammt von Maître Affineur Volker Waltmann.

Altestadt 12–14	Essen: 44 | 50
+49 211 87744595	Service: 18 | 20
parlin-weinbar.de	Weinkarte: 18 | 20
französisch • klassisch • elegant	Ambiente: 8 | 10
	Gesamt: 88 | 100

Phoenix 🍴🍴🍴 — 40211 Düsseldorf

Nicht ohne Grund gehört Philipp Wolter zu den kreativsten Köchen der Landeshauptstadt. Seine fantasievolle Küche strotzt nur so vor Aromen. Im Menü »Flora« zeigt sich die geballte Gemüsekompetenz.

Dreischeibenhaus
+49 211 30206030
phoenix-restaurant.de
Fine Dining • französisch • nachhaltig • elegant

Essen:	**46** I 50
Service:	**18** I 20
Weinkarte:	**18** I 20
Ambiente:	**9** I 10
Gesamt:	91 I 100

Pink Pepper 🍴🍴 — 40212 Düsseldorf

Benjamin und Ramona Kriegel sind Meister des genussvollen Storytellings, für die das Duo regionale Zutaten, handselektierte Weine und erstklassigen Service zu einem gustatorischen Feuerwerk verwebt.

Königsallee 1A
+49 211 1381611
pink-pepper.com
Hotelrestaurant • Fine Dining • elegant

Essen:	**44** I 50
Service:	**18** I 20
Weinkarte:	**18** I 20
Ambiente:	**9** I 10
Gesamt:	89 I 100

Pitti 🍴🍴 — 40213 Düsseldorf

Die Kulinarik im Luxus-Boutiquehotel hat viel zu bieten: Palazzo-Flair und »cucina italiana« im Pitti, Afternoon Tea und Cocktails in der Wohnzimmer-Bar und kosmopolitische Bistronomie im Mbassy by Franks.

Mühlenstraße 34
+49 211 547650622
pitti-restaurant.de
Terrasse • italienisch • Cocktails

Essen:	**42** I 50
Service:	**18** I 20
Weinkarte:	**17** I 20
Ambiente:	**8** I 10
Gesamt:	85 I 100

Prinzinger by Saittavini 🍴🍴 — 40545 Düsseldorf

Tatar vom Gambero Rosso, Pasta mit Hummer, Chateaubriand vom Fassone-Rind – die Karte des Edelitalieners lässt keine Wünsche offen, ebenso wie das von Stuck und hohen Decken geprägte mondäne Flair.

Leostraße 1a
+49 211 50670801
prinzinger-saittavini.de
Casual Dining • italienisch • Fisch • entspannt

Essen:	**43** I 50
Service:	**18** I 20
Weinkarte:	**17** I 20
Ambiente:	**8** I 10
Gesamt:	86 I 100

Qomo

40221 Düsseldorf

Düsseldorfs neuer Asia-Fusion-Hotspot im Drehrestaurant der Rheinturmspitze lässt Höhenluft schnuppern. Zu Wagyu-Gyoza, Tatar und Sushi gibt es einen 360-Grad-Blick über die Dächer der Stadt.

Stromstraße 20	Essen:	42 I 50
+49 211 86320000	Service:	17 I 20
qomo-restaurant.com	Weinkarte:	17 I 20
asiatisch • modern • Essen mit Aussicht	Ambiente:	9 I 10
	Gesamt:	85 I 100

Rob's Kitchen

40219 Düsseldorf

Rob op den Kamps bunt gemischte Karte vereint Feines und Deftiges, Bistro-Klassiker und mediterrane Lieblingsgerichte, Austern und Holländische Muscheln mit Mayo und Pommes. Klingt wild, funktioniert aber.

Lorettostraße 23	Essen:	42 I 50
+49 211 54357428	Service:	17 I 20
robs-kitchen.de	Weinkarte:	17 I 20
eigener Gemüsegarten • regionale Produkte • modern	Ambiente:	8 I 10
	Gesamt:	84 I 100

Rocaille

40476 Düsseldorf

Bilderbuchweinbar mit angeschlossener Patisserie und beeindruckender Karte. Die Fahrt geht quer durch sämtliche Anbaugebiete und Stilistiken, dazu eine lässige marktfrische Bistrot-Küche. Passt!

Weißenburgstraße 19	Essen:	42 I 50
+49 211 97711737	Service:	18 I 20
rocaille.de	Weinkarte:	19 I 20
Bistro • Frühstück • französisch • regionale Produkte	Ambiente:	8 I 10
	Gesamt:	87 I 100

Roku

40477 Düsseldorf

Authentische japanische Küche steht im dritten Lokal von Gastro-Ikone Yoshizumi Nagaya im Vordergrund. Zu Tempura, Yakitori-Spießen und Sashimi trinkt man deutsche Spitzenweine oder Champagner. Ein tolles Match!

Schwerinstraße 34	Essen:	45 I 50
+49 211 15812444	Service:	18 I 20
restaurant-roku.de	Weinkarte:	18 I 20
japanisch • Sushi • modern	Ambiente:	9 I 10
	Gesamt:	90 I 100

Rubens 40479 Düsseldorf

Genussvolle Schmankerlküche im gemütlichen Ambiente. Auf der Karte haben neben Backhendl und Kaiserschmarren auch eigenständige Interpretationen der gehobenen österreichischen Küche Platz.

Kaiserstraße 5
+49 211 15859800
rubens-restaurant.de
österreichisch • Wiener Küche • modern

Essen:	45	50
Service:	18	20
Weinkarte:	18	20
Ambiente:	9	10
Gesamt:	90	100

Saittavini 40545 Düsseldorf

Michelangelo Saitta sorgt seit über 20 Jahren für besondere Genussmomente. Highlights: Tatar vom Fassona-Rind, Seezunge im Ganzen, Tagliatelle mit Hummer, Tagliarini mit Trüffel. Tolle Weine!

Luegallee 79
+49 211 57797918
saittavini.de
Vinothek • italienisch • elegant

Essen:	43	50
Service:	18	20
Weinkarte:	18	20
Ambiente:	8	10
Gesamt:	87	100

Sansibar by Breuninger 40212 Düsseldorf

Fruchtbare Fusion von Appetit und Shoppinglust. In Spitzenlage – mitten auf der Kö – genießt man maritime Atmosphäre und Speisen der Sylter Kultmarke wie fangfrischen Fisch, Austern und Currywurst.

Königsallee 2
+49 211 56641 4650
sansibarbybreuninger.de
Casual Dining • nordische Küche • Steak

Essen:	43	50
Service:	18	20
Weinkarte:	18	20
Ambiente:	7	10
Gesamt:	86	100

Setzkasten

40212 Düsseldorf

Ein Gourmetrestaurant im Untergeschoss eines Supermarkts – ein Erlebnis der besonderen Art. Aus der teils einsehbaren Küche kommen sehr stimmig konzipierte Menüs mit klarem rotem Faden. Macht Spaß!

Berliner Allee 52
+49 211 2005716
setzkasten-duesseldorf.de
Fine Dining • unkonventionell • modern

Essen:	45 | 50
Service:	18 | 20
Weinkarte:	18 | 20
Ambiente:	9 | 10
Gesamt:	90 | 100

Staudi's

40476 Düsseldorf

»From farm to table«, »from nose to tail« und dazu eine Karte, die ständig in Bewegung ist: Sebastian Staudinger kocht nach eigener Maxime grandios interpretierte deutsche Küche im charmanten Jugendstilbistro.

Münsterstraße 115
+49 211 15875065
staudisrestaurant.de
deutsche Küche • regionale Produkte • Terrasse

Essen:	43 | 50
Service:	18 | 20
Weinkarte:	17 | 20
Ambiente:	8 | 10
Gesamt:	86 | 100

The Duchy

40213 Düsseldorf

Philipp Ferber spielt geschickt mit regionalen Wurzeln und europäischen Flügelschlägen. Eines von vielen Highlights: die Raw Bar. Das Ambiente ist von der Eleganz vergangener Epochen inspiriert.

Heinrich-Heine-Allee 36
+49 211 16090500
theduchy-restaurant.com
Hotelrestaurant • eigene Landwirtschaft • elegant

Essen:	43 | 50
Service:	18 | 20
Weinkarte:	18 | 20
Ambiente:	9 | 10
Gesamt:	88 | 100

The Grill Upper Kö

40212 Düsseldorf

Special Cuts, Premium-Steaks und Klassiker wie Filet Mignon in absoluter Premiumlage. Beilagen und Saucen stellt man sich individuell zusammen. Verglaste Fronten mit direktem Blick auf die Königsallee.

Königsallee 30
+49 211 3275400
the-grill-duesseldorf.de
Casual Dining • Steak • modern

Essen:	42 | 50
Service:	17 | 20
Weinkarte:	16 | 20
Ambiente:	8 | 10
Gesamt:	83 | 100

The Paradise Now

40219 Düsseldorf

Modernes, sehr szeniges All-in-one-Konzept aus Bar, Club, Restaurant und Bistro mit mondänem Interior Design. Auf der Speisekarte regiert ein internationaler Stilmix. Dienstag ist After-Work-Party.

Hammer Straße 27
+49 176 7637964
the-paradise-now.de
Bistro • Bar • modern

Essen:	43 | 50
Service:	18 | 20
Weinkarte:	18 | 20
Ambiente:	9 | 10
Gesamt:	88 | 100

Weinhaus Tante Anna

40213 Düsseldorf

Seit 2019 führt Myriam Oxenfort, die Ururenkelin der namensgebenden Wirtin, das traditionsreiche Gasthaus. Küche und Weinkarte wurden in die Jetztzeit geholt, das historische Flair blieb bestehen.

Andreasstraße 2 +49 211 131163 tanteanna.de **Familienbetrieb • gemütlich • urig**	Essen: **42** | 50 Service: **18** | 20 Weinkarte: **18** | 20 Ambiente: **9** | 10 Gesamt: 87 | 100

Yoshi

40210 Düsseldorf

Yoshizumi Nagayas Zweitrestaurant wirkt ungemein erdend. Die an die zeremonielle Kaiseki-Küche angelehnte Menüfolge brilliert durch den Kontrast der vielen kleinen Gänge sowie durch Produktqualität und Reduktion.

Kreuzstraße 17 +49 211 86043060 yoshibynagaya.wixsite.com **Fine Dining • japanisch • Sushi • modern**	Essen: **46** | 50 Service: **18** | 20 Weinkarte: **18** | 20 Ambiente: **9** | 10 Gesamt: 91 | 100

Zum Schiffchen

40213 Düsseldorf

Deftige Hausmannskost ist Ehrensache im ältesten Restaurant Düsseldorfs. Der Rheinische Sauerbraten wird noch nach altem Rezept gekocht und mit Rosinen, Apfelkompott und Kartoffelknödeln serviert.

Hafenstraße 5 +49 211 132421 brauerei-zum-schiffchen.de **Gasthaus • deutsche Küche • entspannt**	Essen: **41** | 50 Service: **17** | 20 Weinkarte: **15** | 20 Ambiente: **8** | 10 Gesamt: 81 | 100

Zweierlei

40477 Düsseldorf

Ben Arnswald und Hagen Wagner haben schon viele Sterneküchen von innen gesehen. Seit 2017 umsorgt das Duo seine Gäste im eigenen Restaurant mit lässigen Kreationen – ob Menü, à la carte, Catering oder zum Mitnehmen.

Schwerinstraße 40 +49 211 9894587 zweierlei-restaurant.de **Casual Dining • deutsche Küche • modern**	Essen: **43** | 50 Service: **18** | 20 Weinkarte: **17** | 20 Ambiente: **8** | 10 Gesamt: 86 | 100

Lindenblüte

46446 Emmerich

Mediterran ist das Zauberwort, das Ambiente und Küche am besten beschreibt. Die Küche versteht es geschickt, regionale Produkte unkompliziert und zugänglich zu arrangieren. Das Ambiente ist leger.

Reeser Straße 545 +49 2822 8800 zu-den-3-linden.de **Familienbetrieb • mediterran • klassisch • Terrasse**	Essen: **42** | 50 Service: **17** | 20 Weinkarte: **17** | 20 Ambiente: **8** | 10 Gesamt: 84 | 100

Lindenhof

48282 Emsdetten

Im gemütlich eingerichteten Restaurant ist die Stimmung immer gut. Das liegt am freundlichen Service und natürlich auch an den bodenständigen herzhaften Gerichten, die aus der Küche von Udo Hankh kommen.

Alte Emsstraße 7
+49 2572 9260
lindenhof-emsdetten.de
Hotelrestaurant • Familienbetrieb • traditionell

Essen:	**42** | 50
Service:	**17** | 20
Weinkarte:	**17** | 20
Ambiente:	**8** | 10
Gesamt:	84 | 100

Eimermacher

51766 Engelskirchen

Die gutbürgerliche deutsche Küche passt zum heimeligen Ambiente. Auf den Tellern geht es aber keineswegs langweilig zu: Regelmäßige kulinarische Veranstaltungen ziehen Gäste von nah und fern an.

Ehreshoven 15
+49 2263 9694096
restaurant-eimermacher.de
deutsche Küche • im Grünen • Terrasse

Essen:	**42** | 50
Service:	**18** | 20
Weinkarte:	**17** | 20
Ambiente:	**8** | 10
Gesamt:	85 | 100

Haus Bosen

50374 Erftstadt

Richtig schön gemütlich ist das Restaurant eingerichtet, hier fühlen sich die Gäste rundum wohl. Dazu bekommen sie feine Gerichte serviert, die weitgehend aus regionalen Produkten zubereitet werden.

Herriger Straße 2
+49 2235 691618
hausbosen.de
Casual Dining • regionale Produkte • klassisch

Essen:	**43** | 50
Service:	**17** | 20
Weinkarte:	**17** | 20
Ambiente:	**8** | 10
Gesamt:	85 | 100

Hopmanns Olive

40699 Erkrath

Gastgeber aus und mit Leidenschaft – Petra und Ingo Hopmann sind beides. Mit Tatar vom Auerochsen, Wildgerichten und geschmorten Ochsenbäckchen haben sie sich in die Herzen ihrer Gäste gekocht.

Ziegeleiweg 1–3
+49 2104 803632
hopmannsolive.de
Gasthaus • regionale Küche • mediterran • Gastgarten

Essen:	**43** | 50
Service:	**17** | 20
Weinkarte:	**17** | 20
Ambiente:	**8** | 10
Gesamt:	85 | 100

Anneliese

45259 Essen

Dem Power-Duo Kristina Weinem und Sascha Nick gelingt das Kunststück, gehobenes Dining mit Wohnzimmeratmosphäre zu fusionieren. In vier oder sieben Gängen wird raffiniert, aber ohne Getue aufgekocht.

Petzelsberg 10
+49 201 61795081
restaurant-anneliese.de
Casual Dining • Allrounder • entspannt

Essen:	**44** | 50
Service:	**18** | 20
Weinkarte:	**17** | 20
Ambiente:	**8** | 10
Gesamt:	87 | 100

Fischerei

45131 Essen

Frischer Fisch und Meeresfrüchte stehen in diesem sehr persönlich geführten Lokal im Fokus. Bei hausgebeiztem Lachs, Pannfisch oder »Dorade Thai Style« kann man die Leichtigkeit des Seins zelebrieren.

Rüttenscheider Straße 268	Essen:	43 | 50
+49 201 45879140	Service:	17 | 20
fischerei.restaurant	Weinkarte:	16 | 20
Bistro • Fisch • unkonventionell	Ambiente:	8 | 10
	Gesamt:	84 | 100

Gärtnerei

45130 Essen

Vegetarische und vegane Spielwiese des Teams der Fischerei. Gekocht wird Gemüse satt, inspiriert von dem, was Saison und Marktstand hergeben – von A wie Artischocke bis Z wie Zuckerschoten.

Klarastraße 70	Essen:	42 | 50
+49 201 51198744	Service:	18 | 20
gaertnerei.restaurant	Weinkarte:	16 | 20
Casual Dining • vegan • vegetarisch • unkonventionell	Ambiente:	8 | 10
	Gesamt:	84 | 100

Hannappel

45279 Essen

Mit hoher Produktaffinität und Detailverliebtheit führt Chef Tobias Weyers die Küche unter Patron Knut Hannappel in eine neue Ära. Bemerkenswert ist auch der hohe Stellenwert von Kräutern und Gemüse.

Dahlhauser Straße 173	Essen:	45 | 50
+49 201 534506	Service:	18 | 20
restaurant-hannappel.de	Weinkarte:	18 | 20
Fine Dining • modern • elegant	Ambiente:	9 | 10
	Gesamt:	90 | 100

La Grappa

45128 Essen

Rino Frasetti lebt und liebt das Gastgebertum. Sein Restaurant – eine Institution! – ist der Inbegriff des Nobelitalieners. Entsprechend auch die Preise. Aber allein für die Gnocchi in Trüffelcreme lohnt es sich.

Rellinghauser Straße 4	Essen:	43 | 50
+49 171 2722243	Service:	18 | 20
la-grappa.de	Weinkarte:	17 | 20
italienisch • unkonventionell • entspannt	Ambiente:	8 | 10
	Gesamt:	86 | 100

Lucente

45131 Essen

Mit ihrem Restaurant zeigen Anissa und Gaspare Lucente, dass italienische Küche so viel mehr kann als nur Pizza. Pasta dagegen darf nicht fehlen, etwa Tagliolini mit Pancetta, Mangold und Parmesan.

Rüttenscheider Straße 212	Essen:	41 | 50
+49 201 424660	Service:	18 | 20
ristorante-lucente.de	Weinkarte:	16 | 20
Casual Dining • italienisch • modern	Ambiente:	8 | 10
	Gesamt:	83 | 100

Müllers auf der Rü

45130 Essen

Brasserie-Küche à la Nelson Müller unweit des Sternerestaurants. Auf der Karte allerlei Unkompliziertes wie Kalbs-Currywurst, Backfisch vom Kabeljau oder original schwäbische Käsespätzle.

Rüttenscheider Straße 62
+49 201 79937701
das-muellers.de
entspannt • deutsche Küche • modern

Essen:	**42** | 50
Service:	**17** | 20
Weinkarte:	**17** | 20
Ambiente:	**8** | 10
Gesamt:	84 | 100

Parkhaus Hügel

45133 Essen

Familie Imhoffs Gespür für gepflegtes Gastgebertum zeigt sich im Großen wie in kleinen Details. Die Küche glänzt mit klassischem Handwerk und edlen Zutaten, den Jahreszeiten entsprechend dynamisch.

Freiherr-vom-Stein-Straße 209
+49 201 471091
parkhaus-huegel.de
Hotelrestaurant • regionale Produkte • Terrasse

Essen:	**42** | 50
Service:	**18** | 20
Weinkarte:	**17** | 20
Ambiente:	**8** | 10
Gesamt:	85 | 100

Paul's Brasserie

45128 Essen

Unprätentiöse Brasserie-Küche in Laufnähe zur Philharmonie. Zu Pulpo, Steinpilzravioli und Tartare de bœuf trinkt man Sancerre oder ein Gläschen Champagner. Gemütliche Sitzbänke, elegantes Flair.

Huyssenallee 7
+49 201 26675976
pauls-brasserie.de
französisch • traditionell • klassisch

Essen:	**42** | 50
Service:	**18** | 20
Weinkarte:	**16** | 20
Ambiente:	**8** | 10
Gesamt:	84 | 100

Pierburg Erika Bergheim

45219 Essen

Erika Bergheim kocht nah am Gast, aromenreich, ohne Firlefanz und Eitelkeiten. Stolz huldigt man im Kettwiger Traditionshaus ihrem Namen. Die Gerichte sind saisonal inspiriert und ausdrucksstark.

Schmachtenbergstraße 184
+49 2054 5907
pierburg-essen.com
Fine Dining • Allrounder • vegetarisch • entspannt

Essen:	**45** | 50
Service:	**18** | 20
Weinkarte:	**18** | 20
Ambiente:	**9** | 10
Gesamt:	90 | 100

CUERTEN.pro/Alina Cürten

Restaurant 1831 — 45219 Essen

Große Klassik und kreative Weiterentwicklung gehen im gepflegten Schlossrestaurant Hand in Hand. Mittwochs und donnerstags wird ein dreigängiges Kennenlernmenü inklusive Weinbegleitung und Digestif geboten.

August-Thyssen-Straße 51	Essen:	43 | 50
+49 2054 12040	Service:	18 | 20
hugenpoet.de	Weinkarte:	18 | 20
Fine Dining • klassisch • elegant	Ambiente:	8 | 10
	Gesamt:	87 | 100

Schote — 45130 Essen

Nelson Müller kocht für Bauch, Geist und Seele. Seine expressiven Gerichte – Stör-Cannelloni mit Schwarzwurzelsalat und Beurre-blanc-Eis – inspirieren nachhaltig. Grandios auch das vegetarische Menü.

Rüttenscheider Straße 62	Essen:	45 | 50
+49 201 780107	Service:	18 | 20
nelson-mueller.de	Weinkarte:	18 | 20
Fine Dining • nachhaltig • modern	Ambiente:	9 | 10
	Gesamt:	90 | 100

Bembergs Häuschen — 53881 Euskirchen

Stilvoll und entspannt genießen, dafür ist das Gourmetrestaurant von Oliver Röder bekannt. Aus seiner Küche kommen raffinierte und kreative Gerichte wie »Makrele Bloody Mary« oder »Entenleber x 3«.

Burg Flamersheim	Essen:	45 | 50
+49 2255 945752	Service:	19 | 20
burgflamersheim.de	Weinkarte:	18 | 20
Fine Dining • regionale Produkte • elegant	Ambiente:	9 | 10
	Gesamt:	91 | 100

Eiflers Zeiten in der Burg Flamersheim — 53881 Euskirchen

Landlust-Ambiente im gemütlichen Gasthaus. Dazu passt perfekt die Küche mit ihren bodenständigen Spezialitäten, teils saisonale Gerichte, die hier und da mit internationalen Akzenten aufgepeppt sind.

Burg Flamersheim	Essen:	44 | 50
+49 2255 945752	Service:	18 | 20
burgflamersheim.de	Weinkarte:	17 | 20
Gasthaus • deutsche Küche • traditionell	Ambiente:	8 | 10
	Gesamt:	87 | 100

80–84 85–89 90–94 95–100 Punkte

Mühlenhelle Bistro

51645 Gummersbach

In der kleinen Version des Gourmetrestaurants kommen beliebte Klassiker aus der französischen Bistro- und Brasserie-Küche auf die Teller. Allesamt zubereitet aus besten Produkten und mit ebensolcher Sorgfalt.

Hohler Straße 1	Essen: **43** | 50
+49 2261 290000	Service: **18** | 20
muehlenhelle.de	Weinkarte: **18** | 20
Hotelrestaurant • Bistro • österreichisch • Terrasse	Ambiente: **8** | 10
	Gesamt: **87** | 100

Mühlenhelle Restaurant

51645 Gummersbach

Handwerkliche Präzision und Liebe zum Detail zeichnen die Gerichte von Michael Quendler aus, die der freundliche Service im geschmackvoll ausstaffierten Restaurant aufträgt. Sehr gute Weinauswahl!

Hohler Straße 1	Essen: **45** | 50
+49 2261 290000	Service: **18** | 20
muehlenhelle.de	Weinkarte: **18** | 20
Fine Dining • regionale Produkte • österreichisch	Ambiente: **9** | 10
	Gesamt: **90** | 100

EssensArt

42781 Haan

Ein junges Team und eine erfrischend kreative Küche – eine ideale Liaison, die mit mutigen Kombinationen wie Kabeljau und Bitterorange oder Hirschrücken und Zwetschge für neue Geschmackseindrücke sorgt.

Bachstraße 141	Essen: **43** | 50
+49 2129 377921	Service: **18** | 20
essensart-haan.de	Weinkarte: **16** | 20
Fine Dining • regionale Produkte • Terrasse • modern	Ambiente: **8** | 10
	Gesamt: **85** | 100

Ratsstuben

45721 Haltern am See

Daniel Georgiev setzt in seiner Küche auf Zeitgemäßes mit internationalem Twist. Die sorgfältig ausgesuchten Produkte kommen besonders im »La surprise«-Menü zur Geltung. Dazu mehr als 300 Weine.

Mühlenstraße 3	Essen: **45** | 50
+49 2364 3465	Service: **18** | 20
hotel-haltern.de	Weinkarte: **18** | 20
Hotelrestaurant • Fine Dining • elegant	Ambiente: **9** | 10
	Gesamt: **90** | 100

WielandStuben

59077 Hamm

Eine Institution seit 1965! Lukas Erfurth und sein Team widmen sich der klassischen französischen Küche. Serviert wird entweder drinnen in elegantem Ambiente oder auf der herrlichen Gartenterrasse.

Wielandstraße 84	Essen: **44** | 50
+49 2381 401217	Service: **18** | 20
wieland-stuben.de	Weinkarte: **18** | 20
französisch • Terrasse • unkonventionell	Ambiente: **8** | 10
	Gesamt: **88** | 100

Poppenborg Bistro
33428 Harsewinkel

Das zweite Standbein der Poppenborgs, das Stübchen, ist die legerere, aber genauso schmackhafte Alternative zum Gourmetrestaurant. Liebhaber der deutschen Küche werden hier wunschlos glücklich.

Brockhäger Straße 7–9
+49 5247 2241
hotel-poppenborg.de
Hotelrestaurant • Bistro • Familienbetrieb • Gastgarten

Essen:	**43**	50
Service:	**17**	20
Weinkarte:	**18**	20
Ambiente:	**8**	10
Gesamt:	86	100

Poppenborg Restaurant
33428 Harsewinkel

Traditionell, aber ambitioniert: Heinz Poppenborgs Cross-over-Küche basiert auf der französischen Haute Cuisine. Ehefrau Anne reicht dazu die passenden Weine. Idyllische Gartenterrasse im Innenhof.

Brockhäger Straße 7–9
+49 5247 2241
hotel-poppenborg.de
Hotelrestaurant • Familienbetrieb • französisch

Essen:	**43**	50
Service:	**18**	20
Weinkarte:	**18**	20
Ambiente:	**8**	10
Gesamt:	87	100

Diergardts Kühler Grund
45527 Hattingen

Wie zu Hause fühlen sollen sich die Gäste in Philipp Diergardts gemütlichem Restaurant. Entsprechend entspannt ist die Atmosphäre, und man kann in aller Ruhe die finessenreichen Gerichte genießen.

Am Büchsenschütz 15
+49 2324 96030
diergardt-hattingen.de
Casual Dining • Familienbetrieb • traditionell

Essen:	**44**	50
Service:	**18**	20
Weinkarte:	**18**	20
Ambiente:	**8**	10
Gesamt:	88	100

Altes Brauhaus
52525 Heinsberg

Ein bisschen italienisch, ein wenig französisch: Ute Weishaupt hat ihre Küche weitgehend mediterran ausgerichtet, allein die Fischsuppe und das Entrecôte mit Estragon-Hollandaise lohnen einen Besuch.

Wurmstraße 4
+49 2452 61035
altesbrauhaus-heinsberg.de
Gasthaus • traditionell • gemütlich

Essen:	**42**	50
Service:	**17**	20
Weinkarte:	**16**	20
Ambiente:	**8**	10
Gesamt:	83	100

Sängerheim
53773 Hennef

Das sympathische Restaurant von nebenan: Familie Richter serviert eine aromenreiche saisonale Küche zu einem guten Preis-Leistungs-Verhältnis. Herzlicher Service und eine schöne Terrasse hinter dem Haus.

Teichstraße 9
+49 2242 3480
das-saengerheim.de
Familienbetrieb • regionale Produkte • Terrasse

Essen:	**42**	50
Service:	**18**	20
Weinkarte:	**17**	20
Ambiente:	**8**	10
Gesamt:	85	100

intensiū 40721 Hilden

Modernes Design in entspannter Atmosphäre ist die ideale Kulisse für die aromenstarke Küche von Lukas Jakobi, die er unaufgeregt zelebriert. Das spannende Menü gibt es auch in einer veganen Version.

Poststraße 42	Essen: **41** | 50
+49 2103 54745	Service: **18** | 20
monopol-intensiu.de	Weinkarte: **18** | 20
modern • Fine Dining • nachhaltig	Ambiente: **8** | 10
	Gesamt: 85 | 100

Pungshaus 40723 Hilden

Fachwerk ist ein Garant für Gemütlichkeit – so auch hier. Ergänzt wird das Ambiente von modern interpretierten Klassikern wie Kalbsleber auf Kürbis-Ingwer-Püree oder provenzalischer Fischsuppe.

Grünstraße 22	Essen: **42** | 50
+49 2103 61372	Service: **18** | 20
pungshaus.de	Weinkarte: **16** | 20
Casual Dining • deutsche Küche • Gastgarten • gemütlich	Ambiente: **8** | 10
	Gesamt: 84 | 100

Die Windmühle Fissenknick 32805 Horn-Bad Meinberg

»Westfälisch genießen« lautet das Motto der Küche von Holger Lemke. Mittags und abends geöffnet, werden in der historischen Mühle herzhaft zubereitete Fisch- und Fleischspezialitäten angeboten.

Windmühlenweg 10	Essen: **42** | 50
+49 5234 919602	Service: **18** | 20
diewindmühle.de	Weinkarte: **17** | 20
Gasthaus • Terrasse • traditionell	Ambiente: **8** | 10
	Gesamt: 85 | 100

Brink 33161 Hövelhof

Klassisch französisch mit deutschen Einflüssen nennt Florian Brinkmann seinen Küchenstil. Und der gelingt ihm mit Bravour; Spezialitäten sind Fischgerichte und Krustentiere. Gut sortierte Weinkarte.

Allee 38	Essen: **42** | 50
+49 5257 3223	Service: **18** | 20
	Weinkarte: **16** | 20
Gasthaus • französisch • regionale Produkte	Ambiente: **8** | 10
	Gesamt: 84 | 100

Spieker 33161 Hövelhof

Die Küchenpartys des Gasthauses Spieker sind legendär, daneben hat der Familienbetrieb noch einiges zu bieten. Gutbürgerliche Küche im besten Sinne des Wortes: Bodenständiges kommt gekonnt fein gemacht daher!

Detmolder Straße 86	Essen: **42** | 50
+49 5257 2222	Service: **18** | 20
gasthaus-spieker.de	Weinkarte: **16** | 20
Hotelrestaurant • Familienbetrieb • gemütlich	Ambiente: **8** | 10
	Gesamt: 84 | 100

Steineck 37671 Höxter-Ottbergen

Christian Lüke setzt auf deutsche Küche, und die gelingt ihm mit Bravour. Wer in das gemütliche Restaurant einkehrt, kann sich auf Kalbsleber, Rumpsteak vom heimischen Rind und Himmel un Äd freuen.

Brakeler Straße 61	Essen: **42** I 50
+49 5275 985050	Service: **18** I 20
gasthof-steineck.de	Weinkarte: **16** I 20
Gasthaus • Hausmannskost • urig	Ambiente: **8** I 10
	Gesamt: 84 I 100

Schloss Loersfeld 50171 Kerpen

Hinter den zwei Meter dicken Mauern des jahrhundertealten Schlosses verbirgt sich eine modern-klassische Küche mit herausragenden Produkten, die für Augen- und Gaumenschmaus auf den Tellern – und in den Salons – sorgt.

Schloss Loersfeld 1	Essen: **45** I 50
+49 2273 57755	Service: **18** I 20
schlossloersfeld.de	Weinkarte: **18** I 20
Fine Dining • französisch • im Schloss • elegant	Ambiente: **9** I 10
	Gesamt: 90 I 100

Acht 50672 Köln

Im Acht gibt sich die hiesige Medienszene die Klinke in die Hand. Der Mix aus Industrial Chic, französisch inspirierten Gerichten und dynamischer Weinkarte überzeugt aber auch die anderen Besucher.

Spichernstraße 10	Essen: **42** I 50
+49 221 16818408	Service: **17** I 20
restaurant-acht.de	Weinkarte: **17** I 20
Casual Dining • französisch • Terrasse • modern	Ambiente: **8** I 10
	Gesamt: 84 I 100

Alfredo 50667 Köln

Längst hat Alfredo Carturan den Stab an Sohn Roberto weitergereicht. Dieser beglückt die Gäste mit zeitloser Stilistik und, da ausgebildeter Bariton, freitags mit einer musikalisch-kulinarischen Soiree.

Tunisstraße 3	Essen: **45** I 50
+49 221 2577380	Service: **18** I 20
ristorante-alfredo.com	Weinkarte: **18** I 20
Fine Dining • italienisch • Fisch	Ambiente: **8** I 10
	Gesamt: 89 I 100

Appare

50676 Köln

Mit viel Feingefühl gelingt es Hiroyuki Watanabe, der traditionellen japanischen Washoku-Küche seine Handschrift zu verleihen. Serviert werden kalte und warme Speisen jenseits von Maki und Nigiri.

Balduinstraße 10	Essen: **43** | 50
+49 2212 7069058	Service: **18** | 20
appare.de	Weinkarte: **16** | 20
Casual Dining • japanisch • Sushi • elegant	Ambiente: **8** | 10
	Gesamt: 85 | 100

Astrein

50670 Köln

Als jüngster Zwei-Sterne-Koch Deutschlands hat Eric Werner schon früh Furore gemacht. Sein Stil: große französische Klassik mit Luxusprodukten wie Kaviar oder Kobe-Rind. Geheimtipp: das vegetarische Menü.

Krefelder Straße 37	Essen: **45** | 50
+49 221 95623990	Service: **18** | 20
astrein-restaurant.de	Weinkarte: **18** | 20
Fine Dining • unkonventionell • entspannt	Ambiente: **9** | 10
	Gesamt: 90 | 100

Bai Lu

50672 Köln

Für die Maultaschen mit Schweinehack und Chiliöl würde so mancher Kölner seinen »Rievkooche« stehen lassen. Von den Nudeln bis hin zur Brühe ist in diesem chinesischen Imbiss der Extraklasse alles hausgemacht.

Palmstraße 41	Essen: **41** | 50
+49 221 78948128	Service: **17** | 20
bai-lu-noodles.business.site	Weinkarte: **16** | 20
Casual Dining • chinesisch • klassisch	Ambiente: **8** | 10
	Gesamt: 82 | 100

Brauhaus Johann Schäfer

50677 Köln

Mit frischen Ideen und kreativen Adaptionen deutscher Küche schafft Kölns innovativstes Brauhaus spielend den Spagat zwischen Tradition und Moderne, von Metthappen bis Gurkensalat.

Elsaßstraße 6	Essen: **42** | 50
+49 221 16860975	Service: **18** | 20
johann-schaefer.de	Weinkarte: **16** | 20
Gasthaus • Biervielfalt • Steak	Ambiente: **8** | 10
	Gesamt: 84 | 100

Capricorn [i] Aries

50678 Köln

Die Restaurantinstitution auf der Alteburger Straße ließe sich, was Flair und Authentizität angeht, auch in Paris verorten. Seit über zwanzig Jahren wird unprätentiös, frisch und frankophil gekocht.

Alteburger Straße 31	Essen: **43** | 50
+49 221 3975710	Service: **18** | 20
capricorniaries.com	Weinkarte: **17** | 20
Bistro • französisch • Terrasse • traditionell	Ambiente: **8** | 10
	Gesamt: 86 | 100

Caruso Pastabar

50677 Köln

Die neuen Räumlichkeiten im Agnesviertel tun dem viele Jahre am Barbarossaplatz gelegenen Italiener gut. Unverändert sind die Herzlichkeit des Ehepaars Caruso und der Fokus auf Pasta und kleine Speisen.

Salierring 46	Essen: 43 | 50
+49 221 9386311	Service: 18 | 20
pastabar.de	Weinkarte: 17 | 20
Casual Dining • italienisch • entspannt	Ambiente: 8 | 10
	Gesamt: 86 | 100

Christoph Paul's Restaurant

50674 Köln

Seit über 30 Jahren kocht Christoph Paul so, wie man es sich als produktverliebter Genießer wünscht: geradlinig und klassisch mit erkennbar rotem Faden, von Pot au Feu bis Schweinebauch.

Brüsseler Straße 26	Essen: 43 | 50
+49 221 92440500	Service: 18 | 20
christoph-paul.koeln	Weinkarte: 17 | 20
regionale Produkte • modern • Terrasse	Ambiente: 8 | 10
	Gesamt: 86 | 100

Der Vierte König

50939 Köln

In der französisch-indischen Fusionsküche von Jaspreet Dhaliwal-Wilmes vereinen sich exotische Aromen mit klassischem Handwerk. Das Ergebnis sind einzigartige Kreationen von geradezu explosiver Kraft.

Gottesweg 165	Essen: 42 | 50
+49 221 48481288	Service: 17 | 20
derviertekoenig.com	Weinkarte: 17 | 20
französisch • Gastgarten • elegant	Ambiente: 8 | 10
	Gesamt: 84 | 100

Essers Gasthaus

50823 Köln

Österreichische Gemütlichkeit in R(h)einkultur. Gekocht wird rustikal mit guten Grundprodukten, dazu trinkt man Weine aus Österreich und Deutschland. Der erste Donnerstag im Monat ist Backhendl-Tag.

Ottostraße 72	Essen: 42 | 50
+49 221 425954	Service: 18 | 20
essers-gasthaus.de	Weinkarte: 17 | 20
Gasthaus • österreichisch • Gastgarten	Ambiente: 8 | 10
	Gesamt: 85 | 100

Früh am Dom

50667 Köln

Eine Institution, die sich trotz der Touristenströme ihren ursprünglichen Charakter und viel »Jeföhl« bewahrt hat. Gasträume und Biergarten laden bei typischen Spezialitäten zum gemeinsamen Klüngeln ein.

Am Hof 12–18	Essen: 40 | 50
+49 221 2613215	Service: 17 | 20
frueh-am-dom.de	Weinkarte: 15 | 20
Brauerei • Allrounder • urig	Ambiente: 8 | 10
	Gesamt: 80 | 100

Gruber's Restaurant 50668 Köln

Das elegant-gemütliche Restaurant punktet sommers mit einer schönen Terrasse und winters mit einer gemütlichen Stube – und zu allen Jahreszeiten mit gehobener österreichischer Küche und einer tollen Weinauswahl.

Clever Straße 32	Essen: **43** | 50
+49 221 7202670	Service: **18** | 20
grubersrestaurant.de	Weinkarte: **18** | 20
Gasthaus • österreichisch • Terrasse	Ambiente: **8** | 10
	Gesamt: 87 | 100

Hanse Stube 50667 Köln

Mit Weitblick und Weltoffenheit verbindet Joschua Tepner heimische Zutaten mit pointierter Haute Cuisine – sowohl im Menü als auch à la carte. Bei aller Fleisch- und Fischkompetenz kommt aber auch Gemüse nie zu kurz.

Trankgasse 1–5	Essen: **43** | 50
+49 221 2701	Service: **18** | 20
excelsior-hotel-ernst.de	Weinkarte: **17** | 20
Hotelrestaurant • Fine Dining • elegant • klassisch	Ambiente: **9** | 10
	Gesamt: 87 | 100

Haus Scholzen 50823 Köln

Zum alteingesessenen Gasthaus mit Kölscher Hausmannskost und saisonalen Spezialitäten gehören auch ein kleiner Weinladen sowie ein original erhaltener Schankraum mit reichlich Lokalkolorit.

Venloer Straße 236	Essen: **43** | 50
+49 221 515919	Service: **18** | 20
haus-scholzen.de	Weinkarte: **16** | 20
Gasthaus • Familienbetrieb • deutsche Küche • traditionell	Ambiente: **8** | 10
	Gesamt: 85 | 100

Haus Töller

50676 Köln

Authentische Brauhaus mit urigem Gastraum, quirliger Atmosphäre und Päffgen Kölsch. Besonders beliebt: das Schinkenhämchen, außerhalb des Rheinlands auch als Eisbein bekannt.

Weyerstraße 96	Essen: **42** | 50
+49 221 2589316	Service: **18** | 20
haus-toeller.de	Weinkarte: **16** | 20
Biervielfalt • Hausmannskost • urig • traditionell	Ambiente: **8** | 10
	Gesamt: 84 | 100

heinzhermann

50668 Köln

Das zum Mini-Imperium des Tausendsassas Maximilian Lorenz gehörende Weinlokal hält neben einer beachtlichen Auswahl an internationalen Flaschen eine Cross-over-Küche de luxe samt Businesslunch bereit.

Johannisstraße 64	Essen: **43** | 50
+49 221 988161020	Service: **18** | 20
maximilianlorenz.de	Weinkarte: **18** | 20
Vinothek • mediterran • modern • elegant	Ambiente: **8** | 10
	Gesamt: 87 | 100

HENNE.Weinbar

50672 Köln

Hier wird jeder noch so anspruchsvolle Weinliebhaber fündig. Fantasievoll zubereitete kalte und warme Speisen sorgen dafür, dass der Gläserinhalt nicht auf leeren Boden fällt.

Pfeilstraße 31	Essen: **44** | 50
+49 221 34662647	Service: **18** | 20
henne-weinbar.de	Weinkarte: **19** | 20
Vinothek • Casual Dining • französisch	Ambiente: **8** | 10
	Gesamt: 89 | 100

Ito

50672 Köln

Wer die Küche von Kengo Nishimi in all ihren Facetten kennenlernen will, wählt das Omakase-Menü. Auch Vinophile können sich schön überraschen lassen: Falk Schlüter hat so manche Rarität im Schrank.

Antwerpener Straße 15	Essen: **45** | 50
+49 221 3557327	Service: **18** | 20
ito-restaurant.de	Weinkarte: **17** | 20
Fine Dining • japanisch • Sushi	Ambiente: **8** | 10
	Gesamt: 88 | 100

Karl Hermann's

50825 Köln

Das auf anspruchsvollen Fleischkonsum und regionale Rohstoffe fokussierte Spezialitätenrestaurant serviert De-luxe-Burger, Premium-Steaks, Short Ribs und knackige Salate frisch vom Feld.

Venloer Straße 538	Essen: **40** | 50
+49 221 59557960	Service: **17** | 20
karlhermanns.de	Weinkarte: **15** | 20
Burger • Steak • modern • entspannt	Ambiente: **8** | 10
	Gesamt: 80 | 100

La Cuisine Rademacher

51069 Köln

Leichte, französisch inspirierte Küche mit internationalen Elementen. Dem visuellen und kulinarischen Hochgenuss liegt ein extrem hoher Anspruch an Qualität, Präsentation und Komplexität zugrunde.

Dellbrücker Hauptstraße 176
+49 221 96898898
la-cuisine-koeln.de
Fine Dining • französisch • modern

Essen:	**46** | 50
Service:	**18** | 20
Weinkarte:	**18** | 20
Ambiente:	**9** | 10
Gesamt:	91 | 100

La Fonda

50670 Köln

Hier trifft sich, was in Köln Rang, Namen oder einfach nur Freude an Genuss und Ästhetik hat. Das kosmopolitische Design passt perfekt zur ausgezeichneten Cross-over-Küche. Der Lunch ist besonders beliebt.

Gereonskloster 8
+49 221 16817515
lafonda.koeln
Casual Dining • Bar • Terrasse • elegant

Essen:	**43** | 50
Service:	**18** | 20
Weinkarte:	**17** | 20
Ambiente:	**8** | 10
Gesamt:	86 | 100

La Société

50674 Köln

Gourmetrestaurant mit geschmackvoll-intimer Atmosphäre im pulsierenden Kwartier Latäng. Ausgewählte Zutaten von nah und fern bilden die Basis für Leon Hofmockels filigranen und aromenreichen Küchenstil.

Kyffhäuserstraße 53
+49 221 232464
lasociete.info
Fine Dining • französisch • elegant

Essen:	**46** | 50
Service:	**18** | 20
Weinkarte:	**18** | 20
Ambiente:	**9** | 10
Gesamt:	91 | 100

JAmari

Luis Dias 50996 Köln

Portugiesische Gastfreundschaft trifft auf mediterran-moderne Küche. Zum Restaurant in Rodenkirchen haben sich mittlerweile auch eine Weinbar in Marienburg sowie eine eigene Gewürzlinie gesellt.

Wilhelmstraße 35a	Essen: **43** | 50
+49 221 9352323	Service: **17** | 20
luis-dias.com	Weinkarte: **17** | 20
Fine Dining • regionale Produkte • modern	Ambiente: **8** | 10
	Gesamt: 85 | 100

maiBeck 50667 Köln

Leicht zugängliche Sterneküche mit Bistro-Charakter. Zur Königsdisziplin des Duos Jan Maier und Tobias Becker gehört es, beste regionale Grundzutaten unverblümt und lässig zu verweben.

Am Frankenturm 5	Essen: **46** | 50
+49 221 96267300	Service: **18** | 20
maibeck.de	Weinkarte: **18** | 20
Fine Dining • Delikatessenverkauf • modern • entspannt	Ambiente: **9** | 10
	Gesamt: 91 | 100

Maximilian Lorenz 50668 Köln

Talentiert, ambitioniert und auf lokale Küche konzentriert: So hat sich Maximilian Lorenz einen Namen gemacht. Seine »neue deutsche Küche« verbindet Kreativität, Handwerk und Klassiker wie Halver Hahn.

Johannisstraße 64	Essen: **45** | 50
+49 221 988161010	Service: **18** | 20
maximilianlorenz.de	Weinkarte: **19** | 20
Fine Dining • deutsche Küche • modern	Ambiente: **9** | 10
	Gesamt: 91 | 100

Neobiota 50672 Köln

Sonja Baumann und Erik Scheffler haben nicht nur das Frühstück neu definiert, sondern bieten neben dem omnivoren Genuss auch ein veganes Menü – einer von vielen Schritten hin zur nachhaltigen Spitzengastronomie.

Ehrenstraße 43c	Essen: **45** | 50
+49 221 27088908	Service: **18** | 20
restaurant-neobiota.de	Weinkarte: **17** | 20
Fine Dining • Brunch • modern	Ambiente: **8** | 10
	Gesamt: 88 | 100

Ox & Klee

50678 Köln

Kosmopolitisches Gourmetrestaurant in exklusiver Lage. Eine ausgeklügelte Reise durch die verschiedenen Geschmacksrichtungen macht den Reiz der Menüs – »Klee« vegetarisch, »Ox« mit Fisch und Fleisch – aus.

Mittleres Kranhaus, Im Zollhafen 18	Essen: **48** | 50
+49 221 16956603	Service: **19** | 20
oxundklee.de	Weinkarte: **19** | 20
Fine Dining • Allrounder • vegetarisch • entspannt	Ambiente: **10** | 10
	Gesamt: **96** | 100

Phaedra

50677 Köln

Mehr als nur ein Grieche! Konstantin Tzikas hat unter anderem bei Franz Keller gekocht. Neben ungewöhnlich einfallsreichen Mezze gibt es Vor- und Hauptspeisen aus der Welt des Casual Fine Dining.

Elsaßstraße 30	Essen: **42** | 50
+49 221 16826625	Service: **18** | 20
phaedra-restaurant.de	Weinkarte: **17** | 20
Casual Dining • mediterran • vegetarisch • traditionell	Ambiente: **8** | 10
	Gesamt: **85** | 100

Poisson

50667 Köln

Ralf Marhenckes Edelbistro ist seit vielen Jahren eine beliebte Anlaufstelle für Fisch, Meeresfrüchte und den kleinen oder größeren Luxus im Alltag. Die Weinkarte hält Klassisches und Champagner bereit.

Wolfsstraße 6–14	Essen: **43** | 50
+49 221 27736883	Service: **18** | 20
poisson-restaurant.de	Weinkarte: **17** | 20
Casual Dining • Fisch • entspannt	Ambiente: **8** | 10
	Gesamt: **86** | 100

Pottkind

50678 Köln

Casual-Fine-Dining-Restaurant mit Carte-blanche-Menü und Thekenplätzen. Die Gerichte bewegen sich im Spannungsfeld zwischen berlineskem Minimalismus und Verspieltheit – ausgefeilt, aber nicht exaltiert.

Darmstädter Straße 9	Essen: **45** | 50
+49 221 42318030	Service: **18** | 20
restaurant-pottkind.de	Weinkarte: **17** | 20
Casual Dining • modern • entspannt	Ambiente: **8** | 10
	Gesamt: **88** | 100

Prunier Cologne

50667 Köln

Kleine Extras wie zehn Gramm Kaviar auf Flanksteak, Jakobsmuscheln und – ja! – Limonensorbet verschönern das Leben. Zu den Signature Dishes des Luxusbistros gehört aber auch unterschiedlich zubereiteter Balik-Lachs.

Am Hof 48	Essen: **43** | 50
+49 221 71595520	Service: **18** | 20
prunier-cologne.de	Weinkarte: **17** | 20
Casual Dining • französisch • Delikatessenverkauf	Ambiente: **9** | 10
	Gesamt: **87** | 100

Sahila

50676 Köln

In ihrem eigenen Fine-Dining-Restaurant nebst Mezze-Bar kann Julia Komp sich selbst verwirklichen. Die Kreationen der viel gereisten Spitzenköchin sind von zahlreichen kulinarischen Erfahrungen geprägt.

Kämmergasse 18	Essen: **46** | 50
+49 221 247238	Service: **18** | 20
sahila-restaurant.de	Weinkarte: **18** | 20
Fine Dining • Bar • elegant	Ambiente: **9** | 10
	Gesamt: **91** | 100

Scherz

50937 Köln

Mit Backhendl und Co macht man nichts falsch. Richtig grandios wird's, wenn man Micha Scherz einfach machen lässt. Tipp: telefonisch das Überraschungsmenü ordern oder von der Schmankerlkarte wählen.

Luxemburger Straße 256	Essen: **42** | 50
+49 221 16929440	Service: **17** | 20
gasthausscherz.de	Weinkarte: **17** | 20
Gasthaus • österreichisch • Gastgarten • entspannt	Ambiente: **8** | 10
	Gesamt: **84** | 100

Taku

50667 Köln

Im Souterrain des Excelsior Hotel Ernst begeistern Mirko Gaul und sein Team mit einer finessenreichen ostasiatischen Küche voller Leichtigkeit, Präzision und Frische sowie Zutaten aus nah und fern.

Domplatz/Trankgasse 1–5	Essen: **45** | 50
+49 221 2701	Service: **18** | 20
taku.de	Weinkarte: **18** | 20
Fine Dining • Hotelrestaurant • japanisch • modern	Ambiente: **9** | 10
	Gesamt: **90** | 100

Yu*lia Mezze Bar

50676 Köln

Julia Komp verbindet eine besondere Leidenschaft mit dem Orient und seiner facettenreichen Küche. Sie bietet kleine Vorspeisenteller mit vielfältigen Orient-Spezialitäten an, dazu mediterrane Klassiker und attraktive Tagesgerichte.

Kämmergasse 18	Essen: **43** | 50
+49 221 80188843	Service: **18** | 20
yulia-mezzebar.de	Weinkarte: **17** | 20
Sharing Menu • mediterran • Levante • modern	Ambiente: **8** | 10
	Gesamt: **86** | 100

Zen

50935 Köln

Mit der Schließung des zweiten Lokals auf der Aachener Straße kehrt das Zen wieder zu seinen Wurzeln in Lindenthal zurück und konzentriert sich dort auf meisterliches Sushi, Tempura, Teriyaki und Co.

Bachemer Straße 233	Essen: **43** | 50
+49 221 39909986	Service: **18** | 20
restaurant-zen.de	Weinkarte: **17** | 20
japanisch • modern • elegant	Ambiente: **8** | 10
	Gesamt: **86** | 100

Weinmühle

53639 Königswinter

Die Bruchsteinwände sorgen für ein einzigartiges gemütlich-rustikales Ambiente. Ergänzt wird dieses durch die frische saisonale, aber durchaus anspruchsvolle Küche. Besonders schön: der mediterrane Garten.

Lindenstraße 7
+49 2223 21813
weinmühle.net
Gasthaus • Gastgarten • gemütlich

Essen:	**42** I 50
Service:	**18** I 20
Weinkarte:	**17** I 20
Ambiente:	**8** I 10
Gesamt:	85 I 100

Stappen

41352 Korschenbroich

Anspruchsvoll regional, aber auch international inspiriert. Das Stappen bietet mehr als nur kulinarische Highlights. Weinproben in der Vinothek oder die Übernachtung im Hotel runden den Besuch ab.

Steinhausen 39
+49 2166 88226
gasthaus-stappen.de
Hotelrestaurant • Vinothek • Terrasse

Essen:	**42** I 50
Service:	**18** I 20
Weinkarte:	**17** I 20
Ambiente:	**8** I 10
Gesamt:	85 I 100

KRasserie

47805 Krefeld

Echt krass! Im puristisch gestylten Ambiente werden die Sinne gefordert. Dafür sorgt eine modern konzeptionierte Küche, die hier und da gekonnt in die Truhe der Haute Cuisine greift. Krass gut!

Zur Feuerwache 5
+49 2151 9360800
verve5.de
modern • entspannt • unkonventionell

Essen:	**43** I 50
Service:	**18** I 20
Weinkarte:	**17** I 20
Ambiente:	**8** I 10
Gesamt:	86 I 100

Villa Medici

47800 Krefeld

Seit mehr als 40 Jahren empfängt Giuseppe Buonanno seine Gäste in der prachtvollen Jugendstilvilla. Serviert wird authentische italienische Küche, wie man sie aus bella Italia kennt und liebt.

Schönwasserstraße 73
+49 2151 50660
villa-medici-krefeld.de
Hotelrestaurant • italienisch • Terrasse

Essen:	**43** I 50
Service:	**18** I 20
Weinkarte:	**17** I 20
Ambiente:	**8** I 10
Gesamt:	86 I 100

Zur Mühle

51515 Kürten

Seitdem Hermann und Kerstin Berger den Familienbetrieb 2004 übernommen haben, servieren sie international inspirierte Gerichte mit regionalem Twist. Tradition trifft Moderne, so weit das Auge reicht.

Wipperfürther Straße 391
+49 2268 6629
restaurant-zur-muehle.com
Gasthaus • Familienbetrieb • Terrasse

Essen:	**44** I 50
Service:	**18** I 20
Weinkarte:	**18** I 20
Ambiente:	**9** I 10
Gesamt:	89 I 100

Wettsteins

52379 Langerwehe

Das Anwesen lockt mit seiner ländlich geprägten Küche Gäste von nah und fern an den Rand der Eifel. Inspiration kommt aus Frankreich und Asien – der Wein vom Familiengut an der Mosel.

Schlossstraße 66	Essen: **43** | 50
+49 2423 2298	Service: **17** | 20
wettsteins-restaurant.de	Weinkarte: **17** | 20
Familienbetrieb • Terrasse • im Grünen	Ambiente: **8** | 10
	Gesamt: 85 | 100

Hinterding

49525 Lengerich

Westfälische Gelassenheit und Herzlichkeit zeichnen das Restaurant aus. Auch die Küche von Klaus Weingartz überzeugt mit unaufgeregten Gerichten, allesamt bestens zubereitet und geschmacklich austariert.

Bahnhofstraße 72	Essen: **43** | 50
+49 5481 94240	Service: **18** | 20
hinterding-lengerich.de	Weinkarte: **17** | 20
Hotelrestaurant • Gastgarten • deutsche Küche • elegant	Ambiente: **8** | 10
	Gesamt: 86 | 100

Scheiderhöhe

53797 Lohmar

Das heimelige Gasthaus garantiert genussvolle Stunden, denn Daniel Lengsfeld steht für eine gehobene Regionalküche. Hier bestellt man Stielkotelett, geröstetes Zicklein und gebackenen Kalbskopf.

Scheiderhöher Straße 49	Essen: **44** | 50
+49 2246 18892	Service: **18** | 20
gasthaus-scheiderhoehe.de	Weinkarte: **18** | 20
Gasthaus • regionale Produkte • vegetarisch	Ambiente: **8** | 10
	Gesamt: 88 | 100

Anthony's Kitchen

40667 Meerbusch

Eine kulinarische Weltreise bietet Anthony Sarpong in seinem unkomplizierten Restaurant: nachhaltig arrangierte Gerichte, beschwingt kombiniert, erfrischend zubereitet und dabei immer aromenstark.

Moerser Straße 81	Essen: **45** | 50
+49 2132 9851425	Service: **18** | 20
anthonys.kitchen	Weinkarte: **18** | 20
Fine Dining • regionale Produkte • entspannt	Ambiente: **9** | 10
	Gesamt: 90 | 100

Mönchenwerth

40667 Meerbusch

Im gemütlichen Landhaus dreht sich alles um die traditionelle französische Küche. Guy de Vries beherrscht sie aus dem Effeff. Foie gras, Charolais und Bouillabaisse sind hier die Favoriten.

Niederlöricker Straße 56	Essen: **43** | 50
+49 2132 757650	Service: **17** | 20
moenchenwerth.de	Weinkarte: **16** | 20
Gasthaus • französisch • Gastgarten	Ambiente: **8** | 10
	Gesamt: 84 | 100

Donner
59872 Meschede

Im gemütlichen Landhotel fühlt man sich rundum wohl. Dafür sorgt auch die Küche mit ihren herzhaften Gerichten, allesamt bodenständige Speisen, für die nur beste Produkte verwendet werden.

Zur Alten Schmiede 4	Essen: **42** | 50
+49 291 952700	Service: **18** | 20
landhotel-donner.de	Weinkarte: **17** | 20
Hotelrestaurant • Terrasse • elegant	Ambiente: **8** | 10
	Gesamt: **85** | 100

von Korff's
59872 Meschede

Ein kulinarisches Kleinod in einem Patrizierhaus aus dem Jahr 1902. Im Restaurant treffen regionale Gerichte auf mediterrane, im Weinkeller sind Verkostungen möglich. Tipp: von Korff's »Vorratsschrank«.

Le-Puy-Straße 19	Essen: **42** | 50
+49 291 99140	Service: **18** | 20
hotelvonkorff.de	Weinkarte: **17** | 20
Hotelrestaurant • Vinothek • Delikatessenverkauf	Ambiente: **8** | 10
	Gesamt: **85** | 100

Kurlbaum
47441 Moers

Eine elegante Atmosphäre prägt das Restaurant, das seine Gäste mit beliebten Küchenklassikern verwöhnt. Hier bestellt man gebratene Entenbrust, Steinbutt oder Rinderfilet in Calvados-Sauce.

Burgstraße 7	Essen: **43** | 50
+49 2841 27200	Service: **18** | 20
restaurant-kurlbaum.de	Weinkarte: **18** | 20
Fine Dining • modern • elegant	Ambiente: **9** | 10
	Gesamt: **88** | 100

Kasteel
41169 Mönchengladbach

Volker und Susanne Kasteel sind liebenswerte Wirtsleute und haben das Herz auf dem rechten Fleck. Ihr Restaurant ist dementsprechend ein Wohlfühlort, wo Gaumenfreuden aufs Beste gepflegt werden.

Vorster Straße 535	Essen: **43** | 50
+49 2161 559340	Service: **18** | 20
lindenhof-mg.de	Weinkarte: **17** | 20
Hotelrestaurant • Familienbetrieb • traditionell	Ambiente: **8** | 10
	Gesamt: **86** | 100

Am Kamin
45473 Mülheim an der Ruhr

Die Küche des beliebten Restaurants schaut kulinarisch auch gerne mal zurück und bietet zur Freude aller Gäste klassische Zwiebelsuppe, Roulade mit Semmelknödel und Senfsauce und Omas Käsekuchen.

Striepens Weg 62	Essen: **42** | 50
+49 208 760036	Service: **18** | 20
restaurant-amkamin.de	Weinkarte: **17** | 20
Fine Dining • Terrasse • urig	Ambiente: **8** | 10
	Gesamt: **85** | 100

Liebling im Mühlenbach

45475 Mülheim an der Ruhr

Dass einfache Gerichte gut sein können, beweist die Küchencrew im gemütlichen Lokal in Mülheim. Saftige Schnitzel, Rumpsteaks, Burger-Variationen und die Currywurst sind hier die Renner.

Hexberg 58
+49 208 88388988
restaurant-liebling.de
Gasthaus • Hausmannskost • Gastgarten • urig

Essen:	**41**	50
Service:	**18**	20
Weinkarte:	**16**	20
Ambiente:	**7**	10
Gesamt:	82	100

Mausefalle

45468 Mülheim an der Ruhr

Die bodenständige deutsche Küche hat in dem geschmackvoll ausstaffierten Restaurant einen festen Platz. Regional und saisonal, teils aus eigenem Anbau, lautet das Motto, hausgemacht das Credo.

Bogenstraße 8
+49 208 3059860
mausefallemuelheim.de
Gasthaus • regionale Produkte • traditionell

Essen:	**42**	50
Service:	**18**	20
Weinkarte:	**17**	20
Ambiente:	**8**	10
Gesamt:	85	100

Mölleckens Altes Zollhaus

45478 Mülheim an der Ruhr

In zwei modern eingerichteten Räumen wird mittags und abends serviert. Wiener Schnitzel, Rinderfilet, Entenbrust und Semmelknödel mit Pfifferlingen sind in dem sympathischen Restaurant gesetzt.

Duisburger Straße 239
+49 208 50349
moellecken.de
Hotelrestaurant • deutsche Küche • Terrasse

Essen:	**42**	50
Service:	**17**	20
Weinkarte:	**17**	20
Ambiente:	**8**	10
Gesamt:	84	100

Brust oder Keule

48149 Münster

Kulinarische Sternstunden erlebt man hier dank der aromatisch-innovativen Kreationen von Laurin Kux. Dazu sorgfältig ausgesuchte Weine und ein mehr als sympathisches Team, das den Abend perfekt macht.

Melchersstraße 32
+49 251 9179656
brustoderkeule.de
Fine Dining • Allrounder • entspannt

Essen:	**45**	50
Service:	**19**	20
Weinkarte:	**18**	20
Ambiente:	**9**	10
Gesamt:	91	100

Cœur D'Artichaut

48143 Münster

Entspannte französische Gourmetküche bietet Frédéric Morel im Wohnzimmerambiente seines kleinen Restaurants. Beste Produkte sind die Basis der exzellenten heimatlichen und weltoffenen Kreationen.

Alter Fischmarkt 11a
+49 251 39582823
coeur-dartichaut.de
Casual Dining • französisch • unkonventionell • Fisch

Essen:	**46**	50
Service:	**20**	20
Weinkarte:	**18**	20
Ambiente:	**9**	10
Gesamt:	93	100

Giverny

48143 Münster

Ein bisschen Frankreich mitten in der City von Münster. Mittags und abends wird hier aufgetischt: natürlich auch Loup de mer, die klassische Marseiller Fischsuppe, Crème brulée und Fromage au choix.

Spiekerhof 25
+49 251 511435
restaurant-giverny.de
Bistro • französisch • klassisch

Essen:	**42**	50
Service:	**18**	20
Weinkarte:	**16**	20
Ambiente:	**8**	10
Gesamt:	84	100

Großer Kiepenkerl

48143 Münster

Längst eine Gastronomielegende, ist das renommierte Münsteraner Gasthaus seit vielen Jahrzehnten ein verlässlicher Garant für die bodenständige westfälische Küche und für sehr gute Gasthaus-Veggies.

Spiekerhof 45
+49 251 40335
grosser-kiepenkerl.de
Gasthaus • deutsche Küche • Fisch • gemütlich

Essen:	**43**	50
Service:	**18**	20
Weinkarte:	**17**	20
Ambiente:	**8**	10
Gesamt:	86	100

Landhaus Eggert

48157 Münster

Ein Ort zum Verschnaufen und Relaxen. Im historischen Gutshof ist das möglich, begleitet von einer herzhaften regionalen Küche, die Münsterländer Spezialitäten und internationale Klassiker anbietet.

Zur Haskenau 81
+49 251 328040
landhaus-eggert.de
Hotelrestaurant • Terrasse • im Grünen • klassisch

Essen:	**42**	50
Service:	**18**	20
Weinkarte:	**16**	20
Ambiente:	**8**	10
Gesamt:	84	100

Linnenboom

48157 Münster

Küchenchef Nikolai Borell serviert gutbürgerliche Klassiker und Wild aus eigener Jagd in einem gemütlich-rustikalen Ambiente. Daneben setzt das Team auf internationale Highlights. Romantik pur.

Handorfer Werseufer 1
+49 251 32750
hof-zur-linde.de
Casual Dining • Hotelrestaurant • deutsche Küche

Essen:	**43**	50
Service:	**18**	20
Weinkarte:	**16**	20
Ambiente:	**8**	10
Gesamt:	85	100

Spitzner

48143 Münster

Karl Nikolas Spitzners Produkte landen auf kürzestem Weg in seiner Hofküche; gelebte Regionalität nennt er das. Die klassisch französische Haute Cuisine bekommt hier einen neuen Anstrich. Genuss pur!

Königsstraße 42
+49 251 41441550
spitzner-restaurant.de
französisch • regionale Produkte • Terrasse

Essen:	**43** | 50
Service:	**18** | 20
Weinkarte:	**17** | 20
Ambiente:	**8** | 10
Gesamt:	**86** | 100

Villa Medici

48155 Münster

Am Rande der Innenstadt überzeugt die Villa Medici mit ihrer mediterranen Küche in Kombination mit italienischem Wein. Schön sitzt man auf der Terrasse – oder man übernachtet in einem der Gästezimmer.

Prozessionsweg 402
+49 251 34218
villa-medici-muenster.de
italienisch • mediterran • Terrasse • elegant

Essen:	**43** | 50
Service:	**18** | 20
Weinkarte:	**17** | 20
Ambiente:	**8** | 10
Gesamt:	**86** | 100

Von Rhemen

48159 Münster

Romantik pur trifft auf historisches Flair, und zwar sowohl im Restaurant als auch im Wasserschloss-Park. Die Küche setzt auf klassische Gerichte mit saisonalem Bezug – entweder à la carte oder als Menü.

Steinfurter Straße 374
+49 251 144270
schloss-wilkinghege.de
Hotelrestaurant • regionale Produkte • im Schloss

Essen:	**43** | 50
Service:	**18** | 20
Weinkarte:	**17** | 20
Ambiente:	**9** | 10
Gesamt:	**87** | 100

Troyka

41812 Neu-Immerath

Die Troyka oder »das Dreiergespann«, das sind Alexander Wulf, Marcel Kokot und Ronny Schreiber. Das feste Menü mit seinem modernen Stil ist inspiriert von Wulfs Heimat – genauso wie zahlreiche Details.

Ruhrstraße 19
+49 2431 9455355
troyka.de
Fine Dining • russisch • eigener Gemüsegarten

Essen:	**46** | 50
Service:	**18** | 20
Weinkarte:	**18** | 20
Ambiente:	**9** | 10
Gesamt:	**91** | 100

Little John's

47506 Neukirchen-Vluyn

Tim und Sandra Lellau haben ihr Restaurant mittags und abends geöffnet. Dann kommen die Gäste in den Genuss einer spannenden Küche, die geschmacklich durch die Heimat und die restliche Welt wandert.

Niederrheinallee 310
+49 2845 7908210
little-johns.de
Casual Dining • modern • entspannt

Essen:	**42** | 50
Service:	**18** | 20
Weinkarte:	**16** | 20
Ambiente:	**8** | 10
Gesamt:	**84** | 100

Herzog von Burgund

41460 Neuss

Das Restaurant in der historischen Stadtvilla hat viel Flair und Charme. Das gilt auch für die erstklassige Küche, die Erich Tiefenbacher seit mehr als 30 Jahren verlässlich anbietet. Freundlicher Service.

Erftstraße 88
+49 2131 23552
herzogvonburgund.de
österreichisch • deutsche Küche • Terrasse • klassisch

Essen:	**43** | 50
Service:	**18** | 20
Weinkarte:	**17** | 20
Ambiente:	**8** | 10
Gesamt:	86 | 100

Spitzweg

41460 Neuss

Marika Weinhold-Blum kocht passend zur Saison und nach Marktlage. Ihre Inspirationsquellen führen einmal um den Globus, aber immer zurück zu »Großmutters Küche« – verpackt in Überraschungsmenüs.

Glockhammer 43a
+49 2131 6639660
restaurant-spitzweg.de
regionale Produkte • Terrasse • modern

Essen:	**42** | 50
Service:	**17** | 20
Weinkarte:	**17** | 20
Ambiente:	**8** | 10
Gesamt:	84 | 100

Brockel Schlimbach

52385 Nideggen

Herbert Brockel und Tobias Schlimbach haben ihr Restaurant in den Gourmethimmel gekocht, ihre Küche ist kosmopolitisch und regional gleichermaßen. Ideenreich die Gerichte, raffiniert die Zubereitung!

Kirchgasse 10a
+49 2427 9091066
burgrestaurant-nideggen.de
Fine Dining • internationale Küche • modern

P

Essen:	**46** | 50
Service:	**18** | 20
Weinkarte:	**18** | 20
Ambiente:	**9** | 10
Gesamt:	91 | 100

Rosenflora

52385 Nideggen

Von außen unscheinbar, von innen eine moderne Überraschung. Die Küche ist außergewöhnlich, ohne dabei die Bodenhaftung zu verlieren. Sympathisches, lockeres Ambiente – auch dank des herzlichen Service.

Kirchstraße 2
+49 2427 94040
rosenflora.de
französisch • klassisch • Hotelrestaurant

P

Essen:	**42** | 50
Service:	**17** | 20
Weinkarte:	**17** | 20
Ambiente:	**8** | 10
Gesamt:	84 | 100

Le Gourmet Clostermanns Hof

53859 Niederkassel

Wenn Küchenparty ist, steppt hier der Bär. Aber auch sonst herrscht viel Bewegung in der Küche, die mit kreativen Gerichten für Schwung und kulinarische Überraschungen sorgt. Immer handwerklich top und voller Geschmack.

Heerstraße 2a
+49 2208 9480 260
clostermannshof.de
Hotelrestaurant • Fine Dining • Gastgarten

P

Essen:	**45** | 50
Service:	**18** | 20
Weinkarte:	**18** | 20
Ambiente:	**9** | 10
Gesamt:	90 | 100

Römers

41372 Niederkrüchten

Maria und Hans-Peter Römer sind Gastgeber aus vollem Herzen. Am linken Niederrheinufer kochen sie kreativ-regional. Ein Highlight: die Terrasse, umringt von Platanen und mit Blick auf den Brunnen.

Wiesenstraße 29
+49 2163 80428
roemers-restaurant.de
mediterran • Gastgarten • regionale Produkte • elegant

Essen:	43 | 50
Service:	17 | 20
Weinkarte:	17 | 20
Ambiente:	8 | 10
Gesamt:	85 | 100

Schloss Restaurant Venus

59394 Nordkirchen

Im »Westfälischen Versailles« genießt man vor dem Verdauungsspaziergang im Schlosspark kulinarische »Stationen« im Einklang mit den Jahreszeiten. Die legerere Alternative ist das Bistro nebenan.

Schloss 1
+49 2596 972472
lauter-nordkirchen.de
Fine Dining • im Schloss • Terrasse

Essen:	43 | 50
Service:	18 | 20
Weinkarte:	17 | 20
Ambiente:	9 | 10
Gesamt:	87 | 100

Hackbarth's

46047 Oberhausen

Puristisch-chic das Ambiente, attraktiv und abwechslungsreich die Speisekarte. Letztere gilt mittags und abends und verwöhnt die Gäste mit beliebten und bestens zubereiteten Küchenklassikern.

Im Lipperfeld 44
+49 208 22188
hackbarths.de
Allrounder • Terrasse • modern • entspannt

Essen:	43 | 50
Service:	18 | 20
Weinkarte:	16 | 20
Ambiente:	8 | 10
Gesamt:	85 | 100

Postschänke

51519 Odenthal

Die kleine, aber nicht zu unterschätzende Schwester des Gourmetrestaurants Zur Post überzeugt mit der ausgezeichneten saisonal ausgerichteten Küche der Brüder Alejandro und Christopher Wilbrand.

Altenberger-Dom-Straße 23
+49 2202 977780
zurpost.eu
Hotelrestaurant • Fine Dining • Familienbetrieb

Essen:	42 | 50
Service:	18 | 20
Weinkarte:	17 | 20
Ambiente:	8 | 10
Gesamt:	85 | 100

Zur Post

51519 Odenthal

Die Brüder Wilbrand servieren im historischen Gasthaus Klassiker so kreativ wie selten wo – und auch vegetarisch. Heimischer Bezug trifft auf internationale Einflüsse – auch auf der Weinkarte.

Altenberger-Dom-Straße 23
+49 2202 977780
zurpost.eu
Hotelrestaurant • Fine Dining • elegant

Essen:	45 | 50
Service:	18 | 20
Weinkarte:	18 | 20
Ambiente:	8 | 10
Gesamt:	89 | 100

Schinkenwirt

59939 Olsberg

Umgeben von malerischer Natur schafft der Unterfranke Michael Pfannes eine harmonische Kulisse für seine kulinarischen Kreationen. Serviert werden klimafreundliche Gerichte – saisonal und regional.

Eisenberg 2
+49 2962 979050
schinkenwirt.com
Hotelrestaurant • nachhaltig • regionale Produkte

Essen:	**42** / 50
Service:	**18** / 20
Weinkarte:	**17** / 20
Ambiente:	**8** / 10
Gesamt:	85 / 100

Balthasar

33098 Paderborn

Ein schickes Ambiente mit Charme und Flair, eine von Herzen freundliche Service-Brigade und die klassisch-moderne Küche von Elmar Simon und seinem Team – alles zusammen ein Garant für höchste Genüsse!

Warburger Straße 28
+49 5251 24448
restaurant-balthasar.de
Fine Dining • Terrasse • elegant

Essen:	**45** / 50
Service:	**18** / 20
Weinkarte:	**18** / 20
Ambiente:	**9** / 10
Gesamt:	90 / 100

Gut Lärchenhof

50259 Pulheim

Torben Schuster hat mit seinen ausgefeilten Gourmetkreationen das Restaurant des Golfclubs zu einem kulinarischen Hotspot gemacht. Genuss auf höchstem Niveau mit einer ausgezeichneten Küche.

Hahnenstraße
+49 2238 9231016
restaurant-gutlaerchenhof.de
Fine Dining • Terrasse • traditionell • modern

Essen:	**46** / 50
Service:	**18** / 20
Weinkarte:	**18** / 20
Ambiente:	**8** / 10
Gesamt:	90 / 100

Drei Raben

46459 Rees

Ein Landgut bietet den stilvollen Rahmen für das Restaurant von Andreas Koop. Mit viel Herzblut arrangiert er regionale Produkte zu feinen Speisen, verfeinert mit Kräutern aus dem eigenen Garten.

Reeserward 5
+49 2851 1852
landhaus-drei-raben.de
Gasthaus • im Grünen • Terrasse • eigener Kräutergarten

Essen:	**43** / 50
Service:	**18** / 20
Weinkarte:	**17** / 20
Ambiente:	**8** / 10
Gesamt:	86 / 100

Ballebäuschen

51580 Reichshof

In gemütlicher Atmosphäre servieren Marlies und Günter Allmann eine ganze Reihe an schmackhaften Gerichten. Dazu gehört Wild aus eigener Jagd, aber auch Büsumer Krabben und Bergisches Rinderfilet.

Hasseler Straße 10
+49 2265 9394
ballebaeuschen.de
Gasthaus • Wild • gemütlich

Essen:	**43** / 50
Service:	**18** / 20
Weinkarte:	**17** / 20
Ambiente:	**8** / 10
Gesamt:	86 / 100

Heldmann & Herzhaft 🍴🍴 — 42853 Remscheid

Schnörkellos und unkompliziert zubereitet sind die Gerichte, die Petra und Ulrich Heldmann ihren Gästen bieten. Saisonalität ist ein wichtiger Aspekt, ebenso der Einkauf bei regionalen Produzenten.

Brüderstraße 56	Essen: **43** | 50
+49 2191 291941	Service: **18** | 20
heldmanns-restaurant.de	Weinkarte: **17** | 20
regionale Küche • mediterran • Terrasse	Ambiente: **9** | 10
	Gesamt: 87 | 100

Emshaus — 33378 Rheda-Wiedenbrück

Westfalen goes international – und das marktfrisch. Familie Blomberg-Kahl orientiert sich kulinarisch an den Jahreszeiten und verwöhnt ihre Gäste mit einem einzigartigen »Zuhause-Gefühl«.

Gütersloher Straße 22	Essen: **43** | 50
+49 5242 4060400	Service: **18** | 20
emshausrheda.de	Weinkarte: **17** | 20
Gasthaus • Allrounder • Gastgarten	Ambiente: **8** | 10
	Gesamt: 86 | 100

Ferdinand Reuter — 33378 Rheda-Wiedenbrück

Iris Bettinger schaut mit ihrer Küche gerne über den westfälischen Tellerrand. Entsprechend abwechslungsreich und vielfältig ist das kulinarische Angebot in der »guten Stube« des Familienbetriebs.

Bleichstraße 3	Essen: **43** | 50
+49 5242 94520	Service: **18** | 20
hotelreuter.de	Weinkarte: **18** | 20
Hotelrestaurant • Fine Dining • klassisch • elegant	Ambiente: **8** | 10
	Gesamt: 87 | 100

Reuter — 33378 Rheda-Wiedenbrück

Familientradition seit 1894. Iris Bettinger kombiniert französische Haute Cuisine mit regionalen Spezialitäten und internationalen Einflüssen. So gut, dass das Reuter seinen Stern zum zehnten Mal in Folge trägt.

Bleichstraße 3	Essen: **46** | 50
+49 5242 94520	Service: **18** | 20
hotelreuter.de	Weinkarte: **18** | 20
Fine Dining • Familienbetrieb • französisch	Ambiente: **9** | 10
	Gesamt: 91 | 100

Beesten — 48431 Rheine

Mit viel Leidenschaft betreiben Elisabeth und Christoph Besten seit rund 30 Jahren ihr Restaurant. Wöchentlich wechselt das Menü, dazu bietet die Karte klassische Gerichte aus regionalen Produkten.

Eichenstraße 3	Essen: **42** | 50
+49 5971 3253	Service: **18** | 20
restaurant-beesten.de	Weinkarte: **17** | 20
Gasthaus • deutsche Küche • französisch • Gastgarten	Ambiente: **8** | 10
	Gesamt: 85 | 100

Bote Veit

48431 Rheine

»Gute Nachricht für Genießer« steht auf der Speisekarte der angesagten Location. Die bietet für jeden Anlass das passende Gericht, angefangen beim ausgiebigen Frühstück bis zum satt belegten Burger.

Borneplatz 3
+49 5971 9815344
boteveit.de
Allrounder • Frühstück • modern • gemütlich

Essen:	**42** | 50
Service:	**17** | 20
Weinkarte:	**16** | 20
Ambiente:	**8** | 10
Gesamt:	83 | 100

Domschenke

33397 Rietberg

Seit drei Generationen betreibt Familie Merkle die Domschenke mit dem Biergarten. Die vielen Stammgäste schätzen das abwechslungsreiche Angebot der Küche, das in üppigen Portionen serviert wird.

Lippstädter Straße 1
+49 2944 318
domschenke-mastholte.de
regionale Produkte • Gastgarten • klassisch

P

Essen:	**42** | 50
Service:	**18** | 20
Weinkarte:	**17** | 20
Ambiente:	**8** | 10
Gesamt:	85 | 100

Knippschild

59602 Rüthen

In Klaus Knippschilds Küche landet auf dem Teller, was im Sauerland gerade Saison hat. Der Koch ist selbst Jäger, und das spürt man – selbst im Ambiente: Das traditionsreiche Haus steckt voller Liebe zum Detail.

Theodor-Ernst-Straße 3
+49 2902 80330
hotel-knippschild.de
Hotelrestaurant • regionale Produkte • Wild • Terrasse

Essen:	**42** | 50
Service:	**18** | 20
Weinkarte:	**17** | 20
Ambiente:	**8** | 10
Gesamt:	85 | 100

Voshövel

46514 Schermbeck

Lifestyle im Landhaus, hier ist die Liaison gelungen. Einfallsreich präsentiert sich die Küche – und schaut dabei über den heimischen Tellerrand. Hauptsache, die verwendeten Topprodukte kommen aus der Region!

Am Voshövel 1
+49 2856 91400
landhotel.de
Hotelrestaurant • regionale Produkte • im Grünen

P

Essen:	**44** | 50
Service:	**18** | 20
Weinkarte:	**18** | 20
Ambiente:	**9** | 10
Gesamt:	89 | 100

Hofstube 57392 Schmallenberg

Im geschmackvoll ausstaffierten Hotel Deimann hat Felix Weber sein Refugium und sorgt im Restaurant mit kreativen Ideen und handwerklicher Präzision für geschmackliche Highlights.

Alte Handelsstraße 5
+49 2975 810
deimann.de
Hotelrestaurant • Fine Dining • modern • gemütlich

Essen:	45 | 50
Service:	18 | 20
Weinkarte:	17 | 20
Ambiente:	8 | 10
Gesamt:	88 | 100

Schneiderstube 57392 Schmallenberg

Entspannung pur im Wellnesshotel Waldhaus Ohlenbach. Mit herrlichem Weitblick über die Wälder des Hochsauerlands werden hier Gänseleber, Hummer und Hirschrücken mit einem Hauch Extravaganz serviert.

Ohlenbach
+49 2975 840
waldhaus-ohlenbach.de
Hotelrestaurant • regionale Produkte • Essen mit Aussicht

P

Essen:	43 | 50
Service:	18 | 20
Weinkarte:	17 | 20
Ambiente:	8 | 10
Gesamt:	86 | 100

Schütte 57392 Schmallenberg

Die Küche des Hotels im Hochsauerland besticht durch saisonal abgestimmte, traditionelle und regionale Speisen. Küchenchef Peter Wellners Hobby manifestiert sich in der Weinkarte.

Eggeweg 2
+49 2975 820
hotel-schuette.de
Hotelrestaurant • Gasthaus • regionale Küche

P

Essen:	43 | 50
Service:	18 | 20
Weinkarte:	17 | 20
Ambiente:	9 | 10
Gesamt:	87 | 100

Hasenklee 48308 Senden

Gutes vom Hof gibt es einiges: vom hausgebackenen Brot bis zum Himbeersaft und Apfelsecco. Im modernen Hotelrestaurant kommen Freunde der herzhaften westfälischen Küche auf ihre Kosten.

Hof Grothues-Potthoff 4
+49 2597 6964241
hof-grothues-potthoff.de
Hotelrestaurant • eigene Landwirtschaft • klassisch

Essen:	43 | 50
Service:	18 | 20
Weinkarte:	16 | 20
Ambiente:	8 | 10
Gesamt:	85 | 100

Beefer's Royal

53721 Siegburg

Das exklusive Restaurant hat nicht nur erstklassige Steak-Qualitäten auf der Karte. In der schicken Location werden auch tolle vegetarische Gerichte wie Veggie-Burger und Taglierini serviert.

Mühlenstraße 32–44	Essen: **42** | 50
+49 22 415470	Service: **18** | 20
kranzparkhotel.de	Weinkarte: **17** | 20
Hotelrestaurant • Steak • modern • entspannt	Ambiente: **9** | 10
P	Gesamt: 86 | 100

Restaurant Bar

57072 Siegen

Markus Boßlet führt am Herd Regie und lässt sich vom heimischen Markt inspirieren. Internationale Einflüsse treffen auf Pizza, Pasta oder Steak und spiegeln sich auch in den veganen oder vegetarischen Speisen wider.

Löhrstraße 51	Essen: **42** | 50
+49 271 3136720	Service: **17** | 20
restaurant-bar.de	Weinkarte: **16** | 20
Casual Dining • Allrounder • Pizza • entspannt	Ambiente: **8** | 10
	Gesamt: 83 | 100

Genießer Wirtshaus

52152 Simmerath

Schön, dass es so etwas noch gibt: Landhausküche ohne Schnörkel, geradlinig, bodenständig und verlässlich klassisch aus besten Zutaten gekocht. Regionalität ist dabei genauso wichtig wie Saisonalität.

Hövel 15	Essen: **43** | 50
+49 2473 3212	Service: **17** | 20
geniesserwirtshaus.de	Weinkarte: **16** | 20
Hotelrestaurant • deutsche Küche • gemütlich	Ambiente: **8** | 10
	Gesamt: 84 | 100

Pfaffenberg

42659 Solingen

Das Herzstück des Pfaffenbergs ist der 240 Quadratmeter große Garten mit rund 40 Obst- und Gemüsesorten, die auch in der Küche zum Einsatz kommen. Das Ergebnis sind saisonale Kreationen mit internationalem Twist.

Pfaffenberger Weg 284	Essen: **42** | 50
+49 212 42363	Service: **18** | 20
pfaffenberg.com	Weinkarte: **17** | 20
Gasthaus • Essen mit Aussicht • Terrasse	Ambiente: **8** | 10
P	Gesamt: 85 | 100

Eggers

45549 Sprockhövel

Gutbürgerliche deutsche Küche, darauf können sich die Gäste im sympathischen Landgasthof verlassen. Was hier herzhaft zubereitet auf die Teller kommt, stammt vorwiegend von regionalen Produzenten.

Hauptstraße 78	Essen: **43** | 50
+49 2324 71780	Service: **18** | 20
eggers-sprockhoevel.de	Weinkarte: **17** | 20
Gasthaus • deutsche Küche • traditionell	Ambiente: **8** | 10
P	Gesamt: 86 | 100

Habbel's 45549 Sprockhövel

Deutsche und französische Landküche gehen in dem traditionsreichen Restaurant eine gelungene Alliance ein. Frisch zubereitet ist alles, was hier auf die Teller kommt. Gute und passende Weinauswahl.

Gevelsberger Straße 127	Essen: 43 | 50
+49 2339 914312	Service: 18 | 20
habbel-restaurant.de	Weinkarte: 17 | 20
Casual Dining • Fisch • Steak • Gastgarten	Ambiente: 8 | 10
	Gesamt: 86 | 100

Zur Scheune 53844 Troisdorf-Eschmar

Der kulinarische Kalender mit vielen Veranstaltungen ist beachtenswert, aber auch die alltägliche Küche von Guido Radermacher lohnt einen Abstecher. Hier gibt es gutbürgerliche Klassiker mit Pfiff!

Rheinstraße 66	Essen: 42 | 50
+49 2241 400555	Service: 18 | 20
zur-scheune-troisdorf.de	Weinkarte: 16 | 20
Gasthaus • regionale Produkte • Terrasse • traditionell	Ambiente: 8 | 10
	Gesamt: 84 | 100

Haus Stemberg 42553 Velbert-Neviges

Das Gasthaus der Stembergs ist seit Jahren eine feste kulinarische Größe im Bergischen Land. Hier pflegt man mit Bedacht handwerkliche Kochkunst, die immer auch moderne kreative Akzente setzt.

Kuhlendahler Straße 295	Essen: 45 | 50
+49 2053 5649	Service: 18 | 20
stemberg.tv	Weinkarte: 18 | 20
Fine Dining • regionale Produkte • gemütlich	Ambiente: 9 | 10
	Gesamt: 90 | 100

Kräutergarten 53343 Wachtberg

In der gemütlichen Atmosphäre des Restaurants oder auf der idyllischen Terrasse kann man sich entspannt zurücklehnen und die ausgefeilte, klassisch inspirierte Küche von Herbert Jungbluth genießen.

Töpferstraße 30	Essen: 42 | 50
+49 2225 7578	Service: 18 | 20
gasthaus-kraeutergarten.de	Weinkarte: 17 | 20
Gasthaus • entspannt • Terrasse	Ambiente: 8 | 10
	Gesamt: 85 | 100

Stromberg 45731 Waltrop

Tradition trifft in den Töpfen und Pfannen von Sascha Laskowski auf Moderne – und wie! Festlegen will der Küchenchef sich nicht. Das spiegelt sich auch im Ambiente wider: puristisch und gemütlich zugleich.

Dortmunder Straße 5	Essen: 43 | 50
+49 2309 4228	Service: 18 | 20
gasthaus-stromberg.de	Weinkarte: 17 | 20
Gasthaus • regionale Produkte • Hausmannskost • elegant	Ambiente: 8 | 10
	Gesamt: 86 | 100

Im Engel

48231 Warendorf

Tradition ist in dem historischen Haus überall zu spüren. Dazu gehört auch die bestens sortierte Weinkarte mit Tiefgang ebenso wie die gutbürgerliche Küche mit ihren herzhaften schnörkellosen Speisen.

Brünebrede 33–37	Essen: **42** I 50
+49 2581 93020	Service: **18** I 20
hotel-im-engel.de	Weinkarte: **17** I 20
Hotelrestaurant • Familienbetrieb • klassisch	Ambiente: **8** I 10
	Gesamt: 85 I 100

Thuns Dorfkrug

58791 Werdohl

Klassisch-elegant und trotzdem zeitgemäß: Das Restaurant im Märkischen Kreis überzeugt mit regionalen und internationalen Gerichten. Dazu lockt eine gute Weinauswahl und eine ansprechende Übernachtungsmöglichkeit.

Brauck 7	Essen: **42** I 50
+49 2392 97980	Service: **18** I 20
thuns.de	Weinkarte: **17** I 20
Hotelrestaurant • Fine Dining • elegant	Ambiente: **8** I 10
	Gesamt: 85 I 100

Gerbens

58739 Wickede

Die Küche in der ehemaligen Poststation bietet eine ganze Reihe an bodenständigen Leibgerichten, die feste Bestandteile der Speisekarte sind und nach traditionellen Rezepten zubereitet werden.

Hauptstraße 211	Essen: **43** I 50
+49 2377 1013	Service: **18** I 20
haus-gerbens.de	Weinkarte: **17** I 20
Hotelrestaurant • Steak • Terrasse	Ambiente: **8** I 10
	Gesamt: 86 I 100

79°

42103 Wuppertal

Dem ungemein kreativen Kopf von Küchenchef Philipp Grimm ist es zu verdanken, dass es den Gästen trotz kleiner Speisekarte – mit Fokus auf Regionalität, aber undogmatisch – niemals langweilig wird.

Luisenstraße 61	Essen: **43** I 50
+49 202 27097070	Service: **18** I 20
79grad.com	Weinkarte: **17** I 20
Bistro • regionale Produkte • vegetarisch	Ambiente: **8** I 10
	Gesamt: 86 I 100

Scarpati

42327 Wuppertal

Aniello Scarpati hat mit seinem eleganten Restaurant eine kulinarische Institution im Ruhrgebiet geschaffen. Eine Hommage an ihn sind die Capellini mit Alba-Trüffel und die Kalbsleber à la Scarpati.

Scheffelstraße 41
+49 202 784074
scarpati.de
Hotelrestaurant • Fine Dining • italienisch • Gastgarten

Essen:	**43** | 50
Service:	**18** | 20
Weinkarte:	**17** | 20
Ambiente:	**8** | 10
Gesamt:	86 | 100

Shiraz

42279 Wuppertal

Alexander Hoppes Händchen für kunstvolle Präsentation bringt die aromatisch ausgeklügelten Kreationen auch visuell zu Meisterwerken. So ist sein Menü eine Abfolge von kleinen und großen Gaumenfreuden.

Wittener Straße 288
+49 202 26533779
restaurant-shiraz.com
Fine Dining • Terrasse • elegant

Essen:	**45** | 50
Service:	**18** | 20
Weinkarte:	**18** | 20
Ambiente:	**9** | 10
Gesamt:	90 | 100

Trattoria Scarpati

42327 Wuppertal

In unkomplizierter familiärer Atmosphäre kann man hier dieselbe italienische Gourmetküche wie im eleganten Restaurant nebenan genießen. Ein Klassiker: Rindercarpaccio mit Cipriani-Sauce und Rucola.

Scheffelstraße 41
+49 202 784074
scarpati.de
Terrasse • italienisch • gemütlich

Essen:	**42** | 50
Service:	**18** | 20
Weinkarte:	**17** | 20
Ambiente:	**8** | 10
Gesamt:	85 | 100

Alte Feuerwache

52146 Würselen

In schicken, neu gestalteten Räumlichkeiten serviert Kurt Podobnik mittags und abends seine Küche. Aufwendig zubereitet und raffiniert arrangiert, punktet jedes Gericht mit konzentriertem Geschmack.

Oppener Straße 115
+49 2405 4290112
alte-feuerwache-wuerselen.de
Gasthaus • regionale Produkte • modern

Essen:	**43** | 50
Service:	**18** | 20
Weinkarte:	**18** | 20
Ambiente:	**8** | 10
Gesamt:	87 | 100

Landhaus Köpp

46509 Xanten

Stilvoll sitzen die Gäste im eleganten Restaurant und freuen sich an den Speisen, die der freundliche Service auftischt. Das sind vor allem Klassiker aus der französisch angehauchten Haute Cuisine.

Husenweg 147
+49 2804 1626
landhauskoepp.de
Fine Dining • französisch • elegant

Essen:	**45** | 50
Service:	**18** | 20
Weinkarte:	**18** | 20
Ambiente:	**9** | 10
Gesamt:	90 | 100

RHEINLAND-PFALZ

Assenmacher 53505 Altenahr

Seit Generationen in Familienhand: Christa und Christian Storch stehen seit 2006 als herzliche Gastgeber am Ruder des 1876 erbauten Hauses und bieten klassische Gerichte, die sie modern interpretieren.

Brückenstraße 12	Essen: **43** | 50
+49 2643 1848	Service: **17** | 20
gasthaus-assenmacher.de	Weinkarte: **16** | 20
Gasthaus • mediterran • französisch • gemütlich	Ambiente: **8** | 10
	Gesamt: 84 | 100

Ai Pero 56626 Andernach

Italien am Rhein: von traditioneller Pizza aus dem Holzofen über authentische italienische Gerichte und Menüs hin zu Weinbar und Antipasti. Stilvolles Gesamtkonzept, eingebettet in ein Boutiquehotel.

Schafbachstraße 20–24	Essen: **43** | 50
+49 2632 989406	Service: **18** | 20
aipero.de	Weinkarte: **17** | 20
Fine Dining • italienisch • modern • elegant	Ambiente: **9** | 10
	Gesamt: 87 | 100

PURS 56626 Andernach

In sechs bis acht Gängen kann man die Zwei-Sterne-Kompositionen von Yannick Noack und seinem Küchenteam genießen. Gäste feiern die kulinarischen Highlights, die alle Sinne ansprechen. Atmosphärisch.

Steinweg 30–32	Essen: **47** | 50
+49 2632 9586750	Service: **19** | 20
purs.com	Weinkarte: **19** | 20
Fine Dining • französisch • elegant • modern	Ambiente: **9** | 10
	Gesamt: 94 | 100

Yoso — 56626 Andernach

Japanische, skandinavische und französische Küche unter einem Dach. Das neue kulinarische Konzept des YOSO klingt außergewöhnlich, und Peter Fridén gelingen hier extrem spannende und kreative Gerichte.

Schafbachstraße 14
+49 2632 4998643
yoso-restaurant.de
japanisch • modern • Hotelrestaurant

Essen:	**44**	50
Service:	**18**	20
Weinkarte:	**17**	20
Ambiente:	**9**	10
Gesamt:	**88**	100

Hundertguldenmühle — 55437 Appenheim

Anspruchsvoll und bodenständig: So definiert Eva Eppard ihre Küche im historischen Mühlenensemble in der Nähe von Mainz. Küchenchef Jonas Herber setzt sie mit saisonalen Gerichten gekonnt in Szene.

Mühle 2
+49 6725 9990210
100guldenmuehle.de
Casual Dining • regionale Produkte • gemütlich

Essen:	**43**	50
Service:	**17**	20
Weinkarte:	**16**	20
Ambiente:	**8**	10
Gesamt:	**84**	100

Linden's — 54441 Ayl

Gehobener Landhausstil. Neben Standards wie Wiener Kalbsschnitzel und Flammkuchen gibt es feine, saisonal wechselnde Kreationen. Dazu: Weine aus der Region. Wer übernachten möchte, bucht ein Gästezimmer.

Neustraße 2
+49 6581 4105
pension-linden.de
Gasthaus • deutsche Küche • Wild

Essen:	**43**	50
Service:	**17**	20
Weinkarte:	**17**	20
Ambiente:	**7**	10
Gesamt:	**84**	100

Weinrestaurant Ayler Kupp — 54441 Ayl

Chefkoch Jörg Diekert bietet seinen Gästen zwei Menüs an, die nach Wunsch variiert werden können. Alle Gerichte werden à la minute zubereitet – ein erfreulich attraktives Angebot mit Geschmackspower.

Trierer Straße 49 a
+49 6581 988380
saarwein-hotel.de
Hotelrestaurant • eigener Weinbau • modern

Essen:	**44**	50
Service:	**19**	20
Weinkarte:	**18**	20
Ambiente:	**8**	10
Gesamt:	**89**	100

Stübers Restaurant — 55422 Bacharach

An einem der schönsten Flecken des Rheintals verwöhnt Familie Stüber die Gäste im historischen Fachwerkhaus nach dem Slow-Food-Konzept mit regionalen und mediterranen Köstlichkeiten, und zwar auch mit veganen.

Langstraße 50
+49 6743 1243
rhein-hotel-bacharach.de
Gasthaus • regionale Produkte • bio

Essen:	**44**	50
Service:	**17**	20
Weinkarte:	**17**	20
Ambiente:	**7**	10
Gesamt:	**85**	100

80–84 · 85–89 · 90–94 · 95–100 Punkte

Weinstube Bach-Mayer — 67098 Bad Dürkheim

Im gemütlichen rustikalen Ambiente verwöhnt Patron Carsten di Lorenzi seine Gäste mit regionalen Spezialitäten und bodenständigen Klassikern. Dazu werden natürlich Pfälzer Weine ausgeschenkt.

Gerberstraße 13
+49 6322 92120
bach-mayer.de
österreichisch • traditionell • gemütlich

Essen:	**43** | 50
Service:	**18** | 20
Weinkarte:	**17** | 20
Ambiente:	**7** | 10
Gesamt:	85 | 100

Im Gütchen — 55545 Bad Kreuznach

Was bei Jan Treutle auf die Teller kommt, hat regionalen, mediterranen oder internationalen Bezug. Die Zutaten stammen zum Großteil aus der Umgebung. Ob à la carte oder Menü: Es gibt feines Vegetarisches.

Hüffelsheimer Straße 1
+49 671 42626
im-guetchen.com
Casual Dining • modern • Terrasse

Essen:	**44** | 50
Service:	**18** | 20
Weinkarte:	**18** | 20
Ambiente:	**8** | 10
Gesamt:	88 | 100

Im Kittchen — 55545 Bad Kreuznach

Urige Atmosphäre, keine feste Speisekarte, alle Gerichte stehen auf einer großen Wandtafel. Schwerpunkt bildet das mehrgängige Überraschungsmenü in kleinen Portionen. Umfangreiches Weinsortiment.

Alte Poststraße 2
+49 671 9200811
imkittchen.de
Gasthaus • vegetarisch • gemütlich • klassisch

Essen:	**44** | 50
Service:	**18** | 20
Weinkarte:	**18** | 20
Ambiente:	**8** | 10
Gesamt:	88 | 100

Prümer Gang

53474 Bad Neuenahr-Ahrweiler

Gegen den Hunger serviert der ambitionierte Chef de Cuisine Roger Müller Küchenklassiker und kombiniert sie mit internationalen Einflüssen. Dabei kommen so oft wie möglich heimische Produkte zum Einsatz.

Niederhutstraße 58
+49 2641 4757
pruemergang.de
Hotelrestaurant • regionale Küche • klassisch

Essen:	**43** I 50
Service:	**18** I 20
Weinkarte:	**18** I 20
Ambiente:	**8** I 10
Gesamt:	87 I 100

Restaurant Sanct Peter

53474 Bad Neuenahr-Ahrweiler

Das Team arrangiert aufwendige Teller in vier bis sechs Gängen. Stilistisch orientiert man sich an regionaler, französischer und internationaler Hochküche. Dazu: passende Weine vom eigenen Gut.

Walporzheimer Straße 134
+49 2641 97750
sanct-peter.de
Fine Dining • französisch • traditionell

Essen:	**45** I 50
Service:	**18** I 20
Weinkarte:	**18** I 20
Ambiente:	**8** I 10
Gesamt:	89 I 100

Steinheuers Poststuben

53474 Bad Neuenahr-Ahrweiler

In der Poststube frönt man mit Leidenschaft bodenständigen Gerichten. Immer aus besten Produkten zubereitet, schmecken hier Rehsauerbraten und Kalbsleber ebenso wie geschmelzte Käseknödel.

Landskroner Straße 110
+49 2641 94860
steinheuers.de
Gasthaus • Familienbetrieb • traditionell

Essen:	**44** I 50
Service:	**18** I 20
Weinkarte:	**18** I 20
Ambiente:	**8** I 10
Gesamt:	88 I 100

Steinheuers Zur Alten Post

53474 Bad Neuenahr-Ahrweiler

Raffinierte Kreationen in perfekter Zubereitung, die Gerichte von Hans Stefan Steinheuer sind ein Erlebnis für alle Sinne. Gabriele und Desirée Steinheuer sorgen für die passende Weinbegleitung.

Landskroner Straße 110
+49 2641 94860
steinheuers.de
Fine Dining • Familienbetrieb • französisch • elegant

Essen:	**47** I 50
Service:	**19** I 20
Weinkarte:	**19** I 20
Ambiente:	**9** I 10
Gesamt:	94 I 100

80–84 85–89 90–94 95–100 Punkte

Weinkirche 53474 Bad Neuenahr-Ahrweiler

Das historische Gasthaus mit seinem Restaurant Weinkirche ist längst eine kulinarische Institution. Die Küche bietet eine abwechslungsreiche Auswahl an geschmackvollen Gerichten, alles vom Feinsten.

Walporzheimer Straße 134	Essen:	42 | 50
+49 2641 97750	Service:	18 | 20
sanct-peter.de	Weinkarte:	18 | 20
Gasthaus • eigener Weinbau • klassisch	Ambiente:	8 | 10
	Gesamt:	86 | 100

Hermannshof 55566 Bad Sobernheim

Bequeme Sessel und Vintage-Möbel in historischem Sandsteingewölbe. Der Hermannshof wird bespielt von Philipp Helzle, der Saisonales mit regionalem Einschlag auftischt. Schön und leger.

Felkestraße 100	Essen:	44 | 50
+49 6751 93390	Service:	18 | 20
bollants.de	Weinkarte:	18 | 20
Hotelrestaurant • Familienbetrieb • Gewölbe	Ambiente:	8 | 10
	Gesamt:	88 | 100

Jungborn 55566 Bad Sobernheim

Im Sternerestaurant des Hotels verwöhnt Philipp Helzle abends mit kreativen saisonalen Menüs. Der Akzent variiert, eins bleibt gleich: die Orientierung an besten Zutaten. Wer möchte, isst à la carte.

Felkestraße 100	Essen:	45 | 50
+49 6751 93390	Service:	18 | 20
bollants.de	Weinkarte:	18 | 20
Hotelrestaurant • Familienbetrieb • französisch	Ambiente:	9 | 10
	Gesamt:	90 | 100

Kupferkanne 55566 Bad Sobernheim

Regionale Produkte spielen bei Speisen und passenden Getränken eine wichtige Rolle im Haus von Doreen und Patrick Wahl. Gekocht wird bodenständig, saisonal und abwechslungsreich. Angenehme Atmosphäre.

Berliner Straße 2	Essen:	43 | 50
+49 6751 2858	Service:	17 | 20
restaurant-kupferkanne.de	Weinkarte:	16 | 20
Familienbetrieb • regionale Produkte • urig	Ambiente:	7 | 10
	Gesamt:	83 | 100

Am Kachelofen

65558 Balduinstein

Das gediegen-gemütliche Restaurant des familiengeführten Landhotels Zum Bären ist die Bühne von Chefkoch Joachim Buggle. Aus heimischen Zutaten kreiert er regionale Gerichte mit mediterranen Akzenten.

Bahnhofstraße 24	Essen: **44** | 50
+49 4964 32800780	Service: **18** | 20
landhotel-zum-baeren.de	Weinkarte: **17** | 20
mediterran • regionale Produkte • traditionell	Ambiente: **8** | 10
	Gesamt: 87 | 100

Restaurant zum Bären

65558 Balduinstein

Das Restaurant strahlt klassische Gemütlichkeit aus, die Küche komponiert Regionales – gerne mit französischem und mediterranem Touch. Tradition seit 1827. Gut sortierte Weinkarte. Charmanter Service.

Bahnhofstraße 24	Essen: **44** | 50
+49 6432 800780	Service: **18** | 20
landhotel-zum-baeren.de	Weinkarte: **17** | 20
Hotelrestaurant • Familienbetrieb • traditionell	Ambiente: **8** | 10
	Gesamt: 87 | 100

Das Bootshaus

55411 Bingen am Rhein

Uriger Holzboden, Altholzmöbel, helle Leinenstoffe: das Ambiente im Vintage-Stil mit Blick auf den Rhein, die Küche naturverbunden, zeitgemäß und an den Jahreszeiten orientiert, der Fokus auf Gemüse.

Hafenstaße 47	Essen: **44** | 50
+49 6721 35010	Service: **18** | 20
paparheinhotel.de	Weinkarte: **18** | 20
Hotelrestaurant • regionale Produkte • Essen mit Aussicht	Ambiente: **8** | 10
	Gesamt: 88 | 100

Knipsers Halbstück

67281 Bissersheim

In der Gutsschenke des Weinguts Knipser kommen vorwiegend hauseigene Tropfen ins Glas. Die Küche serviert dazu herzhafte Vesper-Klassiker. Man sitzt an blank gescheuerten Tischen und genießt einfach.

Hollergasse 2	Essen: **43** | 50
+49 6359 9459211	Service: **18** | 20
halbstueck.de	Weinkarte: **18** | 20
Gasthaus • eigener Weinbau • deutsche Küche • gemütlich	Ambiente: **8** | 10
	Gesamt: 87 | 100

Eiserner Ritter

56154 Boppard

Gäste von Küchenchef René Klütsch lieben seinen Mix aus klassischer Küche und modernen Interpretationen. Besonders gefragt im Landgasthof: »Omas Sonntagsbraten reloaded« vom Eifeler Fleckvieh.

Zur Peterskirche 10	Essen: **43** | 50
+49 6742 93000	Service: **17** | 20
eiserner-ritter.de	Weinkarte: **16** | 20
Gasthaus • regionale Produkte • Wild	Ambiente: **8** | 10
	Gesamt: 84 | 100

Le Chopin
56154 Boppard

Küchenchef Sebastian Messinger setzt bei seinem Gastrokonzept auf Produkte der Region und klassische, aber modern interpretierte Gerichte. Weinauswahl mit Schwerpunkt Mittelrhein. Stilvolles Ambiente.

Rheinallee 41	Essen: **45** | 50
+49 6742 1020	Service: **18** | 20
bellevue-boppard.de	Weinkarte: **17** | 20
Hotelrestaurant • Essen mit Aussicht • klassisch	Ambiente: **9** | 10
	Gesamt: 89 | 100

Kucher's Gourmet Restaurant
54552 Darscheid

In eleganter Umgebung lässt man sich von zwei Menüs inspirieren, die Florian Kucher in bis zu sechs Gängen serviert. Stets präsent: die Leidenschaft, mit der er kocht. Weinkarte mit 1700 Positionen.

Karl-Kaufmann-Straße 2	Essen: **45** | 50
+49 6592 629	Service: **18** | 20
kucherslandhotel.de	Weinkarte: **19** | 20
Hotelrestaurant • Familienbetrieb • Fine Dining	Ambiente: **8** | 10
P	Gesamt: 90 | 100

Kucher's Weinwirtschaft
54552 Darscheid

Sternekoch Florian Kucher kann auch raffinierte Landhausküche. Die tischt er in seiner hübschen Weinwirtschaft auf und orientiert sich dabei an dem, was die Region zu bieten hat. Klassiker: Saure Nierle.

Karl-Kaufmann-Straße 2	Essen: **44** | 50
+49 6592 629	Service: **18** | 20
kucherslandhotel.de	Weinkarte: **18** | 20
Hotelrestaurant • regionale Küche • modern • Burger	Ambiente: **8** | 10
P	Gesamt: 88 | 100

1718
67146 Deidesheim

Die französisch-internationale Küche von Chefkoch Lars Wolf überzeugt mit vielen Fischgerichten. Man isst in schönem stilvollem Ambiente. Lauschige Terrasse mit Blick auf das restaurierte Gebäudeensemble.

Ketschauerhofstraße 1	Essen: **43** | 50
+49 6326 70000	Service: **17** | 20
ketschauer-hof.com	Weinkarte: **16** | 20
französisch • international • modern • Terrasse	Ambiente: **8** | 10
P	Gesamt: 84 | 100

Fumi
67146 Deidesheim

Food-Pairing at its best: Im Gutsrestaurant von Önologin Fumiko Tokuoka sind die Speisen perfekt auf die hauseigenen Weine und Sekte abgestimmt. Die kleine Speisekarte bietet ausschließlich Japanisches.

Im Katharinenbild 1	Essen: **43** | 50
+49 6326 70012	Service: **17** | 20
josef-biffar.de	Weinkarte: **16** | 20
japanisch • modern • eigener Weinbau	Ambiente: **8** | 10
P	Gesamt: 84 | 100

L.A. Jordan

67146 Deidesheim

Zu Gast bei Freunden, so möchte der doppelt besternte Küchenchef Daniel Schimkowitsch seine Vision verstanden sehen. Im schicken Ambiente gibt's bis zu acht Gänge, allesamt aromenstark und geschmackskonzentriert.

Ketschauerhofstraße 1	Essen: **47** I 50
+49 6326 70000	Service: **18** I 20
ketschauer-hof.com	Weinkarte: **19** I 20
Fine Dining • eigener Weinbau • modern	Ambiente: **8** I 10
P	Gesamt: 92 I 100

Leopold

67146 Deidesheim

Elegant, aber gemütlich geht es zu im Restaurant des Weinguts von Winning. Die Küche orientiert sich an marktfrischen Produkten. Serviert wird Internationales und »Pälzisches«. Besonderheit: Wagyu-Rind.

Weinstraße 10	Essen: **43** I 50
+49 6326 9668888	Service: **18** I 20
von-winning.de	Weinkarte: **18** I 20
eigener Weinbau • Steak • Terrasse	Ambiente: **8** I 10
P	Gesamt: 87 I 100

Restaurant St. Urban

67146 Deidesheim

Das Ambiente ist gediegen, der Saumagen weltberühmt: Chef Felix Kersten kocht mit regionalen und saisonalen Produkten nach klassischen Rezepten Pfälzer Gerichte und Feines nach internationalem Gusto.

Marktplatz 1	Essen: **44** I 50
+49 6326 96870	Service: **18** I 20
deidesheimerhof.de	Weinkarte: **18** I 20
Hotelrestaurant • Familienbetrieb • gemütlich	Ambiente: **8** I 10
P	Gesamt: 88 I 100

Riva

67146 Deidesheim

Bella Italia in der Pfalz: Die Pizza aus dem Steinbackofen ist der Hit, die Pasta à la mamma aber genauso gut – und nicht zu vergessen die saftigen Steaks. Schickes Restaurant und einladende Terrasse.

Weinstraße 12	Essen: **43** I 50
+49 6326 700077	Service: **17** I 20
kaisergarten-deidesheim.com	Weinkarte: **17** I 20
Casual Dining • Hotelrestaurant • Steak • mediterran	Ambiente: **8** I 10
	Gesamt: 85 I 100

Schwarzer Hahn

67146 Deidesheim

Stefan Neugebauer überrascht immer wieder mit regional-international ausgerichteten Kreationen. Gaumenschmaus vom Feinsten in schickem Ambiente. Die Weinauswahl ist riesig, die Beratung kompetent.

Am Marktplatz 1	Essen: **45** I 50
+49 6326 96870	Service: **18** I 20
restaurant-schwarzer-hahn.de	Weinkarte: **19** I 20
Fine Dining • Familienbetrieb • französisch	Ambiente: **9** I 10
P	Gesamt: 91 I 100

Siben's Gutsküche 67146 Deidesheim

Herzhafte Küche mit Pfälzer Klassikern ist in dem gemütlich-rustikalen Ambiente angesagt. Alle Gerichte sind natürlich hausgemacht und werden vorwiegend aus heimischen Produkten frisch zubereitet.

Weinstraße 21	Essen: **43** I 50
+49 6326 989363	Service: **18** I 20
weingut-siben.de	Weinkarte: **17** I 20
Familienbetrieb • eigener Weinbau • Gastgarten	Ambiente: **7** I 10
	Gesamt: 85 I 100

Sushi B. 67146 Deidesheim

Japanische Klassiker im traditionsreichen Weingut Reichsrat von Buhl, zubereitet von Piotr Suszek und serviert im modernen Ambiente. Ein Großteil von Sushi und Co gibt es auch als Take-away.

Weinstraße 18	Essen: **43** I 50
+49 6326 965050	Service: **17** I 20
sushi-b.de	Weinkarte: **17** I 20
Casual Dining • japanisch • Sushi • modern	Ambiente: **8** I 10
	Gesamt: 85 I 100

Hofgarten 53507 Dernau

Die Gutsschenke des Weinguts Meyer-Näkel bietet frisch zubereitete Gasthausschmankerl und Weine aus eigenem Anbau – auch aus den Betrieben in Portugal und Südafrika. Hübscher überdachter Innenhof.

Bachstraße 26	Essen: **43** I 50
+49 2643 1540	Service: **18** I 20
hofgarten-dernau.de	Weinkarte: **18** I 20
Familienbetrieb • eigener Weinbau • deutsche Küche	Ambiente: **7** I 10
	Gesamt: 86 I 100

Schneider 76857 Dernbach

Tradition wird in dem sympathischen Familienbetrieb großgeschrieben, entsprechend klassisch und hausgemacht ist die Küche ausgerichtet. Wildgerichte und Wiener Schnitzel sind hier die Favoriten.

Hauptstraße 88	Essen: **44** I 50
+49 6345 8348	Service: **18** I 20
schneider-dernbachtal.de	Weinkarte: **18** I 20
Gasthaus • Familienbetrieb • deutsche Küche • traditionell	Ambiente: **8** I 10
	Gesamt: 88 I 100

Halferschenke 56332 Dieblich

Kreativ, modern und regional ist der Küchenstil, den sich Christoph Schmah auf die Fahne geschrieben hat. Seine Produktauswahl ist gerne regional und bio – und immer erstklassig. Eigene Gästezimmer.

Hauptstraße 63
+49 2607 7499154
halferschenke-dieblich.de
Gasthaus • regionale Produkte • entspannt

Essen:	44 | 50
Service:	18 | 20
Weinkarte:	18 | 20
Ambiente:	8 | 10
Gesamt:	88 | 100

Fetz 56348 Dörscheid

Im gemütlich-modernen Haus verwenden Marcus Fetz und Jan Maus beste Produkte aus der unmittelbaren Umgebung und kombinieren sie zu geschmackvollen Arrangements. Modern interpretierte Wildgerichte.

Oberstraße 19
+49 6774 267
fetz-hotel.de
Allrounder • regionale Produkte • eigener Weinbau

Essen:	43 | 50
Service:	17 | 20
Weinkarte:	16 | 20
Ambiente:	8 | 10
Gesamt:	84 | 100

Christopher Arnoldi

Sonnora 54518 Dreis

Im neu gestalteten Restaurant regiert französische Küche in Bestform. Clemens Rambichler und sein Team haben ihre Gerichte geschmacklich perfektioniert und bieten Genüsse zum Niederknien.

Auf'm Eichelfeld 1
+49 6578 406
hotel-sonnora.de
Fine Dining • französisch • klassisch • elegant

Essen:	50 | 50
Service:	20 | 20
Weinkarte:	20 | 20
Ambiente:	9 | 10
Gesamt:	99 | 100

Torschänke 54647 Dudeldorf

Eine »gute Stube« mit Platz für entspannte Genussmomente. Bei Simon Berhard und Kilian Rau fühlt man sich in besten Händen und genießt Rumpsteak, Kalbstafelspitz oder geschmorte Waldpilzroulade.

Philippsheimer Straße 1
+49 6565 2024
torschaenke-dudeldorf.de
Gasthaus • regionale Produkte • Wild • gemütlich

Essen:	44 | 50
Service:	18 | 20
Weinkarte:	17 | 20
Ambiente:	8 | 10
Gesamt:	87 | 100

Kölbl
67677 Enkenbach-Alsenborn

International geht es auf der Speisekarte zu. Wählen kann man zwischen à la carte und Menü, auch eine vegetarische Alternative ist im Angebot. Stets marktfrische Produkte. Im Sommer lockt der schöne Innenhof.

Hauptstraße 3
+49 6303 3071
hotel-restaurant-koelbl.de
Familienbetrieb • Steak • klassisch

Essen:	**43** | 50
Service:	**17** | 20
Weinkarte:	**17** | 20
Ambiente:	**8** | 10
Gesamt:	85 | 100

Gutsausschank Spindler
67147 Forst an der Weinstraße

Florian Spindler setzt auf Traditionsgerichte seiner Pfälzer Heimat und kombiniert sie mit den Weinen aus dem hauseigenen Betrieb. Stets präsent: der Blick über den Tellerrand. Neu: Weinbar mit Tapas.

Weinstraße 44
+49 6326 5850
gutsausschank-spindler.de
deutsche Küche • Gastgarten • traditionell

Essen:	**42** | 50
Service:	**18** | 20
Weinkarte:	**17** | 20
Ambiente:	**7** | 10
Gesamt:	84 | 100

Weinstube Brand
76833 Frankweiler

Christian Knefler hat seine rustikale Weinstube zu einem Pfälzer Hotspot gemacht – und zwar mit einer über Jahre verlässlich exzellenten, regionaltypischen Küche, die zu den besten an der Weinstraße gehört.

Weinstraße 19
+49 6345 959490
weinstube-brand.de
Gasthaus • deutsche Küche • Wild • urig

Essen:	**44** | 50
Service:	**18** | 20
Weinkarte:	**17** | 20
Ambiente:	**7** | 10
Gesamt:	86 | 100

Atable im Amtshaus
67251 Freinsheim

Im Herzen der historischen Altstadt bietet Patron Swen Bultmann saisonal inspirierte klassisch französische Küche. Für die Weinkarte zeichnet Sommelière Sybille Bultmann verantwortlich. Hübsches Hotel.

Hauptstraße 29
+49 6353 5019355
amtshaus-freinsheim.de
Fine Dining • französisch • modern

Essen:	**43** | 50
Service:	**17** | 20
Weinkarte:	**17** | 20
Ambiente:	**8** | 10
Gesamt:	85 | 100

Freinsheimer Hof
67251 Freinsheim

Was die unmittelbare Umgebung zu bieten hat, verarbeitet Alexander Frien mit seiner Küchencrew im kleinen Landhotel zu kreativen, frischen und abwechslungsreichen Gerichten. Stets hübsch arrangiert.

Breite Straße 7
+49 6353 5080410
freinsheimerhof.com
Gasthaus • deutsche Küche • mediterran • klassisch

Essen:	**43** | 50
Service:	**17** | 20
Weinkarte:	**16** | 20
Ambiente:	**8** | 10
Gesamt:	84 | 100

Weinreich 🍴🍴

67251 Freinsheim

Dass in dem ansprechenden Ambiente reichlich Wein ausgeschenkt wird, ergibt sich aus dem Namen. Dazu kommt eine herzhafte bodenständige Küche – eine geschmackvolle Liaison mit kulinarischem Pfiff.

Hauptstraße 25
+49 6353 9598640
weinstube-weinreich.de
Vinothek • Steak • gemütlich

Essen:	**43** | 50
Service:	**18** | 20
Weinkarte:	**18** | 20
Ambiente:	**7** | 10
Gesamt:	86 | 100

Thorsten Rommel Photography

PAN 🍴🍴

76726 Germersheim

Vinothek und Restaurant in historischen Mauern: Regina und Dennis Schneider haben ein Konzept auf die Beine gestellt, das aufgeht. Die kleine Karte bietet Saisonales und Mediterranes. Und das stets gekonnt.

Klosterstraße 2
+49 7274 9192095
pandievinothek.de
Vinothek • Allrounder • elegant • modern

Essen:	**44** | 50
Service:	**18** | 20
Weinkarte:	**17** | 20
Ambiente:	**8** | 10
Gesamt:	87 | 100

Pfälzer Stuben 🍴🍴

76863 Herxheim-Hayna

Neue Wege im legendären Haus: Pfalz trifft Italien. Gekonnt verbindet Fabio Daneluzzi Regionales mit seinen italienischen Wurzeln und interpretiert Traditionsgerichte beider Länder auf neue Weise.

Hauptstraße 62–64
+49 7276 5080
hotelkrone.de
Gasthaus • Familienbetrieb • traditionell

Essen:	**44** | 50
Service:	**18** | 20
Weinkarte:	**18** | 20
Ambiente:	**9** | 10
Gesamt:	89 | 100

Corona

56579 Hardert

Sergio Corona kocht gehoben und mediterran inmitten des Westerwalds und verwöhnt seine Gäste zusammen mit Gattin Kerstin im eigenen Hotel. Das Ambiente ist gediegen, Qualität und Menüpreise überzeugen.

Mittelstraße 13
+49 2634 2727
restaurantcorona.de
regionale Produkte • gemütlich • Gastgarten

Essen:	**44** I 50
Service:	**17** I 20
Weinkarte:	**16** I 20
Ambiente:	**8** I 10
Gesamt:	85 I 100

Hubertushof

76831 Ilbesheim

Überschaubare Karte, fantasievoll-kreative Küchenleistung: Jochen Sitter kocht in seinem hübschen Fachwerkensemble mit erkennbarem saisonalem Bezug. Die Gerichte wechseln regelmäßig. Tolles Brot!

Arzheimer Straße 5
+49 6341 930239
restaurant-hubertushof-ilbesheim.de
Gasthaus • Casual Dining • regionale Küche

Essen:	**44** I 50
Service:	**18** I 20
Weinkarte:	**18** I 20
Ambiente:	**8** I 10
Gesamt:	88 I 100

Weedenhof

55270 Jugenheim

Herzliche Gastlichkeit im Landhausstil. Michael Knöll verwöhnt seine Gäste mit bodenständigen Gerichten aus marktfrischen Produkten und Zutaten, immer gekonnt verfeinert mit mediterranen Akzenten.

Mainzer Straße 6
+49 6130 941337
weedenhof.de
Hotelrestaurant • urig • gemütlich

Essen:	**43** I 50
Service:	**18** I 20
Weinkarte:	**17** I 20
Ambiente:	**8** I 10
Gesamt:	86 I 100

Vinothek am Nil

67169 Kallstadt

Originalität zeichnet die ambitionierte Küche aus, die nicht nur auf Pfälzer Klassiker setzt. Der kulinarische Weitblick über den Tellerrand in mediterrane Gefilde gelingt sehr geschmackvoll.

Neugasse 21
+49 6322 9563160
weingutamnil.de
Gasthaus • eigener Weinbau • unkonventionell

Essen:	**42** I 50
Service:	**18** I 20
Weinkarte:	**17** I 20
Ambiente:	**8** I 10
Gesamt:	85 I 100

Intense

67169 Kallstadt

Offene Küche, offenes Feuer, modern-reduziertes Ambiente: Benjamin Peifer und Bettina Thiel inszenieren auf einer 18 Gänge umfassenden Genussreise kreative Fusionsküche mit regionalen Zutaten. Furios!

Weinstraße 31	Essen: **46** | 50
+49 6322 9591150	Service: **18** | 20
restaurant-inten.se	Weinkarte: **17** | 20
Fine Dining • entspannt • modern	Ambiente: **9** | 10
	Gesamt: 90 | 100

Zum Riesen

76870 Kandel

Gekonnt schaut die ambitionierte Restaurantküche über den Tellerrand und bietet neben Rinderfilet auch Felsenoktopus aus der Bretagne und Elsässer Barbarie-Entenbrust. Gut sortierte Weinkarte.

Rheinstraße 54	Essen: **43** | 50
+49 7275 3437	Service: **18** | 20
hotelzumriesen.de	Weinkarte: **17** | 20
Hotelrestaurant • deutsche Küche • Gastgarten	Ambiente: **7** | 10
P	Gesamt: 85 | 100

Kapeller Hopfestubb

76889 Kapellen-Drusweiler

Marc Wendel kocht feine deutsche und Pfälzer Frischeküche, begleitet von Elementen aus dem mediterranen Raum. Regionales spielt eine große Rolle, Selbstgemachtes ebenso. Weine aus eigenem Betrieb.

Obere Hauptstraße 8	Essen: **43** | 50
+49 6343 8245	Service: **17** | 20
hopfestubb.com	Weinkarte: **17** | 20
Familienbetrieb • deutsche Küche • eigener Weinbau	Ambiente: **8** | 10
P	Gesamt: 85 | 100

Weinhaus Neuerburg

54317 Kasel/Ruwer

Rustikale Gemütlichkeit strahlt die Weinstube aus, in der es Gewächse aus dem Ruwertal im offenen Ausschank gibt – auch aus dem eigenen Betrieb. Dazu passend: eine Speisekarte mit herzhaften Gerichten.

Bahnhofstraße 2	Essen: **43** | 50
+49 651 9950088	Service: **17** | 20
weinhaus-neuerburg.com	Weinkarte: **17** | 20
Gasthaus • Vinothek • regionale Küche	Ambiente: **8** | 10
P	Gesamt: 85 | 100

Deutsches Haus

56349 Kaub

Das Deutsche Haus ist eine Institution. Der Name Willi Kirdorf steht für regionale, saisonbetonte, frische Küche mit Klassikern wie Rheinischem Sauerbraten und Cordon bleu. Stets viel gelobter Service.

Schulstraße 1	Essen: **43** | 50
+49 6774 266	Service: **18** | 20
hotel-deutsches-haus-kaub.de	Weinkarte: **17** | 20
regionale Produkte • traditionell • gemütlich	Ambiente: **8** | 10
P	Gesamt: 86 | 100

Schwarz

67281 Kirchheim an der Weinstraße

Kreative Gourmetküche oder bodenständige Klassiker: Beides beherrscht Altmeister Manfred Schwarz aus dem Effeff. In seinem Gasthaus muss man sich für einen Stil entscheiden. Gute Weinauswahl.

Weinstraße Süd 1	Essen: **45** | 50
+49 6359 9241702	Service: **17** | 20
schwarz-restaurant.de	Weinkarte: **18** | 20
Fine Dining • französisch • modern • elegant	Ambiente: **9** | 10
	Gesamt: 89 | 100

Alte Mühle Thomas Höreth

56330 Kobern-Gondorf

Eine historische Mühle aus dem 11. Jahrhundert bildet den Rahmen, nostalgisch-gemütliche Gasträume sind das Herzstück. Serviert wird Moselfränkisches und Wild aus der Umgebung. Weine aus eigenem Anbau.

Mühlental 17	Essen: **43** | 50
+49 2607 6474	Service: **17** | 20
thomashoereth.de	Weinkarte: **15** | 20
eigener Weinbau • Wild • urig • im Museum	Ambiente: **8** | 10
P	Gesamt: 82 | 100

Gerhards Genussgesellschaft

56068 Koblenz

Bei Georg Gerhard sind Klassiker wie Wiener Schnitzel ebenso zu Hause wie mediterrane Gerichte. Man speist im modern eingerichteten Gewölbe, im Sommer auf einer hübschen Terrasse. Souveräner Service.

Danziger Freiheit 3	Essen: **43** | 50
+49 261 91499133	Service: **18** | 20
gerhards-genussgesellschaft.de	Weinkarte: **17** | 20
Allrounder • Gewölbe • Gastgarten • entspannt	Ambiente: **8** | 10
	Gesamt: 86 | 100

Gotthardt's im Fährhaus

56072 Koblenz

Frank Seyfried verwöhnt seine Gäste im Winterhalbjahr mit kreativem, deutsch-mediterranem Mix, nach Wunsch à la carte oder als Menü mit bis zu sechs Gängen. Schickes Ambiente, lockere Atmosphäre.

An der Fähre 3	Essen: **46** | 50
+49 261 201710	Service: **19** | 20
faehr.haus	Weinkarte: **18** | 20
Fine Dining • Essen mit Aussicht • entspannt	Ambiente: **8** | 10
	Gesamt: 91 | 100

Im Süden

56068 Koblenz

Mediterrane Küche steht auf dem Plan der kleinen Kochbar, die neben wiederkehrenden Klassikern auch wechselnde Gerichte auf die Tafel setzt. Tagesempfehlungen mit Pep – und immer aus dem Süden. Hochgelobt.

Markenbildchenweg 30	Essen: **42** | 50
+49 261 29670990	Service: **18** | 20
imsüden-feinkost-kochbar.de	Weinkarte: **17** | 20
Bistro • mediterran • Pizza • unkonventionell	Ambiente: **7** | 10
	Gesamt: 84 | 100

Landgang

56072 Koblenz

Frank Seyfried verwöhnt nicht nur Hotelgäste mit seiner mediterranen Küche mit regionalem Einschlag und aus hochwertigen Produkten. Direkter Blick auf die Mosel. Wechselnde Tagesempfehlungen. Viel gelobter Service.

An der Fähre 3
+49 261 20171900
faehr.haus
Hotelrestaurant • französisch • Essen mit Aussicht

Essen:	**43**	50
Service:	**18**	20
Weinkarte:	**18**	20
Ambiente:	**9**	10
Gesamt:	**88**	100

Schiller's

56070 Koblenz

Wer vegetarische Spitzenküche sucht, ist bei Mike Schiller in guten Händen. Doch auch schmackhafte Wild- und Fischgerichte zählen zu den Spezialitäten des gemütlichen Restaurants. Tolle Weinkarte!

Mayener Straße 126
+49 261 963530
hotel-stein.de
Fine Dining • Familienbetrieb • vegetarisch

Essen:	**45**	50
Service:	**18**	20
Weinkarte:	**18**	20
Ambiente:	**8**	10
Gesamt:	**89**	100

Schlicht. Esslokal

56073 Koblenz

Saisonalität und Regionalität sind die beiden Pfeiler, auf denen die Küche des Restaurants fußt. Geöffnet wird nur alle zwei Wochen freitags und samstags, serviert wird dann ein achtgängiges Menü.

Moselweißer Straße 6
+49 261 95232255
schlicht-esslokal.com
Fine Dining • regionale Produkte • modern

Essen:	**43**	50
Service:	**18**	20
Weinkarte:	**17**	20
Ambiente:	**7**	10
Gesamt:	**85**	100

Verbene

56068 Koblenz

Kulinarisches Kleinod mit Überraschungsküche. David Weigang bedient sich vorwiegend regionaler Produkte, seine Kreationen sind allesamt raffiniert zubereitet. Erstklassige alkoholfreie Menübegleitung.

Brunnenhof/Königspfalz 1
+49 261 10046221
restaurant-verbene.de
Fine Dining • regionale Produkte • Terrasse

Essen:	**47**	50
Service:	**18**	20
Weinkarte:	**19**	20
Ambiente:	**8**	10
Gesamt:	**92**	100

Fünf Bäuerlein

76829 Landau in der Pfalz

Soulfood-Küche mit Pfälzer Einschlag haben sich Verena Schmitt und Nico Stengel auf die Fahne ihres Restaurants inmitten der Altstadt geschrieben. Die Karte bietet neben Klassikern auch Tagesempfehlungen.

Theaterstraße 2
+49 6341 9025896
fuenfbaeuerlein.de
deutsche Küche • entspannt • traditionell

Essen:	**43**	50
Service:	**18**	20
Weinkarte:	**17**	20
Ambiente:	**8**	10
Gesamt:	**86**	100

Zum Weißen Lamm

67229 Laumersheim

Nur noch an zwei Wochenenden im Monat geöffnet, ist das Gasthaus ein Hort der gutbürgerlichen Küche. Jeweils zwei saisonal inspirierte Menüs werden dann angeboten, eine Reservierung wird empfohlen.

Hauptstraße 38	Essen: **43** | 50
+49 6238 929143	Service: **18** | 20
lamm-laumersheim.de	Weinkarte: **18** | 20
Gasthaus • internationale Küche • traditionell	Ambiente: **7** | 10
	Gesamt: 86 | 100

vierzehn85

54340 Leiwen

Die Speisekarte des gemütlichen Restaurants ist klein, dafür werden aber alle Gerichte à la minute zubereitet. Und das mit viel Leidenschaft, die man schmecken kann. Ein idealer unkomplizierter Genussort.

Euchariusstraße 10–12	Essen: **43** | 50
+49 6507 9393901	Service: **18** | 20
vierzehn85.de	Weinkarte: **18** | 20
Gasthaus • gemütlich • deutsche Küche	Ambiente: **8** | 10
	Gesamt: 87 | 100

Dorf-Chronik

67487 Maikammer

Marion Schwaab lässt in ihrem Fachwerkhaus die Gemütlichkeit hochleben. Das Sandsteingebäude stammt aus 1747. Gekocht wird saisonal-regional mit internationalem Touch. Weine gibt's aus dem eigenen Betrieb.

Marktstraße 7	Essen: **42** | 50
+49 6321 58240	Service: **17** | 20
restaurant-dorfchronik.de	Weinkarte: **15** | 20
mediterran • regionale Produkte • eigener Weinbau	Ambiente: **8** | 10
	Gesamt: 82 | 100

Hans Georg Merkel – Landau

Zum Winzer

67487 Maikammer

Mediterran inspirierte Küche auf Basis regionaler Produkte steht im Fokus von Küchenchef Dirk Albers. Beliebt sind die saisonal wechselnden Themenwochen wie Fisch- und Krustentierwochen oder Gänseessen.

Weinstraße Süd 8	Essen: **42** | 50
+49 6321 5410	Service: **17** | 20
gasthaus-zum-winzer.de	Weinkarte: **16** | 20
mediterran • regionale Produkte • eigener Weinbau	Ambiente: **8** | 10
	Gesamt: 83 | 100

Atrium

55126 Mainz

International geht es zu im Mainzer Vorort. Doch auf die Teller des Hotelrestaurants kommen nachhaltig produzierte Zutaten, viel Regionales, immer an der Jahreszeit orientiert. Auch getrunken wird lokal.

Flugplatzstraße 44	Essen: 43 I 50
+49 6131 4910	Service: 18 I 20
atrium-mainz.de	Weinkarte: 17 I 20
Hotelrestaurant • regionale Produkte • modern	Ambiente: 8 I 10
	Gesamt: 86 I 100

Bellpepper

55116 Mainz

Gäste des Hotelrestaurants am Rheinufer erfreuen sich hier an internationaler Küche aus regionalen Zutaten. Stets gelobt wird die konstant gute Qualität der Gerichte und der kompetente herzliche Service.

Templerstraße 6	Essen: 44 I 50
+49 6131 731234	Service: 18 I 20
bellpepper.de	Weinkarte: 18 I 20
Hotelrestaurant • Steak • modern	Ambiente: 8 I 10
	Gesamt: 88 I 100

Bluhm

55116 Mainz

Die Weinauswahl in der Mainzer Weinstube ist überschaubar, aber von bester Qualität. Die Küche der kultigen Location bietet vor allem französische Bistro-Klassiker wie Schnecken, Tatar und Fromage.

Badergasse 1	Essen: 43 I 50
+49 6131 4906343	Service: 18 I 20
weinhaus-bluhm.de	Weinkarte: 17 I 20
Gasthaus • französisch • urig	Ambiente: 7 I 10
	Gesamt: 85 I 100

Bootshaus

55116 Mainz

Man sitzt im Haus des örtlichen Rudervereins hinter großen Fensterfronten und genießt den Blick auf den Rhein. Die Karte lockt mit modern interpretierten deutschen Küchenklassikern und Mediterranem.

Victor-Hugo-Ufer 1	Essen: 43 I 50
+49 6131 1438700	Service: 17 I 20
bootshausmainz.de	Weinkarte: 17 I 20
regional • gemütlich • entspannt	Ambiente: 8 I 10
	Gesamt: 85 I 100

Favorite

55131 Mainz

Bereits mittags bietet Chef Tobias Schmitt ein raffiniertes Lunch-Menü am Stadtpark. Abends können Gäste zwischen den Mehr-Gänge-Erlebnissen »Roots«, »Blossom« und einer vegetarischen Variante wählen.

Karl-Weiser-Straße 1	Essen: 46 I 50
+49 6131 80150	Service: 18 I 20
favorite-mainz.de	Weinkarte: 18 I 20
Fine Dining • international • elegant	Ambiente: 9 I 10
	Gesamt: 91 I 100

Geberts Weinstuben

55118 Mainz

Mainzer Leidenschaft und Tradition stehen auf der Fahne von Frank Gebert. Auf die Teller kommt zeitgemäße leichte Küche. Großen Wert legt der Chef auf Transparenz und Regionalität. Umfangreiche Weinkarte.

Frauenlobstraße 94	Essen: **43** I 50
+49 6131 611619	Service: **17** I 20
geberts-weinstuben.de	Weinkarte: **17** I 20
Gasthaus • regional • elegant	Ambiente: **8** I 10
	Gesamt: **85** I 100

Thomas Pirot, www.thomaspirot.de

Genusswerkstatt

55126 Mainz

In die locker-lässige Atmosphäre passt das innovative Konzept von Carl Grünewald, der seinen maximal zwanzig Gästen eine einheitliche Zehn-Gänge-Kreation serviert, regional und saisonal geprägt.

Flugplatzstraße 44	Essen: **44** I 50
+49 6131 4910	Service: **18** I 20
atrium-mainz.de	Weinkarte: **17** I 20
Fine Dining • regionale Produkte • entspannt	Ambiente: **8** I 10
P	Gesamt: **87** I 100

Goldisch

55116 Mainz

Ein Besuch wie bei Freunden: In ungezwungener Atmosphäre wird man in unmittelbarer Nähe zum Mainzer Dom mit urbaner zeitgemäßer Küche mit Brasserie-Charakter verwöhnt. Viele regionale Produkte.

Fischtorstraße 1	Essen: **44** I 50
+49 6131 6031368	Service: **18** I 20
goldisch.com	Weinkarte: **18** I 20
Casual Dining • modern • elegant • Fisch	Ambiente: **8** I 10
	Gesamt: **88** I 100

Hofgut Laubenheimer Höhe

55130 Mainz

In rustikalem Ambiente bietet Familie Barth über den Dächern von Mainz regionale Schmankerl, Gutbürgerliches und Kleinigkeiten zum Wein. Unbezahlbar: unverbauter Blick Richtung Frankfurter Skyline.

Auf der Laubenheimer Höhe 1–3	Essen: **43** I 50
+49 6131 622260	Service: **17** I 20
hofgut-laubenheimer-hoehe.de	Weinkarte: **18** I 20
Gasthaus • regionale Küche • Essen mit Aussicht	Ambiente: **8** I 10
	Gesamt: **86** I 100

La Gallerie

55116 Mainz

In der Gaustraße serviert Patron Christoph Rubel mediterrane Küche mit heimischen Produkten. Neben feinen Fisch- und Fleischgerichten gibt es immer ein Steak des Monats. Viel gelobter Mittagstisch.

Gaustraße 29	Essen:	**44** | 50
+49 6131 69695414	Service:	**17** | 20
lagallerie-mainz.de	Weinkarte:	**17** | 20
Casual Dining • Allrounder • Steak • modern	Ambiente:	**7** | 10
	Gesamt:	85 | 100

Laurenz

55118 Mainz

Gartenfeldplatz: Nach wie vor ein angesagter Ort in der Mainzer Neustadt. Hier hat sich eine kleine Weinbar etabliert, die frische hausgemachte Brasserie-Küche serviert. Gute Weine, auch zum Mitnehmen.

Gartenfeldstraße 9	Essen:	**43** | 50
+49 6131 2168660	Service:	**18** | 20
laurenz-mainz.de	Weinkarte:	**18** | 20
Vinothek • Allrounder • unkonventionell	Ambiente:	**8** | 10
	Gesamt:	87 | 100

Steins Traube

55126 Mainz

Was für ein schönes Restaurant! Im schicken Ambiente wird man von Alina Stein bestens umsorgt, für das leibliche Wohl sorgt Philipp Stein mit raffinierten Kreationen auf Gourmetniveau. Große Klasse!

Poststraße 4	Essen:	**46** | 50
+49 6131 40249	Service:	**19** | 20
steins-traube.de	Weinkarte:	**18** | 20
Fine Dining • Familienbetrieb • elegant • entspannt	Ambiente:	**9** | 10
	Gesamt:	92 | 100

Wilhelmi

55116 Mainz

Weinstubenklassiker mit Kultstatus. Hier sitzt man eng zusammen und folgt den Tagesempfehlungen der liebenswerten Wirtin. Immer eine gute Wahl sind die Fleischwurst und der hausgemachte Hackbraten.

Rheinstraße 53	Essen:	**43** | 50
+49 6131 224949	Service:	**18** | 20
weinhaus-wilhelmi.de	Weinkarte:	**17** | 20
Gasthaus • deutsche Küche • gemütlich	Ambiente:	**8** | 10
	Gesamt:	86 | 100

Willems

55116 Mainz

Die junge Willems-Crew kocht im Altstadthaus mit Respekt vor Tier und Natur: Auf den Herd kommen nur tierische Produkte mit Biosiegel oder aus artgerechter Haltung. Die Gerichte wechseln fast wöchentlich.

Kapuzinerstraße 29	Essen:	**43** | 50
+49 6131 2109170	Service:	**18** | 20
gasthaus-willems.de	Weinkarte:	**17** | 20
Gasthaus • bio • entspannt • regionale Produkte	Ambiente:	**8** | 10
	Gesamt:	86 | 100

Poststuben

54531 Meerfeld

Frisch zubereitete Gerichte, hübsch arrangiert: Das kennzeichnet die Arbeit von Sven Molitor, der in der Vulkaneifel bodenständige Kulinarik und Regionales mit Blick über den Tellerrand vereint.

Meerbachstraße 24–26	Essen:	43 | 50
+49 6572 931900	Service:	17 | 20
die-post-meerfeld.de	Weinkarte:	17 | 20
Gasthaus • Hotelrestaurant • regionale Küche • gemütlich	Ambiente:	7 | 10
	Gesamt:	84 | 100

Meisenheimer Hof

55590 Meisenheim

Jeder Raum ist bis ins Detail durchdacht eingerichtet, der Stilmix aus Alt und Neu harmonisch umgesetzt. So auch im Reich von Chef Markus Pape, der kreativ und mit Produkten der Region unterwegs ist.

Obergasse 33	Essen:	45 | 50
+49 6753 1237780	Service:	18 | 20
meisenheimer-hof.de	Weinkarte:	18 | 20
Gasthaus • eigener Weinbau • regionale Produkte	Ambiente:	8 | 10
	Gesamt:	89 | 100

Kruger-Rumpf

55424 Münster-Sarmsheim

Neben Weinstubenklassikern gibt es regionale und international inspirierte Köstlichkeiten, begleitet von Weinen des hauseigenen Betriebs. Serviert wird im Landhausambiente, bei gutem Wetter im Hof.

Rheinstraße 47	Essen:	43 | 50
+49 6721 43859	Service:	17 | 20
weinstube.kruger-rumpf.com	Weinkarte:	17 | 20
Gasthaus • eigener Weinbau • regionale Küche	Ambiente:	8 | 10
	Gesamt:	85 | 100

Rüssels Hasenpfeffer

54426 Naurath

Wildgerichte sind hier gesetzt, Patron Harald Rüssel ist Jäger aus Leidenschaft. Daneben bietet die Küche eine gute Auswahl an bodenständigen Gerichten. Unbedingt die Tagesempfehlungen beachten!

Büdlicherbrück 1	Essen:	43 | 50
+49 6509 91400	Service:	18 | 20
ruessels-landhaus.de	Weinkarte:	18 | 20
Gasthaus • Familienbetrieb • Wild	Ambiente:	8 | 10
	Gesamt:	87 | 100

Rüssels Landhaus

54426 Naurath

Harald Rüssel setzt in seinen Gerichten auf heimische und regionale Produkte, die er gekonnt in geschmackliche Höhepunkte verwandelt. Dazu werden im schicken Ambiente erstklassige Weine angeboten.

Büdlicherbrück 1	Essen:	45 | 50
+49 6509 91400	Service:	19 | 20
ruessels-landhaus.de	Weinkarte:	18 | 20
Fine Dining • Familienbetrieb • regionale Produkte	Ambiente:	9 | 10
	Gesamt:	91 | 100

Le Temple

54422 Neuhütten

Raffinierte französische Küche ist die Leidenschaft des Gastronomenpaars Christiane Detemple-Schäfer und Oliver Schäfer. Und serviert wird diese in fünf bis sieben saisonalen Gängen. Cigar-Lounge nebenan.

Saarstraße 2	Essen: **45** | 50
+49 6503 7669	Service: **18** | 20
le-temple.de	Weinkarte: **18** | 20
Fine Dining • französisch • elegant	Ambiente: **9** | 10
P	Gesamt: 90 | 100

Alte Pfarrey

67271 Neuleiningen

Sternekoch Silvio Lange hat mit dem hübsch restaurierten ehemaligen Pfarrhaus eine Pilgerstätte für Freunde feiner kreativer Küche geschaffen. Serviert wird ein saisonales Vier- bis Neun-Gänge-Menü.

Untergasse 54	Essen: **45** | 50
+49 6359 86066	Service: **18** | 20
altepfarrey.com	Weinkarte: **18** | 20
Fine Dining • mediterran • französisch	Ambiente: **8** | 10
	Gesamt: 89 | 100

H'manns

67271 Neuleiningen

Chris Brigitte und Andreas Hegmann setzen auf Produkte ausgewählter Erzeuger. Daraus entsteht Internationales mit Liebe zum Detail und stets transparent und nachvollziehbar. Donnerstags ist Tapas-Time.

Am Goldberg 2	Essen: **44** | 50
+49 6359 5341	Service: **18** | 20
hmanns.de	Weinkarte: **18** | 20
Gasthaus • Familienbetrieb • regionale Produkte	Ambiente: **8** | 10
P	Gesamt: 88 | 100

Gehrlein's Hardtwald

76777 Neupotz

Die verfeinerte Landhausküche von Chef Martin Gehrlein orientiert sich an frischen regionalen Erzeugnissen und legt den Fokus stets auf das Produkt. Im Sommer genießt man auf einer lauschigen Terrasse.

Sandhohl 14	Essen: **42** | 50
+49 7272 2440	Service: **17** | 20
gehrlein-hardtwald.de	Weinkarte: **16** | 20
Gasthaus • mediterran • gemütlich	Ambiente: **8** | 10
	Gesamt: 83 | 100

Zum Lamm

76777 Neupotz

Im Herzen von Neupotz gelegen, wird im gemütlichen Restaurant herzliche Gastlichkeit gepflegt. Bodenständig zubereitet, sind viele Gerichte von der französischen Landhausküche inspiriert. Très bien!

Hauptstraße 7	Essen: **43** | 50
+49 7272 2809	Service: **18** | 20
gasthof-lamm-neupotz.de	Weinkarte: **17** | 20
Gasthaus • französisch • Meeresfrüchte	Ambiente: **7** | 10
P	Gesamt: 85 | 100

80–84 85–89 90–94 95–100 Punkte

Das Esszimmer

67433 Neustadt an der Weinstraße

Die Küche im hübschen Altstadthaus ist italienisch-international. Abends serviert Thomas Manthey ein Drei- oder Vier-Gänge-Menü nach Wahl der Gäste, donnerstags gibt's stets ein festgelegtes Tasting-Menü.

Hintergasse 38
+49 6321 354996
esszimmer-neustadt.de
italienisch • mediterran • regionale Produkte

Essen:	**43** I 50
Service:	**17** I 20
Weinkarte:	**16** I 20
Ambiente:	**8** I 10
Gesamt:	84 I 100

Eselsburg

67435 Neustadt an der Weinstraße

Außen urig, innen herzlich: Bei Anette Berberich werden Pfälzer Gerichte aus heimischen Zutaten serviert, kombiniert mit Gewächsen aus der Region oder auch »net vun do«. Internationale Kleinigkeiten.

Kurpfalzstraße 62
+49 6321 66984
eselsburg.de
regionale Küche • urig • Gastgarten

Essen:	**42** I 50
Service:	**18** I 20
Weinkarte:	**17** I 20
Ambiente:	**8** I 10
Gesamt:	85 I 100

Spinne

67433 Neustadt an der Weinstraße

Hier wird mit viel Leidenschaft gekocht! Das gemütliche Restaurant bietet folglich auch eine gute Auswahl an regionalen und international inspirierten Klassikern, allesamt zubereitet aus besten Produkten.

Eichkehle 58
+49 6321 9597799
restaurant-spinne.com
Gasthaus • Casual Dining • Wild

Essen:	**43** I 50
Service:	**18** I 20
Weinkarte:	**17** I 20
Ambiente:	**8** I 10
Gesamt:	86 I 100

Urgestein

67466 Neustadt an der Weinstraße

Ein bisschen versteckt gelegen, werden in dem schönen Restaurant sämtliche Sinne nachhaltig verwöhnt. Dafür denkt sich Hedi Rink ständig neue Kreationen aus, allesamt aromatische Highlights aus besten Zutaten.

Rathausstraße 6a
+49 6321 489060
restaurant-urgestein.de
Fine Dining • regionale Produkte • Gewölbe

Essen:	**45** I 50
Service:	**18** I 20
Weinkarte:	**18** I 20
Ambiente:	**8** I 10
Gesamt:	89 I 100

Brasserie Nodhausen

56567 Neuwied

Florian Kurz setzt in seinem zweiten Restaurant auf Klassiker der Brasserie-Küche, stets saisonal und regional, sowie auf internationale Interpretationen. Businesslunch und Abendmenüs ergänzen das Angebot.

Nodhausen 1
+49 2631 813423
parkrestaurant-nodhausen.de
Allrounder • regionale Produkte • entspannt

Essen:	**44** I 50
Service:	**17** I 20
Weinkarte:	**16** I 20
Ambiente:	**8** I 10
Gesamt:	85 I 100

Hermannshöhle

55585 Niederhausen

Im denkmalgeschützten hübschen Interieur zaubert Wigbert Weck bewährte klassische Menükompositionen, verfeinert mit mediterranem Twist. Gemütliche Terrasse für schöne Sommerabende. Lohnt die Anreise.

Hermannshöhle 1	Essen: **44** | 50
+49 6758 6486	Service: **18** | 20
hermannshoehle-weck.de	Weinkarte: **17** | 20
Gasthaus • modern • Terrasse	Ambiente: **7** | 10
	Gesamt: 86 | 100

Schloss Niederweis

54668 Niederweis

Sandra und Sebastian Poss verwöhnen ihre Gäste mit herzhaften bodenständigen Gerichten, zubereitet aus besten Produkten. Ein Highlight sind die herrlich saftigen Steaks aus dem Big Green Egg – wonderful!

Hauptstraße 9	Essen: **44** | 50
+49 6568 9696450	Service: **18** | 20
schloss-niederweis.de	Weinkarte: **17** | 20
Casual Dining • Allrounder • im Schloss	Ambiente: **8** | 10
	Gesamt: 87 | 100

Culinarium

54453 Nittel

Das Restaurant von Patron Walter Curman befindet sich am Weingut Matthias Dostert. Curman verknüpft kreative, international beeinflusste Küche mit bodenständigen Klassikern aus seiner österreichischen Heimat.

Weinstraße 5	Essen: **43** | 50
+49 6584 91450	Service: **17** | 20
culinarium-nittel.de	Weinkarte: **16** | 20
Allrounder • regionale Produkte • eigener Weinbau	Ambiente: **8** | 10
	Gesamt: 84 | 100

Gasthaus Stahl

55430 Oberwesel

Ein Gasthaus wie aus dem Bilderbuch. Im heimeligen Ambiente trumpft die Küche mit Klassikern wie saftigem Kotelett, gebackener Blutwurst mit Kartoffelpüree, Rinderroulade und Heringen in Sahnesauce.

Am Talblick 6	Essen: **43** | 50
+49 6744 416	Service: **18** | 20
gasthaus-stahl.de	Weinkarte: **17** | 20
Gasthaus • gemütlich • Terrasse	Ambiente: **9** | 10
	Gesamt: 87 | 100

Zum Kronprinzen

55430 Oberwesel

Der Fischfang des Tages ist immer eine gute Wahl im modern gestylten Restaurant der Familie Oppermann. Daneben ist die »Kronprinzen-Pfanne« mit Fleisch von Hunsrücker Weidetieren der Klassiker.

Rheinhöhenstraße 43–45	Essen: **43** | 50
+49 6744 94319	Service: **18** | 20
hotel-kronprinzen.de	Weinkarte: **17** | 20
Hotelrestaurant • Allrounder • Fisch	Ambiente: **8** | 10
	Gesamt: 86 | 100

Landhaus Dubs
67574 Osthofen

Wolfgang Dubs spannt den Bogen von saisonalen Angeboten über abwechslungsreiche Mittagsgerichte bis zu gehobener französischer Küche. An Sonntagen auf der Mittagskarte: traditioneller Sonntagsbraten.

Am Mühlpfad 10
+49 6242 9125205
dubs.de
Fine Dining • französisch • traditionell

Essen:	**45** | 50
Service:	**17** | 20
Weinkarte:	**17** | 20
Ambiente:	**8** | 10
Gesamt:	87 | 100

Vis à Vis
67574 Osthofen

Im familiär angehauchten Ambiente können die Gäste aus einer Speisekarte wählen, die gut gemachte regionale und internationale Gerichte bietet. Hausgemacht und frisch zubereitet ist alles!

Friedrich-Ebert-Straße 53
+49 6242 5012973
spiess-osthofen.de
Gasthaus • regionale Küche • gemütlich

Essen:	**43** | 50
Service:	**18** | 20
Weinkarte:	**17** | 20
Ambiente:	**8** | 10
Gesamt:	86 | 100

Schanz
54498 Piesport

Großartig, was in dem schicken Restaurant an Tischkultur zelebriert wird. Die Küche glänzt mit kreativen Highlights, Genuss vom Allerfeinsten. Dazu gibt es eine reiche Auswahl an Spitzengewächsen.

Bahnhofstraße 8a
+49 6507 92520
schanz-restaurant.de
Fine Dining • französisch • elegant

Essen:	**49** | 50
Service:	**20** | 20
Weinkarte:	**19** | 20
Ambiente:	**9** | 10
Gesamt:	97 | 100

Die Brasserie
66953 Pirmasens

Patron Vjekoslav Pavic nennt sein hübsches Restaurant zwar schlicht Brasserie, die Gerichte, die er in der Küche zaubert, kommen jedoch aus höheren Sphären. Kein Wunder, dass es viele Stammgäste gibt.

Landauer Straße 103–105
+49 6331 7255544
diebrasserie-ps.de
Allrounder • regionale Produkte • traditionell

Essen:	**45** | 50
Service:	**18** | 20
Weinkarte:	**17** | 20
Ambiente:	**8** | 10
Gesamt:	88 | 100

Kunz
66954 Pirmasens

Gediegene Gemütlichkeit und ungezwungene Atmosphäre. Gegen den Hunger serviert Chef Moritz Sommer französisch-mediterrane und klassisch deutsche Gerichte. Montags bis donnerstags kleines Lunchangebot.

Bottenbacher Straße 74
+49 6331 8750
hotel-kunz.de
Hotelrestaurant • Familienbetrieb • klassisch

Essen:	**44** | 50
Service:	**18** | 20
Weinkarte:	**18** | 20
Ambiente:	**8** | 10
Gesamt:	88 | 100

Heim's Restaurant im Hotel Reiler Hof

56861 Reil

Die ambitionierte Küche von Patron Christoph Heim bringt Saisonales in Arrangements von bodenständig bis mediterran auf die Teller. Sehr umfangreiche Weinkarte mit Schwerpunkt Mosel. Schönes Ambiente.

Moselstraße 27
+49 6542 2629
reiler-hof.de
Familienbetrieb • regionale Produkte • traditionell

Essen:	**44** | 50
Service:	**18** | 20
Weinkarte:	**18** | 20
Ambiente:	**8** | 10
Gesamt:	88 | 100

Wine&Dine

56861 Reil

Die Gourmetkreationen von Alessandro Riemer überzeugen durch Finesse und aromatische Überraschungen. Tolle Produktauswahl. Die Location befindet sich direkt an der Mosel und gehört zu einem Boutiquehotel!

Moselstraße 5
+49 6542 900034
melsheimer.de
Hotelrestaurant • traditionell • gemütlich

Essen:	**43** | 50
Service:	**18** | 20
Weinkarte:	**18** | 20
Ambiente:	**8** | 10
Gesamt:	87 | 100

Alte Rebe

53424 Remagen

Das kleine Restaurant in der Innenstadt von Remagen ist einen Stopp wert: Michael Kröner hat ein Händchen für saisonale, international geprägte Gerichte. Partnerin Tanja leitet den charmanten Service.

Kirchstraße 4
+49 2642 9029269
alte-rebe-remagen.de
Allrounder • regionale Produkte • modern

Essen:	**44** | 50
Service:	**17** | 20
Weinkarte:	**16** | 20
Ambiente:	**8** | 10
Gesamt:	85 | 100

Morgenstern

67354 Römerberg

Wer einmal bei Uwe Morgenstern gegessen hat, kommt gerne wieder in sein Traditionshaus. Alle Gerichte werden mit Sorgfalt zubereitet. Gäste loben Interieur, leckeres Essen und freundlichen Service.

Germersheimer Straße 2b
+49 6232 6850
hotel-morgenstern.de
Gasthaus • deutsche Küche • Casual Dining

Essen:	**43** | 50
Service:	**17** | 20
Weinkarte:	**17** | 20
Ambiente:	**8** | 10
Gesamt:	85 | 100

Heimatküche

56459 Rotenhain

Regional, nachhaltig, produktorientiert: Das sind die Attribute, mit denen der leidenschaftliche Gastronom Kevin Markus seine Philosophie beschreibt. Er setzt auf moderne Wirtshausküche mitten im Westerwald.

Alte Burg
+49 2661 9168974
heimatkueche-rotenhain.de
regionale Produkte • nachhaltig • entspannt

Essen:	**42** | 50
Service:	**18** | 20
Weinkarte:	**16** | 20
Ambiente:	**8** | 10
Gesamt:	84 | 100

Hofgut Ruppertsberg

67152 Ruppertsberg

Mit viel Kreativität sowie Liebe zum Detail und zum Produkt kocht Jean-Philippe Aiguier in seiner Küche französisch, saisonal und regional – und alles ist bio! Der Käseservice ist Chefsache. Eigener Hofladen.

Obergasse 2
+49 6326 982097
dashofgut.com
bio • eigener Weinbau • im Grünen

Essen:	**44** | 50
Service:	**18** | 20
Weinkarte:	**18** | 20
Ambiente:	**8** | 10
Gesamt:	88 | 100

Altes Rathaus

67487 St. Martin

Rustikale Gemütlichkeit herrscht in der Weinstube im beschaulichen Ortskern. Aus der Küche kommt Deftiges: Typische lokale Pfälzer Spezialitäten sind ebenso vertreten wie Flammkuchen und Schnitzel.

Tanzstraße 9
+49 6323 2404
altesrathaus-sanktmartin.eatbu.com
gemütlich • Gastgarten • Vinothek

Essen:	**42** | 50
Service:	**18** | 20
Weinkarte:	**17** | 20
Ambiente:	**8** | 10
Gesamt:	85 | 100

Kirchstübel

67487 St. Martin

Rustikal-»Pälzisches«, zahlreiche Flammkuchen und Kleinigkeiten zum Wein, natürlich alles hausgemacht: Das kennzeichnet die Küche von Wirtin Sonja Kubinyi, die im einstigen Frühmesserhaus ihre Heimat gefunden hat.

Kirchstraße 9
+49 6323 949131
kirchstuebel.de
Gasthaus • deutsche Küche • urig • regionale Produkte

Essen:	**43** | 50
Service:	**18** | 20
Weinkarte:	**18** | 20
Ambiente:	**7** | 10
Gesamt:	86 | 100

Weinhäusel

67487 St. Martin

Saisonale Landhausküche steht in dem kultigen Weinrestaurant auf dem Programm. Natürlich gibt es hier Pfälzer Saumagen, aber auch Ochsenbäckchen, hausgemachte Spinatknödel und ein saftiges Rumpsteak.

Hornbrücke 2
+49 157 54144621
weinhäusel.net
Gasthaus • Allrounder • entspannt

Essen:	**43** | 50
Service:	**18** | 20
Weinkarte:	**17** | 20
Ambiente:	**7** | 10
Gesamt:	85 | 100

mundart

55291 Saulheim

Inmitten des kleinen Dorfs wird Ambitioniertes serviert, geprägt von französischen und mediterranen Einflüssen. Schöne Weinauswahl aus der Region, auch im offenen Ausschank. Lauschiger Innenhof.

Weedengasse 8	Essen: **44** | 50
+49 6732 9322966	Service: **18** | 20
mundart-restaurant.de	Weinkarte: **17** | 20
Gasthaus • französisch • mediterran • entspannt	Ambiente: **8** | 10
	Gesamt: **87** | 100

Möllers

67105 Schifferstadt

Ein Fachwerkhaus aus dem Jahr 1733 ist die Bühne für die marktfrische Küche von Carina und Karsten Möller. Beliebt: Jeden ersten Freitag im Monat gibt es ein Amuse-Bouche-Menü mit zehn Grüßen aus der Küche.

Burgstraße 12–14	Essen: **43** | 50
+49 6235 9310	Service: **17** | 20
salischer-hof.de	Weinkarte: **17** | 20
Gasthaus • Allrounder • Steak • gemütlich	Ambiente: **8** | 10
	Gesamt: **85** | 100

Kaupers Kapellenhof

55278 Selzen

Saisonale Menüs und unverfälschte Geschmackserlebnisse stehen im Fokus von Sebastian Kauper, der gemeinsam mit Gastgeberin Nora Breyer das über 300 Jahre alte Domizil bespielt. Lohnt den Weg aufs Land!

Kirschgartenstraße 13	Essen: **45** | 50
+49 6737 8325	Service: **18** | 20
kaupers-kapellenhof.de	Weinkarte: **18** | 20
Fine Dining • Dachterrasse • unkonventionell	Ambiente: **8** | 10
	Gesamt: **89** | 100

Brasserie Voss

55469 Simmern/Hunsrück

Familie Voss sorgt für Frankreich-Feeling inmitten des Hunsrücks: Die Produkte stammen direkt von Rungis aus Paris oder aus der Umgebung. Im Angebot sind Brasserie-Klassiker und ein Überraschungsmenü.

Koblenzer Straße 3	Essen: **43** | 50
+49 6761 9655585	Service: **17** | 20
brasserie-voss.de	Weinkarte: **14** | 20
französisch • traditionell • gemütlich	Ambiente: **7** | 10
	Gesamt: **81** | 100

Clyne

67346 Speyer

»Menü vom Land«, »Menü aus dem Wasser«, »Menü nich' Fisch, nich' Fleisch«: Wer die Gerichte von Falk Lindhammer genießen möchte, muss schnell sein oder reservieren, der Restaurantname (sprich: »klein«) ist Programm.

Große Greifengasse 5	Essen: **43** | 50
+49 6262 1008285	Service: **17** | 20
restaurant-clyne.de	Weinkarte: **15** | 20
mediterran • deutsche Küche • regionale Produkte	Ambiente: **8** | 10
	Gesamt: **83** | 100

Hausbrauerei

67346 Speyer

Zünftige pfälzisch-bayerische Wirtshausküche, moderne internationale Gerichte und hausgebrautes Bier. Regelmäßige Aktionswochen. Schöner Biergarten mit Blick auf den Kaiserdom. Die Kombi geht auf.

Große Himmelsgasse 6
+49 6232 6744 0
domhof.de
deutsche Küche • Biervielfalt • Gastgarten

Essen:	43	50
Service:	18	20
Weinkarte:	16	20
Ambiente:	8	10
Gesamt:	85	100

Le Delice

55442 Stromberg

Das Gourmetrestaurant von Michael Stortz gefällt mit Eleganz und Stil und bietet vier bis acht Gänge mit französisch-mediterran anmutenden Gerichten. Aromatisch-fein. Viele Produkte aus der Region.

Am Buchenring 6
+49 6724 600443
golfhotel-stromberg.de
Fine Dining • regionale Produkte • elegant

Essen:	43	50
Service:	18	20
Weinkarte:	18	20
Ambiente:	8	10
Gesamt:	87	100

Belle Epoque

56841 Traben-Trarbach

Benjamin Hacker pflegt im wunderschönen Jugendstil-Ensemble klassisch-moderne und französisch geprägte Küche. Ob Snack oder Fine Dining, gekocht wird stets mit marktfrischen Zutaten.

An der Mosel 11
+49 6541 7030
bellevue-hotel.de
Hotelrestaurant • romantisch • Essen mit Aussicht

Essen:	43	50
Service:	17	20
Weinkarte:	17	20
Ambiente:	9	10
Gesamt:	86	100

Puricelli

55413 Trechtingshausen

Nicky Bethge kocht in malerischer Kulisse auf einem Felsen über dem Rhein. Die vorwiegend heimischen Produkte verarbeitet er zu modern interpretierten klassisch-regionalen Gerichten. Eigener Wein.

Burgweg 24
+49 6721 6117
burg-reichenstein.com
Fine Dining • regionale Produkte • Essen mit Aussicht

Essen:	43	50
Service:	17	20
Weinkarte:	17	20
Ambiente:	8	10
Gesamt:	85	100

Wein- und Schloßstube

56253 Treis-Karden

Küchenchef Oliver Bell verwöhnt seine Gäste mittags und abends. Die vorwiegend klassischen Gerichte, von der Vesper bis zum Gourmetarrangement, werden mit viel Leidenschaft und großem Können zubereitet.

Sankt-Castor-Straße 80
+49 2672 9340
schloss-hotel-petry.de
Hotelrestaurant • Allrounder • gemütlich • klassisch

Essen:	44	50
Service:	18	20
Weinkarte:	18	20
Ambiente:	8	10
Gesamt:	88	100

Bagatelle 🍴🍴

54292 Trier

Gerald Schöberl legt den Fokus auf kreative Küche. Optisch kleine Kunstwerke, inhaltlich frische regionale Zutaten. Liebhaber von Hummer, Austern und Meeresfisch kommen aber ebenfalls auf ihre Kosten.

Zurlaubener Ufer 78	Essen: **45** / 50
+49 651 9956990	Service: **18** / 20
bagatelle.de	Weinkarte: **18** / 20
Fine Dining • regionale Produkte • modern	Ambiente: **8** / 10
	Gesamt: 89 / 100

Becker's 🍴🍴🍴

54295 Trier

Mittwochs bis samstags ab 19 Uhr kocht Chefkoch Wolfgang Becker ein Vier- bis Sechs-Gänge-Menü mit Fokus auf das Produkt. Tausendsassa Becker ist zudem gelernter Weinmacher – die Weinkarte hält Exponate parat.

Olewiger Straße 206	Essen: **46** / 50
+49 651 93808	Service: **18** / 20
beckers-trier.de	Weinkarte: **18** / 20
Fine Dining • elegant • eigener Weinbau	Ambiente: **8** / 10
P	Gesamt: 90 / 100

Becker's Weinhaus 🍴🍴

54295 Trier

Elegante Landhausküche aus hochwertigen Produkten gibt's in Wolfgang Beckers zweitem Restaurant. Man sitzt urig im holzvertäfelten Gastraum oder im zünftigen Gewölbekeller, im Sommer unter Platanen.

Olewiger Straße 206	Essen: **44** / 50
+49 651 93808	Service: **18** / 20
beckers-trier.de	Weinkarte: **17** / 20
Allrounder • eigener Weinbau • gemütlich	Ambiente: **8** / 10
	Gesamt: 87 / 100

Das Weinhaus 🍴🍴

54290 Trier

Das familiengeführte Restaurant bietet neben Wirtshausklassikern und Flammkuchen einen wöchentlich wechselnden Mittagstisch aus vier verschiedenen Gerichten. Integrierte Vinothek und Weinhandel.

Brückenstraße 7	Essen: **42** / 50
+49 651 1704924	Service: **17** / 20
weinhaus-trier.de	Weinkarte: **18** / 20
deutsche Küche • traditionell • klassisch • gemütlich	Ambiente: **8** / 10
	Gesamt: 85 / 100

Gastraum | Villa Hügel 🍴🍴

54295 Trier

Die junge Küchenmannschaft zelebriert leichte mediterran inspirierte Gerichte mit saisonalen Produkten aus Hochwald und Eifel. Man sitzt in lichtdurchfluteten Räumen oder auf der Panoramaterrasse.

Bernhardstraße 14	Essen: **43** / 50
+49 651 937100	Service: **18** / 20
hotel-villa-huegel.de	Weinkarte: **17** / 20
Fine Dining • Fisch • Essen mit Aussicht	Ambiente: **8** / 10
	Gesamt: 86 / 100

Schlemmereule

54290 Trier

Puristisch-elegantes Restaurant mitten in Trier. Die Speisekarte ist bunt und kreativ, hier findet sich für jeden Geschmack das passende Gericht. Mittags gibt es den empfehlenswerten »Plat du jour«.

Domfreihof 1b	Essen: **43** I 50
+49 651 73616	Service: **18** I 20
schlemmereule.com	Weinkarte: **17** I 20
Casual Dining • internationale Küche • Terrasse	Ambiente: **8** I 10
	Gesamt: **86** I 100

Schloss Monaise

54294 Trier

Beeindruckend ist das Ambiente der im 18. Jahrhundert erbauten Sommerresidenz des Trierer Domdechanten, in der das Restaurant untergebracht ist. Klassisch und bodenständig die Küche, abwechslungsreich die Weinauswahl.

Schloss Monaise 7	Essen: **45** I 50
+49 651 828670	Service: **18** I 20
schloss-monaise.de	Weinkarte: **18** I 20
Fine Dining • französisch • im Schloss • elegant	Ambiente: **9** I 10
P	Gesamt: **90** I 100

Wilder Kaiser

54294 Trier

Gediegen und behaglich, im gemütlich eingerichteten Restaurant fühlt man sich gut aufgehoben. Die Küche kocht sich gekonnt durch die internationale Kulinarik, dazu gibt es die passenden Weine.

Eurener Straße 171	Essen: **44** I 50
+49 651 82400	Service: **18** I 20
eurener-hof.de	Weinkarte: **18** I 20
Hotelrestaurant • Allrounder • Steak • klassisch	Ambiente: **9** I 10
P	Gesamt: **89** I 100

Wein- und Tafelhaus

54349 Trittenheim

Saisonale klassische Gerichte dominieren die attraktive Speisekarte im gediegen-ländlich eingerichteten Restaurant. Der freundliche Service empfiehlt zum Essen gerne regionale Mosel-Spitzengewächse.

Moselpromenade 4	Essen: **45** I 50
+49 6507 702803	Service: **18** I 20
wein-tafelhaus.de	Weinkarte: **18** I 20
Hotelrestaurant • Essen mit Aussicht • Terrasse	Ambiente: **8** I 10
P	Gesamt: **89** I 100

Haus Mannertal

54619 Üttfeld

Alexandra Weyres möchte sich nicht auf einen Stil beschränken. So treffen Klassiker aus Omas Kochbuch auf kreative internationale Küche. Überraschungsmenü mit tagesfrischen und regionalen Zutaten!

Mannertalstraße 1	Essen: **43** I 50
+49 6559 660	Service: **18** I 20
haus-mannertal.de	Weinkarte: **16** I 20
Familienbetrieb • regionale Produkte • Burger • modern	Ambiente: **8** I 10
P	Gesamt: **85** I 100

Die Traube

56179 Vallendar

Stefan Schleier kocht bodenständig, blickt jedoch stets über den Tellerrand hinaus. Man sitzt im gemütlichen Ambiente eines alten Fachwerkhauses. Große Auswahl an deutschen und internationalen Weinen.

Rathausplatz 12	Essen: **43** | 50
+49 261 61162	Service: **18** | 20
dietraube-vallendar.de	Weinkarte: **17** | 20
Gasthaus • regionale Produkte • gemütlich	Ambiente: **8** | 10
	Gesamt: 86 | 100

Rittersturz

54472 Veldenz

Das Gourmetrestaurant im Grünen ist nicht leicht zu finden, aber wer einmal da war, kommt gerne wieder. Volker Kruft kocht geradlinig mit frischen Produkten aus der Region und mediterranen Akzenten.

Veldenzer Hammer 1a	Essen: **44** | 50
+49 6534 18292	Service: **18** | 20
rendezvousmitgenuss.de	Weinkarte: **17** | 20
Gasthaus • regionale Produkte • gemütlich • elegant	Ambiente: **8** | 10
	Gesamt: 87 | 100

Bauer's Stuben

67482 Venningen

Von Donnerstag bis Sonntag kochen Bauers bereits ab Mittag herzhafte Gasthausküche. Dazu Weine aus dem eigenen Weingut und von befreundeten Pfälzer Winzern. An ausgewählten Tagen kleine Frühstückskarte.

Altdorfer Straße 3	Essen: **42** | 50
+49 6323 2734	Service: **17** | 20
gutshof-bauer.de	Weinkarte: **16** | 20
deutsche Küche • urig • eigener Weinbau	Ambiente: **8** | 10
	Gesamt: 83 | 100

THE IZAKAYA

67157 Wachenheim an der Weinstraße

Cooles Ambiente, hippe Musik im Background, eine spannende Weinkarte und japanische Küchenklassiker wie in Tokio: Benjamin Pfeiffer bietet all das in entspannter Atmosphäre mitten in Wachenheim.

Weinstraße 36	Essen: **45** | 50
+49 6322 9593729	Service: **18** | 20
the-izakaya.com	Weinkarte: **17** | 20
Fine Dining • japanisch • unkonventionell	Ambiente: **7** | 10
	Gesamt: 87 | 100

Scheid's

54332 Wasserliesch

Im Restaurant oder auf der Gartenterrasse: Vom freundlichen Service werden regional inspirierte und saisonal ausgerichtete Gerichte aufgetragen, dazu bietet die Weinkarte das passende Gewächs.

Reinigerstraße 48	Essen: **43** | 50
+49 6501 9209792	Service: **18** | 20
scheids-wasserliesch.de	Weinkarte: **18** | 20
Hotelrestaurant • deutsche Küche • regionale Produkte	Ambiente: **8** | 10
	Gesamt: 87 | 100

Admiral

67273 Weisenheim am Berg

Holger Stehr kreiert eine viel gelobte Cross-over-Küche in fünf bis acht Gängen im romantischen Ambiente eines historischen Jagdhauses. Ergänzt wird diese vom Wohlfühlservice von Gattin und Sommelière Martina.

Leistadter Straße 6	Essen: **46** | 50
+49 6353 4175	Service: **19** | 20
admiral-weisenheim.de	Weinkarte: **18** | 20
mediterran • kreativ • gemütlich • entspannt	Ambiente: **8** | 10
	Gesamt: 91 | 100

Klein's Fronhof

56333 Winningen

Moselländischer Stil mit Blick über den Tellerrand im historischen Fronhof. Das Ambiente ist gutbürgerlich-gemütlich, die Weinkarte mit Fokus auf die Mosel. Sehr beliebt: drei Themenabende pro Woche.

Fronstraße 2	Essen: **43** | 50
+49 260 6435	Service: **17** | 20
fronhof-stuben.de	Weinkarte: **17** | 20
Gasthaus • deutsche Küche • gemütlich	Ambiente: **8** | 10
	Gesamt: 85 | 100

Ambiente

67547 Worms

Die Küche des in einer ehemaligen Kirche untergebrachten Lokals orientiert sich an italienischen Klassikern, bietet Pizza und Saisonales. Im Erdgeschoss kann man den Abend in der Bar ausklingen lassen.

Weckerlingplatz 6	Essen: **43** | 50
+49 6241 3049888	Service: **17** | 20
ambiente-worms.com	Weinkarte: **17** | 20
italienisch • traditionell • gemütlich	Ambiente: **8** | 10
	Gesamt: 85 | 100

Saxler's Restaurant

54492 Zeltingen

Das gediegen eingerichtete Restaurant von Hermann Saxler ist längst ein Treffpunkt für Gourmets geworden. Auch bodenständige Gerichte bietet die Karte, immer begleitet von besten Mosel-Weinen.

Uferallee 9	Essen: **44** | 50
+49 6532 680	Service: **18** | 20
hotel-stephanus.de	Weinkarte: **18** | 20
Hotelrestaurant • Allrounder • klassisch	Ambiente: **8** | 10
	Gesamt: 88 | 100

Zeltinger Hof 54492 Zeltingen

Gutes Essen und guter Wein – so lautet das kulinarische Motto des Familienbetriebs, dessen Landküche nicht nur Stammgäste anlockt. Gutbürgerlich und hausgemacht, das ist hier garantiert.

Kurfürstenstraße 76
+49 6532 93820
zeltinger-hof.de
Hotelrestaurant • deutsche Küche • Wild

Essen:	**44** I 50
Service:	**18** I 20
Weinkarte:	**18** I 20
Ambiente:	**8** I 10
Gesamt:	88 I 100

Zornheimer Weinstuben 55270 Zornheim

Im nostalgischen Ambiente oder auf der lauschigen Terrasse: Hier wird herzhaft und bodenständig gekocht, Lucas Christgen hat für Rheinhessische Poulardenbrust und Rumpsteak das richtige Händchen.

Röhrbrunnenplatz 1
+49 6136 45616
zornheimer-weinstuben.de
Gasthaus • deutsche Küche • Steak • urig

Essen:	**43** I 50
Service:	**18** I 20
Weinkarte:	**18** I 20
Ambiente:	**8** I 10
Gesamt:	87 I 100

ESSlibris 66482 Zweibrücken

Wer bei Jürgen Süs im Glashaus sitzt, tafelt Gerichte aus regionalen Produkten. Veganer und Vegetarier werden ebenfalls fündig. Die Weinkarte bietet Positionen aus der Pfalz, aus Frankreich und Italien.

Fasanerie 1
+49 6332 973205
landschloss-fasanerie.de
mediterran • regionale Produkte • klassisch

Essen:	**44** I 50
Service:	**18** I 20
Weinkarte:	**17** I 20
Ambiente:	**8** I 10
Gesamt:	87 I 100

SAARLAND

Hämmerle's Barrique — 66440 Blieskastel

Eine eingespielte Familie serviert im Grenzgebiet französisch-regionale Küche. Cliff Hämmerles Geheimnis: saisonale Zutaten aus fairem Handel – und aus der Heimat. Aufwendig, aber keinesfalls abgehoben.

Bliestalstraße 110a	Essen: **45** | 50
+49 6842 52142	Service: **18** | 20
haemmerles.de	Weinkarte: **17** | 20
französisch • elegant • entspannt	Ambiente: **8** | 10
	Gesamt: **88** | 100

Landgenuss — 66440 Blieskastel

Schlicht, aber deshalb nicht weniger anspruchsvoll. Das zweite Standbein der Hämmerles überzeugt mit Bistro-Chic – und das ausschließlich mittags. Mediterrane Einflüsse treffen auf heimische Produkte.

Bliestalstraße 110a	Essen: **43** | 50
+49 6842 52142	Service: **17** | 20
hämmerles.de	Weinkarte: **17** | 20
Gasthaus • mediterran • regionale Produkte	Ambiente: **8** | 10
	Gesamt: **85** | 100

Ressmanns Residence — 66459 Kirkel

Serviert wird eine international-saisonal beeinflusste Küche, die seit rund 40 Jahren in Familienhand ist. Das Drei-Gänge-Mittagsmenü kann individuell zusammengestellt und auf der Gartenterrasse genossen werden.

Kaiserstraße 87	Essen: **42** | 50
+49 6849 90000	Service: **17** | 20
ressmanns-residence.de	Weinkarte: **16** | 20
Vinothek • mediterran • Gastgarten	Ambiente: **8** | 10
	Gesamt: **83** | 100

Locanda Grappolo d'oro — 66822 Lebach

Familiär und hausgemacht: Egal, ob Gnocchi, Pasta, Brot oder Eis, Domenico Stira, genannt »Mimmo«, verwöhnt seine Gäste mit hochklassigen mediterranen Speisen. Hier ist man einfach gerne Stammgast.

Mottener Straße 94	Essen: **42** | 50
+49 6881 3339	Service: **17** | 20
	Weinkarte: **16** | 20
Casual Dining • italienisch • gemütlich	Ambiente: **8** | 10
P	Gesamt: **83** | 100

Gräfinthaler-Hof

66399 Mandelbachtal

Unweit von Frankreich genießt man die Kreationen von Jörg Kunzer in herzlich-ländlicher Atmosphäre. Seine Produkte kommen teils aus dem UNESCO-Biosphärenreservat Bliesgau. Beliebt bei Reisenden.

Gräfinthal 6
+49 6804 91100
graefinthaler-hof.de
regionale Produkte • klassisch • gemütlich

Essen:	42 | 50
Service:	17 | 20
Weinkarte:	16 | 20
Ambiente:	8 | 10
Gesamt:	83 | 100

Borst

66506 Maßweiler

Vom Dorfcafé zur Sterneküche: Die klassisch französische Küche mit saisonalem Einfluss zieht Gourmets aus ganz Deutschland ins Saarland. Tipp: die Reise aufs Land im hauseigenen Hotel verlängern.

Luitpoldstraße 4
+49 6334 1431
restaurant-borst.de
mediterran • französisch • gemütlich • elegant

P

Essen:	45 | 50
Service:	18 | 20
Weinkarte:	18 | 20
Ambiente:	8 | 10
Gesamt:	89 | 100

Buchnas Landküche

66693 Mettlach

Bodenständige Küche und herzlicher Service im modern-ländlichen Ambiente. Christian Münch-Buchnas Kreationen genießt man im gemütlichen Kaminzimmer – und am besten typisch saarländisch.

Cloefstraße 44
+49 6865 1790
hotel-saarschleife.de
französisch • regionale Produkte • nachhaltig

Essen:	43 | 50
Service:	17 | 20
Weinkarte:	17 | 20
Ambiente:	8 | 10
Gesamt:	85 | 100

Paulus

66620 Nonnweiler

Zeitloser Genuss in ländlicher Idylle – perfekt, um zu entschleunigen und Energie zu tanken. Dabei hilft die traditionsverbundene regionale Gourmetküche und der reich bestückte Weinkeller.

Prälat-Faber-Straße 2–4
+49 6873 91011
landgasthof-paulus.de
saisonal • regional • nachhaltig • bio

P

Essen:	43 | 50
Service:	17 | 20
Weinkarte:	17 | 20
Ambiente:	8 | 10
Gesamt:	85 | 100

Zum Blauen Fuchs

66649 Oberthal

Olaf und Christine Bank sorgen hier für ein einzigartig gemütliches Ambiente. Er ist verantwortlich für das Land- oder Feinschmeckermenü mit Klassikern, sie empfiehlt dazu Wein aus den 150 Positionen.

Walhausener Straße 1
+49 6852 6740
zumblauenfuchs.de
Landgasthaus • mediterran • entspannt

P

Essen:	43 | 50
Service:	17 | 20
Weinkarte:	17 | 20
Ambiente:	8 | 10
Gesamt:	85 | 100

Victor's Fine Dining by Christian Bau 66706 Perl-Nennig

Seine Handschrift ist unverkennbar. An der Grenze zu Frankreich vereint Bau die Küche der Nachbarn mit der japanischen – und schafft einzigartige Kreationen. Nina Mann reicht die passenden Weine.

Schlossstraße 27–29
+49 6866 79118
victors-fine-dining.de
Fine Dining • französisch • japanisch • saisonal

Essen:	**50** | 50
Service:	**19** | 20
Weinkarte:	**20** | 20
Ambiente:	**9** | 10
Gesamt:	98 | 100

Niedmühle 66780 Rehlingen-Siersburg

Klassisch-romantisch an einem der natürlichsten Flüsse im Saarland gelegen. Serviert werden französisch inspirierte Gerichte auf hohem Niveau, dazu sorgfältig ausgesuchte Weine. Tipp: Übernachtungen möglich.

Niedtalstraße 13–14
+49 6835 67450
restaurant-niedmuehle.com
Gasthaus • französisch • Gastgarten • elegant

Essen:	**43** | 50
Service:	**18** | 20
Weinkarte:	**17** | 20
Ambiente:	**8** | 10
Gesamt:	86 | 100

Albrechts Casino am Staden 66121 Saarbrücken

Insiderwissen gibt es bei einem Besuch in dieser Saarbrücker Jugendstilvilla zum modern-regionalen Lunch oder Abendessen gratis dazu. Zeit für die Gäste nimmt man sich bei Weinreisen, Musik und mehr.

Bismarckstraße 47
+49 681 62364
albrechts-casino.de
französisch • regional • modern • entspannt

Essen:	**43** | 50
Service:	**18** | 20
Weinkarte:	**16** | 20
Ambiente:	**8** | 10
Gesamt:	85 | 100

Esplanade 66111 Saarbrücken

Modern interpretierte französische Küche mit mediterranen und japanischen Einflüssen. Das Ambiente ist ein Spiegel dessen: perfektionierte Handwerkskunst und höchste Ansprüche an Qualität und Ästhetik.

Nauwieserstraße 5
+49 681 84499125
esplanade-sb.de
Fine Dining • französisch • regional • elegant

Essen:	**48** | 50
Service:	**19** | 20
Weinkarte:	**18** | 20
Ambiente:	**9** | 10
Gesamt:	94 | 100

Gästehaus Klaus Erfort

66121 Saarbrücken

Die stilvolle Villa beeindruckt von außen, von innen und auf den Tellern mit Klasse und Eleganz. Klaus Erforts Menüs haben mindestens vier Gänge – dazu eine exzellente Weinauswahl und ein toller Service.

Mainzer Straße 95	Essen: **47** | 50
+49 681 9582682	Service: **18** | 20
gaestehaus-erfort.de	Weinkarte: **19** | 20
Fine Dining • französisch • elegant • entspannt	Ambiente: **9** | 10
	Gesamt: 93 | 100

Jouliard

66123 Saarbrücken

Klassiker zum Neu-Verlieben – und für alle, die ausgefallene Arrangements abseits des Standards zu schätzen wissen. Rustikale Bistro-Atmosphäre, passend zu gutem Handwerk, Frische und Geschmack.

Scheidter Straße 66	Essen: **42** | 50
+49 681 68615322	Service: **17** | 20
jouliard.de	Weinkarte: **16** | 20
Bistro • Allrounder • entspannt • gemütlich	Ambiente: **8** | 10
	Gesamt: 83 | 100

Le Comptoir

66111 Saarbrücken

Das Herzstück des Geburtshauses von Regisseur Max Ophüls ist, wie der Name schon verrät, die Theke. Jens Jakob reicht hier bis zu fünf Gänge, saisonal inspiriert und mit perfekt ausgewählten Weinen.

Försterstraße 15	Essen: **43** | 50
+49 681 83907886	Service: **17** | 20
lecomptoir-saarbruecken.de	Weinkarte: **16** | 20
Allrounder • französisch • entspannt	Ambiente: **9** | 10
	Gesamt: 85 | 100

Quack in der Villa Weismüller

66117 Saarbrücken

In diese Saarbrücker Villa locken Annemarie und Wolfgang Quack mit ihrer ambitionierten saisonalen Küche. Highlight: Das Thekenkonzept »Chef's Table 3.0« bietet ein Überraschungsmenü. Gute Weinkarte.

Gersweiler Straße 43a	Essen: **42** | 50
+49 681 52153	Service: **17** | 20
restaurant-quack.de	Weinkarte: **17** | 20
mediterran • saisonal • elegant	Ambiente: **8** | 10
	Gesamt: 84 | 100

Schlachthof Brasserie

66121 Saarbrücken

Das Klinkerhaus im alten Schlachthofviertel besticht mit seinem authentischen Bistro-Ambiente. Serviert werden Menüs nach französischer Art – dazu eine feine Auswahl an Meeresfrüchten.

Straße des 13. Januar 35	Essen: **43** | 50
+49 681 6853332	Service: **17** | 20
schlachthof-brasserie.de	Weinkarte: **16** | 20
Steak • gemütlich • entspannt	Ambiente: **8** | 10
	Gesamt: 84 | 100

Schlossgarten 🍴🍴

66119 Saarbrücken

Der Name ist Programm: Sowohl das königlich-romantische Ambiente als auch die französisch-regionale Küche verzaubert die Gäste. Tipp: das Kasematten-Dinner mit Schauspielaufführung.

Spichererbergstraße 11	Essen: **43** | 50
+49 681 51985	Service: **17** | 20
restaurant-schlossgarten-saarbruecken.de	Weinkarte: **17** | 20
französisch • regionale Produkte • entspannt	Ambiente: **8** | 10
	Gesamt: 85 | 100

Günter Standl, www.guenterstandl.de

Louis 🍴🍴🍴🍴

66740 Saarlouis

In diesem ehemaligen Gerichtssaal dauert der Prozess sieben Gänge lang. Modern-kreativ geht es nicht nur auf den Tellern zu, auch das Ambiente ist très chic – und gleichzeitig herzlich-familiär.

Prälat-Subtil-Ring 22	Essen: **48** | 50
+49 6831 89440440	Service: **19** | 20
lamaison-hotel.de	Weinkarte: **19** | 20
Fine Dining • elegant • entspannt	Ambiente: **10** | 10
	Gesamt: 96 | 100

Die alte Brauerei 🍴🍴

66386 St. Ingbert

In der ehemaligen Brauerei verwöhnt Familie Dauphin ihre Gäste mit der ihnen im Blut liegenden französischen Gastfreundlichkeit. Ein kulinarischer Spiegel dessen: die »Bouillabaisse du chef«.

Kaiserstraße 101	Essen: **43** | 50
+49 6894 92860	Service: **18** | 20
diealtebrauerei.com	Weinkarte: **16** | 20
französisch • mediterran • gemütlich	Ambiente: **8** | 10
	Gesamt: 85 | 100

Kunz Gourmet 🍴🍴

66606 St. Wendel-Bliesen

Nicht nur Kunz' raffinierte Menüs überzeugen. Der Wintergarten mit Blick auf die St.-Remigius-Kirche lässt Jakobsmuscheln oder Täubchen mit Petersilienwurzel noch majestätischer schmecken.

Kirchstraße 22	Essen: **44** | 50
+49 6854 8145	Service: **18** | 20
restaurant-kunz.de	Weinkarte: **17** | 20
Fine Dining • französisch • international	Ambiente: **9** | 10
	Gesamt: 88 | 100

Satoo®
WELTNEUHEIT!
KEINE PFANNE, KEIN GRILL? EINE SATOO®
DIE GRILL- & AROMATISIERUNGSPFANNE
FÜR DAS PERFEKTE STEAK ÜBER HOLZKOHLE
DAS MUST-HAVE FÜR
DEN INNOVATIVEN GASTRONOMEN!
WWW.SATOO.EU
POWERED BY HaJaTec®
MADE IN GERMANY

SCHWARZWÄLDER KIRSCHTÖRTCHEN
MIT SCHATTENMORELLEN-GELEE

Foto: Marcus Wiesner

EN
DIE BESTEN RESTAURANTS
UND GASTHÄUSER IN
BADEN-WÜRTTEMBERG
UND BAYERN

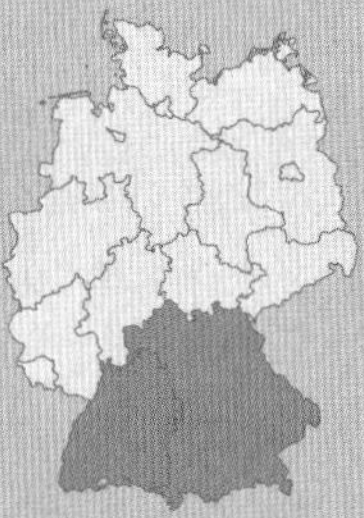

TOP-10 IM SÜDEN

BADEN-WÜRTTEMBERG, BAYERN

AURA by Alexander Herrmann & Tobias Bätz
95339 Wirsberg
Seite 461

Dichter
83700 Rottach-Egern
Seite 447

Tantris
80805 München
Seite 427

EssZimmer
80809 München
Seite 416

Jan
80333 München
Seite 418

Tantris DNA
80805 München
Seite 427

Tohru in der Schreiberei
80331 München
Seite 428

BADEN-WÜRTTEMBERG

Alte Linde

73432 Aalen

Idyllisch gelegen, ist das Landhotel ein Hort der bodenständigen deutschen und internationalen Küche. Maultaschen, Kässpätzle, Hirschgulasch und Zwiebelrostbraten sind die kulinarischen Bestseller.

Albstraße 121
+49 7367 2001
hotel-altelinde.de
Gasthaus • deutsche Küche • Gastgarten

Essen:	**42**	50
Service:	**16**	20
Weinkarte:	**15**	20
Ambiente:	**7**	10
Gesamt:	80	100

BuonGiorno

73430 Aalen

Eine Trattoria, in der italienische Gastlichkeit mit Herzblut gelebt wird. Und natürlich stehen hier alle beliebten Klassiker inklusive italienischer Weine auf der Karte. Dolce Vita vom Feinsten.

Radgasse 15
+49 7361 9339986
buongiorno-aalen.de
italienisch • Meeresfrüchte • gemütlich

Essen:	**42**	50
Service:	**17**	20
Weinkarte:	**17**	20
Ambiente:	**7**	10
Gesamt:	83	100

Läuterhäusle

73432 Aalen

Dass hier alles aus tiefster Kochleidenschaft handwerklich und hausgemacht ist, gehört zur Philosophie des Hauses. In gemütlicher Atmosphäre kommen beste schwäbische Spezialitäten auf die Teller.

Waldhäuser Straße 109
+49 7361 98890
laeuterhaeusle.de
regionale Küche • im Grünen • Gastgarten

Essen:	**44**	50
Service:	**17**	20
Weinkarte:	**16**	20
Ambiente:	**7**	10
Gesamt:	84	100

Wilder Mann

73433 Aalen

Geschmackvoll ist hier nicht nur das Interieur. Die Küche steht diesem in nichts nach und bietet feinste bodenständige Gerichte, allesamt wunderbar aromatisch im Geschmack. Sehr freundlicher Service.

Karlstraße 2–4
+49 7361 71366
wildermann-aalen.de
Hotelrestaurant • deutsche Küche • Gastgarten

Essen:	**42** | 50
Service:	**18** | 20
Weinkarte:	**18** | 20
Ambiente:	**8** | 10
Gesamt:	86 | 100

#heimat im Malerhaus

77855 Achern

Die Liaison zwischen Elsässer und badischer Küche wird in der Brasserie bestens gepflegt. Schneckensuppe vom Feinsten, französischer Zwiebelrostbraten und eingemachtes Kalbfleisch sind hier die Favoriten.

Hauptstraße 104
+49 7841 6668870
heimat-gastro.de
Bistro • französisch • gemütlich

Essen:	**43** | 50
Service:	**18** | 20
Weinkarte:	**17** | 20
Ambiente:	**8** | 10
Gesamt:	86 | 100

Chez Georges

77855 Achern

Die Nähe zum Elsass nutzt Alexander Hedegger und ergänzt sein badisches Küchenprogramm mit französischen Klassikern. Alles handwerklich zubereitet aus frischen regionalen Produkten und Zutaten.

Kirchstraße 38
+49 7841 69680
hotel-sha.de
Hotelrestaurant • deutsche Küche • französisch • Fisch

Essen:	**42** | 50
Service:	**18** | 20
Weinkarte:	**18** | 20
Ambiente:	**8** | 10
Gesamt:	86 | 100

Rössle

72275 Alpirsbach

Schwäbische Klassiker oder lieber ein Teller-Arrangement aus der Gourmetwelt? Im schmucken Hotelrestaurant wird beides serviert, gekonnt zubereitet aus besten und, wenn möglich, regionalen Produkten.

Aischbachstraße 5
+49 7444 956040
roessle-alpirsbach.de
Familienbetrieb • deutsche Küche • mediterran • klassisch

Essen:	**42** | 50
Service:	**17** | 20
Weinkarte:	**17** | 20
Ambiente:	**8** | 10
Gesamt:	84 | 100

Portofino

71566 Althütte

Die Speisekarte bietet in gemütlichem Ambiente eine bunte Vielfalt an Gerichten. Reichlich belegte Pizzen aus dem Holzofen, Hähnchen und klassische Pasta gehören zu den Spezialitäten.

Schulstraße 4
+49 7183 307009
ristoranteportofino-althuette.de
italienisch • Pizza • gemütlich

Essen:	**42** | 50
Service:	**17** | 20
Weinkarte:	**16** | 20
Ambiente:	**7** | 10
Gesamt:	82 | 100

80–84 85–89 90–94 95–100 Punkte

Stubersheimer Hof

73340 Amstetten

Die Geschichte des Anwesens reicht weit zurück, die Küche ist dagegen immer à jour. Ob gebackener Thunfisch, klassischer Zwiebelrostbraten oder geschmorte Schweinebäckchen, hier schmeckt alles gut.

Bräunisheimer Straße 1	Essen: **42** | 50
+49 7331 4429970	Service: **17** | 20
stubersheimer-hof.de	Weinkarte: **17** | 20
Gasthaus • deutsche Küche • gemütlich	Ambiente: **8** | 10
	Gesamt: 84 | 100

Schattbuch

88279 Amtzell

Entspannt genießen in lockerer Atmosphäre: Das junge Serviceteam sorgt für gute Laune, die Küche mit ihren durchdachten Gourmetkreationen für exklusive, modern interpretierte Gaumenfreuden.

Schattbucher Straße 10	Essen: **45** | 50
+49 7520 953788	Service: **18** | 20
schattbuch.de	Weinkarte: **18** | 20
Fine Dining • Terrasse • romantisch	Ambiente: **8** | 10
	Gesamt: 89 | 100

Hofwirtschaft Ellgass

88260 Argenbühl

Mit attraktiven Tagesempfehlungen wird die Speisekarte des Gasthauses ergänzt, auf der Klassiker wie Cordon bleu, Saftgulasch und Oxfetzen vom Weiderind, aber auch vegetarische Gerichte stehen.

Dorfplatz 10	Essen: **42** | 50
+49 7566 1578	Service: **17** | 20
hofwirtschaft-ellgass.de	Weinkarte: **16** | 20
Gasthaus • eigene Landwirtschaft • Steak • gemütlich	Ambiente: **7** | 10
	Gesamt: 82 | 100

Aguila

71679 Asperg

Tapas werden in der Bar des renommierten Hotels in vielen Varianten serviert – ein bisschen Spanien mitten in Schwaben. Doch auch die schwäbischen Spezialitäten kommen hier nicht zu kurz.

Stuttgarter Straße 2	Essen: **42** | 50
+49 7141 26600	Service: **17** | 20
adler-asperg.de	Weinkarte: **17** | 20
Allrounder • spanisch • deutsche Küche • Terrasse	Ambiente: **8** | 10
	Gesamt: 84 | 100

Schwabenstube

71679 Asperg

Zwar gibt es in dem Restaurantklassiker auch regionale Spezialitäten, doch das Hauptaugenmerk liegt auf der Gourmetküche, die immer wieder mit aromatischen Arrangements der Extraklasse überrascht.

Stuttgarter Straße 2	Essen: **45** | 50
+49 7141 26600	Service: **17** | 20
adler-asperg.de	Weinkarte: **18** | 20
Hotelrestaurant • Fine Dining • elegant • traditionell	Ambiente: **8** | 10
P	Gesamt: 88 | 100

Berghofstüble

79415 Bad Bellingen

Das Restaurant von Anita und Ramon Basler ist eine feste Größe im Markgräflerland. In der rustikalen Gaststube wird herzhaft aufgetischt, badische Küchenklassiker sind hier die Favoriten.

Berghofstüble 2A	Essen: **42** | 50
+49 7635 1293	Service: **18** | 20
berghofstueble-bad-bellingen.de	Weinkarte: **17** | 20
Familienbetrieb • deutsche Küche • Terrasse	Ambiente: **8** | 10
	Gesamt: 85 | 100

Schwanen

79415 Bad Bellingen

Familienbetrieb mit gemütlichem Restaurant, in dem traditionelle badische Spezialitäten und internationale Klassiker serviert werden. Natürlich Flädlesuppe, Wiener Schnitzel und Lachsfilet vom Grill.

Rheinstraße 50	Essen: **43** | 50
+49 7635 811811	Service: **17** | 20
schwanen-bad-bellingen.de	Weinkarte: **17** | 20
Gasthaus • Familienbetrieb • klassisch	Ambiente: **8** | 10
	Gesamt: 85 | 100

Das Walz

78073 Bad Dürrheim

Restaurant und Café, badische Spezialitäten und hausgemachte Kuchen sowie Torten: Die ambitionierte Küche und der freundliche Service bedienen beide Varianten mit leidenschaftlicher Gastlichkeit.

Friedrichstraße 9	Essen: **42** | 50
+49 7726 261	Service: **17** | 20
das-walz.de	Weinkarte: **17** | 20
Familienbetrieb • deutsche Küche • gemütlich	Ambiente: **8** | 10
P	Gesamt: 84 | 100

Lamm 76332 Bad Herrenalb

Gemütlich und entspannt geht es im Lamm zu. Das heimelige Ambiente lockt mit gut gemachten Wildspezialitäten und einer ganzen Reihe hausgemachter badischer Küchenklassiker. Gutes Weinangebot.

Mönchstraße 31
+49 7083 92440
lamm-rotensol.de
Hotelrestaurant • Wild • gemütlich

Essen:	**44** I 50
Service:	**17** I 20
Weinkarte:	**17** I 20
Ambiente:	**7** I 10
Gesamt:	85 I 100

Storchen 79189 Bad Krozingen

Familie Helfesrieder bewirtet ihre Gäste mit Herzblut. Entsprechend gut aufgestellt ist auch die Küche und bietet etwa Bretonischen Seeteufel, Rücken vom Hirschkalb und Kalbskutteln in Rieslingsauce.

Felix-und-Nabor-Straße 2
+49 7633 5329
storchen-schmidhofen.de
Familienbetrieb • eigener Gemüsegarten • Fisch

Essen:	**45** I 50
Service:	**18** I 20
Weinkarte:	**18** I 20
Ambiente:	**8** I 10
Gesamt:	89 I 100

Hirsch Genusshandwerk 75378 Bad Liebenzell

Alle vier Wochen wechselt Andreas Sondej in seinem schönen Gasthaus die Speisekarte. Seine ausgefeilten Gerichte, zubereitet aus besten Produkten, schwanken gekonnt zwischen klassisch und modern.

Monbachstraße 47
+49 7052 2367
hirsch-genusshandwerk.de
Familienbetrieb • Casual Dining • regionale Produkte

Essen:	**45** I 50
Service:	**18** I 20
Weinkarte:	**16** I 20
Ambiente:	**8** I 10
Gesamt:	87 I 100

Bundschu 97980 Bad Mergentheim

Mit regionalen Spezialitäten und internationalen Klassikern hat sich das Restaurant eine Fangemeinde erkocht. Empfehlenswert sind die Fischgerichte, aber auch Vegetarier finden hier das Passende.

Milchlingstraße 24
+49 7931 9330
hotel-bundschu.de
Hotelrestaurant • regionale Küche • Fisch • entspannt

Essen:	**43** I 50
Service:	**17** I 20
Weinkarte:	**16** I 20
Ambiente:	**8** I 10
Gesamt:	84 I 100

Kamin- und Bauernstube 77740 Bad Peterstal-Griesbach

Küchenchef Martin Herrmann ist ein Meister seines Fachs und beherrscht auch die bodenständige und regionale badische Küche, hier und da verfeinert mit Akzenten aus der französischen Haute Cuisine.

Dollenberg 3
+49 7806 780
dollenberg.de
Familienbetrieb • Hotelrestaurant • elegant

Essen:	**43** I 50
Service:	**19** I 20
Weinkarte:	**19** I 20
Ambiente:	**8** I 10
Gesamt:	89 I 100

Le Pavillon

77740 Bad Peterstal-Griesbach

Tischkultur vom Feinsten, um nicht zu sagen vom Allerfeinsten. Martin Herrmann kocht sich traumsicher durch die französische Haute Cuisine, seine Kreationen sind zeitlose Gourmetklassiker. Erstklassige Weinkarte.

Dollenberg 3
+49 7806 780
dollenberg.de
Hotelrestaurant • französisch • am Berg • elegant

Essen:	**48** I 50
Service:	**19** I 20
Weinkarte:	**19** I 20
Ambiente:	**9** I 10
Gesamt:	95 I 100

Klösterle Hof

77776 Bad Rippoldsau-Schapbach

Markus Klein liebt die Tradition. Und diese Liebe ist ansteckend. Man sitzt umhüllt von der Wärme des Kachelofens, wird von dem natürlich-freundlichen Personal umsorgt und genießt Tortelloni mit Steinpilzen.

Klösterleweg 2
+49 7440 215
kloesterlehof.de
Gasthaus • regionale Küche • Wild

Essen:	**42** I 50
Service:	**17** I 20
Weinkarte:	**16** I 20
Ambiente:	**7** I 10
Gesamt:	82 I 100

Klebers

88348 Bad Saulgau

Ob inspiriert von den Köstlichkeiten der Welt, regional oder vegetarisch, weil man bei einer guten Küche auch da nicht von Verzicht sprechen kann – für jeden gibt es das passende Menü.

Poststraße 1
+49 7581 5010
kleberpost.de
Hotelrestaurant • Terrasse • elegant • entspannt

Essen:	**42** I 50
Service:	**17** I 20
Weinkarte:	**17** I 20
Ambiente:	**8** I 10
Gesamt:	84 I 100

Berlins Krone

75385 Bad Teinach-Zavelstein

In zweiter Generation familiengeführtes Gourmetrestaurant im gleichnamigen Wellnesshotel. Bei Küchenchef Franz Berlin werden heimische Produkte mit dem besten aus aller Welt kombiniert.

Marktplatz 1–3
+49 7053 92940
berlins-hotel.de
Hotelrestaurant • klassisch • regionale Produkte

Essen:	**45** I 50
Service:	**18** I 20
Weinkarte:	**18** I 20
Ambiente:	**8** I 10
Gesamt:	89 I 100

Kesselhaus

72574 Bad Urach

Wer mal was G'scheits braucht, dem sei das »Schwabenmenü« ans Herz gelegt: Salat, eine doppelte Rinderkraftbrühe, Zwiebelrostbraten und Ofenschlupfer der Saison. Hier wird an nichts gespart.

Pfählerstraße 7
+49 7125 947330
bischoffs-badurach.de
Gasthaus • Familienbetrieb • Burger • modern

Essen:	**42** I 50
Service:	**18** I 20
Weinkarte:	**18** I 20
Ambiente:	**8** I 10
Gesamt:	86 I 100

Kreuz

88339 Bad Waldsee

Katrin Bock und Stephan Gruß betreiben gemeinsam diesen Gasthof im Herzen Bad Waldsees. Jeden Donnerstag verwöhnt der Patron seine Gäste mit einem 15-Gänge-Menü. Dazu locken Spezialitätenwochen.

Gut-Betha-Platz 1	Essen: **43** I 50
+49 7524 3927	Service: **17** I 20
kreuz-gasthof.de	Weinkarte: **17** I 20
Gasthaus • regionale Küche • Wild	Ambiente: **8** I 10
P	Gesamt: 85 I 100

Scala

88339 Bad Waldsee

Das Scala ist ein modernes Restaurant mit herrlichem Blick auf den Stadtsee. Bei raffinierten Gerichten wie etwa der Schaumsuppe von der Steckrübe kommt man vollumfänglich auf seine Kosten.

Wurzacher Straße 55	Essen: **42** I 50
+49 7524 9787773	Service: **17** I 20
scala-bad-waldsee.de	Weinkarte: **17** I 20
Allrounder • deutsche Küche • Steak • Seeterrasse	Ambiente: **8** I 10
	Gesamt: 84 I 100

Friedrich

74206 Bad Wimpfen

Es ist schon ein wenig witzig, dass sich das Friedrich als traditionell bezeichnet. Gewieft trifft es wohl eher, vielleicht auch gewitzt, wovon Gerichte wie etwa die Weiße-Trüffel-Paella mit Jakobsmuschel zeugen.

Hauptstraße 74	Essen: **42** I 50
+49 7063 245	Service: **17** I 20
friedrich-feyerabend.de	Weinkarte: **17** I 20
deutsche Küche • Terrasse • traditionell	Ambiente: **8** I 10
	Gesamt: 84 I 100

Die Klosterschänke

76530 Baden-Baden

Seit drei Generationen bietet Familie Racciatti in dem zwischen Weinbergen und Wald gelegenen Traditionshaus regionale Klassiker mit einem Hauch Italien. Die Küche verantwortet die Chefin persönlich.

Klosterschänke 1	Essen: **42** I 50
+49 7221 25854	Service: **18** I 20
restaurant-klosterschaenke.de	Weinkarte: **17** I 20
Gasthaus • deutsche Küche • italienisch • entspannt	Ambiente: **8** I 10
P	Gesamt: 85 I 100

Filios

76530 Baden-Baden

Prominente wie Barack Obama, Nelson Mandela und Bill Clinton waren schon in dem Restaurant am Augustaplatz zu Gast, das seit 2021 als Filios firmiert und mit moderner griechischer Küche aufwartet.

Augustaplatz 8	Essen: **42** I 50
+49 151 15944410	Service: **17** I 20
filios-badenbaden.de	Weinkarte: **18** I 20
Casual Dining • griechisch • modern	Ambiente: **8** I 10
	Gesamt: 85 I 100

Fritz & Felix

76530 Baden-Baden

Küchenchef Sebastian Mattis verantwortet hier ein französisch inspiriertes Casual-Fine-Dining-Konzept. Die Vorspeisen werden zum Teilen angeboten. Der junge Service agiert überaus kompetent.

Schillerstraße 4/6	Essen:	43 | 50
+49 7221 900999	Service:	18 | 20
fritzxfelix.com	Weinkarte:	18 | 20
Casual Dining • Allrounder • elegant	Ambiente:	8 | 10
	Gesamt:	87 | 100

Hectors

76530 Baden-Baden

Nach siebenmonatigem Umbau legt das Kurhaus mit dem Hectors einen überzeugenden Neustart seines gastronomischen Angebots hin. Küchenchef Enrico Neumann leistet hier bereits seit 2018 solide Arbeit.

Kaiserallee 1	Essen:	42 | 50
+49 7221 9070	Service:	18 | 20
hectors-badenbaden.de	Weinkarte:	17 | 20
Allrounder • modern • Terrasse	Ambiente:	9 | 10
	Gesamt:	86 | 100

Heiligenstein

76534 Baden-Baden

Gourmetrestaurant im gleichnamigen Vier-Sterne-Hotel. Küchenchef Joachim Peter kreiert hervorragende regional-mediterrane Speisen. Die Weinkarte bietet über 400 regionale und internationale Positionen.

Heiligensteinstraße 19a	Essen:	43 | 50
+49 7223 96140	Service:	17 | 20
hotel-heiligenstein.de	Weinkarte:	18 | 20
Familienbetrieb • Hotelrestaurant • Allrounder • klassisch	Ambiente:	8 | 10
	Gesamt:	86 | 100

Heine's Wine and Dine

76530 Baden-Baden

Inhaber und Sommelier Michael Heine legt in seinem Restaurant mit Weinbar Wert auf regionale Zutaten und heimische Weine. Die Speisekarte besteht aus sieben Gerichten, die alle drei Wochen wechseln.

Merkurstraße 3	Essen:	43 | 50
+49 7221 3979466	Service:	18 | 20
heine-wine-dine.com	Weinkarte:	18 | 20
Casual Dining • regionale Produkte • modern	Ambiente:	8 | 10
	Gesamt:	87 | 100

Le Jardin de France

76530 Baden-Baden

Einstmals war der gebürtige Franzose Stéphan Bernhard jüngster Sternekoch in Deutschland mit eigenem Restaurant. 2022 zog er mit seinem 1998 eröffneten Lokal in das alte Stahlbad um. Die Küche: nach wie vor grandios.

Augustaplatz 2	Essen:	45 | 50
+49 7221 3007860	Service:	18 | 20
lejardindefrance.de	Weinkarte:	18 | 20
Fine Dining • französisch • Essen mit Aussicht	Ambiente:	8 | 10
	Gesamt:	89 | 100

Maltes Hidden Kitchen

76530 Baden-Baden

Sternekoch Malte Kuhn fährt in der Baden-Badener Fußgängerzone ein einmaliges Konzept: Tagsüber gibt's Kaffee und Kuchen, abends feinste Gourmetküche. Den freundlichen Service verantwortet seine Frau.

Gernsbacher Straße 24	Essen:	**46** | 50
+49 7221 7025020	Service:	**18** | 20
exquisite-concepts.com	Weinkarte:	**18** | 20
Casual Dining • entspannt • modern	Ambiente:	**8** | 10
	Gesamt:	90 | 100

Monte Christo

76530 Baden-Baden

Authentische spanische Weinbar unweit vom Augustaplatz mit Tapas und weiteren mediterranen Köstlichkeiten wie Rotweinrisotto, in Olivenöl gerösteten Brotscheiben mit Thunfischmousse oder Crema catalana.

Eichstraße 5	Essen:	**42** | 50
+49 7221 393434	Service:	**17** | 20
monte-christo-baden-baden.de	Weinkarte:	**17** | 20
Bar • spanisch • gemütlich	Ambiente:	**8** | 10
	Gesamt:	84 | 100

Moriki

76530 Baden-Baden

Schickes Sushi-Restaurant mit freundlichem Service im Roomers-Hotel Baden-Baden. Das Konzept stammt vom Berliner The Duc Ngo. Ab vier Personen wird in der Tischmitte ein kulinarisches Best-of serviert.

Lange Straße 100	Essen:	**42** | 50
+49 7221 901930	Service:	**17** | 20
moriki.de	Weinkarte:	**17** | 20
Fine Dining • japanisch • Sushi • elegant	Ambiente:	**8** | 10
	Gesamt:	84 | 100

Nigrum

76530 Baden-Baden

Außerordentlich stilvolles, italienisch angehauchtes Restaurant. Küchenchef Ronald Ettl ist gebürtiger Österreicher. Seine Kreationen kombiniert er in bis zu acht Gängen. Auch die Weinauswahl überzeugt.

Schloßstraße 20	Essen:	**43** | 50
+49 7221 3979008	Service:	**17** | 20
restaurant-nigrum.de	Weinkarte:	**17** | 20
Allrounder • elegant • Gewölbe	Ambiente:	**8** | 10
	Gesamt:	85 | 100

RIZZI The Restaurant

76530 Baden-Baden

Italienisch-französisches Fusion-Restaurant am Marktplatz mit wöchentlich wechselndem Businesslunch. Auf der großen Sonnenterrasse mit Lounge genießt man einen zauberhaften Blick auf die Gönneranlage.

Augustaplatz 1
+49 7221 25838
rizzi-baden-baden.de
mediterran • regionale Produkte • Terrasse • modern

Essen:	43 | 50
Service:	18 | 20
Weinkarte:	17 | 20
Ambiente:	8 | 10
Gesamt:	86 | 100

The Grill

76530 Baden-Baden

Außergewöhnliche Kombination aus Sushi- und Grillspezialitäten. Die herrliche Atmosphäre in dem an das Casino angeschlossenen Wintergarten sucht ihresgleichen. Täglich auch frische Austern.

Kaiserallee 1
+49 7221 3024691
the-grill-baden-baden.de
Sushi • japanisch • Steak • Terrasse

Essen:	42 | 50
Service:	18 | 20
Weinkarte:	18 | 20
Ambiente:	9 | 10
Gesamt:	87 | 100

Weinstube im Baldreit

76530 Baden-Baden

Inmitten der Altstadt, in einem urigen Gewölbekeller, befindet sich das wohl älteste Lokal Baden-Badens. Hier bietet das Ehepaar Nicole und Philippe Fouillé gehobene Regionalküche und familiären Service.

Küferstraße 3
+49 7221 23136

Gasthaus • deutsche Küche • Gastgarten • gemütlich

Essen:	42 | 50
Service:	18 | 20
Weinkarte:	18 | 20
Ambiente:	8 | 10
Gesamt:	86 | 100

Wintergarten

76530 Baden-Baden

In dem lichtdurchfluteten Restaurant mit Parkblick verknüpft Küchenchef Stefan Naatz badische mit französischer Küche. Wegen Renovierungsarbeiten erreicht man das Lokal derzeit über die Villa Stéphanie.

Schillerstraße 4/6
+49 7221 900890
brenners.com
Hotelrestaurant • deutsche Küche • französisch • Terrasse

Essen:	44 | 50
Service:	18 | 20
Weinkarte:	18 | 20
Ambiente:	8 | 10
Gesamt:	88 | 100

Wirtshaus zur Geroldsauer Mühle 76534 Baden-Baden

Modernes Wirtshaus in lässiger alpiner Atmosphäre mit viel hellem Holz und weitläufigem Biergarten. Geboten wird eine frische Marktküche mit regionalen Spezialitäten, Weinen und frisch gezapftem Bier.

Geroldsauer Straße 54	Essen:	42 | 50
+49 7221 99646830	Service:	17 | 20
wirtshaus-geroldsauermuehle.de	Weinkarte:	16 | 20
Gasthaus • deutsche Küche • Gastgarten • romantisch	Ambiente:	8 | 10
P	Gesamt:	83 | 100

Schwarzmatt 79410 Badenweiler

Was in der Küche des Hotels Schwarzmatt geschieht, ist ein Paradebeispiel für die Fusion aus Tradition und Innovation. Liebevolle und detailverliebte Gerichte, die in jedem Gang überzeugen.

Schwarzmattstraße 6A	Essen:	43 | 50
+49 7632 82010	Service:	18 | 20
schwarzmatt.de	Weinkarte:	17 | 20
Hotelrestaurant • deutsche Küche • mediterran • klassisch	Ambiente:	8 | 10
P	Gesamt:	86 | 100

1789 72270 Baiersbronn

Bodenständige Gourmetküche mit fernöstlichen Akzenten. Florian Stolte gelingt dieser Spagat in seinen kreativen Gerichten mit Bravour. Serviert wird im neu gestylten modern-puristischen Ambiente.

Tonbachstraße 237	Essen:	46 | 50
+49 7442 4920	Service:	19 | 20
traube-tonbach.de	Weinkarte:	19 | 20
Hotelrestaurant • Fine Dining • elegant	Ambiente:	9 | 10
	Gesamt:	93 | 100

Günter Standl, www.guenterstandl.de

Bareiss 72270 Baiersbronn

Claus-Peter Lumpp ist zweifelsohne einer der besten deutschen Köche. Seine außergewöhnlichen Gerichte – mal klassisch, mal modern-kreativ – sind von geradliniger Aromatik geprägt und setzen Akzente.

Hermine-Bareiss-Weg 1	Essen:	49 | 50
+49 7442 470	Service:	20 | 20
bareiss.com	Weinkarte:	20 | 20
Fine Dining • elegant • klassisch	Ambiente:	9 | 10
P	Gesamt:	98 | 100

JEROME MONDIERE

Dorfstuben im Hotel Bareiss 72270 Baiersbronn

In zwei alten Bauernstuben hat die regionale und schwäbische Küche ihre kulinarische Heimat. Natürlich mit Maultaschen und Kutteln, aber auch Hirschragout und Zwiebelrostbraten stehen auf der Karte.

Hermine-Bareiss-Weg 1
+49 7442 470
bareiss.com
Hotelrestaurant • regionale Produkte • urig

Essen:	**43**	50
Service:	**18**	20
Weinkarte:	**18**	20
Ambiente:	**8**	10
Gesamt:	87	100

Engelwirt's Stube 72270 Baiersbronn

Ein schickes Landhotel mit elegantem Restaurant. Ab Mittag gibt es hier eine kleine Vesperkarte mit herzhaften Gerichten, abends stehen regionale und internationale Klassiker auf dem Programm.

Rechtmurgstraße 28
+49 7449 850
engel-obertal.de
Hotelrestaurant • Allrounder • klassisch

Essen:	**43**	50
Service:	**18**	20
Weinkarte:	**17**	20
Ambiente:	**8**	10
Gesamt:	86	100

Forellenhof Buhlbach 72270 Baiersbronn

Wenn man die Farbe des Sonnenuntergangs für ein vollkommenes Orange hält, sollte man schleunigst den nächsten Zug nach Baiersbronn nehmen und dort die Forelle essen. Da bekommt man Kiemenneid.

Schliffkopfstraße 64
+49 7442 470
bareiss.com
Gasthaus • Fisch • nachhaltig • Essen mit Aussicht

Essen:	**43**	50
Service:	**18**	20
Weinkarte:	**17**	20
Ambiente:	**8**	10
Gesamt:	86	100

Günter Standl, www.guenterstandl.de

Kaminstube

72270 Baiersbronn

Wenn der Küchenchef Nicolai Biedermann schon ein »Lieblingsmenü« zusammenstellt, dann kann man sich getrost darauf einlassen. Besonders überzeugend ist der rosa gebratene Lammrücken.

Hermine-Bareiss-Weg 1
+49 7442 470
bareiss.com
Familienbetrieb • Hotelrestaurant • Fine Dining • klassisch

Essen:	**45** | 50
Service:	**19** | 20
Weinkarte:	**18** | 20
Ambiente:	**8** | 10
Gesamt:	90 | 100

Meierei im Waldknechtshof

72270 Baiersbronn

Idyllischer als im Gastraum der Meierei geht es kaum. Doch wo man sich tief im Schwarzwald angekommen fühlt, wartet die Welt des Genusses: zum Beispiel das wunderbare Filet vom Atlantiksteinbutt.

Baiersbronner Straße 4
+49 7442 84840
waldknechtshof.de
Gasthaus • Familienbetrieb • Allrounder • Terrasse

Essen:	**44** | 50
Service:	**18** | 20
Weinkarte:	**17** | 20
Ambiente:	**8** | 10
Gesamt:	87 | 100

Murgstube

72270 Baiersbronn

Oft ist es das Beste, wenn man nicht auf das Herz hört und auch nicht auf den Bauch, sondern einfach auf den Wirt. In diesem Fall muss man nicht mal hören, sondern nur lesen. Lieblingsgericht: Schwarzwurst. Bestellen!

Murgtalstraße 602
+49 7447 2890
hotel-sackmann.de
regionale Produkte • traditionell • Gasthaus

Essen:	**44** | 50
Service:	**18** | 20
Weinkarte:	**17** | 20
Ambiente:	**8** | 10
Gesamt:	87 | 100

Schatzhauser 72270 Baiersbronn

Florian Stolte fusioniert im Schatzhauser schwäbisch-badische Küche mit seinen Lieblingsgerichten aus der weiten Welt und feinen Steak-Cuts vom Grill. Selten schmeckt Fusion so harmonisch.

Tonbachstraße 237
+49 7442 4920
traube-tonbach.de
Hotelrestaurant • Familienbetrieb • gemütlich • entspannt

Essen:	44 | 50
Service:	19 | 20
Weinkarte:	19 | 20
Ambiente:	9 | 10
Gesamt:	91 | 100

Schlossberg 72270 Baiersbronn

Ein Vater-Sohn-Duo, das einen alle Generationenkonflikte vergessen lässt. Jörg und Nico Sackmann kochen in einem der stylishsten Restaurants des Landes mit einem gänzlich einnehmenden Stil.

Murgtalstraße 602
+49 7447 2890
hotel-sackmann.de
Familienbetrieb • Fine Dining • modern • elegant

Essen:	45 | 50
Service:	19 | 20
Weinkarte:	18 | 20
Ambiente:	9 | 10
Gesamt:	91 | 100

Schwarzwaldstube 72270 Baiersbronn

Man stößt an die Grenzen der Sprache, möchte man beschreiben, was Torsten Michels mit seiner Haute Cuisine macht. Man könnte sagen, dass er Perfektion erreicht – und hätte doch noch nichts gesagt.

Tonbachstraße 237
+49 7442 4920
traube-tonbach.de
Hotelrestaurant • Familienbetrieb • französisch • elegant

Essen:	50 | 50
Service:	20 | 20
Weinkarte:	20 | 20
Ambiente:	10 | 10
Gesamt:	100 | 100

Cosita 72336 Balingen

Ein Touch Spanien in Balingen. Alles, was kulinarisch auf der Iberischen Halbinsel Rang und Namen hat, steht hier auf der Speisekarte. Ein schmackhaftes Dorado für Freunde der spanischen Küche.

Gratweg 2
+49 7433 902170
cosita-balingen.de
Hotelrestaurant • spanisch • Essen mit Aussicht

Essen:	42 | 50
Service:	18 | 20
Weinkarte:	18 | 20
Ambiente:	8 | 10
Gesamt:	86 | 100

Krone 72658 Bempflingen

Wer bei französischen Weinbergschnecken, einem Pariser Pfeffersteak oder auch einer Zwiebelsuppe vorschnell zu gähnen beginnt, der sei hiermit wachgerüttelt: So erfrischend schmeckt Tradition selten.

Brunnenweg 40
+49 7123 31083
kronebempflingen.de
Familienbetrieb • Terrasse • klassisch • gemütlich

Essen:	43 | 50
Service:	17 | 20
Weinkarte:	17 | 20
Ambiente:	8 | 10
Gesamt:	85 | 100

Hirsch
77791 Berghaupten

Wild, Wein und Wokgemüse – natürlich alles aus Baden, weil's da am besten schmeckt. Ist ja klar. Auf der wunderschönen Terrasse oder in der gemütlichen Stube genießt man unvergessliche Abende.

Dorfstraße 9
+49 7803 93970
hirsch-berghaupten.de
Familienbetrieb • Steak • Fisch

Essen:	**43**	50
Service:	**17**	20
Weinkarte:	**17**	20
Ambiente:	**8**	10
Gesamt:	**85**	100

Picasa

Bergblick
79872 Bernau

Es ist keine leichte Aufgabe, es allen recht machen zu wollen. Doch genau dieser Aufgabe stellt man sich im Schwarzwald. Und spielerisch gelingt, was unmöglich scheint – egal, ob Wild, vegetarisch oder Fisch.

Hasenbuckweg 1
+49 7675 273
bergblick-bernau.de
Gasthaus • bio • regionale Produkte

Essen:	**43**	50
Service:	**17**	20
Weinkarte:	**17**	20
Ambiente:	**8**	10
Gesamt:	**85**	100

Marktwirtschaft
74354 Besigheim

Frank Land ist ein bodenständiger Gastronom, der trotzdem das Träumen nicht verlernt hat. Und gemeinsam mit ihm träumt man als Gast von Weinen, Muscheln und Hummer. Da will man gar nicht mehr aufwachen.

Marktplatz 2
+49 7143 9099091
marktwirtschaft-besigheim.de
Casual Dining • modern • entspannt

Essen:	**44**	50
Service:	**18**	20
Weinkarte:	**17**	20
Ambiente:	**8**	10
Gesamt:	**87**	100

Zum Kreuz

77781 Biberach

Ein wildromantischer Gastraum lädt zum Träumen ein. Etwa vom Rote-Bete-Schnitzel. Aber auch die Fleischgerichte sind vorzüglich – besonders, wenn man sie mit einem der Weine kombiniert.

Untertal 7
+49 7835 426420
kreuz-prinzbach.de
Familienbetrieb • deutsche Küche • Fisch • im Grünen

Essen:	**43**	50
Service:	**18**	20
Weinkarte:	**18**	20
Ambiente:	**8**	10
Gesamt:	87	100

Maerz

74321 Bietigheim-Bissingen

Zwischen Heimweh und Fernweh gibt es einen Ort der puren Glückseligkeit. Der liegt in Bietigheim-Bissingen und besticht durch Gerichte wie »Faux Gras« an Kiwi und Zitronenmelisse.

Kronenbergstraße 14
+49 7142 42004
maerzundmaerz.de
Hotelrestaurant • Familienbetrieb • unkonventionell

Essen:	**45**	50
Service:	**18**	20
Weinkarte:	**18**	20
Ambiente:	**8**	10
Gesamt:	89	100

Traube

79588 Blansingen

Glück ist nur echt, wenn man es teilt. Und hier gibt es reichlich davon. Zum Beispiel beim cremig-zarten Zander oder den Maronen. Diese Qualität erreicht, wer akribisch und leidenschaftlich genug ist.

Alemannenstraße 19
+49 7628 9423780
traube-blansingen.de
Fine Dining • deutsche Küche • regionale Produkte

Essen:	**45**	50
Service:	**18**	20
Weinkarte:	**18**	20
Ambiente:	**8**	10
Gesamt:	89	100

Zum Reussenstein

71032 Böblingen

Jeder Handgriff sitzt, die Teller sind wunderschön angerichtet, das Personal ist hilfsbereit, aber nicht aufdringlich. Hier fühlt man sich wirklich zu Hause. Die Karte ist mit Bedacht zusammengestellt.

Kalkofenstraße 20
+49 7031 66000
reussenstein.com
Familienbetrieb • regionale Produkte • modern

Essen:	**42**	50
Service:	**17**	20
Weinkarte:	**17**	20
Ambiente:	**8**	10
Gesamt:	84	100

80–84 85–89 90–94 95–100 Punkte

Sommerau

79848 Bonndorf

Hier kommt das Wild aus eigener Jagd, die Fische aus dem nahen Forellenteich und die Kräuter aus dem Hausgarten – Familie Hegar zaubert daraus Vortreffliches. Ebenso umwerfend ist die idyllische Lage mitten im Grünen.

Sommerau 1	Essen:	43 | 50
+49 7703 670	Service:	18 | 20
sommerau.de	Weinkarte:	17 | 20
eigener Kräutergarten • regionale Produkte • modern	Ambiente:	8 | 10
	Gesamt:	86 | 100

Adler

74336 Brackenheim

Regionales trifft auf Internationales. Familie Rembold serviert in ihrem Wirtshaus die schwäbische Küche mit weltoffenem Zugang. Ein spannender Mix, eingebettet in gepflegte Gastlichkeit.

Hindenburgstraße 4	Essen:	42 | 50
+49 7135 98110	Service:	17 | 20
adlerbotenheim.de	Weinkarte:	17 | 20
Gasthaus • deutsche Küche • mediterran • gemütlich	Ambiente:	8 | 10
	Gesamt:	84 | 100

Adler

79206 Breisach am Rhein

Es ist nicht nur radikal regional, dass man hier ausschließlich Wein vom Kaiserstuhl und Tuniberg ausschenkt, es ist auch vernünftig. Dazu ein paar badische Klassiker – und der Abend ist perfekt.

Hochstetter Straße 11	Essen:	43 | 50
+49 7667 93930	Service:	17 | 20
adler-breisach.de	Weinkarte:	17 | 20
Familienbetrieb • Hotelrestaurant • deutsche Küche	Ambiente:	8 | 10
	Gesamt:	85 | 100

Maxime

75015 Bretten

Im wunderschönen Gastraum traut man sich hier etwas – zum Beispiel Gamba-Maultaschen. Und dieser Mut, Gewohntes neu zu interpretieren, zahlt sich aus. Fine Dining zum Fingerlecken.

Melanchthonstraße 35	Essen:	43 | 50
+49 7252 7138	Service:	18 | 20
guy-graessel.de	Weinkarte:	18 | 20
eigener Kräutergarten • französisch • elegant	Ambiente:	8 | 10
	Gesamt:	87 | 100

Rössle

74626 Bretzfeld-Brettach

Dass es so hell ist im pittoresken Landhaus, ist gut. So kann man das feine französische Handwerk von Küchenchef Bernd Pils entsprechend würdigen – sofern man denn in der Lage ist, die Augen vor lauter Genuss offen zu halten.

Mainhardter Straße 26	Essen:	44 | 50
+49 7945 91110	Service:	18 | 20
roessle-brettach.de	Weinkarte:	18 | 20
Gasthaus • Fine Dining • französisch	Ambiente:	8 | 10
	Gesamt:	88 | 100

#heimat im Badischen Hof 77815 Bühl

Küchenchef Tom Schütze versteht es bravourös, seine Heimatküche mit Akzenten und Inspirationen aus der ganzen Welt spannend zu machen. Jedes Gericht ist ein kulinarisches Erlebnis der besonderen Art.

Hauptstraße 36 +49 7223 808780 heimat-gastro.de **Hotelrestaurant • Terrasse • elegant • entspannt**	Essen: **42** I 50 Service: **17** I 20 Weinkarte: **18** I 20 Ambiente: **8** I 10 Gesamt: 85 I 100

Gude Stub Casa Antica 77815 Bühl

Hier ist alles handgemacht: die Pasta, das Brot, die Lebensfreude. Wäre ein Urlaub in Italien nicht dann und wann eine Wohltat für die Seele, könnte man seine Sommer auch hier in Bühl verbringen.

Dreherstraße 9 +49 7223 30606 gudestub-casa-antica.de **Familienbetrieb • italienisch • traditionell • Fisch**	Essen: **44** I 50 Service: **18** I 20 Weinkarte: **17** I 20 Ambiente: **8** I 10 Gesamt: 87 I 100

Bergfriedel 77830 Bühlertal

Ein sympathischer Familienbetrieb und eine besonders gut gelungene Symbiose aus Kochhandwerk und kulinarischer Kreativität. Alle Gerichte sind schlüssig durchdacht und von erstklassiger Qualität.

Haabergstraße 23 +49 7223 72270 bergfriedel.de **Familienbetrieb • mediterran • entspannt**	Essen: **43** I 50 Service: **18** I 20 Weinkarte: **18** I 20 Ambiente: **8** I 10 Gesamt: 87 I 100

Bullinger Eck 74564 Crailsheim

Unweit der Innenstadt liegt das bekannte Restaurant mit seinem noch bekannteren Biergarten. Ein idealer Treffpunkt für alle, die gerne bodenständig-schwäbisch essen und dazu ein kühles Bier genießen.

Lange Straße 66 +49 7951 4731304 bullingereck.de **Gasthaus • deutsche Küche • Gastgarten • urig**	Essen: **42** I 50 Service: **17** I 20 Weinkarte: **16** I 20 Ambiente: **8** I 10 Gesamt: 83 I 100

Mohren 88693 Deggenhausertal

Im gemütlichen Landhotel am Bodensee ist alles naturnah. Auch die Küche verwendet ausschließlich Bioprodukte, teils vom eigenen Biohof, und bereitet daraus leichte und saisonale Gerichte zu.

Kirchgasse 1 +49 7555 9300 mohren.bio **Hotelrestaurant • eigener Gemüsegarten • bio • gemütlich**	Essen: **43** I 50 Service: **18** I 20 Weinkarte: **17** I 20 Ambiente: **8** I 10 Gesamt: 86 I 100

80–84 85–89 90–94 95–100 Punkte

Rebstock-Stube

79211 Denzlingen

Die Rebstock-Stube ist ein Familienbetrieb, in dem sich Gäste sofort fühlen, als seien sie Teil dieser Familie. Das liegt vor allem an den Gerichten, die mit viel Liebe zubereitet sind.

Hauptstraße 74	Essen:	43 | 50
+49 7666 900990	Service:	18 | 20
rebstock-stube.de	Weinkarte:	18 | 20
Casual Dining • deutsche Küche • französisch	Ambiente:	8 | 10
	Gesamt:	87 | 100

Hofgut Albführen

79802 Dettighofen

In idyllischer Natur, an den südlichsten Grenzen des Badener Landes, liegt malerisch auf einer Waldlichtung das Hofgut Albführen. Ein Ort, an dem man dichten oder malen möchte. Oder richtig gut essen.

Albführen	Essen:	44 | 50
+49 7742 92960	Service:	18 | 20
albfuehren.de	Weinkarte:	17 | 20
Hotelrestaurant • Wild • Delikatessenverkauf	Ambiente:	8 | 10
	Gesamt:	87 | 100

Rößle

72581 Dettingen an der Erms

Wie schafft man es, regionale Klassiker mit einem internationalen Flair zu versehen? Gar nicht so einfach. Aber seit mehr als 150 Jahren stellt man sich im Rößle dieser Aufgabe. Und zwar erfolgreich!

Uracher Straße 30	Essen:	42 | 50
+49 7123 978010	Service:	18 | 20
hotel-metzgerei-roessle.de	Weinkarte:	17 | 20
Familienbetrieb • Hotelrestaurant • Terrasse • entspannt	Ambiente:	8 | 10
	Gesamt:	85 | 100

Baaders Schützen

78166 Donaueschingen

Badisch und französisch: Die Küche des sympathischen Restaurants bietet beide Varianten in bester Zubereitung. Für die bodenständigen Gerichte werden regionale Produkte und Zutaten verarbeitet.

Josefstraße 2	Essen:	42 | 50
+49 771 89795820	Service:	17 | 20
schuetzen-donaueschingen.de	Weinkarte:	17 | 20
Gasthaus • mediterran • gemütlich	Ambiente:	8 | 10
	Gesamt:	84 | 100

Die Burg

78166 Donaueschingen

Jason Grom lässt in seinen Gerichten die regionalen Aspekte nicht aus den Augen. Gleichzeitig schaut er gekonnt über den Tellerrand und verfeinert seine Speisen mit einem internationalen Touch.

Burgring 6
+49 771 1751005
burg-aasen.de
Gasthaus • Casual Dining • unkonventionell

Essen:	45	50
Service:	19	20
Weinkarte:	18	20
Ambiente:	8	10
Gesamt:	90	100

Ösch Noir

78166 Donaueschingen

Durch eine Glasscheibe kann man jeden Handgriff von Manuel Ulrich beobachten. Und was man da sieht, ist nichts anderes als Weltklasse. Elegant und doch schnörkellos. Genau wie die üppige Weinkarte.

Golfplatz 1
+49 771 84610
oeschberghof.com
Hotelrestaurant • Fine Dining • vegetarisch • elegant

Essen:	47	50
Service:	19	20
Weinkarte:	19	20
Ambiente:	9	10
Gesamt:	94	100

[maki:'dan] im Ritter

77770 Durbach

André Tienelt schafft mit seinen kulinarischen Ideen und Kombinationen eine bemerkenswerte international geprägte Aromenwelt, die sich in exklusiven Gerichten widerspiegelt. Gute Weinauswahl.

Tal 1
+49 781 93230
ritter-durbach.de
Hotelrestaurant • Casual Dining • unkonventionell

Essen:	43	50
Service:	18	20
Weinkarte:	18	20
Ambiente:	8	10
Gesamt:	87	100

Rebstock

77770 Durbach

Viel idyllischer kann ein Restaurant kaum liegen: Umgeben von Weinbergen kommt fast toskanisches Lebensgefühl auf. Und die Vielfalt der Gerichte sorgt zusätzlich dafür, dass sich jeder wohlfühlt.

Halbgütle 30
+49 781 4820
rebstock-durbach.de
Hotelrestaurant • im Grünen • Gastgarten • traditionell

Essen:	42	50
Service:	18	20
Weinkarte:	17	20
Ambiente:	8	10
Gesamt:	85	100

Garbo

76344 Eggenstein-Leopoldshafen

Küchenchef Marcel Kazda greift tief in die Aromenkiste, um Gerichte mit substanziellem Geschmack zu kreieren. Das gelingt mit Bravour, sein Speisenprogramm ist immer ein besonderes Gaumenerlebnis.

Hauptstraße 51
+49 721 780070
garbo-loewen.de
Hotelrestaurant • deutsche Küche • mediterran • elegant

Essen:	45	50
Service:	18	20
Weinkarte:	18	20
Ambiente:	8	10
Gesamt:	89	100

Yannick Jaeckle

Zum Goldenen Anker

76344 Eggenstein-Leopoldshafen

Der Gastraum ist im besten Sinne modern eingerichtet und passt gerade deshalb perfekt zu mutigen Kombinationen wie Kalbsleber mit Apfel oder Popcorn mit Maracuja und Karamell.

Hauptstraße 16–20	Essen:	43 | 50
+49 721 706029	Service:	17 | 20
hotel-anker-eggenstein.de	Weinkarte:	17 | 20
Gasthaus • deutsche Küche • mediterran • modern	Ambiente:	8 | 10
	Gesamt:	85 | 100

Gasthof Knupfer

89584 Ehingen

Wenn man es schafft, ehrliches Essen mit so viel Liebe zu kochen, dass man es als Finesse bezeichnen möchte, und die Zutaten dann auch noch aus eigenem Anbau kommen, dann kann man nur den Hut ziehen.

Rottenacker Straße 15	Essen:	43 | 50
+49 7391 2488	Service:	17 | 20
gasthof-knupfer.de	Weinkarte:	16 | 20
Gasthaus • eigene Landwirtschaft • traditionell	Ambiente:	8 | 10
	Gesamt:	84 | 100

Feckl

71139 Ehningen

Es ist eine Kunst, 36 Jahre lang einen Stern zu halten. Franz Feckl meistert sie bravourös – mit einer Landhausküche, die jeden Gourmet zufriedenstellt. Ein Muss: die Sinfonie aus Edelfischen an Hummersauce.

Keltenweg 1	Essen:	45 | 50
+49 7034 2377	Service:	19 | 20
landhausfeckl.de	Weinkarte:	18 | 20
Gasthaus • klassisch • elegant • gemütlich	Ambiente:	8 | 10
	Gesamt:	90 | 100

Hirsch

73479 Ellwangen (Jagst)

Landhausküche ist nicht gleich rustikal. Zumindest nicht hier. Da bedeutet sie: feine Kompositionen, die aus Produkten aus der Region zusammengesetzt werden. Die Küche besticht durch Liebe zur Gegend.

Maierstraße 2	Essen:	43 | 50
+49 7961 91980	Service:	17 | 20
hirsch-ellwangen.de	Weinkarte:	16 | 20
Gasthaus • Familienbetrieb • regionale Produkte	Ambiente:	8 | 10
	Gesamt:	84 | 100

Rössle

79215 Elzach

Traditionelles Landgasthaus im gleichnamigen Hotel mit saisonal-regionaler gutbürgerlicher Küche. Die Auszeichnung zum Weinhotel Süden verspricht einen leckeren Tropfen im Glas.

Hauptstraße 19 +49 7682 212 roessleelzach.de **deutsche Küche • regionale Produkte • Terrasse**	Essen: **43** I 50 Service: **17** I 20 Weinkarte: **17** I 20 Ambiente: **8** I 10
	Gesamt: 85 I 100

Schäcks Adler

79215 Elzach

Das Traditionsgasthaus arbeitet anhand einer Formel, die ebenso einfach wie genial ist: essen, trinken, glücklich sein. Damit diese Formel aufgeht, verwendet man hier nur beste regionale Zutaten.

Waldkircher Straße 2 +49 7682 1291 schaecks-adler.de **Gasthaus • deutsche Küche • Wild • gemütlich**	Essen: **43** I 50 Service: **17** I 20 Weinkarte: **17** I 20 Ambiente: **8** I 10
	Gesamt: 85 I 100

Dutters Stube

79346 Endingen

Welche Speisen die Badener besonders mögen, erfährt man auf der Speisekarte des rustikal-gemütlichen Restaurants. Zum Beispiel Ochsenbäckle, Schäufelesülze mit Meerrettich und Nieren in Senfsauce.

Winterstraße 28 +49 7642 1786 dutters-stube.de **Gasthaus • regionale Produkte • entspannt**	Essen: **42** I 50 Service: **17** I 20 Weinkarte: **17** I 20 Ambiente: **8** I 10
	Gesamt: 84 I 100

Merkles Restaurant

79346 Endingen

Seit mehr als 30 Jahren ist dieses Restaurant im Familienbesitz und bekannt für hervorragende bodenständige Küche. Gemeinsam mit seiner Frau Simone führt Thomas Merkle diese Tradition fort.

Hauptstraße 2 +49 7642 7900 merkles-restaurant.de **Familienbetrieb • Fine Dining • regionale Produkte**	Essen: **45** I 50 Service: **18** I 20 Weinkarte: **18** I 20 Ambiente: **8** I 10
	Gesamt: 89 I 100

Pfarrwirtschaft

79346 Endingen

Eine Küche, die voll auf Geschmack setzt und diese Philosophie auch durch die Produktauswahl bestätigt, kann wenig falsch machen. Das funktioniert hier besonders gut bei den Wild- und Fischgerichten.

Hauptstraße 2 +49 7642 7900 merkles-restaurant.de **deutsche Küche • regionale Produkte • gemütlich**	Essen: **42** I 50 Service: **16** I 20 Weinkarte: **16** I 20 Ambiente: **7** I 10
	Gesamt: 81 I 100

Posthörnle

73728 Esslingen am Neckar

Das muss man erst einmal schaffen: eine Bistro-Küche, die sowohl vegetarisch und vegan als auch klassisch daherkommt und in jeder Variante schmeckt. Die stilvolle Einrichtung rundet das Ganze ab.

Pliensaustraße 56 +49 711 50629131 posthoernle.de **Bistro • deutsche Küche • mediterran • vegetarisch**	Essen: **42** I 50 Service: **17** I 20 Weinkarte: **16** I 20 Ambiente: **7** I 10 Gesamt: 82 I 100

Erbprinz

76275 Ettlingen

Ein Klassiker in der deutschen Gourmetszene. Ralph Knebel kocht schnörkellos und präzise auf den Punkt, immer inspiriert von der französischen Haute Cuisine. Gut sortierte Weinkarte.

Rheinstraße 1 +49 7243 3220 erbprinz.de **Hotelrestaurant • Fine Dining • französisch • elegant**	Essen: **45** I 50 Service: **19** I 20 Weinkarte: **18** I 20 Ambiente: **8** I 10 Gesamt: 90 I 100

Hartmaier's Villa

76275 Ettlingen

Es muss nicht immer Hummer sein. Aber manchmal eben schon. Und allein dafür ist es herrlich, ein Restaurant wie Hartmaier's Villa in der Nähe zu haben, wo man alles bekommt. Nur eins nicht: genug.

Pforzheimer Straße 67 +49 7243 761720 hartmaiers.de **Familienbetrieb • deutsche Küche • gemütlich • Terrasse**	Essen: **43** I 50 Service: **17** I 20 Weinkarte: **17** I 20 Ambiente: **8** I 10 Gesamt: 85 I 100

Weinstube Sibylla

76275 Ettlingen

Von badischen Speisen über internationale Klassiker bis hin zu liebevoll zubereiteten Gourmetgerichten bekommt man in dem wunderschönen Gastraum kulinarische Erlebnisse serviert, die in Erinnerung bleiben.

Rheinstraße 1 +49 7243 3220 erbprinz.de **Hotelrestaurant • deutsche Küche • Terrasse • gemütlich**	Essen: **42** I 50 Service: **18** I 20 Weinkarte: **18** I 20 Ambiente: **8** I 10 Gesamt: 86 I 100

Oettingers

70736 Fellbach

Dass Eleganz nicht zwingend mit steifem Ernst einhergehen muss, sondern auch humorvoll, emotional und ehrlich sein kann, das beweist Michael Oettinger mit jedem Gang seines Menüs.

Fellbacher Straße 2–6 +49 711 95130 hirsch-fellbach.de **Gasthaus • Familienbetrieb • vegetarisch • gemütlich**	Essen: **46** I 50 Service: **18** I 20 Weinkarte: **18** I 20 Ambiente: **8** I 10 Gesamt: 90 I 100

Zur Krone 79348 Freiamt

Wunderschön gelegen und umringt von alten Bauernhäusern steht seit 300 Jahren das Gasthaus, das seit ebenso langer Zeit seine Gäste glücklich zu machen weiß. Denn das steht hier im Vordergrund.

Mußbach 6 +49 7645 227 krone-freiamt.de **Gasthaus • deutsche Küche • Essen mit Aussicht**	Essen: **42** I 50 Service: **17** I 20 Weinkarte: **16** I 20 Ambiente: **8** I 10
	Gesamt: 83 I 100

Schwabenstuben 71691 Freiberg am Neckar

Die engen Bande zu den Produzenten sind Garant für ausgezeichnete Qualität und Frische. Das gilt für den Zwiebelrostbraten mit Schmorzwiebelsauce genauso wie für den Wurstsalat mit Emmentaler.

Marktplatz 5 +49 7141 75037 restaurant-schwabenstuben.de **Gasthaus • deutsche Küche • gemütlich**	Essen: **42** I 50 Service: **17** I 20 Weinkarte: **17** I 20 Ambiente: **8** I 10
	Gesamt: 84 I 100

Basho-An 79098 Freiburg

Japanische Küche in modernem Ambiente. Mittags ein Menü mit diversen Sushi-Platten, abends ein saisonal wechselndes Speisenangebot. Dazu den passenden Sake oder doch lieber einen Shochu.

Merianstraße 10 +49 761 2853405 bashoan.com **Casual Dining • japanisch • Sushi • unkonventionell**	Essen: **44** I 50 Service: **18** I 20 Weinkarte: **17** I 20 Ambiente: **8** I 10
	Gesamt: 87 I 100

Chez Eric 79104 Freiburg

Frische Meeresfrüchte vom Pariser Großmarkt sind in dem Panoramarestaurant das kulinarische Aushängeschild. Dazu bietet die Küche regionale und internationale Klassiker, perfekt hausgemacht.

Wintererstraße 89 +49 761 51030 chez-eric.de **französisch • Meeresfrüchte • Essen mit Aussicht**	Essen: **42** I 50 Service: **18** I 20 Weinkarte: **18** I 20 Ambiente: **8** I 10
	Gesamt: 86 I 100

Colombi 79098 Freiburg

Das gediegene Restaurant im renommierten Freiburger Hotel ist kulinarisch die gute Stube der Stadt. Hier wird Gourmetküche serviert: kreative und appetitlich arrangierte Gerichte vom Feinsten.

Rotteckring 16 +49 761 21060 colombi.de **Hotelrestaurant • Fine Dining • deutsche Küche • elegant**	Essen: **45** I 50 Service: **18** I 20 Weinkarte: **19** I 20 Ambiente: **8** I 10
	Gesamt: 90 I 100

Eichhalde

79104 Freiburg

Mit Bravour und Kreativität gelingt es Federico Campollattano, italienische Klassiker in hohe Geschmackssphären zu hieven. Moderne Gourmetküche, wunderbar aromatisch und mit einem Touch Dolce Vita.

Stadtstraße 91
+49 761 58992920
eichhalde-freiburg.de
Fine Dining • italienisch • elegant

Essen:	45 | 50
Service:	18 | 20
Weinkarte:	18 | 20
Ambiente:	9 | 10
Gesamt:	90 | 100

Enoteca

79098 Freiburg

Seit über drei Jahrzehnten wird in dem Restaurant italienische Küche vom Feinsten gepflegt. Keine Pizza, aber Antipasti, hausgemachte Pasta und Fleisch- und Fischklassiker aus bella Italia.

Gerberau 21
+49 761 3899130
enoteca-freiburg.de
Fine Dining • italienisch • elegant

Essen:	44 | 50
Service:	17 | 20
Weinkarte:	18 | 20
Ambiente:	8 | 10
Gesamt:	87 | 100

Jacobi

79098 Freiburg

Christoph Kaisers gefühlvolle Nova-Regio-Küche bereichert Freiburg ungemein. Seine Gerichte sind klar strukturiert, ideenreich und prägnant in ihren Aromen. Mit vielen Highlights bestückte Weinkarte.

Herrenstraße 43
+49 761 38030
jacobi-freiburg.de
Fine Dining • regionale Produkte • modern

Essen:	44 | 50
Service:	19 | 20
Weinkarte:	18 | 20
Ambiente:	8 | 10
Gesamt:	89 | 100

Kuro Mori

79098 Freiburg

Der Horbener Küchenchef Steffen Disch vereint japanische Kochkunst mit der Regionalküche seiner Schwarzwälder Heimat. Sein Mix aus vielfältigen Aromen und lokalen Zutaten sorgt für einzigartigen Genuss.

Grünwälder Straße 2
+49 761 38848226
kuro-mori.de
japanisch • modern • Sushi

Essen:	45 | 50
Service:	18 | 20
Weinkarte:	17 | 20
Ambiente:	8 | 10
Gesamt:	88 | 100

Löwengrube

79098 Freiburg

Traditionslokal im Herzen der Altstadt, in dem Amadeus Kura seit 2021 modernes Fine Dining bietet. Seine Kreationen gibt es in bis zu fünf Gängen oder à la carte. Die Weinkarte zeugt von großer Expertise.

Konviktstraße 12
+49 761 76991188
restaurant-loewengrube.de
Casual Dining • unkonventionell • entspannt

Essen:	43 | 50
Service:	17 | 20
Weinkarte:	18 | 20
Ambiente:	8 | 10
Gesamt:	86 | 100

Stadt Freiburg

79110 Freiburg

Matthias Dahlinger, Küchenchef im Hotel Stadt Freiburg, erregte 2003 ordentlich Aufsehen, weil er seinen Stern zurückgab, um sich bodenständiger Küche zu widmen. Ein fantastischer Koch bleibt er trotzdem.

Breisacher Straße 84B	Essen: **42** I 50
+49 761 89680	Service: **17** I 20
hotel-stadt-freiburg.de	Weinkarte: **17** I 20
Hotelrestaurant • deutsche Küche • Terrasse	Ambiente: **8** I 10
	Gesamt: 84 I 100

Tizio

79098 Freiburg

Die hausgemachte Pasta ist in dieser authentischen Trattoria ein Muss – am besten in Kombination mit frischen Trüffeln. Für den Edelpilz ist Inhaber Angelo Pellegrini nämlich ein absoluter Fachmann.

Rotteckring 14	Essen: **42** I 50
+49 761 2925711	Service: **17** I 20
tizio-freiburg.de	Weinkarte: **17** I 20
Bistro • italienisch • entspannt	Ambiente: **7** I 10
	Gesamt: 83 I 100

Wolfshöhle

79098 Freiburg

Erst 2022 übernahm der Österreicher Martin Fauster das Ruder in dem Traditionshaus in der Freiburger Fußgängerzone. In Nullkommanichts gab's den ersten Stern. Sein Kochstil: klassisch französisch.

Konviktstraße 8	Essen: **46** I 50
+49 761 30303	Service: **18** I 20
wolfshoehle-freiburg.de	Weinkarte: **18** I 20
Fine Dining • regionale Produkte • elegant	Ambiente: **8** I 10
	Gesamt: 90 I 100

Zirbelstube

79098 Freiburg

Helles Zirbelholz ziert Wände und Decken dieses Restaurantklassikers. Henrik Weiser und Sven Usinger offerieren den Gästen als Doppelspitze klassische Hochküche. Die Weinkarte umfasst 600 Positionen.

Rotteckring 16	Essen: **46** I 50
+49 761 21060	Service: **18** I 20
colombi.de	Weinkarte: **19** I 20
Hotelrestaurant • Fine Dining • deutsche Küche • elegant	Ambiente: **8** I 10
P	Gesamt: 91 I 100

Zum Löwen

79110 Freiburg

Das traditionsreiche Gasthaus in der oberen Altstadt wird seit drei Generationen von Familie Disch geführt. Aus der Küche kommen neben regionalen badischen Spezialitäten auch internationale Gerichte.

Breisgauer Straße 62	Essen: **42** I 50
+49 761 82216	Service: **17** I 20
zum-loewen-freiburg-lehen.de	Weinkarte: **17** I 20
Familienbetrieb • regionale Küche • gemütlich	Ambiente: **8** I 10
	Gesamt: 84 I 100

Zum Roten Bären

79098 Freiburg

1311 erstmals urkundlich erwähnt, gilt der Rote Bär als ältestes Gasthaus Deutschlands. Die exzellente badische Küche unterstreicht die jahrhundertealte Tradition. Die Basis bilden beste regionale Produkte.

Oberlinden 12
+49 761 387870
roter-baeren.de
Gasthaus • regionale Küche • Wild • gemütlich

Essen:	**42** | 50
Service:	**17** | 20
Weinkarte:	**17** | 20
Ambiente:	**7** | 10
Gesamt:	83 | 100

Zur Linde

79111 Freiburg

Renee Rischmeyer, Ex-Küchenchef des Hotels Colombi, wagte in diesem historischen Gasthaus den Schritt in die Selbstständigkeit. Im Angebot: modern inspirierte Wirtshausküche, wahlweise auch vegetarisch.

Basler Landstraße 79
+49 761 45345235
zur-linde-freiburg.de
Gasthaus • vegetarisch • regionale Küche

Essen:	**43** | 50
Service:	**17** | 20
Weinkarte:	**17** | 20
Ambiente:	**7** | 10
Gesamt:	84 | 100

LOCHER Fotodesign&Manufaktur

Stüble im Lauterbad

72250 Freudenstadt-Lauterbad

Liebhaber herzhaft-rustikaler Gerichte kommen im À-la-carte-Restaurant des Wellnesshotels Lauterbad voll auf ihre Kosten. Vor allem der Hängespieß erfreut sich großer Beliebtheit bei den Gästen.

Amselweg 5
+49 7441 860170
lauterbad.de
Gasthaus • deutsche Küche • Terrasse • gemütlich

Essen:	**42** | 50
Service:	**17** | 20
Weinkarte:	**17** | 20
Ambiente:	**8** | 10
Gesamt:	84 | 100

Löwen

88699 Frickingen

Simone Sauter liebt die Region und den engen Kontakt zu Erzeugern und Lieferanten. Ihre ehrliche Küche kommt gut an. Rund um das Jahr gibt es saisonale Spezialitäten: Spargel aus Seefelden, Reh aus eigener Jagd.

Hauptstraße 41
+49 7554 8631
loewen-altheim.de
Gasthaus • Familienbetrieb • regionale Produkte

Essen:	**44** | 50
Service:	**17** | 20
Weinkarte:	**16** | 20
Ambiente:	**7** | 10
Gesamt:	84 | 100

Vinophil 🍴🍴

76571 Gaggenau

Einmal quer durch alle Länderküchen – von Smørrebrød über Presa Ibérico bis zu Seezunge, aber in Gut. Zum Restaurant gehört auch eine Vinothek mit einer Vielzahl an Weinen. Auch alkoholfrei geht.

Max-Roth-Straße 16
+49 7225 9884880
vinophil-murgtal.de
Vinothek • deutsche Küche • mediterran • gemütlich

Essen:	**42**	50
Service:	**17**	20
Weinkarte:	**18**	20
Ambiente:	**8**	10
Gesamt:	85	100

Zum Hecht 🍴

78187 Geisingen

Tradition und bodenständige Eleganz im altehrwürdigen Gasthaus mit Stuck und hohen Decken. Die Küche glänzt mit Beständigkeit in puncto Frische, Qualität und Geschmack, auch beim Überraschungsmenü.

Hauptstraße 41
+49 7704 281
zumhecht.de
Gasthaus • Casual Dining • mediterran

Essen:	**42**	50
Service:	**17**	20
Weinkarte:	**17**	20
Ambiente:	**8**	10
Gesamt:	84	100

Reichsstadt 🍴🍴

77723 Gengenbach

Gerhard Hummel und sein Team kochen moderne kreative Gerichte, die sie gekonnt aus regionalen Produkten wie dem Ortenauer Kalb zubereiten. Auch vegetarische Speisen sind hier badisch inspiriert.

Engelgasse 33
+49 7803 96630
die-reichsstadt.de
Familienbetrieb • deutsche Küche • Terrasse • entspannt

Essen:	**43**	50
Service:	**18**	20
Weinkarte:	**19**	20
Ambiente:	**8**	10
Gesamt:	88	100

Werners Restaurant 🍴🍴

76593 Gernsbach

Ob Menü oder à la carte: Was aus Bernd Werners Küche kommt, ist pfiffig und geschmackvoll. Dabei bleibt er sich stets seiner badisch-frankophilen Linie treu. Immer auf der Karte: badische Happas.

Schloss Eberstein 1
+49 7224 995950
hotel-schloss-eberstein.de
Fine Dining • deutsche Küche • französisch • romantisch

Essen:	**45**	50
Service:	**18**	20
Weinkarte:	**18**	20
Ambiente:	**8**	10
Gesamt:	89	100

Adler 🍴

79286 Glottertal

Im Schwarzwaldambiente der Gaststube fühlen sich die Gäste wohl und genießen deutsch-französische Kreationen von Nicolas Cordier. Ein geschmackvoller Mix, immer aus besten Produkten zubereitet.

Talstraße 11
+49 7684 90870
adler-glottertal.de
Hotelrestaurant • deutsche Küche • französisch

Essen:	**42**	50
Service:	**17**	20
Weinkarte:	**17**	20
Ambiente:	**8**	10
Gesamt:	84	100

Hirschen
79286 Glottertal

Das familiär geführte Gasthaus ist für seine handwerklich grundsolide Küche bekannt, in der sich Heimisches wie Wild, fast Vergessenes wie Kalbskopf und Mediterranes wie Pulpo die Hand geben.

Rathausweg 2
+49 7684 810
hirschen-glottertal.de
Hotelrestaurant • Familienbetrieb • regionale Produkte

Essen:	43 | 50
Service:	17 | 20
Weinkarte:	17 | 20
Ambiente:	7 | 10
Gesamt:	84 | 100

Zum Goldenen Engel
79286 Glottertal

Eine Portion Regionalität, ein Schuss Gastfreundschaft und eine doppelte Prise Authentizität sind die Basis, dazu eine zeitgemäße badisch-frankophile Küche mit wechselnden thematischen Verwöhnwochen.

Friedhofweg 2
+49 7684 250
goldener-engel-glottertal.de
Hotelrestaurant • deutsche Küche • im Grünen

Essen:	42 | 50
Service:	17 | 20
Weinkarte:	16 | 20
Ambiente:	7 | 10
Gesamt:	82 | 100

Zur Sonne
79286 Glottertal

In der guten Stube des Schwarzwälder Traditionshauses herrscht eine gepflegt-gemütliche Atmosphäre. Da schmecken die saisonalen badischen Spezialitäten – »handg'schabt« und »hausg'macht« – gleich doppelt gut.

Talstraße 103
+49 7684 242
sonne-glottertal.de
Familienbetrieb • eigener Kräutergarten • vegetarisch

Essen:	44 | 50
Service:	18 | 20
Weinkarte:	18 | 20
Ambiente:	8 | 10
Gesamt:	88 | 100

Zur Krone
79288 Gottenheim

Die Saison gibt vor, was im historischen Familienbetrieb am Tuniberg auf den Tellern landet. Heiko Isele kocht klassisch, gut und mit sehr viel Liebe. Unbedingt Platz lassen für die Desserts!

Hauptstraße 57
+49 7665 6712
krone-gottenheim.de
Familienbetrieb • deutsche Küche • entspannt

Essen:	42 | 50
Service:	17 | 20
Weinkarte:	17 | 20
Ambiente:	8 | 10
Gesamt:	84 | 100

Eckert
79639 Grenzach-Wyhlen

Nicolai Wiedmer hat viele gute Ideen, aus denen er seine Gerichte komponiert. Aromatische Vielfalt, verpackt in bodenständigen Gerichten und hier und da angehaucht mit asiatischen Komponenten.

Basler Straße 20
+49 7624 91720
eckert-grenzach.de
Fine Dining • Allrounder • elegant

Essen:	45 | 50
Service:	18 | 20
Weinkarte:	18 | 20
Ambiente:	8 | 10
Gesamt:	89 | 100

Rührberger Hof 79639 Grenzach-Wyhlen

Paul Düster versteht sich auf gutbürgerliche Heimatküche ebenso wie auf Surf and Turf. Zu Spezialitäten wie badischer Feldsalat oder Rehragout mit Spätzle passen Weine aus dem Markgräflerland.

Inzlinger Straße 1	Essen: 42 | 50
+49 7624 9161	Service: 17 | 20
ruehrbergerhof.com	Weinkarte: 17 | 20
Gasthaus • deutsche Küche • regionale Produkte	Ambiente: 8 | 10
	Gesamt: 84 | 100

Bahnhöfle 79194 Gundelfingen

Französisch inspirierte Küche, immer gespickt mit mediterranen Nuancen, ist das Aushängeschild des sympathischen Restaurants. Der freundliche Service berät kompetent in Sachen Weinbegleitung.

Bahnhofstraße 16	Essen: 43 | 50
+49 761 5899949	Service: 18 | 20
bahnhoefle-gundelfingen.eatbu.com	Weinkarte: 17 | 20
Gasthaus • mediterran • französisch • Terrasse	Ambiente: 8 | 10
	Gesamt: 86 | 100

In Vino Veritas 77716 Haslach im Kinzigtal

In der marktfrischen Genussküche spiegelt sich die Philosophie des Hauses wider, deren Maxime Stärkung von Körper, Geist und Seele – etwa bei Wild- und Pilzgerichten sowie im Frühjahr bei Spargel – ist.

Steinacher Straße 9	Essen: 43 | 50
+49 7832 9944695	Service: 17 | 20
in-vino-haslach.de	Weinkarte: 17 | 20
Casual Dining • modern • vegetarisch	Ambiente: 7 | 10
	Gesamt: 84 | 100

Hofgut Hohenkarpfen 78595 Hausen ob Verena

Stefan Schäfer kocht so, wie man es sich wünscht: gehoben, aber nicht abgehoben, leicht zugänglich und doch immer mit dem gewissen Etwas – und äußerst ästhetisch. Auch an Vegetarier wird hier gedacht.

Hohenkarpfen 1	Essen: 42 | 50
+49 7424 9450	Service: 18 | 20
hohenkarpfen.de	Weinkarte: 17 | 20
Gasthaus • am Berg • Essen mit Aussicht • romantisch	Ambiente: 8 | 10
	Gesamt: 85 | 100

Adler

79837 Häusern

Das zum Wellnesshotel gehörende Gourmetlokal bietet ein von großer Frische, Aromenvielfalt und Leichtigkeit geprägtes Verwöhnprogramm – auf Wunsch auch rein vegetarisch. Vitalisierend und köstlich!

St.-Fridolin-Straße 15
+49 7672 4170
adler-schwarzwald.de
Hotelrestaurant • vegetarisch • unkonventionell

Essen:	43 | 50
Service:	18 | 20
Weinkarte:	18 | 20
Ambiente:	8 | 10
Gesamt:	87 | 100

Kamino

79837 Häusern

Steffi Zumkeller und Iván Lagunas Romeo sind Gastgeber aus Leidenschaft und vereinen badische Herzlichkeit mit spanischem Temperament. Auf die Teller kommt das Beste aus beiden Welten – von Tapas bis Reh.

St.-Fridolin-Straße 1
+49 7672 4819970
restaurant-kamino.de
regionale Küche • unkonventionell • Terrasse

Essen:	42 | 50
Service:	17 | 20
Weinkarte:	16 | 20
Ambiente:	7 | 10
Gesamt:	82 | 100

1950

72534 Hayingen

Nachhaltige Bio- und Demeter-Produkte sind die Basis der Gerichte, die Simon Tress in seinem Restaurant anbietet. Das Ganze in bester und schmackhafter Qualität und handwerklich top zubereitet.

Aichelauer Straße 6
+49 7383 94980
tress-gastronomie.de
Fine Dining • vegetarisch • nachhaltig • regionale Produkte

Essen:	42 | 50
Service:	18 | 20
Weinkarte:	17 | 20
Ambiente:	8 | 10
Gesamt:	85 | 100

Rose

72534 Hayingen

Bio ist das Hauptthema im Unternehmen der Familie Tess, im Restaurant Rose dreht sich alles um frisches Gemüse, aus dem die Küche feine vegetarische und vegane Gerichte zubereitet.

Aichelauer Straße 6
+49 7383 94980
tress-gastronomie.de
Gasthaus • bio • nachhaltig • traditionell

Essen:	42 | 50
Service:	17 | 20
Weinkarte:	17 | 20
Ambiente:	8 | 10
Gesamt:	84 | 100

Chambao

69117 Heidelberg

Daniel Habicht und Daniel Heinzmann stehen in ihrer Location für eine unkomplizierte und kosmopolitische junge Küche. Tapas gibt es in Variationen, dazu Gerichte aus der internationalen Küchenkiste.

Dreikönigstraße 1
+49 6221 7258271
chambao-heidelberg.de
Casual Dining • spanisch • modern

Essen:	42 | 50
Service:	18 | 20
Weinkarte:	17 | 20
Ambiente:	8 | 10
Gesamt:	85 | 100

Grenzhof 🍴🍴

69123 Heidelberg

In vierter Generation familiengeführtes Hotel im historischen Grenzhof. Die ehemalige Postkutschenstation beherbergt das Gourmetrestaurant unter der Leitung von Küchenchef Sebastian Andrée.

Grenzhof 9	Essen:	43 | 50
+49 6202 9430	Service:	17 | 20
grenzhof.de	Weinkarte:	17 | 20
regionale Küche • Gasthaus • Terrasse	Ambiente:	8 | 10
	Gesamt:	85 | 100

Herrenmühle 🍴🍴

69117 Heidelberg

Traditionsgasthaus in einem historischen Altstadtgebäude mit urigem Speisesaal und schnuckeligem Garten. Aus der Küche kommen französische Küchenklassiker, aufgepeppt mit internationalen Einflüssen.

Hauptstraße 239	Essen:	43 | 50
+49 6221 602909	Service:	18 | 20
herrenmuehle.net	Weinkarte:	17 | 20
Gasthaus • Gastgarten • französisch	Ambiente:	7 | 10
	Gesamt:	85 | 100

Kurfürstenstube 🍴🍴

69117 Heidelberg

Pompöses Restaurant im Grandhotel Europäischer Hof. Die mächtige Kassettendecke und die Wandvertäfelungen sind eine würdige Kulisse für die ambitionierte französische Küche. Sommers locken Plätze im Freien.

Friedrich-Ebert-Anlage 1	Essen:	43 | 50
+49 6221 5150	Service:	18 | 20
europaeischerhof.com	Weinkarte:	18 | 20
Hotelrestaurant • Fine Dining • klassisch	Ambiente:	9 | 10
P	Gesamt:	88 | 100

Oben 🍴🍴🍴

69117 Heidelberg

Im historischen Kohlhof oberhalb Heidelbergs bietet der Dresdner Sternekoch Robert Rädel fantastische regionale Produktküche in Form saisonaler 13-Gänge-Menüs. Dazu gibt es ausschließlich deutsche Weine.

Kohlhof 5	Essen:	46 | 50
+49 172 9171744	Service:	18 | 20
restaurant-oben.de	Weinkarte:	18 | 20
eigener Gemüsegarten • im Grünen • unkonventionell	Ambiente:	9 | 10
P	Gesamt:	91 | 100

Restaurant 959 🍴🍴🍴

69117 Heidelberg

Stylish-gemütliches Restaurant mit italienisch angehauchter Küche im 1936 erbauten Stadtgarten-Pavillon. Es gibt ein mehrgängiges Menü und exzellente À-la-carte-Gerichte – von Rindergulasch bis Pizza.

Friedrich-Ebert-Anlage 2	Essen:	44 | 50
+49 6221 6742959	Service:	18 | 20
959heidelberg.com	Weinkarte:	20 | 20
Fine Dining • modern • elegant	Ambiente:	8 | 10
	Gesamt:	90 | 100

Scharffs Schlossweinstube

69117 Heidelberg

Allein schon wegen der idyllischen Lage in einer alten Schlossruine im Odenwald lohnt sich der Besuch. Sternekoch Martin Scharff kredenzt hier seit 20 Jahren eine eingängige gehobene Regionalküche.

Schlosshof 1	Essen: **44** I 50
+49 6221 8727010	Service: **18** I 20
heidelberger-schloss-gastronomie.de	Weinkarte: **18** I 20
Fine Dining • Fisch • vegetarisch • elegant	Ambiente: **8** I 10
P	Gesamt: 88 I 100

Traube

69126 Heidelberg

Im Herzen des Winzerdorfs Rohrbach werden erlesene Weine und ambitionierte Küche geboten. Nachhaltigkeit ist für Chef Ole Hake die oberste Maxime. Seit 2021 verarbeitet er ausschließlich gejagtes Fleisch.

Rathausstraße 75	Essen: **43** I 50
+49 6221 6737222	Service: **18** I 20
traube-heidelberg.de	Weinkarte: **18** I 20
Casual Dining • regionale Produkte • gemütlich	Ambiente: **8** I 10
	Gesamt: 87 I 100

Weisser Bock

69117 Heidelberg

Traditionslokal im gleichnamigen familiengeführten Hotel in der Heidelberger Altstadt. Aus der Küche kommen internationale sowie regionale Gerichte wie etwa Crème brulée von der Entenleber.

Große Mantelgasse 24	Essen: **42** I 50
+49 6221 90000	Service: **18** I 20
weisserbock.de	Weinkarte: **17** I 20
Fine Dining • deutsche Küche • mediterran • Terrasse	Ambiente: **8** I 10
P	Gesamt: 85 I 100

Zum Nepomuk

69117 Heidelberg

Traditionsgasthaus mit heimeliger Atmosphäre, zünftigem Essen und regionalen Weinen in reicher Auswahl. Spezialitäten sind hier zum Beispiel fangfrische Forellen aus dem Odenwald und klassische Rinderroulade.

Obere Neckarstraße 2	Essen: **43** I 50
+49 6221 739130	Service: **17** I 20
hotel-zur-alten-bruecke.de	Weinkarte: **17** I 20
Gasthaus • regionale Küche • deutsche Küche	Ambiente: **8** I 10
	Gesamt: 85 I 100

Bachmaier

74072 Heilbronn

Das kleine Restaurant von Ulrike und Otto Bachmeier ist bekannt für seine schnörkellosen Gerichte, die aus besten Produkten und Zutaten zubereitet werden. Natürlich immer mit dem besonderen Pfiff.

Untere Neckarstraße 40
+49 7131 6420560
restaurant-bachmaier.de
Casual Dining • mediterran • deutsche Küche • entspannt

Essen:	**42** | 50
Service:	**17** | 20
Weinkarte:	**17** | 20
Ambiente:	**8** | 10
Gesamt:	84 | 100

Beichtstuhl

74072 Heilbronn

Dass Genuss eine Sünde wert ist, kann man hier am eigenen Leib erfahren. Es lohnt sich, denn die ambitionierte Küche trumpft mit vielerlei Gerichten auf, die Appetit machen und Geschmack haben.

Fischergasse 9
+49 7131 2758985
beichtstuhl-hn.de
Casual Dining • deutsche Küche • modern

Essen:	**42** | 50
Service:	**18** | 20
Weinkarte:	**18** | 20
Ambiente:	**8** | 10
Gesamt:	86 | 100

Magnifico

74076 Heilbronn

Bei Pappardelle mit Steinpilzen und Branzino mit Basilikumcreme kann man im 12. Stock des WTZ-Turms dem genussvollen Leben frönen. Schöne Weinkarte, guter Service, angenehmes Flair.

Im Zukunftspark 10
+49 7131 74564140
wtz-magnifico.de
Fine Dining • italienisch • elegant

Essen:	**44** | 50
Service:	**18** | 20
Weinkarte:	**18** | 20
Ambiente:	**8** | 10
Gesamt:	88 | 100

Ratskeller

74072 Heilbronn

Vollblutgastronom Rainer Mosthaf und Küchenchef Michael Ochmainski sind ein eingespieltes Team. Das schmeckt man auch – etwa bei der Wachtelterrine mit Portweingelee oder beim Kalbsfilet in Morchelrahmsauce.

Am Marktplatz 7
+49 7131 84628
ratskeller-heilbronn.eu
Gasthaus • Hausmannskost • Wild

Essen:	**42** | 50
Service:	**17** | 20
Weinkarte:	**16** | 20
Ambiente:	**7** | 10
Gesamt:	82 | 100

Rebstock la petite provence

74080 Heilbronn

Dominique Champroux kocht gehobene provenzalische Küche nach eigener Façon. Die Karte richtet sich nach Marktangebot und Jahreszeit. Wunderbar: Millefeuille vom Brillat-Savarin mit Zwiebelcompotée.

Eppinger Straße 43
+49 7131 4054351
rebstock-provence.de
Gasthaus • französisch • Terrasse

Essen:	**43** | 50
Service:	**18** | 20
Weinkarte:	**17** | 20
Ambiente:	**8** | 10
Gesamt:	86 | 100

Bayerischer Hof

88633 Heiligenberg

Anke und Karl Leykauf sind Wirtsleute mit Humor und Herzblut. In ihrem Gasthof bieten sie eine vielseitige und bodenständige Küche, die auch gekonnt über den bayerischen Tellerrand schaut.

Röhrenbacher Straße 1
+49 7554 217
bayerischerhof-heiligenberg.de
Gasthaus • deutsche Küche • gemütlich

Essen:	42	50
Service:	18	20
Weinkarte:	17	20
Ambiente:	8	10
Gesamt:	85	100

Jagstmühle

74673 Heimhausen

Bodenständige Klassik trifft auf kosmopolitische Eleganz und Raffinesse – egal, ob à la carte oder in den äußerst harmonischen Menüs. Die farbenfrohen Kreationen sind zudem eine echte Augenweide.

Jagstmühlenweg 10
+49 7938 90300
jagstmuehle.de
Gasthaus • vegetarisch • modern • traditionell

Essen:	43	50
Service:	17	20
Weinkarte:	17	20
Ambiente:	8	10
Gesamt:	85	100

Krone

79423 Heitersheim

Die Küche spannt einen schönen Bogen von Traditionsrezepten zu Kreativküche mit Lammkeule, Wildgeflügelterrine und vielen pflanzenbasierten Gerichten. Dynamische Saisonkarte mit Feinschmeckermenü.

Hauptstraße 12
+49 7634 51070
landhotel-krone.de
Familienbetrieb • Hotelrestaurant • bio

Essen:	43	50
Service:	18	20
Weinkarte:	17	20
Ambiente:	8	10
Gesamt:	86	100

Adler Stuben

79856 Hinterzarten

Bernhard König und seine Küchencrew sind verlässliche Garanten für badische Spezialitäten, immer aus besten regionalen Produkten zubereitet. Aber auch klassische internationale Gerichte werden hier angeboten.

Adlerplatz 3
+49 7652 1270
parkhoteladler.de
Hotelrestaurant • Fine Dining • französisch • vegetarisch

P

Essen:	43	50
Service:	18	20
Weinkarte:	18	20
Ambiente:	8	10
Gesamt:	87	100

Alemannenhof

79856 Hinterzarten

Das charmante Hotelrestaurant am Titisee punktet mit Seeblick, Schwarzwaldcharme und variantenreicher Genussküche, für die man von der Auswahl der Zutaten bis zur Zubereitung alle Register zieht.

Bruderhalde 21
+49 7652 91180
hotel-alemannenhof.de
Hotelrestaurant • regionale Produkte • Seeterrasse

Essen:	42	50
Service:	18	20
Weinkarte:	18	20
Ambiente:	8	10
Gesamt:	86	100

Quartier 77

72160 Horb am Neckar

In der ehemaligen Kaserne serviert man Wohlfühlküche im allerbesten Sinne. Balsam für Seele, Augen und Gaumen sind Pastinakensuppe mit Jakobsmuschel und Meerbarbe mit Kartoffel-Limonen-Püree.

Am Garnisonsplatz 4	Essen: **41** | 50
+49 7451 6230977	Service: **17** | 20
quartier77.de	Weinkarte: **17** | 20
Allrounder • modern • unkonventionell	Ambiente: **8** | 10
	Gesamt: 83 | 100

Linde Post

78658 Horgen

Grundsolide Frischeküche ohne Protzerei. Stilistisch lässt sich Küchenchef Boris Kühn ungern einengen. Im Fokus: Fleischqualität – etwa heimisches Wild und Bœuf de Hohenlohe – und dass es schmeckt.

Alte Hausener Straße 8	Essen: **43** | 50
+49 741 33333	Service: **17** | 20
lindepost.de	Weinkarte: **17** | 20
Gasthaus • Casual Dining • Familienbetrieb	Ambiente: **7** | 10
P	Gesamt: 84 | 100

Hirschen

78183 Hüfingen

Mit großer Herzlichkeit führt Verena Martin das rustikal-gemütliche Haus. Da darf ein badisches Menü mit heimisch-saisonalen Spezialitäten nicht fehlen. Die Karte lässt aber auch mal Thunfisch zu.

Wutachstraße 19	Essen: **43** | 50
+49 7707 99050	Service: **17** | 20
hirschen-mundelfingen.de	Weinkarte: **17** | 20
Gasthaus • Delikatessenverkauf • gemütlich	Ambiente: **8** | 10
	Gesamt: 85 | 100

Restaurant Golfplatz Bad Mergentheim

97999 Igersheim

Die in Schwarzriesling-Jus geschmorten Ochsenbäckchen mit Butterspätzle sind einfach ein Gedicht. Aber auch ein veganes Menü wird im unweit des Kurparks Bad Mergentheim gelegenen Restaurant geboten.

Erlenbachtalstraße 36	Essen: **42** | 50
+49 7931 8066	Service: **16** | 20
andreas-bundschuh.com	Weinkarte: **16** | 20
nachhaltig • Terrasse • Essen mit Aussicht	Ambiente: **8** | 10
P	Gesamt: 82 | 100

Zur Sonne

79241 Ihringen

Kaiserstuhl-Feeling pur in heimeliger Atmosphäre. Der Mix aus badisch-traditionell, saisonal-frisch und modern-raffiniert kommt bei Einheimischen und Ausflüglern zu allen Jahreszeiten gut an.

Hauptstraße 21	Essen: **44** | 50
+49 7668 229	Service: **18** | 20
sonne-wasenweiler.de	Weinkarte: **17** | 20
Gasthaus • deutsche Küche • traditionell	Ambiente: **8** | 10
P	Gesamt: 87 | 100

Heinzler am See

88090 Immenstaad am Bodensee

Das Beste aus den Produkten der Bodenseeregion herauszukitzeln, ist Thomas Heinzler ein Anliegen. Heimischer Fisch, Gemüse von nahen Höfen und Wild aus umliegenden Wäldern werden stilsicher verknüpft.

Strandbadstraße 3
+49 7545 93190
heinzleramsee.de
Familienbetrieb • Casual Dining • Seeterrasse

Essen:	**43** | 50
Service:	**17** | 20
Weinkarte:	**17** | 20
Ambiente:	**8** | 10
Gesamt:	85 | 100

Seehof

88090 Immenstaad am Bodensee

Kurzurlaub für den Gaumen in idyllischer Lage. Ein Großteil der Zutaten stammt aus der unmittelbaren Umgebung, wobei man hier zugunsten von Vielfalt, Kreativität und Gaumenfreude nie dogmatisch ist.

Bachstraße 15
+49 7545 9360
seehof-hotel.de
Hotelrestaurant • Allrounder • Seeterrasse

Essen:	**42** | 50
Service:	**18** | 20
Weinkarte:	**18** | 20
Ambiente:	**8** | 10
Gesamt:	86 | 100

Inzlinger Wasserschloss

79594 Inzlingen

Simone Betra kocht mit Herz und Hirn sowie Empathie und Leidenschaft eine vielseitige und erfrischend weltoffene Feinschmeckerküche ohne Schnörkel und Getue. Die Liebe zum Beruf schmeckt man in jedem Gang.

Riehenstraße 5
+49 7621 47057
inzlinger-wasserschloss.de
Hotelrestaurant • Casual Dining • Allrounder

Essen:	**43** | 50
Service:	**17** | 20
Weinkarte:	**17** | 20
Ambiente:	**8** | 10
Gesamt:	85 | 100

Krone

79594 Inzlingen

Moderne badische Frischeküche im stilvollen Genusshotel. Für die kreative Kür bedient sich Küchenchef Marco Wagner gern an Aromen der asiatischen Küche. Neben Klassikern gibt es auch ein vegetarisches Menü.

Riehenstraße 92
+49 7621 2226
krone-inzlingen.de
Hotelrestaurant • modern • vegetarisch

Essen:	**43** | 50
Service:	**17** | 20
Weinkarte:	**17** | 20
Ambiente:	**8** | 10
Gesamt:	85 | 100

Allgäuer Stuben

88316 Isny im Allgäu

Familie Rimmele pflegt in ihrem Familienbetrieb eine herzliche Gastfreundschaft. Gut gegessen wird seit vielen Jahren im gemütlichen Restaurant, für dessen Küche Susanne Rimmele verantwortlich ist.

Lindauer Straße 75
+49 7562 97597
hotel-hohe-linde.de
Hotelrestaurant • deutsche Küche • nachhaltig

Essen:	**43** | 50
Service:	**18** | 20
Weinkarte:	**17** | 20
Ambiente:	**8** | 10
Gesamt:	86 | 100

Jägerhaus

79400 Kandern

Die liebevoll angerichteten Speisen strotzen nur so vor Einfallsreichtum und Aromen. Frische Wildblüten und Kräuter geben der modern-saisonal ausgerichteten Küche einen besonderen Touch.

Wollbacher Straße 28 +49 7626 8715 restaurant-jaegerhaus.de **Gasthaus • im Grünen • Gastgarten • gemütlich**	Essen: **42** | 50 Service: **17** | 20 Weinkarte: **17** | 20 Ambiente: **9** | 10 Gesamt: **85** | 100

Rebstock Waldulm

77876 Kappelrodeck-Waldulm

Karl Hodapp versteht es, die kulinarischen Impulse aus dem Dreiklang Schwarzwald, Vogesen und Rheinebene modern und ungezwungen umzusetzen. Im üppig bestückten Weinkeller liegt der Fokus auf Baden.

Kutzendorf 1 +49 7842 9480 rebstock-waldulm.de **Casual Dining • regionale Produkte • Terrasse • gemütlich** P	Essen: **44** | 50 Service: **17** | 20 Weinkarte: **18** | 20 Ambiente: **8** | 10 Gesamt: **87** | 100

1463

76229 Karlsruhe

Gourmetrestaurant in einem Fachwerkhaus aus dem Jahr 1463 mit regional-saisonalen Gerichten wie zum Beispiel Ragout vom eingemachten Kalbfleisch mit Topinamburcreme. Küchenchef Henning Weick kocht bis zu fünf Gänge.

Friedrichstraße 10–14 +49 721 66050650 1463.de **Allrounder • regionale Produkte • im Grünen**	Essen: **42** | 50 Service: **17** | 20 Weinkarte: **17** | 20 Ambiente: **8** | 10 Gesamt: **84** | 100

Anders auf dem Turmberg

76227 Karlsruhe

Das Lokal mit seiner umlaufenden Terrasse ist einer der schönsten Aussichtspunkte der Stadt. Maître Sören Anders, einst jüngster Sternekoch des Landes, überzeugt mit badisch-französischer Küche.

Reichardtstraße 22 +49 721 41459 anders-turmberg.de **Casual Dining • deutsche Küche • französisch • Tapas**	Essen: **43** | 50 Service: **17** | 20 Weinkarte: **17** | 20 Ambiente: **8** | 10 Gesamt: **85** | 100

Dom

76133 Karlsruhe

Mitten in Karlsruhe und zugleich verborgen im Hirschhof liegt dieses stilvolle Steakrestaurant. Neben einer großen Auswahl an Fleisch vom lokalen Metzger gibt es auch einige vegetarische Gerichte.

Hirschhof 5 +49 721 90990090 dom-grill.com **Steak • Cocktails • modern**	Essen: **42** | 50 Service: **17** | 20 Weinkarte: **18** | 20 Ambiente: **9** | 10 Gesamt: **86** | 100

EigenArt

76133 Karlsruhe

In zentraler Lage am neu gestalteten Marktplatz wird hier deutsch-mediterrane Küche geboten. Die Atmosphäre ist familiär-freundlich, zur Wahl stehen ein saisonales Menü und Gerichte à la carte.

Hebelstraße 17
+49 721 5703443
eigenart-karlsruhe.de
Gasthaus • Allrounder • Casual Dining • entspannt

Essen:	**43** I 50
Service:	**17** I 20
Weinkarte:	**17** I 20
Ambiente:	**8** I 10
Gesamt:	85 I 100

Erasmus

76199 Karlsruhe

In einem denkmalgeschützten Gebäude mit angeschlossenem Feinkostladen werden ausschließlich biologisch und nachhaltig angebaute Produkte verarbeitet. Das italienische Lokal selbst ist biozertifiziert.

Nürnberger Straße 1
+49 721 40242391
erasmus-karlsruhe.de
Fine Dining • italienisch • Delikatessenverkauf • elegant

Essen:	**44** I 50
Service:	**18** I 20
Weinkarte:	**17** I 20
Ambiente:	**8** I 10
Gesamt:	87 I 100

Il Teatro²

76137 Karlsruhe

Ein echter Familienbetrieb! Vor drei Jahren hat Daniele de Sario das 1984 eröffnete Lokal vom Vater übernommen. Besonders zu empfehlen sind die wie in Italien ohne Sahne zubereiteten Spaghetti alla carbonara.

Ettlinger Straße 2c
+49 721 356566
ilteatro.de
Pizza • klassisch • italienisch • traditionell

Essen:	**43** I 50
Service:	**18** I 20
Weinkarte:	**17** I 20
Ambiente:	**8** I 10
Gesamt:	86 I 100

Ivy

76133 Karlsruhe

Stilvolles Restaurant in Innenstadtlage im Erdgeschoss des 133 Boutique Hotel. Am Abend gibt es ambitionierte asiatisch-italienische Cross-over-Küche und zusätzlich einen günstigeren Mittagstisch.

Karlstraße 34
+49 176 55007536
ivy.restaurant
Steak • Frühstück • Cocktails • unkonventionell

Essen:	**43** I 50
Service:	**17** I 20
Weinkarte:	**17** I 20
Ambiente:	**8** I 10
Gesamt:	85 I 100

Kesselhaus
76185 Karlsruhe

Unkomplizierte Brasserie-Küche in einem denkmalgeschützten ehemaligen Fabrikgebäude. Sven Hemmann leitet die Küche, sein Bruder Chris den Service. Die Karte lädt zu vinologischen Entdeckungsreisen ein.

Griesbachstraße 10C +49 721 6699269 kesselhaus-ka.de **Wild • unkonventionell • französisch**	Essen: **42** | 50 Service: **17** | 20 Weinkarte: **16** | 20 Ambiente: **8** | 10 Gesamt: 83 | 100

Margarete
76135 Karlsruhe

Tür an Tür mit seinem Hauptrestaurant betreibt Zwei-Sterne-Koch Thorsten Bender ein Lokal mit regionaler Hausmannskost von außergewöhnlich hoher Qualität. Sommers lockt ein romantischer Innenhof.

Scheffelstraße 55 +49 721 40244773 bistro-margarete.de **Bistro • regionale Produkte • modern**	Essen: **43** | 50 Service: **18** | 20 Weinkarte: **17** | 20 Ambiente: **8** | 10 Gesamt: 86 | 100

Maxau
76187 Karlsruhe

Kulinarisches Kleinod am Rhein mit angeschlossenem Hofladen. Das Rindfleisch stammt aus eigener Aufzucht. Das Küchenteam bereitet raffinierte badische Küche zu. Auch Vegetarier kommen auf ihre Kosten.

Maxau am Rhein 24 +49 721 92126354 gasthaus-maxau.de **Gasthaus • regionale Produkte • Gastgarten**	Essen: **43** | 50 Service: **17** | 20 Weinkarte: **17** | 20 Ambiente: **8** | 10 Gesamt: 85 | 100

Nagels Kranz
76149 Karlsruhe

Kevin Wilde setzt in seinem kleinen gemütlichen Gourmetrestaurant im nördlichen Teil von Karlsruhe auf eine ambitionierte französisch-badische Küche, die er gerne mit Einflüssen aus Asien garniert.

Neureuter Hauptstraße 210 +49 721 705742 nagels-kranz.de **Casual Dining • deutsche Küche • französisch • Terrasse**	Essen: **44** | 50 Service: **18** | 20 Weinkarte: **16** | 20 Ambiente: **7** | 10 Gesamt: 85 | 100

Oberländer Weinstube
76133 Karlsruhe

Restaurantklassiker in einem Stadthaus aus dem Jahre 1826. Jörg Hammer, seit zehn Jahren Küchenchef, bietet hier einen überzeugenden Mix aus feinen Klassikern und regionaler Küche mit mediterranem Einfluss.

Akademiestraße 7 +49 721 25066 oberlaender-weinstube.de **Casual Dining • Allrounder • gemütlich • traditionell** P	Essen: **43** | 50 Service: **17** | 20 Weinkarte: **17** | 20 Ambiente: **8** | 10 Gesamt: 85 | 100

Sein

76135 Karlsruhe

Schnuckelig kleines Gourmetrestaurant mit noblem Interieur, privater Atmosphäre und familiärem Service. Mittags gibt es ein abgespecktes Menü, abends sechs Gänge – auf Wunsch auch vegetarisch.

Scheffelstraße 57	Essen: **47** I 50
+49 721 40244776	Service: **20** I 20
restaurant-sein.de	Weinkarte: **18** I 20
Fine Dining • asiatisch • vegetarisch • elegant	Ambiente: **9** I 10
	Gesamt: 94 I 100

Tawa Yama Easy

76227 Karlsruhe

Cross-Asian-Food-Lokal im Industriestil am ehemaligen Standort der Pfaff-Nähmaschinenfabrik. Küchenchef Yanik Gukelberger hat sein Können zuvor im Grill Royal und auf der MS Europa 2 unter Beweis gestellt.

Amalienbadstraße 41b	Essen: **42** I 50
+49 721 9098950	Service: **18** I 20
tawayama.de	Weinkarte: **18** I 20
japanisch • regionale Produkte • nachhaltig	Ambiente: **9** I 10
P	Gesamt: 87 I 100

Tawa Yama Fine

76227 Karlsruhe

Edles Gourmetrestaurant im futuristischen Gebäude der RaumFabrik. Kürzlich erst wechselte die Ex-Opus-V-Sommelière Felicitas Stengel ins Tawa Yama. Neben dem »Fine« gibt es noch das günstigere »Easy«.

Amalienbadstraße 41b	Essen: **46** I 50
+49 721 9098950	Service: **19** I 20
tawayama.de	Weinkarte: **19** I 20
Fine Dining • französisch • japanisch • nachhaltig	Ambiente: **9** I 10
P	Gesamt: 93 I 100

EssZimmer

77694 Kehl

Aus der Region und darüber hinaus! So lautet das Motto der Küche im schicken Brasserie-Ambiente. Ob Wiener Schnitzel, Rinderfilet oder Kalbskotelett mit Knoblauchrahmsauce, hier schmeckt alles!

Hauptstraße 183	Essen: **44** I 50
+49 7851 91040	Service: **17** I 20
rebstock-kehl.de	Weinkarte: **18** I 20
Gasthaus • traditionell • mediterran • Terrasse	Ambiente: **9** I 10
P	Gesamt: 88 I 100

Scheidels Restaurant zum Kranz

79341 Kenzingen

Kulinarische Tradition und aus vollstem Herzen gelebtes Gastgebertum im Familienrestaurant mit historischer Gaststube. Statt exaltierter Experimente gibt es hier altbewährte deutsche und italienische Klassiker.

Offenburger Straße 18	Essen: **43** I 50
+49 7644 6855	Service: **17** I 20
scheidels-kranz.de	Weinkarte: **17** I 20
Gasthaus • deutsche Küche • Gastgarten • klassisch	Ambiente: **7** I 10
P	Gesamt: 84 I 100

Malathounis 71394 Kernen im Remstal

Joannis Malathounis kocht, wie es ihm gefällt. Seine Version der modernen griechischen Küche kennt keine starren Regeln. So werden Ziegenmilchnudeln aus Metsovo mit Filderkraut und Zuckermais gepaart.

Gartenstraße 5
+49 7151 45252
malathounis.de
Gasthaus • griechisch • mediterran • gemütlich

Essen:	**45** / 50
Service:	**18** / 20
Weinkarte:	**18** / 20
Ambiente:	**8** / 10
Gesamt:	**89** / 100

Zum Ochsen 71394 Kernen im Remstal

Einmal alles auf links! In der historischen Gastherberge der Herren von Stetten werden unter kupfernen Designerleuchten von Hand gerollte Maultaschen neben Tortellini mit Sauerampfersauce serviert.

Kirchstraße 15
+49 7151 94360
ochsen-kernen.de
Gasthaus • Allrounder • Terrasse • gemütlich

P

Essen:	**42** / 50
Service:	**17** / 20
Weinkarte:	**17** / 20
Ambiente:	**8** / 10
Gesamt:	**84** / 100

Weisser Ochse 73230 Kirchheim unter Teck

In der Dorfwirtschaft mit urigem Gastraum wird seit Jahren auf konstant hohem Niveau einfallsreich gekocht. Vegetarische und vegane Gerichte auf Nachfrage, dazu ein Wochenmenü in vier bis neun Gängen.

Alleenstraße 102
+49 7021 8046616
weisser-ochse.de
Casual Dining • deutsche Küche • französisch • Gastgarten

Essen:	**42** / 50
Service:	**18** / 20
Weinkarte:	**17** / 20
Ambiente:	**8** / 10
Gesamt:	**85** / 100

Schlegelhof 79199 Kirchzarten

Für die Vollblutgastronomen Martin und Marianne Schlegel sind beste Qualität und eine Rundum-sorglos-Atmosphäre eine Selbstverständlichkeit. Die Küche fährt eine klare Linie: natürlich, ehrlich, kreativ.

Höfener Straße 92
+49 7661 5051
schlegelhof.de
Hotelrestaurant • Familienbetrieb • im Grünen

Essen:	**42** / 50
Service:	**17** / 20
Weinkarte:	**17** / 20
Ambiente:	**8** / 10
Gesamt:	**84** / 100

Schwanen 73257 Köngen

Patrick Domon ist bekannt für seinen Ideenreichtum. Hier darf Feines wie Flusskrebsravioli neben Klassisch-Deftigem wie Kalbsnieren stehen, außerdem gibt es immer wieder spannende exotische Specials.

Schwanenstraße 1
+49 7024 97250
schwanen-koengen.de
Hotelrestaurant • Familienbetrieb • gemütlich

P

Essen:	**42** / 50
Service:	**17** / 20
Weinkarte:	**17** / 20
Ambiente:	**8** / 10
Gesamt:	**84** / 100

Tafelhaus

73257 Köngen

Bernd Nödinger versteht sich auf eine Küche mit Seele und Geschmack. In seinen Gerichten trifft das Schwabenland auf Exotik. Tagesspecials ergänzen die Menüs, von denen eines vegetarisch ist.

Bahnhofstraße 19
+49 7024 97220
hotel-neckartal.com
Hotelrestaurant • deutsche Küche • mediterran

Essen:	**43** | 50
Service:	**17** | 20
Weinkarte:	**18** | 20
Ambiente:	**8** | 10
Gesamt:	86 | 100

Zum goldenen Lamm

75203 Königsbach-Stein

Traditionsgasthaus mit gutbürgerlicher Küche. Auf der Tageskarte finden sich aber auch Salzwasserfisch, Meeresfrüchte und frischer Trüffel. Dazu gibt es eine große Auswahl an internationalen Weinen.

Marktplatz 2
+49 7232 1776
lammstein.de
Gasthaus • deutsche Küche • mediterran • gemütlich

Essen:	**42** | 50
Service:	**17** | 20
Weinkarte:	**18** | 20
Ambiente:	**8** | 10
Gesamt:	85 | 100

Ursprung

89551 Königsbronn

Durch die Verbindung kulinarischer Traditionen aus der Region mit Impulsen aus Skandinavien und Techniken aus Südostasien und Japan glänzt Andreas Widmanns Küche mit einem ganz eigenständigen Stil.

Struthstraße 17
+49 7328 96270
widmanns-albleben.de
Hotelrestaurant • regionale Produkte • modern

Essen:	**45** | 50
Service:	**18** | 20
Weinkarte:	**18** | 20
Ambiente:	**8** | 10
Gesamt:	89 | 100

Rapp

78126 Königsfeld im Schwarzwald

Alexander Rapp hat das historische Fachwerkhaus zu einem beliebten Treffpunkt für Feinschmecker gemacht. Seine Küche bietet attraktive Gerichte, verfeinert mit Aromen aus der internationalen Küche.

Dörfle 22
+49 7725 91510
cafe-rapp.de
Gasthaus • deutsche Küche • mediterran • entspannt

Essen:	43 | 50
Service:	17 | 20
Weinkarte:	17 | 20
Ambiente:	8 | 10
Gesamt:	85 | 100

Anglerstuben

78467 Konstanz

Beste Produkte aus der Bodenseeregion sind die Basis für die feine bodenständige Küche, die das gastfreundliche Restaurant anbietet. Alles hausgemacht, auch die vegetarischen Gerichte sind à jour.

Reichenaustraße 51
+49 7531 8180487
anglerstuben.com
Gasthaus • Seeterrasse • entspannt

Essen:	45 | 50
Service:	19 | 20
Weinkarte:	19 | 20
Ambiente:	7 | 10
Gesamt:	90 | 100

Brasserie Colette

78462 Konstanz

Klassische Brasserie, für deren Konzept der Berliner Spitzenkoch Tim Raue steht. Da darf Steak frites ebenso wenig auf der Karte fehlen wie Tatar, Bœuf bourguignon oder Moules frites.

Brotlaube 2
+49 7531 1285107
brasseriecolette.de
Bistro • Casual Dining • entspannt

Essen:	43 | 50
Service:	18 | 20
Weinkarte:	17 | 20
Ambiente:	8 | 10
Gesamt:	86 | 100

Essbar

78462 Konstanz

Mittags werden in dem kleinen Restaurant abwechslungsreiche Gerichte serviert, die aktuelle Abendkarte wird immer gegen 18 Uhr veröffentlicht. Entsprechend marktfrisch sind auch die Speisen.

Bahnhofstraße 15
+49 7531 8043475
essbar-konstanz.de
Bistro • Allrounder • entspannt • unkonventionell

Essen:	43 | 50
Service:	17 | 20
Weinkarte:	17 | 20
Ambiente:	8 | 10
Gesamt:	85 | 100

Ophelia

78464 Konstanz

Prägnante Gourmetküche zwischen Pomp und Purismus in eleganter Jugendstilvilla. Dirk Hoberg kocht frei von Korsetts und Dogmatismus und mit Luxuszutaten ebenso wie mit Produkten aus der Bodenseeregion.

Seestraße 25
+49 7531 363090
restaurant-ophelia.de
Hotelrestaurant • Fine Dining • französisch • Seeterrasse

Essen:	**48** | 50
Service:	**19** | 20
Weinkarte:	**19** | 20
Ambiente:	**9** | 10
Gesamt:	**95** | 100

Papageno

78462 Konstanz

Glücksmomente im traditionsreichen Haus mit hübscher Stube. Serviert werden mal deutsche, mal mediterran und mal französisch inspirierte Gerichte: Kalbsbries, Linguine, Hummer an Krustentierschaum.

Gottlieber Straße 64
+49 7531 368660
restaurant-papageno.net
Fine Dining • deutsche Küche • französisch • elegant

Essen:	**43** | 50
Service:	**19** | 20
Weinkarte:	**18** | 20
Ambiente:	**7** | 10
Gesamt:	**87** | 100

Riva

78464 Konstanz

Küchenchef Kevin Berlet kocht am liebsten mit allem, was See, Wald und Feld ihm bieten. Die charmante Jugendstilvilla ist die perfekte Bühne für seine geschmackvolle Interpretation der Region.

Seestraße 25
+49 7531 363090
hotel-riva.de
Hotelrestaurant • mediterran • Thai • Essen mit Aussicht

Essen:	**43** | 50
Service:	**18** | 20
Weinkarte:	**17** | 20
Ambiente:	**8** | 10
Gesamt:	**86** | 100

San Martino Restaurant

78462 Konstanz

Jochen Fecht überzeugt mit einer ausdrucksstarken Küche mit raffinierten Details. Umgeben von Natursteinwänden kann man sich À-la-carte-Gerichte oder das Menü schmecken lassen. Und: Es geht auch vegan.

Bruderturmgasse 3
+49 7531 2845678
san-martino.net
Fine Dining • vegan • romantisch

Essen:	**45** | 50
Service:	**18** | 20
Weinkarte:	**18** | 20
Ambiente:	**8** | 10
Gesamt:	**89** | 100

Villagio

78464 Konstanz

Die unmittelbare Lage an der Seepromenade entschädigt für kleine Schwächen und gehobene Preise. Empfehlenswert sind vor allem die knusprigen Pizzen und die hausgemachten Ravioli mit Ricotta.

Seestraße 21
+49 7531 8157723
villagio-konstanz.de
italienisch • Essen mit Aussicht • elegant

Essen:	**42** | 50
Service:	**17** | 20
Weinkarte:	**16** | 20
Ambiente:	**8** | 10
Gesamt:	**83** | 100

Anne-Sophie

74653 Künzelsau

Abwechslungsreich ist die Küche im Restaurant, in dem Menschen mit und ohne Handicap arbeiten. Wiener Schnitzel wird hier ebenso serviert wie der regionale Klassiker Schwäbischer Zwiebelrostbraten.

Am Schlossplatz 9
+49 7940 93460
hotel-anne-sophie.de
Hotelrestaurant • Essen mit Aussicht • modern

Essen:	42	50
Service:	17	20
Weinkarte:	17	20
Ambiente:	8	10
Gesamt:	84	100

Handicap

74653 Künzelsau

Das kunstvoll ausgestattete Restaurant steht in der Tradition der feinen regionalen Küche. Sorgfalt und Eleganz gehören ebenso zur Linie wie der inklusive Charakter. Extra fair bepreist ist das Sonntagsmenü.

Hauptstraße 22–28
+49 7940 93462041
hotel-anne-sophie.de
Hotelrestaurant • regionale Produkte • elegant

Essen:	43	50
Service:	18	20
Weinkarte:	18	20
Ambiente:	8	10
Gesamt:	87	100

Backmulde

68526 Ladenburg

Ein gemütliches Gasthaus wie aus dem Bilderbuch. Auch die Küche hat Wohlfühlcharakter: Bodenständigkeit und Regionalität sind die beiden Grundpfeiler der handwerklich perfekt zubereiteten Gerichte.

Hauptstraße 61
+49 6203 404080
back-mul.de
mediterran • vegetarisch • nachhaltig • entspannt

Essen:	43	50
Service:	18	20
Weinkarte:	17	20
Ambiente:	8	10
Gesamt:	86	100

Adler Restaurant

77933 Lahr

Die badische Gastlichkeit ist hier genauso einnehmend wie die erstklassige Küche, die regionale Kulinarik bestens mit klassisch-französischen Einflüssen kombiniert. Dazu passt die tolle Weinkarte.

Reichenbacher Hauptstraße 18
+49 7821 906390
adler-lahr.de
Fine Dining • französisch • modern

Essen:	45	50
Service:	18	20
Weinkarte:	18	20
Ambiente:	8	10
Gesamt:	89	100

Grüner Baum

77933 Lahr

Egal, ob Schweinefilet mit handgeschabten Spätzle oder Linsen-Curry mit Falafel: Bei den Fegers wird stets mit besten Produkten aus biologischem Anbau beziehungsweise artgerechter Haltung und viel Leidenschaft gekocht.

Burgheimer Straße 105
+49 7821 22282
fegersgrünerbaum-lahr.de
Gasthaus • Familienbetrieb • regionale Küche • Fisch

Essen:	43	50
Service:	17	20
Weinkarte:	17	20
Ambiente:	8	10
Gesamt:	85	100

Restaurant Malereck

88085 Langenargen

Die weite Welt ist Kür, ansonsten finden vor allem Obst und Gemüse sowie bestes Fleisch und Fisch aus dem Bodensee(raum) ihren Weg in die Küche sowie geschmackvoll veredelt auf den Teller des Gasts.

Argenweg 60/4
+49 7543 912491
restaurantmalereck.de
Casual Dining • mediterran • Terrasse • Essen mit Aussicht

Essen:	43 | 50
Service:	17 | 20
Weinkarte:	17 | 20
Ambiente:	8 | 10
Gesamt:	85 | 100

Schuppen 13

88085 Langenargen

Die Nähe zum Jachthafen und das maritime Flair sorgen für ein Instant-Urlaubsgefühl. Zu erstklassig veredeltem Land- und Wassergetier, Pasta und Risottos trinkt man Weine aus Deutschland und Italien.

Argenweg 60
+49 7543 1577
schuppen13.de
mediterran • Fisch • Seeterrasse • elegant

Essen:	42 | 50
Service:	17 | 20
Weinkarte:	18 | 20
Ambiente:	8 | 10
Gesamt:	85 | 100

SEO

88085 Langenargen

Spritzige Gerichte aus besten Produkten und selbst gezogenen Kräutern – aufs Feinste mit häufig naturnah produzierten Weinen vermählt. Dazu ein tolles Interieur und ein Panorama wie aus dem Bilderbuch.

Marktplatz 1
+49 7543 93380
seevital.de
Fine Dining • regionale Produkte • elegant

Essen:	45 | 50
Service:	18 | 20
Weinkarte:	18 | 20
Ambiente:	8 | 10
Gesamt:	89 | 100

Zum Bad

89129 Langenau

Hans Häge kocht am Puls der Zeit mit wohldosierter Komplexität und herausragender Geschmackstiefe, dabei immer lässig und in mundwässernder Ästhetik und fernab kulinarischer Beliebigkeit.

Burghof 11
+49 7345 96000
gasthof-zum-bad.de
Fine Dining • Fisch • modern

Essen:	45 | 50
Service:	18 | 20
Weinkarte:	18 | 20
Ambiente:	8 | 10
Gesamt:	89 | 100

Roter Ochsen

73466 Lauchheim

Der mit holzvertäfelten Wänden und weißen Tischdecken authentisch-elegante Gastraum bietet einen schönen Rahmen für die traditionsbewusste Küche, die knusprige Hofente und schwäbische Vesper vereint.

Hauptstraße 24
+49 7363 5329
roter-ochsen-lauchheim.de
deutsche Küche • regionale Produkte • klassisch

Essen:	42 | 50
Service:	17 | 20
Weinkarte:	17 | 20
Ambiente:	7 | 10
Gesamt:	83 | 100

Rebgut

97922 Lauda-Königshofen

Fein speisen im ehemals staatlichen Weinversuchsgut. Auf den Tellern geht es heimisch, frisch und farbenprächtig zu, in die Gläser kommen viele Weine aus der Region. Toll: das vegetarische Menü.

Rebgutstraße 80	Essen: **42** / 50
+49 9343 6147000	Service: **18** / 20
rebgut.de	Weinkarte: **17** / 20
Allrounder • im Grünen • Gastgarten	Ambiente: **8** / 10
	Gesamt: 85 / 100

Elefanten

74348 Lauffen

Zwiebelrostbraten und Maultauschen, alles selbstverständlich hausgemacht – für den Schwaben Mike Glässing ist das Ehrensache. Aber auch internationale Klassiker hat der sympathische Koch im Angebot.

Bahnhofstraße 12	Essen: **44** / 50
+49 7133 95080	Service: **18** / 20
hotel-elefanten.de	Weinkarte: **17** / 20
Gasthaus • regionale Produkte • entspannt	Ambiente: **8** / 10
	Gesamt: 87 / 100

Sonne

77794 Lautenbach

Sven Kürschner hat ganz offensichtlich Spaß daran, die traditionelle Regionalküche des Hauses punktuell aufzumischen. So darf Hummer neben Pastinakensuppe und Entenkeule neben Badischen Ramen stehen.

Hauptstraße 51	Essen: **42** / 50
+49 7802 704090	Service: **17** / 20
sonnenhof-lautenbach.de	Weinkarte: **17** / 20
Hotelrestaurant • deutsche Küche • bio	Ambiente: **8** / 10
	Gesamt: 84 / 100

Zum Adler

88662 Lippertsreute

Seit elf Generationen wird das prächtige Fachwerkhaus mit der traditionsreichen Gaststube familiengeführt. Unweit des Bodensees, aber etwas abseits vom Trubel, genießt man beste badische Hausmannskost.

Hauptstraße 44	Essen: **42** / 50
+49 7553 82550	Service: **17** / 20
adler-lippertsreute.de	Weinkarte: **17** / 20
Gasthaus • klassisch • Terrasse • gemütlich	Ambiente: **8** / 10
	Gesamt: 84 / 100

Mättle

79539 Lörrach

In den geschmackvoll-puristisch umgestalteten Räumen lässt Familie Wiedmer das alte Mättle samt seinen Traditionen neu aufleben. Küchenchef Nicolas Marceau kann klassisch genauso gut wie mediterran.

Freiburger Straße 314	Essen: **42** / 50
+49 7621 5884300	Service: **17** / 20
wio-group.de	Weinkarte: **17** / 20
deutsche Küche • mediterran • modern	Ambiente: **8** / 10
	Gesamt: 84 / 100

80–84 85–89 90–94 95–100 Punkte

Villa Feer

79541 Lörrach

In der schmucken Villa nahe der Messe schwingt Inhaberin Kathrin Bucher selbst den Kochlöffel. Vor gut einem Jahr wurden die Öffnungszeiten angepasst – es gibt nur noch Mittagsservice.

Beim Haagensteg 1	Essen: **43** / 50
+49 7621 5791077	Service: **18** / 20
villa-feer.com	Weinkarte: **18** / 20
Familienbetrieb • Terrasse • unkonventionell	Ambiente: **8** / 10
	Gesamt: 87 / 100

Zum Kranz

79807 Lottstetten

Der in unmittelbarer Nähe zur Schweiz sehr idyllisch gelegene Gasthof steht für herausragende Produktqualität, charmante Eleganz und treffsichere Kreationen. Das Ambiente: gemütlich und gepflegt.

Dorfstraße 23	Essen: **43** / 50
+49 7745 7302	Service: **17** / 20
gasthof-zum-kranz.de	Weinkarte: **17** / 20
Gasthaus • Casual Dining • Allrounder	Ambiente: **8** / 10
P	Gesamt: 85 / 100

Gutsschenke

71634 Ludwigsburg

Exzellente klassisch-international geprägte Saisonküche im historischen Setting der Domäne Monrepos. Zwei Gourmetmenüs komplettieren die mit einem guten Dutzend Gerichten gespickte À-la-carte-Seite.

Monrepos 22	Essen: **42** / 50
+49 7141 302560	Service: **18** / 20
schlosshotel-monrepos.de	Weinkarte: **18** / 20
Hotelrestaurant • traditionell • Terrasse	Ambiente: **8** / 10
P	Gesamt: 86 / 100

Basilikum

72074 Lustnau

Italienische Küche ohne Pizza. In dem schicken Restaurant stehen dagegen hausgemachte Pasta und beste Fischgerichte auf der Speisekarte. Dazu gibt es eine gute Auswahl passender italienischer Weine.

Kreuzstraße 24	Essen: **42** / 50
+49 7071 87549	Service: **18** / 20
ristorantebasilikum.de	Weinkarte: **17** / 20
Familienbetrieb • italienisch • Fisch • entspannt	Ambiente: **8** / 10
	Gesamt: 85 / 100

Dobler's

68165 Mannheim

Das beliebte Restaurant von Gabriele und Norbert Dobler ist eine Mannheimer Institution. Hier punkten die französisch angehauchte Gourmetküche, eine umfangreiche Weinkarte und der herzliche Service.

Seckenheimer Straße 20	Essen: **45** / 50
+49 621 14397	Service: **19** / 20
doblers.de	Weinkarte: **18** / 20
Fine Dining • französisch • elegant	Ambiente: **8** / 10
	Gesamt: 90 / 100

Le Comptoir 17

68165 Mannheim

An manchen Ecken Mannheims hat man ohnehin das Gefühl, eher in Marseille zu sein – jetzt schmeckt es hier auch so. Herrliche Blutwurst, frische Austern und ein Sashimi von der Meeräsche zum Niederknien.

Lameystraße 17 +49 621 73617000 comptoir17.com **französisch • klassisch • traditionell**	Essen: **43** | 50 Service: **18** | 20 Weinkarte: **17** | 20 Ambiente: **8** | 10
	Gesamt: 86 | 100

Le Corange

68161 Mannheim

Eigentlich ist der schöne Ausblick über die Dächer von Mannheim fast verschwendet. Man kann den Blick sowieso nicht von den fein arrangierten Tellern nehmen. Besonders: die Regenbogenforelle.

O5 9–12 +49 621 1671199 corange-restaurant.de **Fine Dining • Fisch • modern**	Essen: **45** | 50 Service: **18** | 20 Weinkarte: **18** | 20 Ambiente: **8** | 10
	Gesamt: 89 | 100

Opus V

68161 Mannheim

Mannheim wird von seinen Einwohnern scherzhaft als kleines New York bezeichnet – und im Opus V wird bewiesen, dass sich die Quadratestadt tatsächlich auch kulinarisch mit jeder Metropole dieser Welt messen kann.

O5 9–12 +49 621 1671199 restaurant-opus-v.de **Fine Dining • Allrounder • regionale Produkte**	Essen: **46** | 50 Service: **18** | 20 Weinkarte: **18** | 20 Ambiente: **8** | 10
	Gesamt: 90 | 100

Hirsch

73650 Manolzweiler

Mit drei äußerst stimmungsvollen Gasträumen sowie sommers zusätzlich mit Hirschgarten und Terrasse hat man hier die Qual der Wahl. Auf der Karte finden sich erfreulicherweise fast immer auch Innereien.

Kaiserstraße 8 +49 7181 41515 hirsch-manolzweiler.de **Gasthaus • deutsche Küche • gemütlich**	Essen: **44** | 50 Service: **18** | 20 Weinkarte: **17** | 20 Ambiente: **8** | 10
P	Gesamt: 87 | 100

Lamm

88437 Maselheim

Kompetenz, Konstanz und Kreationen, die der genussvolle Fingerprint der Region sind. Das Lammfleisch stammt fast ausschließlich vom ortsansässigen Züchter, Gemüse von der Demeter-Gärtnerei nebenan.

Baltringer Straße 14 +49 7356 937078 sulminger-lamm.de **Casual Dining • deutsche Küche • klassisch • elegant**	Essen: **43** | 50 Service: **18** | 20 Weinkarte: **17** | 20 Ambiente: **8** | 10
P	Gesamt: 86 | 100

Casala

88709 Meersburg

Die Lage an der Uferpromenade ist fantastisch, die Küche weltoffen und qualitativ auf höchstem Niveau. Geschmackvolle Gourmetgerichte mit kreativem Touch, zubereitet aus besten Produkten.

Uferpromenade 11
+49 7532 80040
hotel-residenz-meersburg.com
Fine Dining • Essen mit Aussicht • romantisch

Essen:	**45** I 50
Service:	**18** I 20
Weinkarte:	**18** I 20
Ambiente:	**8** I 10
Gesamt:	89 I 100

Schwanen

72555 Metzingen

Für die »regionale Küche mit Fremdgeh-Erlaubnis« werden allerbeste Grundprodukte, Fleisch aus artgerechter Haltung und exotische Exkurse fein verwebt. Die Liebe zur Schwäbischen Alb schwingt immer mit.

Bei der Martinskirche 10
+49 7123 9460
schwanen-metzingen.de
Familienbetrieb • Hotelrestaurant • Terrasse • entspannt

Essen:	**42** I 50
Service:	**18** I 20
Weinkarte:	**18** I 20
Ambiente:	**8** I 10
Gesamt:	86 I 100

Esszimmer

88441 Mittelbiberach

Mit einem ganzheitlichen Blick auf Mensch und Natur werden hier lupenreine Geschmacksbomben geschaffen. Ob Dim-Sum mit Karpfen, Kutteln mit Chorizo oder pochiertes Landei mit Pilzen – es schmeckt.

Ziegeleistraße 37
+49 7351 5749890
restaurantesszimmer.de
Gasthaus • deutsche Küche • bio • gemütlich

Essen:	**43** I 50
Service:	**18** I 20
Weinkarte:	**17** I 20
Ambiente:	**8** I 10
Gesamt:	86 I 100

Alte Post – Hebelstube

79379 Müllheim

Kreative Küche mit nachhaltigen Gerichten ist das Tagesgeschäft des elegant ausstaffierten Restaurants. Dahinter steckt ein junges engagiertes Team, das herzliche Gastlichkeit versprüht.

Posthalterweg/An der B 3
+49 7631 17870
alte-post.net
Casual Dining • deutsche Küche • französisch • nachhaltig

Essen:	**42** I 50
Service:	**17** I 20
Weinkarte:	**17** I 20
Ambiente:	**8** I 10
Gesamt:	84 I 100

Hirschen Britzingen

79379 Müllheim

Badische Hausmannskost auf hohem Niveau in unaufgerüschtem Ambiente. Beste saisonale Grundprodukte aus der Region werden hier ohne großes Tamtam, aber dafür mit viel Bodenhaftung auf die Teller gebracht.

Markgräfler Straße 22
+49 7631 5457
hirschen-britzingen.de
Familienbetrieb • eigener Weinbau • gemütlich

Essen:	**43** I 50
Service:	**17** I 20
Weinkarte:	**17** I 20
Ambiente:	**7** I 10
Gesamt:	84 I 100

Taberna

79379 Müllheim

Badisches Grundrauschen mit britischem Bass und globalen Highlights. Catinka und Tom Birks (sie gebürtige Südafrikanerin, er Engländer) kochen mit leidenschaftlicher Schöpferkraft – schmeckt man.

Marktplatz 7 +49 7631 174884 taberna-restaurant.de **Casual Dining • deutsche Küche • vegetarisch • Terrasse**	Essen: **44** | 50 Service: **18** | 20 Weinkarte: **18** | 20 Ambiente: **8** | 10 Gesamt: **88** | 100

Herrmann

72525 Münsingen

Traditionsbetrieb mit Fachwerkfassade und hübscher Stube. Inmitten unberührter Natur wird hier die Tradition gutbürgerlicher schwäbischer Küche aus regionalen Zutaten, modern akzentuiert, gepflegt.

Ernst-Bezler-Straße 1 +49 7381 18260 hotelherrmann.de **Familienbetrieb • Hotelrestaurant • regionale Produkte**	Essen: **42** | 50 Service: **17** | 20 Weinkarte: **17** | 20 Ambiente: **8** | 10 Gesamt: **84** | 100

Spielweg

79244 Münstertal

Das vielfach ausgezeichnete Restaurant unter Federführung von Viktoria Fuchs ist ein Paradebeispiel dafür, wie man Schwarzwald und Exotik, Rückbesinnung und Weitblick harmonisch auf die Teller bringen kann.

Spielweg 61 +49 7636 7090 spielweg.com **deutsche Küche • Thai • Essen mit Aussicht**	Essen: **46** | 50 Service: **18** | 20 Weinkarte: **18** | 20 Ambiente: **8** | 10 Gesamt: **90** | 100

Ostaria Da Gino

72202 Nagold

Gut gemachte Klassiker zu erschwinglichen Preisen im italienischen Gasthaus um die Ecke mit charmantem Osteria-Flair. Zu Pasta, Bistecca alla fiorentina und Antipasti gesellen sich saisonale Spezialitäten.

Querstraße 3 +49 7452 66610 dagino-nagold.de **italienisch • Terrasse • entspannt**	Essen: **42** | 50 Service: **18** | 20 Weinkarte: **18** | 20 Ambiente: **8** | 10 Gesamt: **86** | 100

Christian's Restaurant

69151 Neckargemünd

Sandy und Christian Heß haben in ihrem Restaurant einiges zu bieten. Neben beliebten Klassikern aus der internationalen Küche kommen auch bestens zubereitete heimische Spezialitäten auf die Teller.

Neckarstraße 40 +49 6223 9737323 restaurant-christian.de **Allrounder • mediterran • Essen mit Aussicht • romantisch**	Essen: **42** | 50 Service: **18** | 20 Weinkarte: **18** | 20 Ambiente: **8** | 10 Gesamt: **86** | 100

Zum Rössl

69151 Neckargemünd

Unter dem Deckmantel eines Landgasthofs wird hier herausragend gekocht: von Matjesfilet über Stubenküken bis zu Gänseleberterrine. Große Klassik mit einem Sieben-Gänge-Überraschungsmenü auf Vorbestellung.

Heidelberger Straße 15
+49 6223 2665
roessl-waldhilsbach.de
Gasthaus • deutsche Küche • vegetarisch • gemütlich

Essen: **43** | 50
Service: **17** | 20
Weinkarte: **17** | 20
Ambiente: **7** | 10
Gesamt: 84 | 100

Zur Kanne

73450 Neresheim

Gutbürgerliches Restaurant mit grundsolider Küche im schlichten Landhotel. Uriger Gastraum mit Jagdtrophäen und holzvertäfelter Decke. Außerdem kann man hier fein feiern – egal, ob Taufe, Hochzeit oder Jubiläum.

Brühlstraße 2
+49 7326 8080
landhotel-zurkanne.de
Familienbetrieb • deutsche Küche • gemütlich

Essen: **42** | 50
Service: **17** | 20
Weinkarte: **16** | 20
Ambiente: **7** | 10
Gesamt: 82 | 100

Alte Baiz

75242 Neuhausen

Eine sehens- und vor allem erlebenswerte Genusswelt bietet Claudio Urru in seinem kulinarischen Refugium: erstklassige Gourmetküche ebenso wie herzhafte Gerichte aus dem bodenständigen Programm.

Hauptstraße 2
+49 7234 9473899
gruenerwald.de
Gasthaus • Fine Dining • elegant

Essen: **45** | 50
Service: **18** | 20
Weinkarte: **18** | 20
Ambiente: **8** | 10
Gesamt: 89 | 100

Zum Hirsch

88099 Neukirch-Goppertsweiler

Artur Frick-Renz gibt Gas – ob als Küchenchef oder Lehrer in der eigenen Kochschule. Seit 1995 bringt er mit ungebremster Hingabe eine individuelle Feinschmeckerküche ohne großes Getue auf den Tisch.

Argenstraße 29
+49 7528 1765
gasthof-zum-hirsch.com
Gasthaus • deutsche Küche • vegetarisch • im Grünen

Essen: **43** | 50
Service: **18** | 20
Weinkarte: **17** | 20
Ambiente: **8** | 10
Gesamt: 86 | 100

Belsers

72622 Nürtingen

Christer Belser hat sein Restaurant urgemütlich ausgestattet und bietet dazu eine richtig gute Küche: bodenständige Gerichte in herzhafter Zubereitung, gespickt mit aromatischen Highlights.

Brunnsteige 15
+49 7022 7195860
belsers.com
Gasthaus • Casual Dining • modern

Essen: **42** | 50
Service: **17** | 20
Weinkarte: **17** | 20
Ambiente: **9** | 10
Gesamt: 85 | 100

Zur Linde

72644 Oberboihingen

Sternstunden der Traditionsküche! Auch nach Jahrzehnten lässt es sich Jörg Ebermann nicht nehmen, der mit schwäbischen Klassikern gespickten Karte auch mal Foie gras oder Hummer unterzujubeln.

Nürtinger Straße 24	Essen: **42** I 50
+49 7022 61168	Service: **17** I 20
linde-oberboihingen.de	Weinkarte: **17** I 20
Gasthaus • traditionell • gemütlich	Ambiente: **8** I 10
	Gesamt: 84 I 100

Löwen

88457 Oberopfingen

Alexander Ruhland hat seinen Horizont in vielen erstklassigen Häusern erweitert. Seine traditionsorientierte und dabei doch sehr weltoffene hochkreative Küche ist von delikaten Kontrasten geprägt.

Kirchdorfer Straße 8	Essen: **43** I 50
+49 8395 667	Service: **18** I 20
loewen-oberopfingen.de	Weinkarte: **18** I 20
Gasthaus • Familienbetrieb • japanisch	Ambiente: **8** I 10
P	Gesamt: 87 I 100

Die Halde

79254 Oberried

Heimische Lieferanten versorgen die Küche mit regionalen Produkten. Jagdfrische Wildgerichte gehören zu den Spezialitäten der badisch inspirierten Küche, ebenso der Saibling aus dem Wutachtal.

Halde 2	Essen: **42** I 50
+49 7602 94470	Service: **18** I 20
halde.com	Weinkarte: **18** I 20
Gasthaus • nachhaltig • Essen mit Aussicht	Ambiente: **8** I 10
P	Gesamt: 86 I 100

Sternen Post

79254 Oberried

In der hübschen Stube des seit 1875 bestehenden Gasthauses speist es sich herrlich. Küchenchef Bernd Lutz steht für eine nicht exaltierte klassisch-saisonale Produktküche nach allen Regeln der Kunst.

Hauptstraße 30	Essen: **43** I 50
+49 7661 989849	Service: **18** I 20
gasthaus-sternen-post.de	Weinkarte: **18** I 20
Familienbetrieb • deutsche Küche • Terrasse • entspannt	Ambiente: **8** I 10
P	Gesamt: 87 I 100

Falconera

78337 Öhningen

Schon seit 20 Jahren gibt es das schöne Restaurant, in dem Johannes Wuhrer für exklusive Genüsse sorgt – mit karamellisierter Entenleber und Filet vom Steinbutt, aber auch mit Ravioli mit Fonduta-Füllung.

Zum Mühlental 1	Essen: **45** I 50
+49 7735 2340	Service: **18** I 20
falconera.de	Weinkarte: **18** I 20
Fine Dining • elegant • Terrasse	Ambiente: **8** I 10
P	Gesamt: 89 I 100

Zum Hirsch

88356 Ostrach

Seit fünf Generationen serviert Familie Ermler ihren Gästen ein Stück Heimat. Gekocht wird mit frischesten Produkten aus der Region für Gerichte wie Wildschweinrücken, Felchen oder Alblinsensalat.

Hauptstraße 27
+49 7585 92490
landhotel-hirsch.de
Familienbetrieb • deutsche Küche • gemütlich

Essen:	**43**	50
Service:	**18**	20
Weinkarte:	**17**	20
Ambiente:	**7**	10
Gesamt:	**85**	100

Sternenschanz

75443 Ötisheim

Restaurant und Küche haben sich ihren ursprünglichen Charakter und Charme bewahrt. So kann man sich in Garten oder Gastraum bei klassisch-bodenständiger schwäbisch-badischer Küche aus marktfrischen Zutaten stärken.

Gottlob-Linck-Straße 2
+49 7041 6667
sternenschanz.de
Familienbetrieb • deutsche Küche • Innereien • gemütlich

Essen:	**42**	50
Service:	**17**	20
Weinkarte:	**17**	20
Ambiente:	**8**	10
Gesamt:	**84**	100

Villa Hammerschmiede

76327 Pfinztal-Söllingen

Exzellente aromenstarke Gourmetküche mit klarem Fokus auf präzisem Handwerk und Geschmack. Sowohl im lichtdurchfluteten Pavillon der Villa als auch in den Stuben werden Menüs und à la carte serviert.

Hauptstraße 162
+49 7240 6010
villa-hammerschmiede.de
Fine Dining • Allrounder • im Grünen • elegant

Essen:	**44**	50
Service:	**18**	20
Weinkarte:	**18**	20
Ambiente:	**8**	10
Gesamt:	**88**	100

Hoppe's

75173 Pforzheim

Eine Institution, wenn es um badisch-elsässische Spezialitäten geht. Von Flammkuchen über – Tipp! – Froschschenkel bis zu Flusszander in Rieslingsauce wird hier frisch und frei von Allüren gekocht.

Weiherstraße 15
+49 7231 105776
restaurant-hoppe.de
Casual Dining • französisch • traditionell

Essen:	**43**	50
Service:	**18**	20
Weinkarte:	**17**	20
Ambiente:	**7**	10
Gesamt:	**85**	100

Schönbuch

72124 Pliezhausen

Den Panoramablick möchte man am liebsten mit nach Hause nehmen. Mittwoch bis Samstag gibt's Gourmetküche, an Thementagen (Montag Schwabenabend, Dienstag Steak, Sonntag Klassiker) kein à la carte.

Lichtensteinstraße 45
+49 7127 5607160
hotel-schoenbuch.de
Hotelrestaurant • gemütlich • Essen mit Aussicht

Essen:	**43**	50
Service:	**18**	20
Weinkarte:	**18**	20
Ambiente:	**8**	10
Gesamt:	**87**	100

Zur Linde

72124 Pliezhausen

Auf den Punkt zubereitete lässig-kreative Aromenküche von großer Akkuratesse. Andreas und Irene Goldbach legen größten Wert auf die Güte der Produkte – und eine individuelle glasweise Weinauswahl.

Schönbuchstraße 8	Essen: **44** I 50
+49 7127 890066	Service: **18** I 20
linde-doernach.de	Weinkarte: **18** I 20
Gasthaus • Terrasse • modern • entspannt	Ambiente: **8** I 10
	Gesamt: 88 I 100

Cervus

73207 Plochingen

Johannes Füller versteht sein Handwerk und kocht in urigem Fachwerkhausambiente unverkrampft zubereitete Klassiker der schwäbischen Küche, dazu das eine oder andere österreichische Schmankerl.

Bergstraße 1	Essen: **41** I 50
+49 7153 558869	Service: **17** I 20
gasthaus-cervus.de	Weinkarte: **17** I 20
Gasthaus • Allrounder • urig	Ambiente: **8** I 10
	Gesamt: 83 I 100

Stumpenhof

73207 Plochingen

Früher Vesperwirtschaft, heute Restaurant mit guter Küche. Die auf das Marktangebot ausgerichtete Karte punktet mit Heimischem wie Hirschkalbsbraten und Maultäschle, alles immer fein auf die Teller gebracht.

Am Stumpenhof 1	Essen: **42** I 50
+49 7153 22425	Service: **17** I 20
stumpenhof.de	Weinkarte: **17** I 20
Gasthaus • deutsche Küche • gemütlich	Ambiente: **8** I 10
	Gesamt: 84 I 100

La Oliva

78315 Radolfzell am Bodensee

Mit viel Herz und Herzlichkeit sowie Meeresfrüchten und Tapas gelingt es Manuela Ende und Eladio Rodriguez, spanische Lebenslust authentisch zu vermitteln. Das Repertoire reicht von klassisch bis kreativ.

Höristraße 2	Essen: **44** I 50
+49 7732 8233646	Service: **17** I 20
la-oliva-radolfzell.de	Weinkarte: **16** I 20
Steak • Fisch • spanisch • italienisch	Ambiente: **7** I 10
	Gesamt: 84 I 100

Adler

89192 Rammingen

Deutsch-französische Gourmetküche im historischen Fachwerkhaus. Besonderes aus See und Meer, beste Fleischqualität und aromatisches Gemüse werden geschmackvoll veredelt. Die Weinbegleitung lohnt den Besuch ebenfalls.

Riegestraße 15
+49 7345 96410
adlerlandgasthof.de
Gasthaus • Terrasse • gemütlich • entspannt

Essen:	**43** | 50
Service:	**17** | 20
Weinkarte:	**18** | 20
Ambiente:	**8** | 10
Gesamt:	86 | 100

Zum Adler

72365 Ratshausen

Schwäbische Küche mit fulminanten Ausflügen in die weite Welt – Martina und Klaus Sauters Weltoffenheit sei Dank. Ramensuppe mit Onsenei darf souverän neben den Sauren Kutteln mit Lemberger stehen.

Hohner Straße 3
+49 7427 2260
adler-ratshausen.de
Gasthaus • deutsche Küche • mediterran • gemütlich

Essen:	**42** | 50
Service:	**17** | 20
Weinkarte:	**17** | 20
Ambiente:	**8** | 10
Gesamt:	84 | 100

Brasserie Cocotte

88212 Ravensburg

Die Atmosphäre in der gemütlichen Brasserie ist zwanglos und entspannt. Serviert werden hier Klassiker aus der französischen Landküche, immer aufgepeppt mit einem Schuss moderner Stilistik.

Grüner-Turm-Straße 16
+49 751 88879001
brasserie-cocotte.de
Casual Dining • französisch • modern

Essen:	**42** | 50
Service:	**18** | 20
Weinkarte:	**17** | 20
Ambiente:	**8** | 10
Gesamt:	85 | 100

Lumperhof

88212 Ravensburg

Der familiengeführte Gasthof hat nicht nur seiner idyllischen Lage wegen eine treue Gästeklientel. Gekocht wird aus bestmöglichen Produkten so, wie man selbst gern isst: ausgewogen, frisch und gut.

Lumper 1
+49 751 3525001
lumperhof.de
Gasthaus • Familienbetrieb • regionale Produkte

Essen:	**43** | 50
Service:	**17** | 20
Weinkarte:	**17** | 20
Ambiente:	**8** | 10
Gesamt:	85 | 100

Mohren

78479 Reichenau

Küchenchef Andreas Nemeth setzt alles auf die Frischekarte. Heimisches wie Wild aus der Region oder Saibling vom Bodensee bekommt unter seiner Feder ein finessenreiches neues Kleid.

Pirminstraße 141
+49 7534 99440
mohren-bodensee.de
Hotelrestaurant • deutsche Küche • Gastgarten

Essen:	**42** | 50
Service:	**17** | 20
Weinkarte:	**17** | 20
Ambiente:	**8** | 10
Gesamt:	84 | 100

Zum Hirsch

75196 Remchingen

Markus Nagy versteht es, simple Ideen geschmacklich raffiniert und visuell ausgesprochen apart umzusetzen, ohne dass es ins Künstliche abdriftet. Seine kreativen Gerichte machen Lust auf mehr.

Hauptstraße 23
+49 7323 79636
hirsch-remchingen.de
Gasthaus • französisch • deutsche Küche

Essen:	44 | 50
Service:	18 | 20
Weinkarte:	18 | 20
Ambiente:	8 | 10
Gesamt:	88 | 100

Lamm Hebsack

73630 Remshalden

Für die mediterran inspirierte Küche ziehen mittlerweile zwei Generationen an einem Strang. Der Anspruch dabei: den Gästen neben Klassikern auch immer wieder Neues und Aufregendes zu servieren.

Winterbacher Straße 1–3
+49 7181 45061
lamm-hebsack.de
Familienbetrieb • mediterran • gemütlich • entspannt

Essen:	43 | 50
Service:	18 | 20
Weinkarte:	18 | 20
Ambiente:	9 | 10
Gesamt:	88 | 100

Gioias

77866 Rheinau

Jung und beschwingt präsentiert sich die regional ausgerichtete Küche des modern-schicken Restaurants. Butterzarter Schweinebraten, gebratenes Störfilet oder hausgemachte Ravioli? Alles vom Feinsten!

Hauptstraße 215–217
+49 7844 9182299
gioias.de
Fine Dining • Cocktails • modern

Essen:	43 | 50
Service:	18 | 20
Weinkarte:	17 | 20
Ambiente:	8 | 10
Gesamt:	86 | 100

Heimatküche

88499 Riedlingen

Ein Ort der Gemütlichkeit am Donauradweg inklusive schwäbischer Hausmannskost und – ja, das gibt's – schmackhafter Vollwertküche aus regionalen und saisonalen Produkten, und alles in Bioqualität.

Ehinger Straße 12
+49 7373 2882
tressbrueder.de
bio • vegan • vegetarisch

Essen:	42 | 50
Service:	17 | 20
Weinkarte:	17 | 20
Ambiente:	8 | 10
Gesamt:	84 | 100

80–84 85–89 90–94 95–100 Punkte

Adler 73494 Rosenberg

Michael Vogel kocht wunderbar ungezwungen und produktorientiert und ohne überflüssige Schnörkel oder Komponenten. Seit Februar 2022 verhilft er dem berühmten Haus wieder zu alter Größe. Toll!

Ellwanger Straße 15
+49 7967 513
landgasthofadler.de
Gasthaus • regionale Produkte • entspannt

Essen:	**42**	50
Service:	**17**	20
Weinkarte:	**18**	20
Ambiente:	**8**	10
Gesamt:	85	100

Landhaus Hohenlohe 74585 Rot am See

Matthias Mack hat bei Altmeister Vincent Klink gelernt. Seit über 25 Jahren serviert er seinen Gästen regionales Soulfood mit mediterraner Note – kompromisslos köstlich, frisch und echt.

Erlenweg 24
+49 7955 93100
landhaus-hohenlohe.de
Gasthaus • Tapas • Terrasse • gemütlich

P

Essen:	**43**	50
Service:	**17**	20
Weinkarte:	**17**	20
Ambiente:	**8**	10
Gesamt:	85	100

JOSS ANDRES

Ammolite 77977 Rust

Ein Erlebnis der besonderen Art: Im exklusiv ausstaffierten Restaurant werden kreative Gerichte serviert, die aromatisch in die Tiefe gehen und den Gast in eine neue Gourmetdimension entführen.

Peter-Thumb-Straße 6
+49 7822 776699
ammolite-restaurant.de
Fine Dining • deutsche Küche • französisch • elegant

P

Essen:	**47**	50
Service:	**19**	20
Weinkarte:	**19**	20
Ambiente:	**9**	10
Gesamt:	94	100

fine dining RS 73084 Salach

Raffiniert sind die kreativen Gerichte von Rolf Straubinger immer. Konzentrierten Geschmack mit aromatischem Tiefgang erlebt man etwa bei Bries mit Trüffel und Wagyu mit Petersilie oder bei Hamachi mit Rettich.

Burg Staufeneck	Essen: **46** / 50
+49 7162 9334473	Service: **18** / 20
burg-staufeneck.de	Weinkarte: **19** / 20
Hotelrestaurant • Fine Dining • Essen mit Aussicht	Ambiente: **9** / 10
	Gesamt: 92 / 100

Recks 88682 Salem

Das von drei Schwestern geführte Hotel und Restaurant mit drei Gasträumen und Gartenterrasse verströmt pure Lebenslust und Wärme. Alexandra Reck hat bei Drei-Sterne-Koch Dieter Müller gelernt.

Bahnhofstraße 111	Essen: **43** / 50
+49 7553 201	Service: **18** / 20
recks-hotel.de	Weinkarte: **18** / 20
Familienbetrieb • Casual Dining • deutsche Küche	Ambiente: **8** / 10
	Gesamt: 87 / 100

Failenschmid 72813 St. Johann

Küchenchef Kay Kahlau sorgt im traditionsreichen Gasthof im besten Sinne für das leibliche Wohl. Dafür kann er auf bestes Fleisch aus der hauseigenen Metzgerei zurückgreifen. Einfach gut!

Parkstraße 2	Essen: **43** / 50
+49 7122 82870	Service: **18** / 20
failenschmid.de	Weinkarte: **17** / 20
Gasthaus • eigene Fleischerei • regionale Produkte	Ambiente: **8** / 10
	Gesamt: 86 / 100

Zum Kreuz 79274 St. Märgen

In der Stube regiert badische Gemütlichkeit, in der Küche Tradition und Handwerk, die Basis für ebenso bodenständige wie ambitionierte Gerichte. Mit Matthias Schwer steht nun auch die dritte Generation am Herd.

Hohlengraben 1	Essen: **42** / 50
+49 7669 91010	Service: **18** / 20
gasthaus-zum-kreuz.de	Weinkarte: **17** / 20
Familienbetrieb • im Grünen • gemütlich	Ambiente: **8** / 10
	Gesamt: 85 / 100

80–84 85–89 90–94 95–100 Punkte

Zur Sonne

79271 St. Peter

Mit Liebe zum Detail wurde eine einstige Metzgerei auf links gedreht. Die biozertifizierte Genussküche – wild Gepflücktes, Hausgemachtes, Regionales – verschreibt sich ganz dem Nachhaltigkeitsprinzip.

Zähringer Straße 2	Essen: **42** | 50
+49 7660 94010	Service: **17** | 20
sonne-schwarzwald.de	Weinkarte: **17** | 20
Hotelrestaurant • deutsche Küche • asiatisch • modern	Ambiente: **8** | 10
	Gesamt: 84 | 100

Engel

77887 Sasbachwalden

In dem gemütlichen Restaurant des renommierten Hotels dreht sich kulinarisch alles um regionale und saisonale Gerichte, allerdings mit Blick über den Tellerrand. Ein Klassiker mit Genussgarantie.

Talstraße 14	Essen: **44** | 50
+49 7841 3000	Service: **17** | 20
engel-sasbachwalden.de	Weinkarte: **17** | 20
Gasthaus • Terrasse • gemütlich	Ambiente: **8** | 10
	Gesamt: 86 | 100

Krone

88281 Schlier

Französisch angehauchtes Fine-Dining-Restaurant in einem schmucken Landgasthaus. Betreiber Benedikt Geßler hat sein Handwerk im Sternerestaurant Villino in Lindau und in der Traube Tonbach gelernt.

Eibeschstraße 2	Essen: **43** | 50
+49 7529 4879760	Service: **18** | 20
krone-schlier.de	Weinkarte: **17** | 20
Familienbetrieb • klassisch • elegant	Ambiente: **9** | 10
	Gesamt: 87 | 100

Mühle

79859 Schluchsee

In der historischen Mühle herrscht Zen-Flair – bei Speisen, Stimmung und Interieur. Niklas Nussbaumers Verbindung französischer Kochkunst mit japanischer Präzision führt zu spannungsreichem Hochgenuss.

Unterer Mühlenweg 13	Essen: **47** | 50
+49 7656 209	Service: **18** | 20
muehle-schluchsee.de	Weinkarte: **18** | 20
Gasthaus • französisch • modern • im Grünen	Ambiente: **8** | 10
	Gesamt: 91 | 100

Zum Ochsen

78141 Schönwald im Schwarzwald

Rundum-Wohlfühlpaket aus Restaurant und Wellnesshotel mit badisch verwurzelter, international inspirierter Gourmetküche. Die Schwarzwaldstuben zählen zu den schönsten Gasträumen der Region.

Ludwig-Uhland-Straße 18	Essen: **42** | 50
+49 7722 866480	Service: **18** | 20
ochsen.com	Weinkarte: **18** | 20
Hotelrestaurant • mediterran • im Grünen	Ambiente: **8** | 10
	Gesamt: 86 | 100

Hirsch

78713 Schramberg

Deutsch-badisch-französische Klassik abseits von Trendaffinität und jeglicher »Petitesse«. Thomas Zimmermann weiß, wie man Nostalgiker und traditionsbewusste Gäste in alter Manier glücklich macht.

Hauptstraße 11
+49 7422 280120
hotel-gasthof-hirsch.com
Hotelrestaurant • französisch • klassisch

Essen:	**43** I 50
Service:	**18** I 20
Weinkarte:	**17** I 20
Ambiente:	**8** I 10
Gesamt:	**86** I 100

Eisenbahn

74523 Schwäbisch Hall

Das familiengeführte Landhaus ist seit vielen Jahren ein Hort des guten Geschmacks – um nicht zu sagen des besseren Geschmacks, denn Thomas Wolf ist ein Meister des aromatischen Tiefgangs, der alle seine Gerichte auszeichnet.

Karl-Kurz-Straße 2
+49 791 930660
landhauswolf.eu
Hotelrestaurant • französisch • klassisch

Essen:	**46** I 50
Service:	**18** I 20
Weinkarte:	**19** I 20
Ambiente:	**8** I 10
Gesamt:	**91** I 100

Reber's Pflug

74523 Schwäbisch Hall

Bei aller Liebe zur raffinierten Küche besinnt man sich hier noch auf die ursprünglichen Werte: Zwiebelrostbraten und Wiener Schnitzel stehen selbstbewusst neben dem Genießermenü in variabler Länge.

Weckriedener Straße 2
+49 791 931230
rebers-pflug.de
Hotelrestaurant • Familienbetrieb • elegant • gemütlich

Essen:	**47** I 50
Service:	**18** I 20
Weinkarte:	**19** I 20
Ambiente:	**8** I 10
Gesamt:	**92** I 100

Zum Rössle

74523 Schwäbisch Hall

Die tief verwurzelte Tradition des Familienguts in eine eigene kulinarische Linie zu übersetzen, ist Ernst Kunz junior bestens gelungen. Hier werden Feste gefeiert, Momente genossen und Werte gelebt.

Zeilwiesen 5
+49 791 2593
roessle-veinau.de
Familienbetrieb • deutsche Küche • nachhaltig

Essen:	**42** I 50
Service:	**18** I 20
Weinkarte:	**17** I 20
Ambiente:	**8** I 10
Gesamt:	**85** I 100

Esszimmer

88477 Schwendi

Das umfangreiche und einfallsreich zusammengestellte vegetarische Menü ist von besonderer Klasse und kommt mit bis zu sechs Gängen. Gekonnt kreativ sind auch die Fleisch- und Fischklassiker zubereitet.

Hauptstraße 9–15
+49 7353 98490
oberschwaebischer-hof.de
Hotelrestaurant • Familienbetrieb • vegetarisch

Essen:	**44** I 50
Service:	**19** I 20
Weinkarte:	**18** I 20
Ambiente:	**8** I 10
Gesamt:	**89** I 100

Lazarus Stube
88477 Schwendi

À-la-carte-Gerichte mit saisonal-regionalem Schwerpunkt. Da fällt die Wahl schwer: Festtagssuppe mit Markklößchen, Zwiebelrostbraten mit Filderkraut, hausgemachte Nudeln mit Waldpilzen à la crème.

Hauptstraße 9–15	Essen: **43** | 50
+49 7353 98490	Service: **17** | 20
oberschwaebischer-hof.de	Weinkarte: **17** | 20
Gasthaus • Hotelrestaurant • klassisch	Ambiente: **7** | 10
	Gesamt: 84 | 100

Möbius Restaurant
68723 Schwetzingen

Tommy Möbius ist zurück an den Herd, in seinem neuen Restaurant wird mittags und abends aufgetischt. Seine attraktive Karte bietet Backhendln genauso wie Rindertatar, Steinbutt und heimisches Reh.

Kurfürstenstraße 22	Essen: **44** | 50
+49 6202 6085020	Service: **18** | 20
dermoebius.com	Weinkarte: **16** | 20
Delikatessenverkauf • modern • Geschäftsessen	Ambiente: **8** | 10
	Gesamt: 86 | 100

Grüner Baum
79263 Simonswald

Badische Gasthausküche trifft auf Bistro-Klassiker und souveränes Cross-over. Wer es raffinierter mag, wählt das Genießermenü. Die Käsespätzle werden mit geschmälzten Zwiebeln gemacht.

Neuenweg 1	Essen: **43** | 50
+49 7683 264	Service: **17** | 20
gruenerbaum-simonswald.de	Weinkarte: **17** | 20
Hotelrestaurant • Gasthaus • regionale Küche	Ambiente: **7** | 10
P	Gesamt: 84 | 100

Hugenhof
79263 Simonswald

Konzentration auf das Wesentliche heißt hier: Fokus auf ein wechselndes Vier-Gänge-Menü, für das ausgewählte Zutaten geschmackvoll veredelt werden. Badische Bodenhaftung, franko-mediterran inspiriert.

Am Neuenberg 14	Essen: **44** | 50
+49 7683 930066	Service: **18** | 20
hugenhof.de	Weinkarte: **17** | 20
Gasthaus • regionale Küche • französisch	Ambiente: **7** | 10
P	Gesamt: 86 | 100

Dorfstube
72820 Sonnenbühl-Erpfingen

In romantisch-gediegenem Ambiente lässt es sich hier gut genießen. Dafür sorgt Gerd Windhösel mit seiner erstklassigen Küche, die regionale Klassiker genauso serviert wie ausgefeilte Gourmetgerichte.

Im Dorf 12	Essen: **42** | 50
+49 7128 92910	Service: **18** | 20
romantikhotel-hirsch.de	Weinkarte: **17** | 20
Hotelrestaurant • deutsche Küche • urig	Ambiente: **8** | 10
	Gesamt: 85 | 100

Hirsch

72820 Sonnenbühl-Erpfingen

In der herausgeputzten Stube kann man sich der Liebe zur Rebe und der meisterlichen Kochkunst von Gerd Windhösel hingeben. In allen drei Menüs zeigt sich die Vielfalt der Schwäbischen Alb.

Im Dorf 12
+49 7128 92910
romantikhotel-hirsch.de
Gasthaus • regionale Produkte • Terrasse • klassisch

Essen:	**45** I 50
Service:	**18** I 20
Weinkarte:	**18** I 20
Ambiente:	**8** I 10
Gesamt:	89 I 100

Ambiente

79219 Staufen im Breisgau

Mathias Luiz präferiert einen schnörkellosen Küchenstil, reduziert auf den essenziellen Geschmack. Seine Gerichte passen bestens in das ansprechende puristische Ambiente seines schicken Restaurants.

Ballrechter Straße 8
+49 7633 802442
restaurant-ambiente.com
Allrounder • mediterran • entspannt

Essen:	**43** I 50
Service:	**17** I 20
Weinkarte:	**17** I 20
Ambiente:	**8** I 10
Gesamt:	85 I 100

Die Krone

79219 Staufen im Breisgau

Traditionelle Küche im gediegenen Ambiente. Das schmucke Landgasthaus bietet einen bunten Reigen an badischen Gerichten wie Kalbskopf und Zunge in Vinaigrette, aber auch internationale Klassiker.

Hauptstraße 30
+49 7633 5840
die-krone-staufen.de
Gasthaus • deutsche Küche • gemütlich

Essen:	**42** I 50
Service:	**17** I 20
Weinkarte:	**16** I 20
Ambiente:	**8** I 10
Gesamt:	83 I 100

Landmann

79585 Steinen

Kulinarische Auszeit im Schwarzwaldhaus mit Bar und Restaurant. Statt einer Speisekarte gibt es ein täglich wechselndes dreigängiges Überraschungsmenü, auf Anfrage auch vegan oder vegetarisch.

Hausmatt 3
+49 7629 388
hotel-landmann.de
Hotelrestaurant • vegetarisch • vegan • modern

Essen:	**43** I 50
Service:	**18** I 20
Weinkarte:	**17** I 20
Ambiente:	**8** I 10
Gesamt:	86 I 100

Krone

71144 Steinenbronn

Weiße Tischwäsche, gepflegtes Setting. Klassiker wie Rinderkraftbrühe mit Flädle bekommen Ausflüge in exotischere Aromenwelten, etwa mit Thai-Curry-Suppe mit Tiefseemuschel-Tempura, an die Seite gestellt.

Stuttgarter Straße 45–47
+49 7157 7330
krone-steinenbronn.de
Hotelrestaurant • Wild • deutsche Küche

Essen:	**43** I 50
Service:	**17** I 20
Weinkarte:	**17** I 20
Ambiente:	**8** I 10
Gesamt:	85 I 100

Gengs Linde

79780 Stühlingen

Bereits in vierter Generation werden hier gepflegte Gastronomie und herzliches Gastgebertum gelebt. Zur Vesperkarte gesellen sich frisch zubereitete Wohlfühlgerichte regionaler und saisonaler Prägung.

Sankt-Gallus-Straße 37
+49 7744 1255
gengslinde.de
Gasthaus • Familienbetrieb • gemütlich

Essen:	43 | 50
Service:	17 | 20
Weinkarte:	16 | 20
Ambiente:	8 | 10
Gesamt:	84 | 100

Schwanen

79780 Stühlingen

Seit drei Generationen wird im Gasthaus mit Terrasse schmackhaft gekocht: Wildschweinravioli in Salbeibutter oder Räucherfischtatar. Eigene Jagd, eigener Garten, auch die Schnäpse sind hausgemacht.

Talstraße 9
+49 7744 5177
gasthaus-schwanen.de
deutsche Küche • Gastgarten • im Grünen • gemütlich

Essen:	42 | 50
Service:	17 | 20
Weinkarte:	17 | 20
Ambiente:	8 | 10
Gesamt:	84 | 100

5

70173 Stuttgart

Im Erdgeschoss aufregende Cocktails, im Obergeschoss fantastische Menükreationen – das 5 ist Bar und Sternerestaurant in einem. Küchenchef Alexander Dinter vereint internationale Einflüsse zu einer originellen saisonalen Küche.

Bolzstraße 8
+49 711 65557011
5.fo
Fine Dining • Allrounder • unkonventionell

Essen:	46 | 50
Service:	18 | 20
Weinkarte:	18 | 20
Ambiente:	9 | 10
Gesamt:	91 | 100

Alte Kanzlei

70173 Stuttgart

Zwischen Schillerplatz und Schlossplatz, gegenüber vom Alten Schloss, liegt dieses kulinarische Kleinod in einem historischen Gebäude aus dem 16. Jahrhundert. Auf der Karte stehen schwäbische Klassiker.

Schillerplatz 5A
+49 711 294457
alte-kanzlei-stuttgart.de
Gasthaus • Hausmannskost • gemütlich

Essen:	42 | 50
Service:	16 | 20
Weinkarte:	17 | 20
Ambiente:	8 | 10
Gesamt:	83 | 100

Augustenstüble

70197 Stuttgart

Aus der Spitzengastronomie kommend, haben Sabine und Günther Oberkamm sich mit diesem Bistro-Konzept mit französischer Küche und besten Weinen selbstständig gemacht. Legendär ist ihr Bœuf bourguignon.

Augustenstraße 104
+49 711 621248
augustenstüble.de
Bistro • französisch • Vinothek • entspannt

Essen:	42 | 50
Service:	17 | 20
Weinkarte:	17 | 20
Ambiente:	8 | 10
Gesamt:	84 | 100

Christophorus 70435 Stuttgart

Gourmetrestaurant im obersten Stock des Porsche-Museums. Mit Blick auf den Porscheplatz genießt man hier mediterran-international Küche mit Schwerpunkt auf Steaks. Die Weinkarte umfasst etwa 500 Positionen.

Porscheplatz 5	Essen: **43** | 50
+49 711 91125980	Service: **18** | 20
porsche.com	Weinkarte: **19** | 20
Casual Dining • amerikanisch • Steak • im Museum	Ambiente: **8** | 10
	Gesamt: 88 | 100

Cube 70173 Stuttgart

Direkt am Schlossplatz, im Obergeschoss des Kunstmuseums, bietet diese edle Adresse eine der wohl spektakulärsten Ausblicke auf die Stadt. Die Küche ist ambitioniert, im Angebot sind Lunch- und Abendmenüs.

Kleiner Schlossplatz 1	Essen: **43** | 50
+49 711 2804441	Service: **18** | 20
cube-restaurant.de	Weinkarte: **17** | 20
Casual Dining • Essen mit Aussicht • Geschäftsessen	Ambiente: **9** | 10
	Gesamt: 87 | 100

Délice 70178 Stuttgart

Kürzlich erst hat Sternekoch Andreas Hettinger das Délice als Inhaber übernommen. Am Konzept der Two-Men-Show hat sich nichts geändert: Hettinger kocht ganz allein, der Sommelier schmeißt den Service.

Hauptstätter Straße 61	Essen: **45** | 50
+49 711 6403222	Service: **18** | 20
restaurant-delice.de	Weinkarte: **18** | 20
Allrounder • Fine Dining • Gewölbe	Ambiente: **8** | 10
	Gesamt: 89 | 100

Der Zauberlehrling 70182 Stuttgart

Fabian Heldmann, Juniorchef des Designhotels Zauberlehrling, ist bekannt für seinen innovativen Kochstil, mit dem er Gäste im zugehörigen Gourmetrestaurant verwöhnt. Die Weinkarte umfasst 300 Positionen.

Rosenstraße 38	Essen: **45** | 50
+49 711 2377770	Service: **18** | 20
zauberlehrling.de	Weinkarte: **18** | 20
Hotelrestaurant • Fine Dining • unkonventionell	Ambiente: **8** | 10
P	Gesamt: 89 | 100

Fässle 70597 Stuttgart

In zwanglosem Ambiente bietet Küchenchef Patrick Giboin hier klassische französische Küche zu fairen Preisen. Gäste haben die Wahl zwischen Abendmenüs, Mittagstisch und etlichen À-la-carte-Gerichten.

Löwenstraße 51	Essen: **43** | 50
+49 711 760100	Service: **18** | 20
restaurant-faessle.de	Weinkarte: **17** | 20
Gasthaus • französisch • gemütlich • Terrasse	Ambiente: **8** | 10
	Gesamt: 86 | 100

finch

70597 Stuttgart

Citynahe Ruheinsel in restaurierten denkmalgeschützten Räumlichkeiten im Waldhotel Stuttgart. Die kleine Karte ist ambitioniert und bietet gehobene schwäbische Küche aus konsequent frischen Zutaten.

Guts-Muths-Weg 18
+49 711 185720
waldhotel-stuttgart.de
Hotelrestaurant • elegant • Terrasse

Essen:	**42** | 50
Service:	**17** | 20
Weinkarte:	**17** | 20
Ambiente:	**8** | 10
Gesamt:	84 | 100

Fröhlich

70182 Stuttgart

Nach 35 Jahren hat Christina Beutler das Traditionslokal mit Weinstube an Mancika Késinovic-Kohler übergeben. Für die hausgemachten Maultaschen wird der Teig hier noch selbst ausgerollt.

Leonhardstraße 5
+49 711 242471
weinstube-froehlich.de
Gasthaus • deutsche Küche • Gastgarten • entspannt

Essen:	**42** | 50
Service:	**17** | 20
Weinkarte:	**17** | 20
Ambiente:	**8** | 10
Gesamt:	84 | 100

Goldener Adler

70178 Stuttgart

Rustikal-gemütliches Traditionslokal mit hervorragender schwäbischer Küche mit internationalen Einflüssen. Überzeugend ist auch die Auswahl an offenen Weinen. Sommers lockt eine große Terrasse.

Böheimstraße 38
+49 711 6338802
goldener-adler-stuttgart.de
Gasthaus • traditionell • entspannt • Gastgarten

P

Essen:	**42** | 50
Service:	**17** | 20
Weinkarte:	**17** | 20
Ambiente:	**8** | 10
Gesamt:	84 | 100

Hegel Eins

70174 Stuttgart

Frisch mit einem Stern ausgezeichnetes Restaurant im Staatlichen Museum für Völkerkunde. Unter der Leitung von Jan Tomasic stehen hier allabendlich Überraschungsmenüs mit fünf oder sieben Gängen zur Auswahl.

Hegelplatz 1
+49 711 6744360
hegeleins.de
Casual Dining • im Museum • unkonventionell

Essen:	**46** | 50
Service:	**18** | 20
Weinkarte:	**17** | 20
Ambiente:	**8** | 10
Gesamt:	89 | 100

Hupperts Restaurant

70199 Stuttgart

Inmitten eines Wohngebiets, hinter unscheinbarem Äußeren, verbirgt sich ein Lokal der Extraklasse. Am Herd steht Michael Huppert, Gattin Marianne schmeißt den Service. Seit 2019 tragen sie einen Stern.

Gebelsbergstraße 97
+49 711 6406467
hupperts-restaurant.de
Casual Dining • Terrasse • traditionell • entspannt

Essen:	**45** | 50
Service:	**18** | 20
Weinkarte:	**18** | 20
Ambiente:	**8** | 10
Gesamt:	89 | 100

La Fenice

70178 Stuttgart

1989 wurde das La Fenice von Familie Gorgoglione gegründet. Exklusive italienische Küche ist in dem Familienbetrieb nach wie vor die oberste Maxime. Stadtbekannt ist das hauseigene Olivenöl.

Rotebühlplatz 29
+49 711 6151144
ristorante-la-fenice.de
Familienbetrieb • italienisch • elegant • entspannt

Essen:	**42**	50
Service:	**18**	20
Weinkarte:	**18**	20
Ambiente:	**8**	10
Gesamt:	86	100

Lamm Feuerbach

70469 Stuttgart

Brigitte Idler kocht seit 1979 in ihrem gemütlichen Lokal »ehrliche« Küche nach dem Slow-Food-Konzept aus ausschließlich frischen regionalen Produkten. Donnerstags gibt es Maultaschen zum Abholen.

Mühlstraße 24
+49 711 8822622
lamm-feuerbach.de
Gasthaus • bio • regionale Produkte • gemütlich

Essen:	**41**	50
Service:	**17**	20
Weinkarte:	**17**	20
Ambiente:	**8**	10
Gesamt:	83	100

Meister Lampe

70499 Stuttgart

Küchenchef Daniel Stübler betreibt sein Gourmetrestaurant mit großer Leidenschaft und Bewusstsein für Tradition und Regionalität. Auf der Weinkarte finden sich ausschließlich nationale Positionen.

Solitudestraße 261
+49 711 9898980
restaurant-meisterlampe.com
Gasthaus • Terrasse • gemütlich • entspannt

Essen:	**44**	50
Service:	**18**	20
Weinkarte:	**18**	20
Ambiente:	**8**	10
Gesamt:	88	100

Nagare

70469 Stuttgart

Zu Coronazeiten als reines Take-away-Lokal gestartet, hat sich das Nagare innerhalb kürzester Zeit als Gourmet-Japaner schlechthin etabliert. Vor Ort essen und Wein genießen kann man inzwischen auch.

Feuerbacher-Tal-Straße 34
+49 711 93541290
restaurant-nagare.de
japanisch • gemütlich • entspannt

Essen:	**43**	50
Service:	**18**	20
Weinkarte:	**18**	20
Ambiente:	**8**	10
Gesamt:	87	100

New Josch 70192 Stuttgart

Rund vier Jahre lag das frühere Sternerestaurant brach. Vor Kurzem hat jener finanzkräftige Investor, der auch hinter der Speisemeisterei steckt, es wiedereröffnet und bietet nun eine ebenso grandiose Weinkarte wie Küche.

Feuerbacher Weg 101	Essen: **44** | 50
+49 711 3608350	Service: **18** | 20
new-josch.de	Weinkarte: **19** | 20
Fine Dining • modern • Terrasse	Ambiente: **9** | 10
	Gesamt: 90 | 100

Sansibar by Breuninger 70173 Stuttgart

Die Sansibar in Innenstadtlage, im Obergeschoss des Luxuskaufhauses Breuninger, steht Herbert Secklers Original auf Sylt kaum nach. Neben Klassikern wie der Fischsuppe fehlen hier auch Maultaschen nicht.

Marktstraße 1–3	Essen: **43** | 50
+49 711 2112200	Service: **17** | 20
e-breuninger.de	Weinkarte: **18** | 20
Allrounder • Bistro • Terrasse	Ambiente: **8** | 10
	Gesamt: 86 | 100

Schweizers Restaurant 70180 Stuttgart

2017 hat Koch Gero Schweizer den 1903 gegründeten Schweizer Hof übernommen. Ob diese Namensübereinstimmung Zufall oder doch Schicksal ist? Neben klassisch-saisonalen Menüs gibt es eine gut sortierte Weinkarte.

Olgastraße 133b	Essen: **43** | 50
+49 711 60197540	Service: **18** | 20
schweizers-restaurant.de	Weinkarte: **18** | 20
Allrounder • Casual Dining • vegetarisch • entspannt	Ambiente: **8** | 10
P	Gesamt: 87 | 100

Speisemeisterei 70599 Stuttgart

Der Fokus von Stefan Gschwendtner, seit 2016 Küchenchef in der Speisemeisterei, liegt auf der Reduktion auf das absolut Wesentliche. Daraus resultiert eine Geschmackstiefe, die ihresgleichen sucht.

Schloss Hohenheim	Essen: **48** | 50
+49 711 34217979	Service: **19** | 20
speisemeisterei.de	Weinkarte: **19** | 20
Fine Dining • im Schloss • Terrasse • modern	Ambiente: **9** | 10
	Gesamt: 95 | 100

Vetter.

70180 Stuttgart

Beliebte Weinstube am Mozartplatz mit täglich wechselnden schwäbischen und italienischen Gerichten. Wiederkehrende Spezialität auf der handgeschriebenen Speisekarte: die hausgemachte Gemüselasagne.

Bopserstraße 18
+49 711 241916
vetter-essen-trinken.de
deutsche Küche • mediterran • gemütlich

Essen:	**43** I 50
Service:	**18** I 20
Weinkarte:	**17** I 20
Ambiente:	**8** I 10
Gesamt:	86 I 100

Wielandshöhe

70597 Stuttgart

Kulinarische Kultstätte in exponierter Rebenlage. Küchenchef Jörg Neth setzt auf regional-klassische Küche in der Tradition von Patron Vincent Klink, der das Ruder an Tochter Eva übergeben hat.

Alte Weinsteige 71
+49 711 6408848
wielandshoehe.de
deutsche Küche • Terrasse • elegant

Essen:	**47** I 50
Service:	**19** I 20
Weinkarte:	**19** I 20
Ambiente:	**8** I 10
Gesamt:	93 I 100

Zur Linde

70567 Stuttgart

Traditionelles Wirtshaus in einer 300 Jahre alten ehemaligen Poststation. Die Brüder Ferdinand und Maximilian Trautwein pflegen hier schwäbische Tradition mit internationalen Einflüssen.

Sigmaringer Straße 49
+49 711 7199590
linde-stuttgart.de
Gasthaus • regionale Produkte • Terrasse • elegant

Essen:	**42** I 50
Service:	**17** I 20
Weinkarte:	**17** I 20
Ambiente:	**8** I 10
Gesamt:	84 I 100

Zur Weinsteige

70184 Stuttgart

So lange man denken kann, steht die Weinsteige für Hochgenuss. Mit dem Abschied vom À-la-carte-Betrieb ist nun nochmals eine deutliche Steigerung gelungen. Unverzichtbar: der hiesige Zwiebelrostbraten.

Hohenheimer Straße 28–30
+49 711 2367000
zur-weinsteige.de
Familienbetrieb • Allrounder • traditionell

Essen:	**44** I 50
Service:	**18** I 20
Weinkarte:	**20** I 20
Ambiente:	**8** I 10
Gesamt:	90 I 100

3Lis

79295 Sulzburg

Karsten Weltin hat den renommierten Familienbetrieb übernommen und hält das Restaurant mit seinen Kreationen auf gutem Kurs. Klassische Küche, gespickt mit modernen Interpretationen, gibt es weiterhin.

Weinstraße 38
+49 7634 6954242
troislis.com
Casual Dining • regionale Produkte • entspannt

Essen:	**43** I 50
Service:	**18** I 20
Weinkarte:	**18** I 20
Ambiente:	**8** I 10
Gesamt:	87 I 100

Hirschen

79295 Sulzburg

Mit fast schon meditativer Kraft schafft Douce Steiner seit 2008 unvergessliche und unverfälschte Genussmomente von prickelnder Ästhetik, die man noch Jahre später auf der Zunge hat.

Hauptstraße 69
+49 7634 8208
douce-steiner.de
Fine Dining • französisch • Hotelrestaurant

Essen:	**48** I 50
Service:	**20** I 20
Weinkarte:	**18** I 20
Ambiente:	**9** I 10
Gesamt:	95 I 100

la maison Eric

79295 Sulzburg

»Rettet das Mittagessen«, dachten sich Eric Grandgirard und Dagmar Hauck. Für sein »menu à midi« in drei oder vier Gängen bedient sich das Duo an dem, was Saison und Region hergeben. Abends wird geruht.

Im Brühl 7
+49 7634 6110
lebenformen.wixsite.com
Gasthaus • Casual Dining • französisch • traditionell

Essen:	**44** I 50
Service:	**18** I 20
Weinkarte:	**17** I 20
Ambiente:	**8** I 10
Gesamt:	87 I 100

Rebstock

79295 Sulzburg

Frische und Saisonalität stehen im Vordergrund der unprätentiösen Schlemmerküche. Genuss: Das kann Carpaccio vom Pulpo, gebratener Mandel-Blumenkohl oder Siedfleisch mit Meerrettich sein.

Hauptstraße 77
+49 7634 503140
rebstock-in-sulzburg.de
Gasthaus • Hausmannskost • gemütlich

Essen:	**43** I 50
Service:	**17** I 20
Weinkarte:	**17** I 20
Ambiente:	**7** I 10
Gesamt:	84 I 100

Bauernstuben Ochsen Post

75233 Tiefenbronn

Die Badische Schneckensuppe und Maultaschen sind nur zwei Klassiker des renommierten Restaurants. Im gemütlichen Ambiente finden auch Vegetarier eine gute Auswahl an passenden Speisen.

Franz-Josef-Gall-Straße 13
+49 7234 95450
ochsen-post.de
Hotelrestaurant • deutsche Küche • regionale Produkte

Essen:	**43** I 50
Service:	**18** I 20
Weinkarte:	**18** I 20
Ambiente:	**8** I 10
Gesamt:	87 I 100

derWaldfrieden

79674 Todtnau

Beste regionale Produkte sind das Fundament, auf dem die Kochkunst von Volker Hupfer basiert. Sehr geschmackvoll bis ins Detail sind seine Gerichte – und ebenso raffiniert wie fest in der Heimat verankert.

Dorfstraße 8	Essen:	43 I 50
+49 7674 920930	Service:	17 I 20
derwaldfrieden.de	Weinkarte:	16 I 20
Hotelrestaurant • regionale Küche • gemütlich	Ambiente:	8 I 10
	Gesamt:	84 I 100

Schranners Waldhorn

72074 Tübingen

Charmantes familiengeführtes Restaurant mit hohem Wohlfühlfaktor. Maximilian Schranner versteht sich neben Klassikern der gutbürgerlichen und gehobenen Küche auch auf ein wunderbares Gemüsemenü.

Schönbuchstraße 49	Essen:	43 I 50
+49 7071 61270	Service:	16 I 20
schranners-waldhorn.de	Weinkarte:	18 I 20
Familienbetrieb • deutsche Küche • vegetarisch	Ambiente:	8 I 10
	Gesamt:	85 I 100

Zur Tanne

79677 Tunau

Das über 400 Jahre alte Schwarzwaldhaus und der traumhafte Blick ins Grüne bilden einen perfekten Rahmen für die schmackhafte bodenständig-raffinierte Regionalküche. Zur Herbstzeit gibt es Wild.

Alter Weg 4	Essen:	42 I 50
+49 7673 310	Service:	17 I 20
tanne-tunau.de	Weinkarte:	17 I 20
Familienbetrieb • regionale Produkte • Essen mit Aussicht	Ambiente:	8 I 10
	Gesamt:	84 I 100

Anima

78532 Tuttlingen

Großartig, was Heiko Lacher seinen Gästen auf den Tellern präsentiert. Eine weltoffene Küche voller kreativer Ideen, gespickt mit aromatischen Überraschungen. Dazu eine gute Auswahl an Weinen.

In Wöhrden 5	Essen:	45 I 50
+49 7461 7803020	Service:	18 I 20
restaurant-anima.de	Weinkarte:	17 I 20
Casual Dining • unkonventionell • Terrasse	Ambiente:	9 I 10
	Gesamt:	89 I 100

Meet & Eat

78532 Tuttlingen

Geradlinige Cross-over-Wohlfühlküche mit Dry-Aged Beef, von Küchenchef Sandro Gay auf dem Spezialgrill zubereitet. Dazu hausgemachte Pasta, De-luxe-Burger und ein monatlich wechselndes Menü.

Donaustraße 30	Essen:	43 I 50
+49 7461 930120	Service:	18 I 20
meet-eat-restaurant.de	Weinkarte:	17 I 20
Steak • italienisch • modern	Ambiente:	8 I 10
	Gesamt:	86 I 100

Bürgerbräu

88662 Überlingen

Katja und Simon Metzler führen den Familiengasthof mit Geschick und Weitsicht. Die deutsche bodenständige Küche hat hier ein Zuhause, aber nicht ohne Blick in internationale Geschmackswelten.

Aufkircher Straße 20 +49 7551 92740 bb-ueb.de **Gasthaus • modern • traditionell**	Essen: **43** I 50 Service: **17** I 20 Weinkarte: **17** I 20 Ambiente: **8** I 10 Gesamt: 85 I 100

Johanniter Kreuz

88662 Überlingen

Andreas Liebich kocht mit dem Besten, was die Region Bodensee-Linzgau zu bieten hat. Zu den authentischen À-la-carte-Gerichten gesellen sich ein saisonal wechselndes sowie ein vegetarisches Menü.

Johanniterweg 11 +49 7551 937060 johanniter-kreuz.de **Hotelrestaurant • Terrasse • gemütlich**	Essen: **43** I 50 Service: **17** I 20 Weinkarte: **17** I 20 Ambiente: **8** I 10 Gesamt: 85 I 100

Schloss Filseck

73066 Uhingen

Daniele Corona hebt mit Gerichten wie Kürbis-Cappelletti, Essenz von Edelfischen und Chianina-Rind italienische Küche auf ein neues Level. Dazu gibt es einen Businesslunch und abendliche Specials.

Filseck 1 +49 7161 28380 restaurant-auf-schloss-filseck.de **Fine Dining • Lunch • italienisch • im Schloss**	Essen: **45** I 50 Service: **17** I 20 Weinkarte: **18** I 20 Ambiente: **8** I 10 Gesamt: 88 I 100

Seehalde

88690 Uhldingen

Thomas Grulers ausgezeichnete Fischküche – von Hecht bis Steinbutt – ist für sich genommen schon famos. Vor der einmaligen Bodenseekulisse schmeckt es außerdem gleich noch besser. Das Regionalmenü lohnt sich.

Birnau Maurach 1 +49 7556 92210 seehalde.de **Hotelrestaurant • deutsche Küche • Fisch • Seeterrasse**	Essen: **43** I 50 Service: **18** I 20 Weinkarte: **18** I 20 Ambiente: **8** I 10 Gesamt: 87 I 100

Bi:Braud

89073 Ulm

Kreative Küche, immer basierend auf französischer Kochklassik, findet in dem ansprechenden Ambiente höchste Zustimmung. Die beiden Menüs stecken voller kulinarischer Ideen – echte Highlights mit Biss!

Büchsengasse 20 +49 731 1537512 bebrout.com **Casual Dining • vegetarisch • entspannt**	Essen: **46** I 50 Service: **18** I 20 Weinkarte: **18** I 20 Ambiente: **9** I 10 Gesamt: 91 I 100

Seestern 𝍪 — 89073 Ulm

Klaus Buderath und Benedikt Wittek kochen Seite an Seite im Gourmetrestaurant mit gemütlicher Bootshaus-Atmosphäre. Erfreulich spannend sind auch die alkoholfreie Getränkebegleitung und das vegetarische Menü.

Friedrichsau 50
+49 731 2064000
hotel.lago-ulm.de
Hotelrestaurant • Fine Dining • vegetarisch • Seeterrasse

Essen:	**45** | 50
Service:	**18** | 20
Weinkarte:	**18** | 20
Ambiente:	**9** | 10
Gesamt:	**90** | 100

Siedepunkt — 89075 Ulm

Erfrischend kreative Umsetzung naturverbundener nachhaltiger Küchenphilosophie im modernen Gourmetrestaurant des Atrium Hotel. Hendrik Friedrich arbeitet gekonnt mit (Wild-)Kräuteraromen.

Eberhard-Finckh-Straße 17
+49 731 92710
siedepunkt-restaurant.de
Fine Dining • modern • elegant

Essen:	**45** | 50
Service:	**18** | 20
Weinkarte:	**18** | 20
Ambiente:	**8** | 10
Gesamt:	**89** | 100

Treibgut — 89073 Ulm

Mit Herz von Hand zubereitete Feinschmecker-Wohlfühlküche. Zum Konzept gehören eigene Bienenvölker, eine eigene Metzgerei, Bäckerei, Patisserie und Brauerei sowie enge Bande zu Erzeugern der Region.

Friedrichsau 50
+49 731 2064000
hotel.lago-ulm.de
deutsche Küche • mediterran • Seeterrasse • nachhaltig

Essen:	**43** | 50
Service:	**18** | 20
Weinkarte:	**17** | 20
Ambiente:	**8** | 10
Gesamt:	**86** | 100

Lamm Rosswag — 71665 Vaihingen

Steffen Ruggabers vielfältiger, international akzentuierter Regionalküche gebührt Applaus. Aber auch dem schwäbischen Rostbraten wird gehuldigt. Mittwochs und donnerstags gibt es ein Schnuppermenü.

Rathausstraße 4
+49 7042 21413
lamm-rosswag.de
Gasthaus • Familienbetrieb • entspannt

Essen:	**45** | 50
Service:	**19** | 20
Weinkarte:	**18** | 20
Ambiente:	**8** | 10
Gesamt:	**90** | 100

Rindenmühle
78052 Villingen-Schwenningen

Es ist ein Highlight, wenn man sich nicht entscheiden kann zwischen der Schönheit der Natur und den Kunstwerken auf dem Teller. Besonders herausragend ist der Heilbutt mit einem Medaillon vom Hummer.

Am Kneippbad 9	Essen: **42** | 50
+49 7721 88680	Service: **17** | 20
rindenmuehle.de	Weinkarte: **17** | 20
Familienbetrieb • deutsche Küche • regionale Produkte	Ambiente: **8** | 10
	Gesamt: 84 | 100

Die Achkarrer Krone
79235 Vogtsburg

Badische Küche mit französischen Einflüssen: In dem renommierten Restaurant pflegt man deren Klassiker und Spezialitäten und kocht handwerklich mit Können und Kreativität.

Schlossbergstraße 15–17	Essen: **42** | 50
+49 7662 93130	Service: **17** | 20
hotel-krone-achkarren.de	Weinkarte: **17** | 20
Gasthaus • französisch • gemütlich	Ambiente: **8** | 10
	Gesamt: 84 | 100

Köpfers Steinbuck
79235 Vogtsburg

Für eine so frische und dynamische Karte braucht es nicht nur beste Zutaten – viele davon aus dem Elsass –, sondern auch reichlich Kreativität. Die Weinkarte hingegen ist regional geprägt.

Steinbuckstraße 20	Essen: **45** | 50
+49 7662 9494650	Service: **18** | 20
koepfers-steinbuck.de	Weinkarte: **18** | 20
französisch • Terrasse • Essen mit Aussicht	Ambiente: **8** | 10
	Gesamt: 89 | 100

Rebstock
79235 Vogtsburg

Das Zweitrestaurant von Familie Keller serviert badisch-elsässische Küche ohne Firlefanz, dafür mit hohem Anspruch an die Güte der Produkte. Die Weine sind nicht ganz preiswert, aber gut.

Badbergstraße 22	Essen: **42** | 50
+49 7662 933011	Service: **18** | 20
franz-keller.de	Weinkarte: **19** | 20
Gasthaus • deutsche Küche • gemütlich	Ambiente: **8** | 10
	Gesamt: 87 | 100

Schwarzer Adler

79235 Vogtsburg

Ikonische Adresse mit klassisch badisch-französischer Küche und unglaublicher Weinkarte. Küchenchef Christian Baur vereint exzellentes Handwerk mit regionaler Eigenständigkeit und eigener Handschrift.

Badbergstraße 23
+49 7662 933049
franz-keller.de
Fine Dining • eigener Weinbau • französisch

Essen:	**47** I 50
Service:	**20** I 20
Weinkarte:	**20** I 20
Ambiente:	**8** I 10
Gesamt:	95 I 100

Steinbuck Stube

79235 Vogtsburg

Klassisch der Gastraum mit Holzbänken, Lüstern und weiß eingedeckten Tischen. Die Küche ist badisch-mediterran – Wachtelbrust auf Alblinsensalat, Lamm unter der Olivenkruste – und der Service entspannt.

Talstraße 2
+49 7662 911210
steinbuck-stube.de
Gasthaus • gemütlich • romantisch

Essen:	**43** I 50
Service:	**17** I 20
Weinkarte:	**17** I 20
Ambiente:	**8** I 10
Gesamt:	85 I 100

Sonne

79279 Vörstetten

Familienbetrieb mit viel Herz und Geschichte. Gerichte wie Fregola sarda oder Gazpacho schlagen behutsam die Brücke in die Moderne, aber es geht auch badisch-deftig, dabei aber immer frisch und köstlich zu.

Freiburger Straße 4
+49 7666 2326
sonne-voerstetten.de
Familienbetrieb • vegetarisch • Gastgarten

Essen:	**42** I 50
Service:	**17** I 20
Weinkarte:	**17** I 20
Ambiente:	**8** I 10
Gesamt:	84 I 100

Bachofer

71332 Waiblingen

Progressive Aromaküche mit Herzblut, dieses Motto hat sich die junge Crew auf die Fahne geschrieben. Das Ganze handwerklich top zubereitet aus besten regionalen und internationalen Produkten.

Marktplatz 6
+49 7151 976430
bachofer.info
Casual Dining • japanisch • Sushi • Terrasse

Essen:	**45** I 50
Service:	**18** I 20
Weinkarte:	**18** I 20
Ambiente:	**8** I 10
Gesamt:	89 I 100

Brunnenstuben — 71334 Waiblingen

Petra Beyer und ihre engagierte Crew haben sich ganz der schwäbischen Küche verschrieben. Hier gibt es echte regionale Spezialitäten, immer mit internationalen Einflüssen zubereitet.

Quellenstraße 14
+49 7151 9441227
brunnenstuben.de
Gasthaus • mediterran • gemütlich

Essen:	**43** I 50
Service:	**18** I 20
Weinkarte:	**17** I 20
Ambiente:	**7** I 10
Gesamt:	85 I 100

Schwitzer's Gourmet-Restaurant — 76337 Waldbronn

Das Gourmetrestaurant rund um Cédric Schwitzer ist in die einstigen Räumlichkeiten der Hotelbar eingezogen. Auf 45 Quadratmetern – mit vier Tischen und sechs Plätzen am Chef's Table – wird feinste Kreativküche serviert.

Etzenroter Straße 4
+49 7243 354850
schwitzers.com
Hotelrestaurant • französisch • elegant • Terrasse

Essen:	**45** I 50
Service:	**18** I 20
Weinkarte:	**18** I 20
Ambiente:	**8** I 10
Gesamt:	89 I 100

Schwitzer's Brasserie — 76337 Waldbronn

Frische Brasserie-Küche mit Lounge-Flair. Von Cédric Schwitzers Bouillabaisse über Kaspressknödel bis zum Kalbskotelett mit Sauce béarnaise wird einiges geboten. Sommers sitzt man mitten im Grünen.

Etzenroter Straße 2
+49 7243 354850
schwitzers.com
Allrounder • Burger • im Grünen • entspannt

Essen:	**42** I 50
Service:	**17** I 20
Weinkarte:	**17** I 20
Ambiente:	**8** I 10
Gesamt:	84 I 100

Krone — 71111 Waldenbuch

Kraft, Finesse und ein markantes Gespür für gelungene Kombinationen prägen die Küche des jungen und talentierten Küchenchefs Erik Metzger. Gastgeber Matthias Gugeler sorgt für die passende Weinreise.

Nürtinger Straße 14
+49 7157 408849
krone-waldenbuch.de
Gasthaus • französisch • Terrasse • entspannt

Essen:	**45** I 50
Service:	**18** I 20
Weinkarte:	**18** I 20
Ambiente:	**8** I 10
Gesamt:	89 I 100

Löwen
79183 Waldkirch

Die grundgute Heimatküche des modernen badischen Gasthauses hat einen zarten internationalen Touch. Schmeckt zum Start: Dreierlei Löwen-Tapas mit Räucherlachs, rohem Schinken und Ziegenkäse.

Schwarzwaldstraße 34
+49 7681 9868
loewen-buchholz.com
vegan • vegetarisch • regionale Küche

Essen:	**43** | 50
Service:	**17** | 20
Weinkarte:	**17** | 20
Ambiente:	**8** | 10
Gesamt:	85 | 100

Zum Storchen
79183 Waldkirch

Das zum gleichnamigen Hotel gehörende Restaurant serviert wunderbar unverkopfte, sehr stimmig abgeschmeckte saisonale Aromenküche, die die Natur in den Mittelpunkt stellt. Das klappt auch vegetarisch.

Lange Straße 24
+49 7681 4749590
zum-storchen-waldkirch.de
Hotelrestaurant • deutsche Küche • mediterran

Essen:	**42** | 50
Service:	**18** | 20
Weinkarte:	**18** | 20
Ambiente:	**8** | 10
Gesamt:	86 | 100

Kaminrestaurant
69190 Walldorf

Schönes Hotelrestaurant mit behaglicher Atmosphäre. Die Karte spiegelt die Vielseitigkeit des Küchenteams wider: Vom Burger mit Bergkäse bis zum Loup de mer mit Zitruscrumble ist alles gut gemacht.

Bahnhofstraße 28
+49 6227 6990
hotel-vorfelder.de
Familienbetrieb • Burger • modern

Essen:	**43** | 50
Service:	**17** | 20
Weinkarte:	**16** | 20
Ambiente:	**8** | 10
Gesamt:	84 | 100

Adler
88239 Wangen im Allgäu

Saisonale Frischeküche ist das große Plus des schönen Wirtshauses, dessen Küchencrew gerne mal über den heimischen Tellerrand schaut. Gebratener Lammrücken und gegrilltes Kotelett sind die Klassiker.

Obere Dorfstraße 4
+49 7522 707477
adler-deuchelried.de
Gasthaus • deutsche Küche • mediterran • Gastgarten

Essen:	**43** | 50
Service:	**18** | 20
Weinkarte:	**17** | 20
Ambiente:	**8** | 10
Gesamt:	86 | 100

Adler
88239 Wangen im Allgäu

Familie Köhle engagiert sich mit Herzblut in ihrem Gasthaus und gibt den Gästen das gute Gefühl, in besten Händen zu sein. Entspannt zurücklehnen und eine herzhaft-bodenständige Küche genießen.

Roggenzell 12
+49 7528 7008
adler-roggenzell.de
Gasthaus • deutsche Küche • nachhaltig

Essen:	**42** | 50
Service:	**17** | 20
Weinkarte:	**16** | 20
Ambiente:	**7** | 10
Gesamt:	82 | 100

Sonne

79664 Wehr

Im ältesten Gasthaus von Wehr mit original erhaltenem Gastraum wird beständig bodenständig aufgetischt: Cordon bleu vom Kalbsrücken, Tafelspitz mit Meerrettichsauce, hausgemachte Ravioli, Saisonales.

Enkendorfstraße 38
+49 7762 8484
hotel-sonne-wehr.de
Familienbetrieb • Gastgarten • traditionell

Essen:	**44** | 50
Service:	**17** | 20
Weinkarte:	**16** | 20
Ambiente:	**8** | 10
Gesamt:	85 | 100

Laurentius

97990 Weikersheim

Zum stilvoll gestalteten Restaurant mit Gewölbekeller gehört auch ein Boutiquehotel. So kann man sich nach dem Genuss der von Jürgen Koch feinsinnig zubereiteten Speisen direkt auf Daunen betten.

Marktplatz 5
+49 7934 91080
hotel-laurentius.de
Hotelrestaurant • Fine Dining • elegant • Gewölbe

Essen:	**45** | 50
Service:	**18** | 20
Weinkarte:	**18** | 20
Ambiente:	**9** | 10
Gesamt:	90 | 100

Krone Märkt

79576 Weil am Rhein

Ehrliche ungekünstelte Gerichte aus frischen Zutaten heimischer Lieferanten, souverän umgesetzt. Dazu trinkt man – bei sehr gemütlichem modernem Stuben-Flair – passende Weine lokaler Winzer.

Rheinstraße 17
+49 7621 62304
kronemaerkt.de
Gasthaus • italienisch • deutsche Küche

Essen:	**42** | 50
Service:	**17** | 20
Weinkarte:	**16** | 20
Ambiente:	**7** | 10
Gesamt:	82 | 100

Ott's Leopoldshöhe

79576 Weil am Rhein

Einfache deutsche Küche zu fairen Preisen, dazu eine ansprechende Weinauswahl. Sommers sitzt man herrlich unter Schatten spendenden Bäumen, winters im gemütlich-urigen Gastraum mit Schummerlicht.

Müllheimer Straße 4
+49 7621 98060
ottshotel.de
Gasthaus • deutsche Küche • Gastgarten • im Grünen

Essen:	**42** | 50
Service:	**17** | 20
Weinkarte:	**16** | 20
Ambiente:	**7** | 10
Gesamt:	82 | 100

Kostbar

88250 Weingarten

Marco Akuzun lässt aus topfrischen Premiumzutaten kleine Kunstwerke voller Aromen und Emotionen entstehen – auf außergewöhnlicher Keramik in Szene gesetzt, die wie das Ambiente Extravaganz versprüht.

Ravensburger Straße 56
+49 751 56163714
syrlin-speisewelt.de
Fine Dining • elegant • modern

Essen:	**43** | 50
Service:	**18** | 20
Weinkarte:	**18** | 20
Ambiente:	**9** | 10
Gesamt:	88 | 100

Markos 🍴🍴🍴

88250 Weingarten

Frische und Qualität sind das A und O im Fine Dining. Küchenchef Marco Akuzun will's wissen und zupft mit Premiumzutaten wie Carabinero, Wagyu und Silver-Hill-Entenbrust an den Synapsen seiner Gäste.

Ravensburger Straße 56	Essen: **47** | 50
+49 751 56163714	Service: **18** | 20
syrlin-speisewelt.de	Weinkarte: **18** | 20
Fine Dining • modern • elegant	Ambiente: **9** | 10
	Gesamt: 92 | 100

Zeitgeist 🍴🍴

76356 Weingarten

Kompromisslos aromenreiche und vielfältige Frischeküche von Spitzenkoch Sebastian Syrbe. Wer keine Lust hat, sich à la carte zu entscheiden, lässt sich in vier, sechs oder acht Gängen überraschen.

Marktplatz 7	Essen: **45** | 50
+49 7244 70370	Service: **17** | 20
walksches-haus.de	Weinkarte: **18** | 20
Hotelrestaurant • gemütlich • entspannt	Ambiente: **8** | 10
	Gesamt: 88 | 100

Bistronauten 🍴

69469 Weinheim

Kleine Produzenten aus der Region beliefern die Küche mit frischen saisonalen Produkten, die zu schmackhaften und schnörkellosen Gerichten zubereitet werden. Auf den Punkt gebrachte Nachhaltigkeit.

Kopernikusstraße 43	Essen: **42** | 50
+49 6201 8461856	Service: **18** | 20
bistronauten.de	Weinkarte: **16** | 20
Bistro • regionale Küche • nachhaltig • entspannt	Ambiente: **8** | 10
	Gesamt: 84 | 100

EssZimmer 🍴🍴

69469 Weinheim

Entspannt genießen – im Casual Style des tollen Restaurants ist das möglich. Dafür sorgt eine regional orientierte Gourmetküche mit abwechslungsreichen Gerichten und einer tollen Weinauswahl.

Alte Postgasse 53	Essen: **43** | 50
+49 6201 8776787	Service: **18** | 20
esszimmer-weinheim.de	Weinkarte: **18** | 20
Fine Dining • regionale Produkte • entspannt	Ambiente: **8** | 10
	Gesamt: 87 | 100

Zur Sonne 🍴🍴

78250 Wiechs

Egbert Tribelhorn liebt sein Handwerk und kocht im Alleingang von klassisch bis kreativ, mal franko-deutsch, mal mediterran – und alles mit Gemüse aus dem Garten sowie Fleisch und Fisch möglichst aus der Region.

Hauptstraße 57	Essen: **42** | 50
+49 7736 7543	Service: **17** | 20
sonne-wiechs.de	Weinkarte: **18** | 20
Allrounder • Essen mit Aussicht • entspannt	Ambiente: **8** | 10
	Gesamt: 85 | 100

Wiedener Eck

79695 Wieden

Abtauchen und auftanken im hundert Jahre alten Berghotel mit Restaurant. Lorenz Wissler ist selbst Jäger und versorgt seine Gäste mit rosa gebratenem Rehrücken und hausgeräuchertem Wildschweinspeck.

Oberwieden 15
+49 7673 9090
wiedener-eck.de
Familienbetrieb • nachhaltig • Essen mit Aussicht

Essen:	42 I 50
Service:	18 I 20
Weinkarte:	18 I 20
Ambiente:	8 I 10
Gesamt:	86 I 100

Talblick

72218 Wildberg

Feine Küche nach alter Schule in gediegenem Ambiente. Claus Weitbrecht hat so manche illustre Station durchlaufen und kocht nun wieder in der Heimat, unterstützt von seinem Bruder in der Patisserie.

Bahnhofsträßle 6
+49 7054 5247
talblick-wildberg.de
Familienbetrieb • klassisch • gemütlich

Essen:	42 I 50
Service:	17 I 20
Weinkarte:	17 I 20
Ambiente:	8 I 10
Gesamt:	84 I 100

Sonne

78573 Wurmlingen

Kompromisslos nachhaltige Genussküche in einem charmant-rustikalen Gasthof. In der Einfachheit liegt hier die kulinarische Kraft. Gemüse kommt von der Insel Reichenau, das Fleisch aus artgerechter Haltung.

Obere Hauptstraße 1
+49 7461 71102
sonne-wurmlingen.com
Gasthaus • regionale Küche • gemütlich

Essen:	42 I 50
Service:	17 I 20
Weinkarte:	16 I 20
Ambiente:	7 I 10
Gesamt:	82 I 100

Schlüssel

79669 Zell im Wiesental

Im stylish-gemütlichen Ambiente kann man es sich im Berggasthof richtig gutgehen lassen. Den kulinarischen Wohlfühlpart übernimmt die Küche mit feinen, regional geprägten Gerichten.

Pfaffenberg 2
+49 7625 375
berggasthof-schluessel.de
Gasthaus • deutsche Küche • bio • Essen mit Aussicht

Essen:	42 I 50
Service:	18 I 20
Weinkarte:	17 I 20
Ambiente:	8 I 10
Gesamt:	85 I 100

Le Cerf

74639 Zweiflingen-Friedrichsruhe

Boris Rommel und Team verwöhnen mit aufwendig arrangierten Gerichten aus erlesenen Zutaten. Der klassisch-opulente Stil der Küche spiegelt sich auch im kunstvoll illuminierten Gastraum wider.

Kärcherstraße 11
+49 7941 60870
schlosshotel-friedrichsruhe.de
Hotelrestaurant • französisch • im Schloss • Terrasse

Essen:	47 I 50
Service:	19 I 20
Weinkarte:	19 I 20
Ambiente:	9 I 10
Gesamt:	94 I 100

BAYERN

Zum Falken 91587 Adelshofen

Das Landhaus pflegt seine 400 Jahre alte Tradition als Gasthof. Heute werden Feste gefeiert, regional mit Anspruch gekocht und Gäste herzlich umsorgt. Es gibt eigenen Honig – und natürlich Frankenwein.

Tauberzell 41
+49 9865 941940
landhaus-zum-falken.de
Gasthaus • Vinothek • Terrasse

Essen:	**42** | 50
Service:	**17** | 20
Weinkarte:	**16** | 20
Ambiente:	**8** | 10
Gesamt:	83 | 100

Schlossrestaurant Hohenstein 96482 Ahorn

Ein Schloss wie aus dem Bilderbuch und mitten im Grünen bietet feinsinnige schmackhafte Schlossküche in Menüform ebenso wie à la carte: Störtatar, Perlhuhn, Lachsforelle und Desserts sind allesamt probierenswert.

Hohenstein 1
+49 9565 9393151
schlosshotel-hohenstein.de
Hotelrestaurant • nachhaltig • im Schloss

Essen:	**43** | 50
Service:	**17** | 20
Weinkarte:	**18** | 20
Ambiente:	**9** | 10
Gesamt:	87 | 100

Wagner 86551 Aichach

Traditionelle und moderne Gerichte, die mit Kräutern aus dem eigenen Garten verfeinert werden. Für regionale und saisonale Produkte wird hier auf eine enge Zusammenarbeit mit Lieferanten aus dem Umland gesetzt.

Harthofstraße 38
+49 8251 89770
gasthof-wagner.de
Gasthaus • deutsche Küche • Burger • gemütlich

Essen:	**42** | 50
Service:	**17** | 20
Weinkarte:	**16** | 20
Ambiente:	**8** | 10
Gesamt:	83 | 100

das asam 94501 Aldersbach

Das asam lässt den ehemaligen Klosterhof aufleben und füllt ihn mit Gastfreundschaft und feiner Kulinarik in stilvollem Ambiente. Kreativ und facettenreich zubereitet sind etwa Strohschweinfilet und Honig-Cannelloni.

Freiherr-von-Aretin-Platz 2
+49 8543 6247624
das-asam.de
deutsche Küche • Gastgarten • traditionell

Essen:	**43** | 50
Service:	**18** | 20
Weinkarte:	**16** | 20
Ambiente:	**9** | 10
Gesamt:	86 | 100

Altenauer Dorfwirt

82442 Altenau

Herzhafte Schmankerl von Schnitzel bis Apfelstrudel und herzliche Gastgeber: Der Altenauer Dorfwirt ist beliebt bei Einheimischen, Touristen und Wanderern aus dem nahen Ammergebirge bei Oberammergau.

Obere Dorfstraße 19
+49 8845 7033999
altenauer-dorfwirt.de
Gasthaus • deutsche Küche • regionale Produkte

Essen:	**42** I 50
Service:	**17** I 20
Weinkarte:	**16** I 20
Ambiente:	**7** I 10
Gesamt:	82 I 100

Simons Weingasthof

63755 Alzenau

Dass man es bei Nicole und Stephan Eder mit echten Enthusiasten zu tun hat, merkt man daran, dass das Menü ständig in Bewegung ist – und mit den Saisonen geht. Frischeste Zutaten, liebevoll zubereitet.

Dörsthof 4
+49 6023 8902
simons-weingasthof.de
Gasthaus • Essen mit Aussicht • klassisch

Essen:	**42** I 50
Service:	**18** I 20
Weinkarte:	**17** I 20
Ambiente:	**7** I 10
Gesamt:	84 I 100

Abt- und Schäferstube

63916 Amorbach

Der Schafhof liegt idyllisch im bayerischen Odenwald. Die ambitionierte Küche serviert Bestes aus der Heimat und aller Welt: Sashimi vom Yellow Fin Tuna, hausgemachte Landterrine, Hummer und Wildschwein.

Schafhof 1
+49 9373 97330
schafhof.de
Gasthaus • Vinothek • im Grünen

Essen:	**44** I 50
Service:	**18** I 20
Weinkarte:	**17** I 20
Ambiente:	**8** I 10
Gesamt:	87 I 100

Bernhardhof

82346 Andechs

Wer zum Kloster Andechs wandert, könnte auch hier schon einen Stopp einlegen. In dem Familienbetrieb geht es herzlich und durchweg schmackhaft zu: Seeteufel, Steaks vom Big Green Egg und Torten von Oma!

Andechser Straße 32
+49 170 4411222
bernhardhof.de
Familienbetrieb • regionale Produkte • gemütlich

Essen:	**42** I 50
Service:	**17** I 20
Weinkarte:	**16** I 20
Ambiente:	**8** I 10
Gesamt:	83 I 100

Heinz Winkler

83229 Aschau im Chiemgau

Auf persönliche Empfehlung im Sinne von Heinz Winkler werden hier täglich neue Gourmetmenüs kreiert, die auf der Bergterrasse genossen werden können. Der Weinkeller hält etwa 25.000 Flaschen bereit.

Kirchplatz 1
+49 8052 17990
residenz-heinz-winkler.de
Fine Dining • Terrasse • elegant

Essen:	**44** I 50
Service:	**18** I 20
Weinkarte:	**20** I 20
Ambiente:	**10** I 10
Gesamt:	92 I 100

SoulFood 91275 Auerbach

Ein kulinarisches Erlebnis mit saisonalen Produkten: Bei den Menüs kann man zwischen »DasEine« und »DasAndere« wählen – beide haben vier Gänge und bieten vegetarische Alternativen.

Unterer Markt 35
+49 9643 2052225
restaurant-soulfood.com
Fine Dining • modern • Terrasse

Essen:	**46** | 50
Service:	**18** | 20
Weinkarte:	**18** | 20
Ambiente:	**9** | 10
Gesamt:	91 | 100

Stahl Winzerhof 97215 Auernhofen

»Fine Wine, Fine Dine, Wedding Time« lautet der Slogan des Hofs, der das Programm auf den Punkt bringt. Und auch, wenn man gerade nicht heiraten will, kann man hier eine Liebe finden, die bleibt.

Lange Dorfstraße 21
+49 9848 96896
winzerhof-stahl.de
Gasthaus • Weingut • Delikatessenverkauf

Essen:	**43** | 50
Service:	**18** | 20
Weinkarte:	**18** | 20
Ambiente:	**7** | 10
Gesamt:	86 | 100

Alte Liebe 86159 Augsburg

Viele der Zutaten für Benjamin Mitscheles Gourmetmenüs stammen aus dem eigenen Restaurantgarten. Dazu gibt's Fleisch und Fisch von befreundeten Erzeugern. Puristisch, harmonisch und regional verwurzelt.

Alpenstraße 21
+49 821 65057850
alte-liebe-augsburg.de
Fine Dining • regionale Produkte • elegant

Essen:	**46** | 50
Service:	**19** | 20
Weinkarte:	**19** | 20
Ambiente:	**8** | 10
Gesamt:	92 | 100

August 86153 Augsburg

Einzigartige Atmosphäre, Präsentation und Küche. Die Kreationen von Christian Grünwald und das Gourmetmenü sind inspiriert von der Natur und aromatisch sowie sinnlich ein besonderes Erlebnis.

Johannes-Haag-Straße 14
+49 821 35279
restaurantaugust.de
Fine Dining • Terrasse • traditionell

Essen:	**47** | 50
Service:	**18** | 20
Weinkarte:	**18** | 20
Ambiente:	**9** | 10
Gesamt:	92 | 100

maximilian's 86150 Augsburg

Locker und lecker geht es zu in der »best urban kitchen« mit offener Küche im maximilian's. Risotto, Caesar Salad, Wiener Schnitzel oder Zwiebelrostbraten sind verlässlich. Ausgiebiger Sonntagsbrunch!

Maximilianstraße 40
+49 821 503665
maximilians-augsburg.de
Hotelrestaurant • Allrounder • elegant

Essen:	**43** | 50
Service:	**17** | 20
Weinkarte:	**16** | 20
Ambiente:	**8** | 10
Gesamt:	84 | 100

Nose & Belly

86152 Augsburg

In kleinem exklusivem Rahmen serviert Hendrik Ketter sorgsam konzipierte Menüs auf hohem Niveau. Den Intellekt und die Kreativität dahinter zu entdecken, ist genauso wie das Genießen ausdrücklich erwünscht.

Heilig-Kreuz-Straße 10
+49 821 50895791
noseandbelly.de
Casual Dining • modern • elegant

Essen:	**43** I 50
Service:	**18** I 20
Weinkarte:	**18** I 20
Ambiente:	**8** I 10
Gesamt:	87 I 100

Sartory Restaurant

86150 Augsburg

Das Restaurant im Hotel Maximilian's ist modern und chic. Die Gourmetküche von Simon Lang gibt sich saisonal und klassisch basiert, mit kreativer Herangehensweise und vegetarischer Menüalternative.

Maximilianstraße 40
+49 821 50360
sartory-augsburg.de
Fine Dining • französisch • Fisch • elegant

Essen:	**45** I 50
Service:	**18** I 20
Weinkarte:	**18** I 20
Ambiente:	**9** I 10
Gesamt:	90 I 100

Settele

86179 Augsburg

Seit 1905 gehen hier Tradition und Vision Hand in Hand – seitdem wird das Gasthaus als Familienbetrieb geführt, mittlerweile in vierter Generation. Auf der Speisekarte stehen schwäbische Klassiker und kreative Kombinationen.

Martinistraße 29
+49 821 84086
gasthaus-settele.de
Gasthaus • deutsche Küche • Gastgarten

Essen:	**43** I 50
Service:	**17** I 20
Weinkarte:	**16** I 20
Ambiente:	**8** I 10
Gesamt:	84 I 100

Brauereigasthof Aying 85653 Aying

Im ebenso gemütlichen wie herzlichen Gasthof kommen abwechslungsreiche Kreationen aus heimischen Produkten auf den Tisch. Monatlich wechselndes saisonales Menü, dazu Ayinger Bier und eine liebevolle Getränkeauswahl.

Zornedinger Straße 2
+49 8095 90650
brauereigasthof-aying.de
Gasthaus • Hausmannskost • Biervielfalt

Essen:	42 | 50
Service:	17 | 20
Weinkarte:	16 | 20
Ambiente:	8 | 10
Gesamt:	83 | 100

Schwögler 93077 Bad Abbach

Ein elegantes Restaurant, das sich etwas traut: bayerisch-asiatische Fusionsküche, die nicht gekünstelt daherkommt, sondern einfach nur gelungen. Mit Stäbchen muss man hier trotzdem nicht essen.

Stinkelbrunnstraße 18
+49 9405 962300
schwoegler.de
modern • entspannt • Terrasse

Essen:	43 | 50
Service:	17 | 20
Weinkarte:	17 | 20
Ambiente:	8 | 10
Gesamt:	85 | 100

Zirngibl 93077 Bad Abbach

Kreativ und bayerisch: Küchenmeister Michael Hofer serviert hauseigene Kreationen wie »Mongdratzerl« aus Hirschschinken und Wildwürstl, gebackene Leber mit Kartoffelsalat und Wildspezialitäten.

Am Markt 29
+49 9405 954612
gasthauszirngibl.de
Gasthaus • traditionell • Gastgarten • gemütlich

Essen:	42 | 50
Service:	17 | 20
Weinkarte:	16 | 20
Ambiente:	8 | 10
Gesamt:	83 | 100

Holzapfel

94072 Bad Füssing

Naturbelassene Produkte treffen auf hochwertige Zutaten. Tagsüber sind die Räume lichtdurchflutet, abends werden sie in Kerzenschein getaucht. Der hauseigene Weinkeller bietet eine exklusive Auswahl.

Thermalbadstraße 4
+49 8531 9570
hotel-holzapfel.de
Fine Dining • elegant • Cocktails

Essen:	**43** | 50
Service:	**17** | 20
Weinkarte:	**16** | 20
Ambiente:	**8** | 10
Gesamt:	84 | 100

Kirchawirt

94072 Bad Füssing

Ein Wirtshaus, wie man es sich vorstellt: gemütlich und heimelig, und das seit 1798. Es gibt Fleisch aus regionaler Landwirtschaft, Knödeltrio, Schnitzel und hinterher hausgemachten Walnuss-Grappa.

Bachstraße 15
+49 8531 278401
muehlbach.de
Hotelrestaurant • traditionell • regionale Produkte

Essen:	**43** | 50
Service:	**17** | 20
Weinkarte:	**16** | 20
Ambiente:	**8** | 10
Gesamt:	84 | 100

Toskana

94072 Bad Füssing

Wo lassen sich internationale, regionale und mediterrane Gerichte wie gebratene Entenleber oder Lammkotelett »Florentiner Art« besser genießen als auf einer Terrasse mit wunderbarer Panoramalage?

Waldstraße 16
+49 8531 9280
parkhotel.stopp.de
Hotelrestaurant • mediterran • elegant

Essen:	**42** | 50
Service:	**17** | 20
Weinkarte:	**16** | 20
Ambiente:	**8** | 10
Gesamt:	83 | 100

Wirt z'Füssing

94072 Bad Füssing

Urig geht es zu im Restaurant des Ortner's Resorts. Gemütliche Atmosphäre. Buttermilch-Backhendl und geschmorte Ochsenbacke, aber auch Wassermelonensalat und Erdbeertiramisu stehen auf der Karte.

Pockinger Straße 1–7
+49 8531 279650
ortners-resort.com
Hotelrestaurant • deutsche Küche • entspannt

Essen:	**42** | 50
Service:	**17** | 20
Weinkarte:	**17** | 20
Ambiente:	**8** | 10
Gesamt:	84 | 100

Obere Mühle

87541 Bad Hindelang

In einer Stube aus dem 17. Jahrhundert werden sowohl regionale als auch internationale Speisen serviert. In einem weiteren Teil der Oberen Mühle sind eine Biokäserei sowie ein Heimatmuseum untergebracht.

Ostrachstraße 40
+49 8324 2857
obere-muehle.de
Gasthaus • nachhaltig • urig

Essen:	**42** | 50
Service:	**17** | 20
Weinkarte:	**17** | 20
Ambiente:	**8** | 10
Gesamt:	84 | 100

Körners

97688 Bad Kissingen

Beste Produkte aus Franken in der Küche und im Weinglas. Das schmeckt man beim Cordon bleu, beim Schäufele und beim Kürbishendl, aber auch bei den vegetarischen Spezialitäten und Salaten! Schöner Gastgarten.

Iringstraße 7	Essen: **43** I 50
+49 971 2809	Service: **17** I 20
koerners-wirtschaft.de	Weinkarte: **16** I 20
Casual Dining • regionale Küche • Gastgarten	Ambiente: **8** I 10
	Gesamt: 84 I 100

Laudensacks

97688 Bad Kissingen

Fantasievolle Kreationen mit regionalen Zutaten: Küchenchef Frederik Desch präsentiert ein Menü aus Fisch oder Fleisch und Desserts wie Fränkische Zwetschge – auf Wunsch gibt es auch ein vegetarisches Menü.

Kurhausstraße 28	Essen: **45** I 50
+49 971 72240	Service: **18** I 20
laudensacks.de	Weinkarte: **19** I 20
Fine Dining • im Grünen • elegant	Ambiente: **9** I 10
	Gesamt: 91 I 100

Osl

93444 Bad Kötzting

Dass auch ein Wirtshaus topmodern sein kann, ohne die eigenen Wurzeln zu vergessen, das beweist der Familienbetrieb, der übrigens auch Fleisch von den eigenen Tieren auf den Tisch bringt. Köstlich!

Marktstraße 32	Essen: **42** I 50
+49 9941 1045	Service: **17** I 20
wirtshaus-osl.de	Weinkarte: **17** I 20
Gasthaus • eigene Landwirtschaft • nachhaltig	Ambiente: **8** I 10
	Gesamt: 84 I 100

Salin

83435 Bad Reichenhall

Inmitten einer traumhaften Bergkulisse kann man zwischen bayerischem und mediterranem Gedeck, also einer Vorspeise mit Brot, wählen – diese Dualität zieht sich durch die gesamte Speisekarte.

Alte Saline 2	Essen: **43** I 50
+49 8651 7174907	Service: **17** I 20
salin-reichenhall.de	Weinkarte: **17** I 20
Terrasse • mediterran • Essen mit Aussicht	Ambiente: **9** I 10
	Gesamt: 86 I 100

Heimatküche

83646 Bad Tölz

Auch die Heimatküche der Schwingshackls ist neben dem Gourmetrestaurant immer einen Besuch wert. Hier darf auch kulinarisch die Südtiroler Heimat mitschwingen, und man fühlt sich einfach wohl!

An der Isarlust 1	Essen: **43** I 50
+49 8041 6030	Service: **18** I 20
schwingshackl-esskultur.de	Weinkarte: **18** I 20
italienisch • Essen mit Aussicht • entspannt	Ambiente: **8** I 10
	Gesamt: 87 I 100

Schwingshackl

83646 Bad Tölz

Klassische Gourmetküche in entspanntem Umfeld – im Sommer auf der schönen Terrasse direkt an der Isar. Die Schwingshackls sind tolle Gastgeber, die Gerichte harmonisch und die Saucen zum Auslöffeln!

An der Isarlust 1	Essen: **45** | 50
+49 8041 6030	Service: **18** | 20
schwingshackl-esskultur.de	Weinkarte: **18** | 20
Fine Dining • regionale Produkte • elegant	Ambiente: **8** | 10
	Gesamt: **89** | 100

Freihaus Brenner

83707 Bad Wiessee

Die Lage ist exponiert und wunderschön, das Essen traditionell bayerisch, aber auch mediterran oder asiatisch angelehnt zwischen Schweinebraten, Pasta mit Grillgemüse und Maishähnchen als Thai-Curry.

Freihaus 4	Essen: **42** | 50
+49 8022 86560	Service: **17** | 20
freihaus-brenner.de	Weinkarte: **16** | 20
Gasthaus • im Grünen • Essen mit Aussicht • traditionell	Ambiente: **7** | 10
	Gesamt: **82** | 100

Calla

86825 Bad Wörishofen

Die Kreationen von Jörg Richter im Calla sind bunt, verspielt und hocharomatisch. Er verbindet asiatische mit heimischen Aromen und Produkten, etwa die Blaue Steirische Gebirgsgarnele mit Leche de Tigre.

Hermann-Aust-Straße 11	Essen: **43** | 50
+49 8247 9590	Service: **18** | 20
spahotel-sonnenhof.de	Weinkarte: **18** | 20
Hotelrestaurant • deutsche Küche • japanisch	Ambiente: **8** | 10
	Gesamt: **87** | 100

Fontenay

86825 Bad Wörishofen

Ganz Kurhotel, spielt auch im Restaurant des Fontenay die Klassik eine essenzielle Rolle, wenngleich fantasievoll umgesetzt. Aber auch vegetarische oder diätetische Optionen sind in den Menüs kein Problem.

Eichwaldstraße 8–12	Essen: **43** | 50
+49 8247 3060	Service: **18** | 20
kurhotel-fontenay.de	Weinkarte: **16** | 20
Hotelrestaurant • deutsche Küche • klassisch	Ambiente: **7** | 10
	Gesamt: **84** | 100

Kuro Neko

96052 Bamberg

Neues Restaurant mit neuem Konzept. Die beiden saisonalen Menüs sind kulinarisch auf ein cineastisches, historisches oder musikalisches Thema abgestellt. Aromatische Spannung ist garantiert.

Untere Königstraße 28	Essen: **44** | 50
+49 951 9141370	Service: **18** | 20
restaurantkuroneko.de	Weinkarte: **18** | 20
deutsche Küche • asiatisch • regionale Produkte	Ambiente: **8** | 10
	Gesamt: **88** | 100

Rocus

96148 Baunach

Hinter den Mauern des ehemaligen Bahnhofs in Oberfranken wartet ein schönes gemütliches Ambiente. Hier werden Seefische, Fleischspezialitäten und andere Lebensmittel frisch angeliefert.

Bahnhofstraße 16
+49 9544 20640
restaurant-rocus.de
im Grünen • mediterran • Gastgarten

Essen:	**43** I 50
Service:	**17** I 20
Weinkarte:	**17** I 20
Ambiente:	**8** I 10
Gesamt:	85 I 100

Günter Standl, www.guenterstandl.de

Klosterhof

83457 Bayerisch Gmain

Genuss ist im Klosterhof vielfältig gelagert. Die Stuben bieten die Möglichkeit zum gemütlichen Fondue-Abend, aber auch zur Fine Dining Experience mit dem »Secret Forest«-Menü von Chef Sascha Förster.

Steilhofweg 19
+49 8651 98250
klosterhof.de
Hotelrestaurant • Allrounder • gemütlich

Essen:	**43** I 50
Service:	**18** I 20
Weinkarte:	**18** I 20
Ambiente:	**8** I 10
Gesamt:	87 I 100

Dötzer Restauration

95444 Bayreuth

Dorade mit Wildgarnelen, Filetsteak mit Pfeffersauce oder etwas Leichtes zu Mittag: Im Dötzer gibt es Köstliches, begleitet von den Zutaten der Saison. Auch die Weinabende und Events sind zu empfehlen.

Sophienstraße 22
+49 921 7867250
doetzers.de
klassisch • Gastgarten • im Gewölbe

Essen:	**42** I 50
Service:	**17** I 20
Weinkarte:	**16** I 20
Ambiente:	**8** I 10
Gesamt:	83 I 100

Wolffenzacher

95444 Bayreuth

Im Nostalgie-Wirtshaus werden von Küchenchef Stefan Hofmann regionale Gerichte wie fangfrische Fichtelgebirgsforelle, Fränkischer Sauerbraten oder Bratwürste nach hauseigenem Rezept serviert.

Badstraße 1
+49 921 64552
wolffenzacher.de
Gasthaus • deutsche Küche • Gastgarten • gemütlich

Essen:	**42** I 50
Service:	**17** I 20
Weinkarte:	**16** I 20
Ambiente:	**8** I 10
Gesamt:	83 I 100

Pool

83735 Bayrischzell

Das Pool in der Orangerie des Naturhotels zaubert aus heimischen Produkten mehrgängige Menüs mit modernem Anspruch und Ästhetik. Küchenchef Paul Reischl stammt aus der Region und bringt diese auf den Teller.

Tannerhofstraße 32	Essen: **43** | 50
+49 8023 810	Service: **18** | 20
natur-hotel-tannerhof.de	Weinkarte: **17** | 20
regionale Produkte • entspannt • modern	Ambiente: **8** | 10
	Gesamt: 86 | 100

Der Millipp

92339 Beilngries

Aufgrund der Ursprünge als Metzgerei und Gastronomie wird heute noch auf Tradition und bayerische Spezialitäten gesetzt. Dazu werden vergessene Kräuter sowie mediterrane Ergänzungen kombiniert.

Hauptstraße 9	Essen: **42** | 50
+49 8461 1203	Service: **17** | 20
millipp.de	Weinkarte: **15** | 20
Gasthaus • deutsche Küche • eigene Fleischerei	Ambiente: **8** | 10
	Gesamt: 82 | 100

Esszimmer

83471 Berchtesgaden

Die gemütliche Stube im historischen Gebäude lädt ein, sich ausführlich den vielen regionalen Spezialitäten zu widmen. Nur beste Produkte kommen kreativ kombiniert auf den Tisch, als Menü oder à la carte.

Nonntal 7	Essen: **43** | 50
+49 8652 6554301	Service: **18** | 20
esszimmer-berchtesgaden.com	Weinkarte: **17** | 20
Gasthaus • regionale Produkte • Gastgarten • gemütlich	Ambiente: **8** | 10
	Gesamt: 86 | 100

Johann Grill

83471 Berchtesgaden

Die Speisekarte orientiert sich an einer Wanderung: Sie beginnt mit Mousse vom heimischen Ziegenkäse und endet mit ofenfrischem Kaiserschmarren – Blick auf die Berchtesgadener Berge inklusive.

Hintereck 1	Essen: **43** | 50
+49 8652 97550	Service: **17** | 20
kempinski.com	Weinkarte: **18** | 20
Hotelrestaurant • regionale Küche • im Grünen	Ambiente: **8** | 10
	Gesamt: 86 | 100

Lockstein 1

83471 Berchtesgaden

Das Berchtesgadener Land auf dem Teller gibt es bei Christl und Gabi Kurz. Hier wird vegetarisch und vegan, aber vor allem mit Herz und Fantasie gekocht. Natürlich mit Zutaten aus Garten und Umgebung.

Locksteinstraße 1	Essen: **43** | 50
+49 8652 9800	Service: **18** | 20
biohotel-kurz.de	Weinkarte: **16** | 20
Hotelrestaurant • vegetarisch • Essen mit Aussicht	Ambiente: **8** | 10
	Gesamt: **85** | 100

Pur

83471 Berchtesgaden

Inmitten der Alpen lassen sich Brotzeiten, aber auch Fine-Dining-Menüs mit europäischen Einflüssen und regionalen Produkten genießen. Executive Chef Ulrich Heimann passt die Speisekarte an die Jahreszeiten an.

Hintereck 1	Essen: **45** | 50
+49 8652 97550	Service: **18** | 20
kempinski.com	Weinkarte: **17** | 20
Fine Dining • am Berg • elegant	Ambiente: **8** | 10
	Gesamt: **88** | 100

Gräfenthal

95463 Bindlach

Peter Lauterbach betreibt das Landhaus in vierter Generation und lässt seine vielerorts gesammelte Küchenerfahrung einfließen. Handwerk und Geschmack auf den Punkt gebracht – bei Entenleberterrine genauso wie bei Rotbarbe.

Obergräfenthal 7	Essen: **43** | 50
+49 9208 289	Service: **18** | 20
landhaus-graefenthal.de	Weinkarte: **17** | 20
eigener Gemüsegarten • eigener Kräutergarten • urig	Ambiente: **8** | 10
	Gesamt: **86** | 100

Laurer

92262 Birgland

Dass die Laurers Gastfreundschaft und gute Küche lieben, spürt und schmeckt man im Traditionsgasthaus – egal, ob beim Braten vom Birgland-Schwein, bei den vielen Fischspezialitäten oder bei den Topfenknödeln.

Sunzendorf 2 1/2	Essen: **43** | 50
+49 9666 276	Service: **18** | 20
gasthaus-laurer.com	Weinkarte: **16** | 20
Gasthaus • eigener Kräutergarten • Hausmannskost	Ambiente: **7** | 10
	Gesamt: **84** | 100

Zum Ritter
92262 Birgland

Das Altbekannte ist altbekannt, weil es nie aus der Mode gekommen ist. Trotzdem schadet es nicht, hier und da neue Akzente zu setzen. Dann schmeckt man bei der Heimatküche die ganze Welt. Herrlich!

Eckeltshof 8	Essen: **42** I 50
+49 9157 394	Service: **18** I 20
ritter-eckeltshof.de	Weinkarte: **16** I 20
Gasthaus • regionale Küche • Terrasse	Ambiente: **8** I 10
	Gesamt: 84 I 100

Augustiner
97346 Birklingen

Direkt am kleinen See in Birklingen serviert man im Augustiner im alten Kloster viel Traditionelles – vom Schäufele bis zu geschmorten Schweinebäckchen –, aber auch Caesar Salad, Vegetarisches und Eisbecher.

Klostergasse 6	Essen: **42** I 50
+49 9326 978950	Service: **17** I 20
augustiner-am-see.de	Weinkarte: **15** I 20
deutsche Küche • Essen mit Aussicht • Gewölbe	Ambiente: **8** I 10
	Gesamt: 82 I 100

Solo Du
83483 Bischofswiesen

Was Küchenchef Zsolt Fodor kulinarisch in saisonal wechselnden Fünf- oder Sieben-Gänge-Menüs perfektioniert, rundet Sommelier Martin Bielik mittels Empfehlung der perfekten Weinbegleitung ab.

Berchtesgadener Straße 111	Essen: **45** I 50
+49 8652 958524	Service: **18** I 20
kulturhof.bayern	Weinkarte: **17** I 20
Fine Dining • gemütlich • entspannt	Ambiente: **8** I 10
	Gesamt: 88 I 100

Dorfwirt
87544 Blaichach

Zünftige Gerichte, wunderbar freundliches Personal und eine Stube zum Verlieben. Besonders empfehlenswert sind die Kässpatzen, die hier stilecht in der gusseisernen Pfanne serviert werden.

Burgbergerstraße 48	Essen: **42** I 50
+49 8321 88822	Service: **18** I 20
dorfwirt-blaichach.de	Weinkarte: **15** I 20
Gasthaus • Biervielfalt • gemütlich	Ambiente: **8** I 10
	Gesamt: 83 I 100

Behl's Restaurant
63825 Blankenbach

Essen und Übernachten gehen im »Genusshotel« der Familie Behl Hand in Hand. Das Restaurant verführt mit regionalen und internationalen Kreationen ebenso wie mit seiner Wein- und Spirituosenauswahl.

Krombacher Straße 2	Essen: **43** I 50
+49 6024 4766	Service: **17** I 20
behl.de	Weinkarte: **18** I 20
Hotelrestaurant • Vinothek • regionale Produkte	Ambiente: **7** I 10
	Gesamt: 85 I 100

Villino

88131 Bodolz

Seit 1992 ist der Betrieb in Familienhand – aber das heißt keineswegs, dass es hier spießig zugeht. Oder gar altbacken. Im Gegenteil: Fantastische Zutaten treffen auf kulinarische Kreativität.

Mittenbuch 6	Essen: **45** | 50
+49 8382 93450	Service: **18** | 20
villino.de	Weinkarte: **18** | 20
Familienbetrieb • im Grünen • Fine Dining	Ambiente: **8** | 10
	Gesamt: 89 | 100

Stern

63927 Bürgstadt

Das Weinhaus Stern beweist Sinn für Moderne in der Tradition. Kalbsrückenscheiben mit Rauchforellensauce oder Bachsaibling im Ganzen mit Ingwer und Koriander passen perfekt ins gemütliche Wirtshaus.

Hauptstraße 23/25	Essen: **42** | 50
+49 9371 40350	Service: **18** | 20
hotel-weinhaus-stern.de	Weinkarte: **17** | 20
Gasthaus • regionale Küche • traditionell	Ambiente: **8** | 10
	Gesamt: 85 | 100

Zum Weißen Rössl

97705 Burkardroth/Stralsbach

Ein Familienbetrieb durch und durch. Auf der Karte wird es zwischen regionalen Erzeugnissen und modernen Interpretationen wie Rhöner Rinderschulter oder cremigem Risotto mit Onsenei nie langweilig.

Von-Henneberg-Straße 15	Essen: **43** | 50
+49 9734 201	Service: **18** | 20
weisses-roessl-rhoen.de	Weinkarte: **16** | 20
Gasthaus • Familienbetrieb • deutsche Küche • Terrasse	Ambiente: **8** | 10
	Gesamt: 85 | 100

Am Ödenturm

93413 Chammünster

In den Gaststuben und auf der Terrasse lassen sich wärmende Vorspeisen wie Tafelspitzbrühe mit Grießnockerl und aromatische Klassiker wie geschmortes Ochsenbackerl in Rotweinsauce genießen.

Am Ödenturm 11	Essen: **43** | 50
+49 9971 89270	Service: **17** | 20
oedenturm.de	Weinkarte: **18** | 20
Gasthaus • klassisch • im Grünen	Ambiente: **8** | 10
	Gesamt: 86 | 100

Goldener Pflug

83339 Chieming

In einer der ältesten Wirtschaften im Chiemgau kocht Chefkoch Rüdiger Linke Spezialitäten wie Hirsch-Kaninchen-Terrine, Fasanenbrust im Speckmantel oder heimischen Rehrücken, der am Tisch tranchiert wird.

Kirchberg 3	Essen: **42** | 50
+49 8667 79172	Service: **18** | 20
gut-ising.de	Weinkarte: **17** | 20
Hotelrestaurant • Allrounder • traditionell	Ambiente: **8** | 10
	Gesamt: 85 | 100

Schwarzberghof

85221 Dachau

Regionale Zutaten mit mediterranem Einfluss: Auf der Speisekarte stehen sowohl das klassische Münchener Schnitzel als auch Ravioli mit Feige und Pecorino, also saisonal passende Tagesempfehlungen.

Augsburger Straße 105
+49 8131 338060
schwarzberghof.eu
Hotelrestaurant • regionale Küche • klassisch

Essen:	**42** | 50
Service:	**17** | 20
Weinkarte:	**17** | 20
Ambiente:	**8** | 10
Gesamt:	84 | 100

Harry Schindler

Kook 36

94469 Deggendorf

Hier am Fuße des Bayerischen Walds wird es bei bester Sundowner-Aussicht kulinarisch modern und kreativ. Die offene Küche lässt einen Blick auf die Zubereitung zu, etwa von Thunfisch, Erbse, Kalamansi und Huhn.

Oberer Stadtplatz 18
+49 991 99599913
kook36.de
Fine Dining • unkonventionell • Terrasse

Essen:	**45** | 50
Service:	**19** | 20
Weinkarte:	**17** | 20
Ambiente:	**9** | 10
Gesamt:	90 | 100

Seehaus

86911 Dießen

Nicht nur, dass die Kulisse im Seehaus direkt am Ammersee traumhaft ist, es schmeckt auch noch gut! Die Küche aus besten Zutaten ist regional und modern mit internationalen Akzenten.

Seeweg-Süd 22
+49 8807 7300
seehaus.de
regionale Küche • Seeterrasse • romantisch

Essen:	**42** | 50
Service:	**17** | 20
Weinkarte:	**17** | 20
Ambiente:	**8** | 10
Gesamt:	84 | 100

Storchennest

89407 Dillingen an der Donau

Nicht nur die Gastwirtschaft wurde irgendwann renoviert, auch die Gerichte werden von Küchenchef und Inhaber Elmar Schneider immer wieder modernisiert – mittels mediterraner und internationaler Einflüsse.

Demleitnerstraße 6
+49 9071 4569
storchen-nest.de
Familienbetrieb • Terrasse • klassisch

Essen:	**43** | 50
Service:	**17** | 20
Weinkarte:	**17** | 20
Ambiente:	**7** | 10
Gesamt:	84 | 100

Altdeutsches Restaurant — 91550 Dinkelsbühl

Regionalität, Qualität und die Verbundenheit zur fränkischen Kulinarik spielen hier, im beeindruckenden Fachwerkgebäude, eine entscheidende Rolle auf der abwechslungsreichen Speisekarte.

Weinmarkt 3
+49 9851 6058
deutsches-haus-dkb.de
Gasthaus • regionale Produkte • gemütlich

Essen:	**42** | 50
Service:	**18** | 20
Weinkarte:	**17** | 20
Ambiente:	**8** | 10
Gesamt:	**85** | 100

Der Alte Saal — 93182 Duggendorf

Genau wie im hauseigenen Gourmetrestaurant legt Stefan Hummel auch im Alten Saal Wert auf gute Zutaten. Heraus kommt eine bodenständige Regionalküche, serviert mit viel Herzlichkeit, wie es seit jeher Familientradition ist.

Heitzenhofener Straße 16
+49 9473 324
gasthaushummel.de
Gasthaus • im Grünen • elegant

Essen:	**42** | 50
Service:	**17** | 20
Weinkarte:	**17** | 20
Ambiente:	**8** | 10
Gesamt:	**84** | 100

Die Gourmetstube — 93182 Duggendorf

Im Gasthaus kann man sich zwischen gehobener Küche und klassisch bayerischer Landküche entscheiden. Bei Ersterer wechselt die Speisekarte je nach Saison und bietet somit mal leichtere, mal deftigere Gerichte.

Heitzenhofener Straße 16
+49 9473 324
gasthaushummel.de
Fine Dining • regionale Produkte • modern • elegant

Essen:	**45** | 50
Service:	**18** | 20
Weinkarte:	**17** | 20
Ambiente:	**8** | 10
Gesamt:	**88** | 100

Gambero Rosso da Domenico — 97246 Eibelstadt

Domenico Cannizzaro ist Gastgeber mit Hingabe. Als »spielerische Küche ohne Spielerei« bezeichnet er seine Kreationen zwischen Piemontesischen Bandnudeln mit Trüffel und Tagliata vom Fassone-Rind treffend.

Mühle 2
+49 9303 9843782
gambero-rosso.eu
Delikatessenverkauf • italienisch • gemütlich

Essen:	**43** | 50
Service:	**17** | 20
Weinkarte:	**17** | 20
Ambiente:	**8** | 10
Gesamt:	**85** | 100

Weinforum Franken
97246 Eibelstadt

An der Wand steht riesig »LOVE«. Und besser kann man auch nicht beschreiben, was hier zu erwarten ist: fränkische Küche zum Verlieben. Der Romantiker: Küchenchef Rainer Trautenbach.

Hauptstraße 37
+49 9303 9845090
weinforum-franken.de
Gasthaus • regionale Küche • gemütlich

Essen:	43 | 50
Service:	18 | 20
Weinkarte:	18 | 20
Ambiente:	8 | 10
Gesamt:	87 | 100

Röhrl
93161 Eilsbrunn

Das Gasthaus wird bereits in elfter Generation geführt und bietet Klassiker wie Schweinebraten oder Schweineschäufele, aber auch Variationen wie das Eilsbrunner Brezenschnitzel und dazu ein Helles vom Fass.

Regensburger Straße 3
+49 9404 2112
gaststaette-roehrl.de
Gasthaus • Hausmannskost • Gastgarten • urig

P

Essen:	42 | 50
Service:	17 | 20
Weinkarte:	15 | 20
Ambiente:	8 | 10
Gesamt:	82 | 100

Luce d'Oro
82493 Elmau

Christoph Rainer kocht im einzigartigen Schloss Elmau seinen ganz individuellen klaren Stil: kreative, spannende Geschmacksbilder mit dem Besten aus der französischen und japanischen Küche.

Elmau 2
+49 8823 180
schloss-elmau.de
Fine Dining • am Berg • Essen mit Aussicht

P

Essen:	48 | 50
Service:	19 | 20
Weinkarte:	19 | 20
Ambiente:	9 | 10
Gesamt:	95 | 100

Basilikum
91054 Erlangen

Wundervolles mediterranes Flair im Herzen von Erlangen. Hier lassen sich die ausgesuchten Weine aus aller Welt genauso gut genießen wie die mediterran geprägten Gerichte. Tipp: die hausgemachten Cannelloni.

Altstädter Kirchenplatz 2
+49 9131 490980
basilikum-erlangen.de
Casual Dining • mediterran • entspannt

Essen:	42 | 50
Service:	17 | 20
Weinkarte:	18 | 20
Ambiente:	8 | 10
Gesamt:	85 | 100

Fränkische Stube 91056 Erlangen

Die Familie Polster steht für Gastlichkeit seit acht Generationen. In der traditionellen Fränkischen Stube geht es bodenständig zu, Christian Schauer kocht Festtagssuppe, Schäufele und andere Köstlichkeiten.

Am Deckersweiher 26	Essen: 43 | 50
+49 9131 75540	Service: 17 | 20
gasthaus-polster.de	Weinkarte: 16 | 20
Gasthaus • klassisch • entspannt	Ambiente: 7 | 10
	Gesamt: 83 | 100

Muskat 91054 Erlangen

Herkunft, Region und Saison sind für den Biobetrieb mehr als nur werbewirksame Schlagworte. Hier werden Qualität und Frische aus Überzeugung gelebt – und das schmeckt auch noch toll!

Hauptstraße 60	Essen: 42 | 50
+49 9131 974343	Service: 18 | 20
das-muskat.de	Weinkarte: 18 | 20
regionale Produkte • bio • vegetarisch	Ambiente: 8 | 10
	Gesamt: 86 | 100

Aschbacher Hof 83620 Feldkirchen-Westerham

Hier lässt es sich lange aushalten – und den Alpenblick dank durchgehender Küche genießen. Küchenchef Heiko Obermaier zaubert allerlei Klassiker und neue Kreationen, dazu passen regionale Biere.

Aschbach 3	Essen: 43 | 50
+49 8063 80660	Service: 17 | 20
aschbacher-hof.de	Weinkarte: 17 | 20
Gasthaus • Essen mit Aussicht • klassisch	Ambiente: 8 | 10
	Gesamt: 85 | 100

Greifen-Post 91555 Feuchtwangen

Ein Zwischenstopp an der Romantischen Straße schreit nach guter Verköstigung. Klassisches Schäufele, Wiener Schnitzel oder Forelle folgen hier auf Matjes, Kürbissuppe und Käsespätzle zur Stärkung.

Marktplatz 8	Essen: 42 | 50
+49 9852 6800	Service: 17 | 20
hotel-greifen.de	Weinkarte: 16 | 20
Hotelrestaurant • Terrasse • gemütlich	Ambiente: 7 | 10
	Gesamt: 82 | 100

Staudenwirt Restaurant

86923 Finning

Im Staudenwirt im schönen Fünfseenland sitzt und isst es sich wunderbar. Gut und unkompliziert kommen regionale Gerichte auf den Tisch: frisch gegrillte Hendl, Zwiebelrostbraten, Kasspatzen und Co!

Staudenweg 6
+49 8806 92000
staudenwirt.de
Hotelrestaurant • regionale Produkte • modern

Essen:	**42** I 50
Service:	**18** I 20
Weinkarte:	**17** I 20
Ambiente:	**8** I 10
Gesamt:	85 I 100

Alter Wirt

83730 Fischbachau

Der Gasthof mit langer Tradition ist mit seinen bodenständigen Gerichten ein Hort der gutbürgerlichen Küche. Keine kulinarischen Schnörkel, dafür Kraftbrühe, saftige Rinderlende und Wiener Schnitzel.

Leitzachtalstraße 209
+49 8028 4789909
alterwirt-fischbachau.de
Gasthaus • traditionell • gemütlich

Essen:	**42** I 50
Service:	**17** I 20
Weinkarte:	**15** I 20
Ambiente:	**7** I 10
Gesamt:	81 I 100

Gasthaus zum Schmied

91604 Flachslanden

Das Gasthaus mit Schmiede und Landwirtschaft bietet nicht nur saisonale Gerichte wie Spargel, regionales Wild und deftige Klassiker, sondern auch eine Sonnenterrasse mit Blick auf Wiesen und Wälder.

Kettenhöfstetten 9
+49 9829 912221
gasthaus-zum-schmied.de
Gasthaus • Familienbetrieb • gemütlich

Essen:	**42** I 50
Service:	**17** I 20
Weinkarte:	**16** I 20
Ambiente:	**7** I 10
Gesamt:	82 I 100

Dannerwirt

83126 Flintsbach am Inn

Bayerische Gemütlichkeit und Gerichte: Mit Zutaten von regionalen Lieferanten werden Altbayerischer Zwiebelrostbraten und kesselfrische Weißwürste serviert. Dazu ein Bier im eisgekühlten Steinkrug.

Kirchplatz 4
+49 8034 90600
dannerwirt.de
Gasthaus • deutsche Küche • gemütlich

Essen:	**42** I 50
Service:	**17** I 20
Weinkarte:	**16** I 20
Ambiente:	**7** I 10
Gesamt:	82 I 100

Zöllner's Weinstube

91301 Forchheim

Im Gastraum, der einem urigen Gewölbe gleicht, kann man sich herrlich verwöhnen lassen. Zum Beispiel mit Filet vom Färöer Lachs mit wunderbar intensiver Nussbutter. Dazu ein Schluck Wein.

Sigritzau 1	Essen: **43** / 50
+49 9191 13886	Service: **18** / 20
zoellners-weinstube.de	Weinkarte: **17** / 20
Gasthaus • Gewölbe • eigener Kräutergarten	Ambiente: **8** / 10
	Gesamt: **86** / 100

Zum Vaas

85661 Forstinning

Ein Kleinod von einem Wirtshaus, familiengeführt und herzlich. Die Küche feinsinnig, frisch und doch bodenständig, immer an der Saison und mit besten Produkten. Dazu eine gut sortierte Weinkarte!

Münchener Straße 88	Essen: **42** / 50
+49 8121 43091	Service: **18** / 20
zum-vaas.de	Weinkarte: **18** / 20
Gasthaus • eigener Gemüsegarten • traditionell	Ambiente: **8** / 10
P	Gesamt: **86** / 100

Schwarzkopf

97833 Frammersbach

Auf den Tellern und in den Gläsern von Anja und Stefan Pumm wird der Natur eine große Plattform geboten. Auch zum Mitnehmen gibt es die feinen Consommés und Suppen ebenso wie Rotkraut, Honig, Sirupe und Essige.

Lohrer Straße 80	Essen: **42** / 50
+49 9355 307	Service: **18** / 20
schwarzkopf-spessart.de	Weinkarte: **17** / 20
Delikatessenverkauf • nachhaltig • gemütlich	Ambiente: **7** / 10
P	Gesamt: **84** / 100

Gourmet Karner

83112 Frasdorf

Im Herzen des Chiemgaus zaubert Küchenchef Manuel Wimmer französisch inspirierte regionale Spezialitäten. Sein Menü ist ein lokaler Spaziergang mit Kalbsbries, Schwarzfederhuhn und passender Weinbegleitung.

Nussbaumstraße 6	Essen: **44** / 50
+49 8052 17970	Service: **18** / 20
landgasthof-karner.com	Weinkarte: **18** / 20
Gasthaus • Essen mit Aussicht • romantisch	Ambiente: **9** / 10
P	Gesamt: **89** / 100

Michael's Leitenberg

83112 Frasdorf

Kreativ-bunte Gourmetküche in legerer Atmosphäre. Das bietet Michael Schlaipfer zum Beispiel mit japanischem Hamachi mit Shiso, bayerischem Rehrücken mit Kohlrabi oder Yuzu mit Kokos und Koriander.

Weiherweg 3	Essen: **45** / 50
+49 8052 2224	Service: **18** / 20
michaels-leitenberg.de	Weinkarte: **18** / 20
Fine Dining • elegant • modern	Ambiente: **9** / 10
P	Gesamt: **90** / 100

80–84 85–89 90–94 95–100 Punkte

STUBN — 83112 Frasdorf

Kenner nennen sie »Frasi«, und auch Neulinge werden nicht lange brauchen, bis sie die Hütte mit einem Kosenamen versehen wollen. Eine liebevolle Küche führt nun mal zu noch mehr Liebe.

Zellboden 2
+49 151 70642707
stubn.co
regionale Produkte • gemütlich • im Grünen • am Berg

Essen:	**44** | 50
Service:	**18** | 20
Weinkarte:	**19** | 20
Ambiente:	**9** | 10
Gesamt:	90 | 100

Moosleitner — 83395 Freilassing

Im gemütlichen Gewölbe des Gasthofs lassen sich Lendensteak, Backhendl oder Wiener Schnitzel genießen – und bei Topfennockerln mit Marillenröster als Dessert verweilt man gerne noch etwas länger.

Wasserburger Straße 52
+49 8654 63060
moosleitner.com
Gasthaus • Hausmannskost • nachhaltig • gemütlich

Essen:	**43** | 50
Service:	**17** | 20
Weinkarte:	**16** | 20
Ambiente:	**8** | 10
Gesamt:	84 | 100

Zollhäusl — 83395 Freilassing

Bayerische Tradition pur: Es gibt eine hauseigene Knoblauchsuppe, Biergulasch vom Rind und als Dessert Apfelstrudel mit Vanilleeis. Hier kann man essen, trinken und »gmiatlich« zusammensitzen.

Zollhäuslstraße 11
+49 8654 62011
zollhaeusl.de
Gasthaus • traditionell • deutsche Küche

Essen:	**42** | 50
Service:	**17** | 20
Weinkarte:	**16** | 20
Ambiente:	**8** | 10
Gesamt:	83 | 100

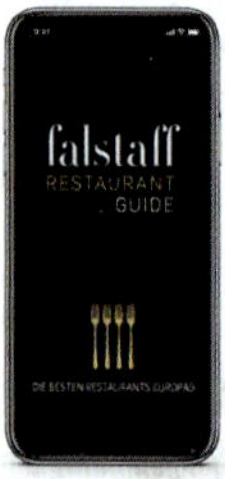

Schuster 🍴🍴 94078 Freyung

Hier am Nationalpark Bayerischer Wald kocht Leopold Schuster seit 30 Jahren eine feine schmackhafte Küche mit französischen Anklängen, viel Geschmack und regionalen Zutaten ohne Effekthascherei.

Ort 19	Essen: **42** | 50
+49 8551 7184	Service: **18** | 20
landgasthaus-schuster.de	Weinkarte: **18** | 20
Gasthaus • Vinothek • elegant	Ambiente: **8** | 10
	Gesamt: 86 | 100

Ehrbar 🍴 97252 Frickenhausen am Main

Urig und gemütlich hat man es als Gast der Fränkischen Weinstube im schönen Frickenhausen. Der erfahrene Küchenchef serviert Ente als Spezialität des Hauses sowie einige weitere saisonale Leckerbissen.

Hauptstraße 17	Essen: **42** | 50
+49 9331 651	Service: **17** | 20
ehrbar-weinstube.de	Weinkarte: **17** | 20
Gasthaus • Hausmannskost • urig	Ambiente: **7** | 10
	Gesamt: 83 | 100

Zum Luitpold 🍴 86925 Fuchstal

Alles, was gut und aus Kartoffeln ist, findet seinen Weg auf die Karte: Gratin, Rösti, sogar Baumkuchen. Und es zeigt sich: Wenn man weiß, wie's geht, kann man auch mit einer Zutat überraschen.

Hauptstraße 36	Essen: **42** | 50
+49 8243 3160	Service: **17** | 20
restaurant-luitpold.de	Weinkarte: **16** | 20
traditionell • Gastgarten • gemütlich	Ambiente: **8** | 10
	Gesamt: 83 | 100

Fürstenfelder 🍴 82256 Fürstenfeldbruck

Ein toller Ort, um modern inspirierte Gerichte aus besten Bioprodukten zu genießen. Das ehemalige Zisterzienserkloster bietet in Stall, Hof und Biergarten vielerlei Schmankerl, auch als Mittagsbuffet.

Fürstenfeld 15	Essen: **42** | 50
+49 8141 88875410	Service: **16** | 20
fuerstenfelder.com	Weinkarte: **15** | 20
im Grünen • bio • Gewölbe	Ambiente: **8** | 10
	Gesamt: 81 | 100

Klosterstüberl 🍴🍴 82256 Fürstenfeldbruck

Gegenüber der Klosterkirche liegt das Wirtshaus. Zu bayerischem Vitello tonnato und selbst gemachten Windbeutel-Variationen empfiehlt Biersommelière Birgit Bartels-Peter gerne einen Gerstensaft.

Fürstenfeld 7c	Essen: **43** | 50
+49 8141 526819	Service: **17** | 20
klosterstueberl.de	Weinkarte: **16** | 20
Biervielfalt • Gastgarten • urig	Ambiente: **9** | 10
	Gesamt: 85 | 100

ChopsticK

90765 Fürth

Fürth hat mit dem ChopsticK ein cooles asiatisches Restaurant, in dem man zu gegrillten Jakobsmuscheln, Bavette oder Burnt Cheesecake eine gute Auswahl an Drinks, Sake, Wein und Whisk(e)y bekommt.

Erlanger Straße 59
+49 911 7906469
chopstick-fuerth.de
asiatisch • modern • Cocktails

Essen:	42 | 50
Service:	18 | 20
Weinkarte:	14 | 20
Ambiente:	7 | 10
Gesamt:	81 | 100

Grüner Brauhaus

90762 Fürth

Ein gemütliches Wirtshaus mit fränkischen Spezialitäten wie Krautwickel, Sauerbraten oder Bratwürsten – und zusätzlich ein täglich wechselndes Hauptgericht wie Schlachtschüssel oder Tafelspitz.

Comödien-Platz 1
+49 911 74929947
gruener-brauhaus.com
Brauerei • deutsche Küche • klassisch

Essen:	42 | 50
Service:	17 | 20
Weinkarte:	16 | 20
Ambiente:	8 | 10
Gesamt:	83 | 100

Kupferpfanne

90762 Fürth

In seiner Kupferpfanne zelebriert Erwin Weidenhiller stilvolle Klassik von gebratener Gänseleber bis südfranzösischer Edelfischsuppe. Auch ganze Fische und fränkisches Wild kommen auf den Tisch.

Königstraße 85
+49 911 771277
ew-kupferpfanne.de
französisch • deutsche Küche • Fisch

Essen:	42 | 50
Service:	17 | 20
Weinkarte:	17 | 20
Ambiente:	7 | 10
Gesamt:	83 | 100

Tim's Kitchen

90762 Fürth

Tim Reinwalds Küche ist relativ einfach auf den Punkt zu bringen: Ihm geht es um Geschmack. Das ist natürlich besonders schön für den Gast. Herausragend ist der »Orga King Lachs«.

Friedrichstraße 22
+49 911 740560
timskitchenfuerth.com
Fine Dining • Cocktails • elegant

Essen:	43 | 50
Service:	18 | 20
Weinkarte:	17 | 20
Ambiente:	8 | 10
Gesamt:	86 | 100

Gasthof zum Bay

93437 Furth im Wald

Der Gasthof lockt nicht nur mit einer spannenden Speisekarte, die neben allerlei Klassikern auch lokale Gerichte wie das Further Schnitzel bietet, sondern zusätzlich mit einem Escape Room.

Bayplatz 5
+49 9973 4334
zumbay.de
deutsche Küche • Steak • entspannt

Essen:	42 | 50
Service:	17 | 20
Weinkarte:	16 | 20
Ambiente:	7 | 10
Gesamt:	82 | 100

Siegls

93437 Furth im Wald

Daniel Siegl ist ein Meister seines Fachs. Sein Fach, das ist die bayerische Küche. Und eines ist klar: Wenn man den Klassikern etwas hinzufügen möchte, dann muss man sein Handwerk beherrschen.

Chambaue 1
+49 9973 9270
siegls-restaurant.de
Gasthaus • deutsche Küche • Wild • gemütlich

Essen:	**42** | 50
Service:	**17** | 20
Weinkarte:	**15** | 20
Ambiente:	**7** | 10
Gesamt:	81 | 100

Husar

82467 Garmisch-Partenkirchen

In Restaurant und Stüberl verschmelzen deutsch-alpenländische und internationale Küche. Die Speisekarte wechselt oft, bietet aber auch viele Klassiker – ganz im Sinne der Familientradition.

Fürstenstraße 25
+49 8821 9677922
restauranthusar.de
regionale Küche • urig • traditionell

Essen:	**43** | 50
Service:	**17** | 20
Weinkarte:	**17** | 20
Ambiente:	**8** | 10
Gesamt:	85 | 100

Joseph Naus

82467 Garmisch-Partenkirchen

Die Zugspitze-Region bietet, soweit möglich, die Grundlage für die Küche von Georg Strohmeyer. Ohlstädter Tomaten, Starnberger Renken, Mittenwalder Rind oder Uffinger Käsespätzle – alles ist köstlich.

Klammstraße 19
+49 8821 9010
hotel-zugspitze.de
Hotelrestaurant • regionale Produkte • traditionell

Essen:	**42** | 50
Service:	**18** | 20
Weinkarte:	**17** | 20
Ambiente:	**8** | 10
Gesamt:	85 | 100

Herrmannsdorfer Schweinsbräu

85625 Glonn

Im Hofmarkt werden eigene Produkte verkauft, in Kursen wird Backen, Wurstmachen und Bierbrauen gelehrt. Chefköchin Olimpia Cario serviert österreichische Klassiker wie Kärntner Kasnudeln und Steirisches Backhendl.

Herrmannsdorf 7
+49 8093 909445
wirtshaus-zum-schweinsbraeu.de
Gasthaus • **traditionell • bio**

Essen:	**43** | 50
Service:	**17** | 20
Weinkarte:	**15** | 20
Ambiente:	**8** | 10
Gesamt:	83 | 100

Gut Kaltenbrunn

83703 Gmund

Der Blick von dieser Terrasse gleicht einer Tegernsee-Postkarte. Die Münchener Feinkost-Institution kocht hier traditionell bayerisch auf, hält aber auch frische Salate oder Vegetarisches bereit.

Kaltenbrunn 1	Essen: **43** I 50
+49 8022 1870700	Service: **17** I 20
feinkost-kaefer.de	Weinkarte: **16** I 20
Gasthaus • regionale Produkte • Essen mit Aussicht	Ambiente: **9** I 10
	Gesamt: 85 I 100

Jennerwein

83703 Gmund

Wer an den Tegernsee möchte, fährt hier entlang. Saisonale Küche im liebevoll gestalteten Ambiente in der Stube lädt zum Zwischenstopp ein, etwa bei Artischocken-Ravioli, »Böfflamott« und Marillenknödeln.

Münchner Straße 127	Essen: **42** I 50
+49 8022 706050	Service: **17** I 20
jennerwein-gasthaus.de	Weinkarte: **17** I 20
Gasthaus • urig • regionale Küche	Ambiente: **8** I 10
	Gesamt: 84 I 100

Ostiner Stub'n

83703 Gmund

In den gemütlichen Räumen der Ostiner Stub'n speist man rustikal und herzhaft, aber nicht ohne Grüße aus der ganzen Welt: Sashimi vom Yellowfin Tuna, geschmorte Lammhaxe, Bauernente und Affogato!

Schlierseer Straße 60	Essen: **42** I 50
+49 8022 7059810	Service: **17** I 20
ostiner-stubn.de	Weinkarte: **16** I 20
Gasthaus • regionale Produkte • Terrasse	Ambiente: **7** I 10
	Gesamt: 82 I 100

Gentner

91728 Gnotzheim

In einer urigen, aber modernen Stube werden fränkische Wirtshausrezepte neu interpretiert und mit lokalen Bieren zusammen serviert. Es gibt auch vegetarische und vegane Optionen.

Spielberg 1	Essen: **42** I 50
+49 9833 988930	Service: **17** I 20
gasthof-gentner.de	Weinkarte: **16** I 20
Gasthaus • deutsche Küche • gemütlich	Ambiente: **9** I 10
	Gesamt: 84 I 100

Es:senz

83224 Grassau

Die präzise aromenstarke und trotzdem angenehm geradlinige Küche von Edip Sigl hat hier im Chiemgauer Golfresort einen wunderbaren Rahmen gefunden. Auch erwähnenswert: die prämierte Patissière Desiree Nieder!

Mietenkamer Straße 65	Essen: **47** I 50
+49 8641 401609	Service: **20** I 20
das-achental.com	Weinkarte: **19** I 20
Fine Dining • regionale Produkte • modern • elegant	Ambiente: **9** I 10
P	Gesamt: 95 I 100

Alte Schule

82194 Gröbenzell

Wer so nah an den Alpen kocht, kann gar nicht anders, als Italien in den Topf zu lassen. Nicht überall gelingt das so gut wie in Gröbenzell – nicht zuletzt, weil man in der Alten Schule bereit ist, Neues zu lernen.

Rathausstraße 3	Essen: **42** I 50
+49 8142 5045400	Service: **17** I 20
alte-schule-groebenzell.de	Weinkarte: **16** I 20
regionale Produkte • traditionell • entspannt	Ambiente: **9** I 10
P	Gesamt: 84 I 100

Zur Krone

63920 Großheubach

Gemütlichkeit, die zum Schlemmen einlädt: So lässt sich erklären, weshalb man am liebsten außergewöhnliche Gerichte wie mit Blutwurst gefüllte Maultaschen auf Rahmsauerkraut probieren möchte.

Miltenberger Straße 1	Essen: **43** I 50
+49 9371 2663	Service: **18** I 20
gasthauskrone.de	Weinkarte: **17** I 20
Gasthaus • Familienbetrieb • Gastgarten	Ambiente: **7** I 10
P	Gesamt: 85 I 100

Weinhaus Becker

63762 Großostheim

Schon 90 Jahre besteht das Weinhaus Becker – ein uriger Ort, um fränkische Küche, regionale Weine und die herzlich-bodenständige Atmosphäre zu genießen. Zu empfehlen: Pastrami auf der Brotscheibe.

Breitestraße 5	Essen: **43** I 50
+49 6026 4954	Service: **17** I 20
das-weinhaus-becker-grossostheim.de	Weinkarte: **17** I 20
Gasthaus • traditionell • Gastgarten	Ambiente: **7** I 10
P	Gesamt: 84 I 100

Alter Wirt

82031 Grünwald

Die Wirtsfamilie führt den Alten Wirt mit Herz – und im Einklang mit Saison und Region. Alles ist lecker, biologisch (auch das angeschlossene Hotel) und traditionell im besten modernen Sinne.

Marktplatz 1
+49 89 6419340
alterwirt.de
Hotelrestaurant • bio • regionale Produkte

Essen:	**43** | 50
Service:	**18** | 20
Weinkarte:	**17** | 20
Ambiente:	**8** | 10
Gesamt:	86 | 100

Chang

82031 Grünwald

Eine Münchener Institution für Sushi in bester Qualität und mit dem gewissen Promifaktor. Ausdrücklich zu empfehlen sind neben Bluefin Tuna, Kaviar, Thai-Currys & Co auch die feinen Desserts!

Marktplatz 9
+49 89 64958801
chang-restaurant.de
Sushi • Terrasse • modern

Essen:	**43** | 50
Service:	**17** | 20
Weinkarte:	**17** | 20
Ambiente:	**7** | 10
Gesamt:	84 | 100

Miyabi

82031 Grünwald

»Miyabi« ist das japanische Wort für Eleganz. Und mit diesem Namen ist das Programm für das Sushi-Restaurant klar: Hier wird nur das Feinste in die schwarzen Algenblätter gewickelt. Sushi, wie man es selten bekommt.

Südliche Münchner Straße 68
+49 89 20985836
miyabi-restaurant.de
vietnamesisch • Sushi • Cocktails

Essen:	**43** | 50
Service:	**17** | 20
Weinkarte:	**18** | 20
Ambiente:	**8** | 10
Gesamt:	86 | 100

Neuhof am See

89423 Gundelfingen

Essen, Feiern und Genießen sind hier etwas ganz Besonderes. Wegen der Atmosphäre, der famosen Gerichte zwischen Waldpilzschaumsuppe, Kürbismaultäschle und Schnitzel – und weil nur sonntags geöffnet ist.

Äußere Günzburger Straße 1
+49 9073 958690
neuhof.de
Gasthaus • Seeterrasse • entspannt

Essen:	**42** | 50
Service:	**18** | 20
Weinkarte:	**17** | 20
Ambiente:	**9** | 10
Gesamt:	86 | 100

Landbrecht 🍴🍴

85354 Haindlfing

Wirklich feine Wirtshausküche zum Wohlfühlen genießt man im familiengeführten Gasthof Landbrecht: Das Feinschmeckermenü, Klassiker wie Schmorrouladen oder Freisinger Bachsaibling sind nur zu empfehlen.

Freisinger Straße 1
+49 81 678926
gasthaus-landbrecht.de
Gasthaus • Familienbetrieb • Terrasse

Essen:	**43** | 50
Service:	**17** | 20
Weinkarte:	**17** | 20
Ambiente:	**8** | 10
Gesamt:	**85** | 100

Anetseder 🍴🍴

94051 Hauzenberg

In Haag bei Hauzenberg versteckt sich ein kulinarisches Kleinod. Die beiden Gastronomen mit Sterneerfahrung kochen zugänglich, bodenständig und exotisch auf höchstem Wirtshausniveau und sind zudem tolle Gastgeber!

Lindenstraße 15
+49 8586 1314
anetseder-wirtshauskultur.de
Gasthaus • deutsche Küche • regionale Produkte

Essen:	**43** | 50
Service:	**17** | 20
Weinkarte:	**17** | 20
Ambiente:	**8** | 10
Gesamt:	**85** | 100

Gidibauer Hof 🍴🍴

94051 Hauzenberg

Inspiriert von regionalen Lebensmitteln, die teilweise sogar aus dem eigenen Bauerngarten und der hofeigenen Landwirtschaft stammen, bietet das Restaurant bodenständige und kreative Speisen.

Grub 7
+49 8586 96440
gidibauer.de
Gasthaus • eigene Landwirtschaft • im Grünen

Essen:	**42** | 50
Service:	**18** | 20
Weinkarte:	**17** | 20
Ambiente:	**8** | 10
Gesamt:	**85** | 100

Moarwirt 🍴🍴

83623 Hechenberg

Ein hübsch gelegener Geheimtipp. Es wird richtig gut gekocht und sehr viel Wert auf biologische und regionale Lebensmittel gelegt. Toll sind auch die Kinderkarte, die Menüoptionen und die Getränkeauswahl!

Sonnenlängstraße 26
+49 8027 1008
moarwirt.de
Brunch • bio • im Grünen

Essen:	**43** | 50
Service:	**17** | 20
Weinkarte:	**17** | 20
Ambiente:	**8** | 10
Gesamt:	**85** | 100

Freihardt 🍴🍴

90562 Heroldsberg

Die angeschlossene Metzgerei ist ein Garant für beste Qualität von Carpaccio, Beef Tatar und Steaks in vielen Variationen. Dazu: Beilagen und Salate, Burger-Specials und die Tagesempfehlungen.

Hauptstraße 81
+49 911 5180805
freihardt.com
eigene Fleischerei • regionale Produkte • Terrasse

Essen:	**42** | 50
Service:	**18** | 20
Weinkarte:	**17** | 20
Ambiente:	**8** | 10
Gesamt:	**85** | 100

Chalet am Kiental

82211 Herrsching am Ammersee

Dank der Lage am Ammersee werden frische Renken und Saiblinge serviert. Die Gerichte von Küchenchef André Günther können mit Blick auf zeitgenössische Malerei an den Wänden genossen werden.

Andechsstraße 4
+49 8152 982570
gourmetchalet.de
Hotelrestaurant • Terrasse • elegant

Essen:	**42** I 50
Service:	**18** I 20
Weinkarte:	**17** I 20
Ambiente:	**8** I 10
Gesamt:	85 I 100

Johann Gerner

91093 Heßdorf

Am liebsten steht Detlef Gerner hinter einer Vielzahl von großen Töpfen, in denen brodelt, was auch den kritischen Gast überzeugt: Wirtshausküche mit Verstand – und einer großen Portion Liebe.

Dannberg 3
+49 9135 8182
wirtschaft-von-johann-gerner.de
Familienbetrieb • regionale Produkte • Terrasse

Essen:	**42** I 50
Service:	**17** I 20
Weinkarte:	**17** I 20
Ambiente:	**7** I 10
Gesamt:	83 I 100

Zur Glocke

89420 Höchstädt

In den klar-modern gestalteten Räumen serviert das Glocke-Team beste Frischeküche. Regionales und jahreszeitliches Arbeiten gehört hier ebenso zum Selbstverständnis wie kreative Aromenkombinationen.

Friedrich-von-Teck-Straße 12
+49 9074 957885
glocke.one
regionale Produkte • modern • Terrasse

Essen:	**43** I 50
Service:	**18** I 20
Weinkarte:	**18** I 20
Ambiente:	**8** I 10
Gesamt:	87 I 100

Camers

85411 Hohenkammer

Küchenchef Florian Vogel legt in seinen Menüs Wert auf Kreativität, Zutaten erster Güte und raffinierte Kombinationen. Vieles kommt vom Biogut Eichethof, das auch zum malerischen Schloss Hohenkammer gehört.

Schlossstraße 20 +49 8137 934443 camers.de **Fine Dining • bio • im Schloss**	Essen: **45** | 50 Service: **19** | 20 Weinkarte: **18** | 20 Ambiente: **8** | 10 Gesamt: **90** | 100

Vier Jahreszeiten

89257 Illertissen

Ein Rinderfilet mit Steinpilzen, Wurzelgemüse und Petersilie ist etwas ganz und gar Herrliches. Denn: Aus der Tradition gewachsen heißt bei Andreas Imhof mitnichten aus der Zeit gefallen.

Dietenheimer Straße 63 +49 7303 9059600 vier-jahreszeiten-illertissen.de **Gasthaus • modern • Gastgarten**	Essen: **43** | 50 Service: **17** | 20 Weinkarte: **17** | 20 Ambiente: **8** | 10 Gesamt: **85** | 100

Cheval Blanc

92278 Illschwang

Das gleichermaßen schicke wie gemütliche Gourmetrestaurant im Hotel punktet mit Topprodukten (teils aus eigenem Betrieb), raffinierten vegetarischen Menüoptionen und ausgewählten Weinen.

Am Kirchberg 1 +49 9666 188050 weisses-ross.de **eigener Gemüsegarten • regionale Produkte • traditionell**	Essen: **45** | 50 Service: **19** | 20 Weinkarte: **18** | 20 Ambiente: **8** | 10 Gesamt: **90** | 100

Avus

85057 Ingolstadt

In der Audi-Stadt gehen alle Motoren aus, wenn Thomas Pöferlein den Grill anschmeißt. Dann wirft er zum Beispiel seine Eismeerforelle drauf; die hat zwar keine Pferdestärken, weit kommt man aber trotzdem damit.

Ettinger Straße, Audi Forum +49 841 8941071 avus-ingolstadt.de **Fine Dining • Steak • klassisch**	Essen: **43** | 50 Service: **17** | 20 Weinkarte: **17** | 20 Ambiente: **8** | 10 Gesamt: **85** | 100

99er Kulinarium

97346 Iphofen

Slow-Food-nahe Küche mit Wild, Fisch und Gemüse aus Iphofen und dem fränkischen Umland. Aber auch den einen oder anderen exotischen Ausflug gibt es im 99er Kulinarium frisch und schmackhaft auf den Teller.

Pfarrgasse 18	Essen: **43** | 50
+49 9323 804488	Service: **18** | 20
99er-kulinarium.de	Weinkarte: **17** | 20
regionale Produkte • eigener Gemüsegarten • urig	Ambiente: **7** | 10
	Gesamt: 85 | 100

Iphöfer Kammer

97346 Iphofen

»Saisonale Heimatküche« stellt man sich in genau so einem Umfeld vor. Im Glas der heimische Wein vom Weingut Wirsching und auf dem Teller klassische fränkische Schmankerl nach Saison und Gusto.

Marktplatz 24	Essen: **42** | 50
+49 9323 8772677	Service: **18** | 20
kammer-iphofen.com	Weinkarte: **17** | 20
Gasthaus • gemütlich • romantisch	Ambiente: **8** | 10
	Gesamt: 85 | 100

Zehntkeller

97346 Iphofen

Im traditionell fränkischen Romantik Hotel am Rande des Steigerwalds bleibt man in weltoffener Manier am Puls der Zeit. Immer herzlich werden hier etwa Stubenküken, Rehrücken oder Lachsforelle serviert.

Bahnhofstraße 12	Essen: **43** | 50
+49 9323 8440	Service: **18** | 20
zehntkeller.de	Weinkarte: **17** | 20
eigener Weinbau • Gewölbe • traditionell	Ambiente: **8** | 10
	Gesamt: 86 | 100

Büttner Stub'n

63867 Johannesberg

Steaks vom Simmental bis aus dem argentinischen Hochland werden hier in der Stub'n in allerlei Zuschnitten und mit typischen Beilagen serviert. Dazu kommen weitere deftige sowie süße Klassiker.

Frankenstraße 26	Essen: **42** | 50
+49 6029 9929144	Service: **17** | 20
buettner-stubn.de	Weinkarte: **15** | 20
Essen mit Aussicht • Terrasse • traditionell	Ambiente: **7** | 10
	Gesamt: 81 | 100

Helbigs Gasthaus

63867 Johannesberg

Kreative gehobene Küche und traditionell-regionale Gerichte. Das Menü überzeugt mit Artischockenschaumsüppchen mit Zatar und gebackener Krustentierpraline sowie Filet vom Steinbutt mit Safranrisotto.

Hauptstraße 2	Essen: **43** | 50
+49 6021 4548300	Service: **18** | 20
auberge-de-temple.de	Weinkarte: **18** | 20
Gasthaus • regionale Produkte • unkonventionell	Ambiente: **9** | 10
	Gesamt: 88 | 100

Weingärtnerhaus

86687 Kaisheim

Wenn schon die Vorspeise die Frage aufwirft, wie man das steigern möchte, dann weiß man, dass man am richtigen Ort ist. Würde man nicht kauen, ließe einem nämlich der »Red Snapper« den Mund offen stehen.

Schlossstraße 1
+49 9097 485980
schloss-leitheim.de
Hotelrestaurant • im Grünen • gemütlich

Essen:	43 | 50
Service:	18 | 20
Weinkarte:	17 | 20
Ambiente:	8 | 10
Gesamt:	86 | 100

Christians Restaurant

83527 Kirchdorf

Die Grainers beherrschen die klassische französische Küche ebenso wie das gepflegte Gastgebertum. Genuss, beste Produkte und eine tolle Weinauswahl stehen hier an erster Stelle – einfach gut!

Dorfstraße 1
+49 8072 8510
christians-restaurant.de
Gasthaus • Gewölbe • romantisch

Essen:	46 | 50
Service:	19 | 20
Weinkarte:	18 | 20
Ambiente:	9 | 10
Gesamt:	92 | 100

Oberwirt

85414 Kirchdorf an der Amper

Es braucht doch gar nicht viel zum Glück: eine Kastanie, die etwas Schatten spendet, ein schönes Stück Fleisch und ein großer Schluck Wein – das bekommt man hier seit fünf Generationen.

Sternstraße 20
+49 8166 7366
schuhbauers.de
Gasthaus • regionale Produkte • Gastgarten • entspannt

Essen:	42 | 50
Service:	17 | 20
Weinkarte:	16 | 20
Ambiente:	8 | 10
Gesamt:	83 | 100

Gutshof Andres

96166 Kirchlauter

Seit über 300 Jahren in Familienbesitz, bietet der Gutshof unter Küchenchef Bernd Andres fränkische Slow-Food-Köstlichkeiten. In der hauseigenen Brennerei wird die Tradition des Destillierens gelebt.

Pettstadt 1
+49 9536 221
gutshof-andres.de
Delikatessenverkauf • nachhaltig • im Grünen

Essen:	42 | 50
Service:	18 | 20
Weinkarte:	16 | 20
Ambiente:	8 | 10
Gesamt:	84 | 100

Zum Hasen

63839 Kleinwallstadt

Hausgemachte Terrine sowie Sülze, saisonales Gemüse und Fleisch und Fisch aus der Region: Tradition darf hier gerne weiterleben, aber auch die eine oder andere kreativ-moderne aromatische Wendung annehmen.

Marktstraße 3
+49 6022 7106590
kleinwallstadt-zumhasen.de
Gasthaus • Gastgarten • traditionell

Essen:	42 | 50
Service:	18 | 20
Weinkarte:	18 | 20
Ambiente:	7 | 10
Gesamt:	85 | 100

Leos

93444 Kötzting

Das Leos im Bayerwaldhof ist chic und ungezwungen zugleich. Die Küche ist geradlinig und verarbeitet nur beste Produkte. Klassisch französisch angelehnt und mit internationalen Einsprengseln.

Liebenstein 25
+49 9941 94800
bayerwaldhof.de
französisch • nachhaltig • modern

Essen:	45	50
Service:	18	20
Weinkarte:	18	20
Ambiente:	9	10
Gesamt:	90	100

Hardthaus

84559 Kraiburg

In historischer Umgebung werden Kreationen wie Maultaschen vom Perleshamer Lamm oder Zweierlei vom Kraiburger Reh serviert. Der Wein wird im 600 Jahre alten Kellergewölbe gelagert und verkostet.

Marktplatz 31
+49 8638 73067
hardthaus.de
Hotelrestaurant • Gewölbe • romantisch

Essen:	43	50
Service:	18	20
Weinkarte:	18	20
Ambiente:	8	10
Gesamt:	87	100

Hörger

85402 Kranzberg

Unter der Leitung von Küchenchef Michael Niedermeier werden regionale Gerichte mit vegetarischen und veganen Optionen serviert. Das Panorama über die Hügel bei Hohenbercha rundet den Besuch ab.

Hohenbercha 38
+49 8166 9909868
hoerger-biohotel.de
Hotelrestaurant • bio • eigener Gemüsegarten

Essen:	42	50
Service:	17	20
Weinkarte:	16	20
Ambiente:	8	10
Gesamt:	83	100

Diem

86381 Krumbach

Man schmeckt, dass das Metzgerhandwerk gelernt ist und die Gastgeber mit Herz dabei sind. Festtagssuppe, Spargel zur Saison, Wurstsalat oder Schweinskopf und Cordon bleu: alles, wie es sein soll!

Kirchenstraße 5
+49 8282 88820
hotel-diem.de
Gasthaus • regionale Produkte • Delikatessenverkauf

Essen:	43	50
Service:	18	20
Weinkarte:	16	20
Ambiente:	8	10
Gesamt:	85	100

Bellini

84034 Landshut

Italien in Landshut! Bei Maurizio Ritacco laben sich die Gäste nicht nur an Pizza, sondern auch an frischer Pasta, feinen Vorspeisen wie Schwertfisch mit sizilianischer Marinade und Fleischgerichten vom Grill.

Papiererstraße 12
+49 871 630303
bellini-landshut.de
Casual Dining • italienisch • romantisch

Essen:	43	50
Service:	17	20
Weinkarte:	17	20
Ambiente:	8	10
Gesamt:	85	100

Keidenzeller Hof

90579 Langenzenn

Dass exklusive Modernität und traditionelle Umgebung kein Widerspruch sind, beweist der Keidenzeller Hof zum Beispiel mit den feinen Gourmetmenüs mittags und abends zwischen Fränkischem Coppa und Petit Fours.

Fürther Straße 11
+49 9101 901226
keidenzeller-hof.com
Allrounder • gemütlich • elegant

Essen:	45 | 50
Service:	18 | 20
Weinkarte:	18 | 20
Ambiente:	8 | 10
Gesamt:	89 | 100

Zum Maurerwirt

85293 Langwaid

Das Menü klingt vielversprechend und lockt zahlreiche Gäste mit außergewöhnlichen Kompositionen wie Kürbiscremesuppe mit Zimtcroutons oder Karpfenpflanzerl mit Kräuterpüree und Remoulade.

Scheyerer Straße 3
+49 8137 809066
maurerwirt.de
Allrounder • mediterran • klassisch

Essen:	43 | 50
Service:	18 | 20
Weinkarte:	16 | 20
Ambiente:	8 | 10
Gesamt:	85 | 100

Goldner Engel

63925 Laudenbach

Das Fleisch kommt aus der eigenen Metzgerei, der Fisch aus Frankreich. Auf der Speisekarte stehen frisches Tatar und gebratene Mittelmeerfische mit Roter-Pfeffer-Knoblauch-Sauce nach Tagesempfehlung.

Miltenberger Straße 5
+49 9372 99930
goldner-engel.de
Gasthaus • eigene Fleischerei • traditionell

P

Essen:	42 | 50
Service:	17 | 20
Weinkarte:	16 | 20
Ambiente:	7 | 10
Gesamt:	82 | 100

Waldgasthof am Letten

91207 Lauf

Man erkennt, dass eine Küche sich bewegt, wenn die verwendeten Zutaten vom Standard abweichen. Wie hier. Klar gibt es Knödel mit Sauerkraut. Aber eben auch Zitronengras und Shoyu.

Letten 13
+49 9123 9530
waldgasthof-am-letten.de
Hotelrestaurant • deutsche Küche • im Grünen • gemütlich

Essen:	43 | 50
Service:	17 | 20
Weinkarte:	17 | 20
Ambiente:	8 | 10
Gesamt:	85 | 100

zumOXN

83410 Laufen

Jede Speise hat einen anderen Schwerpunkt und vereint gehobene Küche mit klassischen Gerichten. Am ersten Montag im Monat gibt es Burger, die man sich frei zusammenstellen kann.

Tittmoninger Straße 19
+49 8682 6649100
zumoxn.de
regionale Produkte • modern • Familienbetrieb

P

Essen:	42 | 50
Service:	18 | 20
Weinkarte:	17 | 20
Ambiente:	9 | 10
Gesamt:	86 | 100

Genusswerkstatt

89415 Lauingen an der Donau

Gemütlichkeit bedeutet Geselligkeit – hier soll gelacht und das Essen genossen werden. Mittags gibt es Kaspressknödel und Schnitzel vom heimischen Reh, abends eine Schlachtplatte mit Sauerkraut.

Imhofstraße 7
+49 9072 95890
hotel-lodner.de
Hotelrestaurant • Gewölbe • elegant

Essen:	**43** I 50
Service:	**17** I 20
Weinkarte:	**17** I 20
Ambiente:	**8** I 10
Gesamt:	85 I 100

Schweizer Wirtin

83661 Lenggries

Feine Regionalküche und ein herzliches Team rund um Inhaberin Barbara Hipp: Seit rund 400 Jahren existiert dieses Bauernrestaurant mit seinem herrlichen Bergblick. Der Wirt ist mittlerweile eine Wirtin.

Schlegldorf 83
+49 8042 8902
schweizer-wirt.de
Gasthaus • regionale Küche • traditionell

Essen:	**42** I 50
Service:	**17** I 20
Weinkarte:	**17** I 20
Ambiente:	**7** I 10
Gesamt:	83 I 100

Harmonie

95192 Lichtenberg

Das gemütliche Harmonie bewahrt den traditionellen Charakter des Hauses aus dem Jahr 1823. Die regional-saisonale Küche von Schiefertrüffelsuppe bis Schokoküchle ist ebenso harmonisch wie der Service herzlich.

Schloßberg 2
+49 9288 246
harmonie-lichtenberg.de
Familienbetrieb • urig • romantisch

Essen:	**42** I 50
Service:	**18** I 20
Weinkarte:	**16** I 20
Ambiente:	**9** I 10
Gesamt:	85 I 100

Alte Post

88131 Lindau (Bodensee)

Andreas und Susan Franz servieren steirisch-schwäbische Kreationen auf ihrer Dachterrasse mit Blick auf die Altstadt. Es gibt Schweinerückensteak und vegane Maultaschen mit regionaler Weinempfehlung.

Fischergasse 3
+49 8382 93460
alte-post-lindau.de
Hotelrestaurant • traditionell • entspannt

Essen:	**42** I 50
Service:	**17** I 20
Weinkarte:	**16** I 20
Ambiente:	**7** I 10
Gesamt:	82 I 100

KARRisma

88131 Lindau (Bodensee)

Julian Karr setzt auf höchste Produktqualität und wird bei der Zubereitung kreativ, was das Aromenspektrum und die Optik seiner Gerichte angeht. Im Sommer auch eine herrliche Terrassenadresse.

Alter Schulplatz 1
+49 8382 9435041
adara-lindau.de
Hotelrestaurant • modern • elegant

Essen:	**42** I 50
Service:	**17** I 20
Weinkarte:	**16** I 20
Ambiente:	**8** I 10
Gesamt:	83 I 100

Valentin Fine Dining ǁ

88131 Lindau (Bodensee)

2014 haben sich Claudia und Daniel Siebert mit diesem modern eingerichteten Restaurant den Traum von der Selbständigkeit erfüllt. Bei Produktqualität und Frische macht der Patron keine Abstriche.

In der Grub 28a	Essen: **42** I 50
+49 8382 9839849	Service: **18** I 20
valentin-lindau.de	Weinkarte: **17** I 20
Fine Dining • Gewölbe • Gastgarten	Ambiente: **9** I 10
	Gesamt: **86** I 100

Spessarttor |

97816 Lohr am Main

Umringt von Natur, findet man hier fränkische Gastlichkeit. Diese zeigt sich auch in Gerichten wie geschmorten Ochsenbacken in Spätburgundersauce und Spessarter Rehbraten mit Preiselbeeren.

Wombacher Straße 140	Essen: **43** I 50
+49 9352 87330	Service: **17** I 20
hotel-spessarttor.de	Weinkarte: **16** I 20
Gasthaus • deutsche Küche • traditionell	Ambiente: **8** I 10
P	Gesamt: **84** I 100

Heinzinger ǁ

82216 Maisach

Die Qual der Wahl: klassisch, modern interpretierte Wirtshausküche, Casual Fine Dining und Steaks in Spitzenqualität. Küchenchef und Gastwirt Denis Michael Kleinknecht stillt jeden Hunger.

Weiherhauser Straße 1	Essen: **43** I 50
+49 8135 9942763	Service: **18** I 20
gasthof-heinzinger.de	Weinkarte: **16** I 20
Gasthaus • regionale Produkte • entspannt	Ambiente: **8** I 10
P	Gesamt: **85** I 100

Widmann |

82216 Maisach

Bayerisches Ambiente pur: In der gemütlichen Gaststube oder im Kastanien-Biergarten schmecken das »Augustiner Bierkellersteak« oder frische Spinatknödel und ein kaltes Bier gleich noch mal besser.

Bergstraße 4	Essen: **42** I 50
+49 8135 485	Service: **17** I 20
	Weinkarte: **17** I 20
Gasthaus • deutsche Küche • gemütlich	Ambiente: **8** I 10
	Gesamt: **84** I 100

Euringer |

85077 Manching

Bayerische Gerichte und saisonale Kreationen: Die Speisekarte bietet Klassiker wie Schäufele und Krustenbraten sowie vegetarische Gerichte wie dreierlei Knödel. Als Dessert gibt es hausgemachtes Eis.

Manchinger Straße 29	Essen: **42** I 50
+49 8459 33250	Service: **17** I 20
hotel-euringer.de	Weinkarte: **16** I 20
Gasthaus • gemütlich • Gastgarten	Ambiente: **7** I 10
P	Gesamt: **82** I 100

| 80–84 ǁ 85–89 ǁǀ 90–94 ǁǁ 95–100 Punkte

Michels Stern

97340 Marktbreit

Ein Ort der Genüsse mit deftigen fränkischen Klassikern und feinen Küchenkreationen wie Rehterrine und Kalbsleber. Hotelbetriebswirt Stefan Michel und Küchenmeister Wolfgang Michel kochen und servieren.

Bahnhofstraße 9
+49 9332 1316
michelsstern.de
Familienbetrieb • klassisch • entspannt

Essen:	42 I 50
Service:	17 I 20
Weinkarte:	18 I 20
Ambiente:	7 I 10
Gesamt:	84 I 100

Weinhaus Anker

97828 Marktheidenfeld

Genuss ist wie Sport – er braucht Vorbereitung. Zum Glück übernehmen das hier andere. Und zwar so gut, dass man ein Erlebnis der Spitzenklasse hat. Essen, Wein, Service. Top! Nur applaudieren muss man selbst.

Obertorstraße 13
+49 9391 60040
hotel-anker.de
Hotelrestaurant • Gastgarten • regionale Produkte

Essen:	42 I 50
Service:	18 I 20
Weinkarte:	17 I 20
Ambiente:	7 I 10
Gesamt:	84 I 100

Weber am Bach

87700 Memmingen

Manchmal ist das Bewährte auch das Beste. Vor allem, wenn man das Beste daraus macht. Seit 700 Jahren genießen Gourmets hier regionale Köstlichkeiten. Und das wird auch in Zukunft noch so sein.

Untere Bachgasse 2
+49 8331 2414
weber-am-bach.de
Familienbetrieb • regionale Produkte • gemütlich

Essen:	43 I 50
Service:	18 I 20
Weinkarte:	17 I 20
Ambiente:	8 I 10
Gesamt:	86 I 100

Manuelis

83714 Miesbach

Individualismus und Kreativität werden hier gepaart mit ungewöhnlichen Zubereitungsformen und starker saisonaler Prägung. Dazu herzliche Gastgeber und die gemütliche Stube mitten im historischen Miesbach.

Kolpingstraße 2
+49 8025 9229693
manuelis.de
Allrounder • nachhaltig • unkonventionell

Essen:	43 I 50
Service:	17 I 20
Weinkarte:	16 I 20
Ambiente:	7 I 10
Gesamt:	83 I 100

Das Marktrestaurant

82481 Mittenwald

Ein verlässlicher gastronomischer Leuchtturm in Mittenwald, kulinarisch wie gastlich. Andreas Hillejan kocht, was gut ist, und zwar mit niederrheinischen Wurzeln, oberbayerischen Einflüssen und internationalen Zutaten.

Dekan-Karl-Platz 21
+49 8823 9269595
das-marktrestaurant.de
Fine Dining • regionale Küche • Gewölbe

Essen:	45 I 50
Service:	18 I 20
Weinkarte:	18 I 20
Ambiente:	8 I 10
Gesamt:	89 I 100

Freilinger Wirt

84335 Mitterskirchen

Die frische Küche im Freilinger Wirt macht Spaß und ist unkompliziert. Backhendlsalat oder Filet vom Tagesfang – die Produkte kommen aus der Region. Und hinterher gibt es Schokoküchlein mit flüssigem Kern.

Hofmarkstraße 5
+49 8725 200
freilinger-wirt.de
Familienbetrieb • deutsche Küche • Gastgarten

Essen:	42 / 50
Service:	17 / 20
Weinkarte:	15 / 20
Ambiente:	7 / 10
Gesamt:	81 / 100

1804 Hirschau

80805 München

Nachhaltig, saisonal, regional – beim From-farm-to-table-Konzept wird auf lokale Zulieferer und den Eigenanbau mancher Kräuter-, Obst- und Gemüsesorten im Englischen Garten gesetzt.

Gyßlingstraße 15
+49 89 36090490
1804muc.de
Casual Dining • deutsche Küche • nachhaltig • Terrasse

Essen:	44 / 50
Service:	18 / 20
Weinkarte:	17 / 20
Ambiente:	8 / 10
Gesamt:	87 / 100

181

80809 München

Das Drehrestaurant im Olympiaturm auf 181 Metern Höhe bietet kulinarische Exklusivität und international gehobene Küche und verspricht einen atemberaubenden Panoramablick über München.

Spiridon-Louis-Ring 7
+49 89 350948181
restaurant181.com
Fine Dining • modern • Essen mit Aussicht

Essen:	43 / 50
Service:	17 / 20
Weinkarte:	17 / 20
Ambiente:	8 / 10
Gesamt:	85 / 100

Acetaia

80639 München

Ein gehobenes italienisches Restaurant, wie es München liebt: klassische italienische Küche im Jugendstil-Ambiente, viel Fisch und handgemachte Pasta – begleitet von einer beachtenswerten Weinauswahl.

Nymphenburger Straße 215
+49 89 13929077
acetaia.de
italienisch • Delikatessenverkauf • Terrasse

Essen:	45 / 50
Service:	18 / 20
Weinkarte:	18 / 20
Ambiente:	8 / 10
Gesamt:	89 / 100

Acquarello
81677 München

Mario Gamba zelebriert in der »nördlichsten Stadt Italiens« italienische Gourmetküche in aller Farbenpracht und Perfektion, was Handwerk und Produkt angeht. Auch der Raum versetzt einen in den Süden.

Mühlbaurstraße 36 +49 89 4704848 acquarello.com **italienisch • Terrasse • elegant**	Essen: **46** | 50 Service: **18** | 20 Weinkarte: **18** | 20 Ambiente: **8** | 10 Gesamt: **90** | 100

Aimy
80333 München

Südostasiatische Küche mit thailändischem Schwerpunkt in edel-modernem Ambiente. Von klassischen Frühlingsrollen und Papayasalat bis zur großen Auswahl an Fisch und Seafood in guter Qualität wird jeder fündig.

Brienner Straße 10 +49 89 45212755 aimy-restaurant.de **Thai • modern • Gastgarten**	Essen: **43** | 50 Service: **17** | 20 Weinkarte: **17** | 20 Ambiente: **8** | 10 Gesamt: **85** | 100

Andechser am Dom
80331 München

Zentraler geht es nicht: Im urig-gemütlichen Lokal blickt es sich bei bayerischen Spezialitäten und einer guten Auswahl Andechser Bier (und auch Weinen!) hervorragend auf die Frauenkirche.

Frauenplatz 7 +49 89 24292920 andechser-am-dom.de **Brauerei • deutsche Küche • Hausmannskost • klassisch**	Essen: **41** | 50 Service: **17** | 20 Weinkarte: **15** | 20 Ambiente: **7** | 10 Gesamt: **80** | 100

Asam Schlössl
81379 München

Barbara und Shane McMahon betreiben das historisch-idyllische Asam Schlössl mit großem Gastgeberherz. Auf den Tisch kommen Regionales, gegrillte Steaks, Bier vom Fass und eine schöne Weinauswahl.

Maria-Einsiedel-Straße 45 +49 89 780167790 asamschloessl.de **Steak • Terrasse • romantisch** P	Essen: **42** | 50 Service: **17** | 20 Weinkarte: **16** | 20 Ambiente: **8** | 10 Gesamt: **83** | 100

Atelier Gourmet
81669 München

Französische Genusskultur mit herzlichem Service mitten im »Franzosenviertel« Münchens. Wechselnde mehrgängige Menüs und die passenden Weine bedienen Frankreich-Sehnsucht auf geschmackvollste Weise.

Rablstraße 37 +49 89 487220 ateliergourmet.de **modern • französisch • mediterran**	Essen: **42** | 50 Service: **18** | 20 Weinkarte: **19** | 20 Ambiente: **8** | 10 Gesamt: **87** | 100

Atelier – Bayerischer Hof

80333 München

Französisch basierte Haute Cuisine mit asiatisch-japanischen Einflüssen schreibt sich Anton Gschwendtner auf die Fahne. Zu erleben als kreative Gourmetküche im luxuriös gestalteten Ambiente von Axel Vervoordt.

Promenadeplatz 2–6
+49 89 2120743
bayerischerhof.de
Fine Dining • französisch • elegant

Essen:	**47** I 50
Service:	**19** I 20
Weinkarte:	**20** I 20
Ambiente:	**9** I 10
Gesamt:	95 I 100

Atlantik

80337 München

Hier, direkt am Münchner Schlachthof, gibt es nicht nur frischen Fisch, Hummer, Austern und Co zu Premiumweinen und Champagner. Auch die eine oder andere Party lässt sich in den Separees feiern.

Zenettistraße 12
+49 89 74790610
atlantikfisch-muenchen.de
Fisch • elegant • Geschäftsessen

Essen:	**43** I 50
Service:	**17** I 20
Weinkarte:	**18** I 20
Ambiente:	**8** I 10
Gesamt:	86 I 100

Ayinger am Platzl

80331 München

Am bekannten Münchener Platzl betreibt die Familie Inselkammer ein liebevoll geführtes Wirtshaus mit Bier aus der eigenen Traditionsbrauerei. Dazu gibt es frische Schmankerl mit Zutaten aus der Region.

Platzl 1a
+49 89 23703666
ayinger-am-platzl.de
Gasthaus • deutsche Küche • urig

Essen:	**42** I 50
Service:	**17** I 20
Weinkarte:	**15** I 20
Ambiente:	**8** I 10
Gesamt:	82 I 100

Bachmeier Genussfreuden

80331 München

Hans Jörg Bachmeier bringt mittels regionaler Produkte schnörkellosen Genuss mit klarem Bezug zu Bayern auf den Tisch und verspricht eine kulinarische Reise – auch in seine niederbayerische Heimat.

Westenriederstraße 43
+49 89 28755010
bachmeier-genussfreuden.de
Bistro • regionale Produkte • modern • entspannt

Essen:	**44** I 50
Service:	**19** I 20
Weinkarte:	**17** I 20
Ambiente:	**8** I 10
Gesamt:	88 I 100

Bar Mural

80333 München

In der Bar Mural genießt man am tollen langen Kupfertresen eine bemerkenswerte Auswahl an vor allem naturorientierten Weinentdeckungen. Dazu: gehobene Brotzeiten und feine regionale Kleinigkeiten.

Theresienstraße 1
+49 89 27373380
barmural.com
Bar • regionale Produkte • elegant

Essen:	**43** I 50
Service:	**18** I 20
Weinkarte:	**18** I 20
Ambiente:	**8** I 10
Gesamt:	87 I 100

Bingo

80469 München

Mit dem Bingo-Bistro weht ein weltmännischer Hauch durch München. Die Vorspeisen kommen im Sharing-Stil und das Gros der Zutaten aus dem nahen Umkreis. Auf der Karte sammeln sich französische Weine.

Westermühlstraße 13
regionale Produkte • französisch • gemütlich

Essen:	**43** I 50
Service:	**18** I 20
Weinkarte:	**17** I 20
Ambiente:	**8** I 10
Gesamt:	86 I 100

Blauer Bock

80331 München

Der Blaue Bock, einen Steinwurf vom Viktualienmarkt entfernt, ist immer ein guter Ort zum Einkehren, ob schnelles Lunch-Menü oder Schlemmen mit Kaviar, Entrecôte double und die vielen interessanten Weine am Abend.

Sebastiansplatz 9
+49 89 45222333
restaurant-blauerbock.de
Hotelrestaurant • mediterran • modern

Essen:	**43** I 50
Service:	**18** I 20
Weinkarte:	**18** I 20
Ambiente:	**7** I 10
Gesamt:	86 I 100

Thorsten Jochim

Brasserie Bavarie

80809 München

Hier trifft München auf Frankreich – das Fusionskonzept bringt innovative Gerichte auf den Tisch. Neben Fisch und saisonalen Speisen finden sich auch Käfer-Klassiker auf der Speisekarte.

Am Olympiapark 1
+49 89 358991818
feinkost-kaefer.de
Bistro • französisch • regionale Produkte • modern

Essen:	**43** I 50
Service:	**18** I 20
Weinkarte:	**18** I 20
Ambiente:	**8** I 10
Gesamt:	87 I 100

Brasserie Colette

80469 München

Bilderbuch-Brasserie mit elegant-moderner Einrichtung und richtig guter Küche. Kein Wunder, denn Tim Raue steckt hinter den Rezepturen von Bouillabaisse bis Pulpo. Tolle Auswahl an Austern und Weinen!

Klenzestraße 72	Essen:	43 | 50
+49 89 23002555	Service:	18 | 20
brasseriecolette.de	Weinkarte:	17 | 20
Fine Dining • französisch • Geschäftsessen	Ambiente:	8 | 10
	Gesamt:	86 | 100

Brenner

80539 München

Eine Institution zum »Sehen und Gesehenwerden« – und zum italienisch Essen. Pasta, Fleisch und Fisch vom offenen Grill und eine umfangreiche Weinauswahl runden das Angebot im großen Lokal und Garten ab.

Maximilianstraße 15	Essen:	42 | 50
+49 89 4522880	Service:	17 | 20
brennergrill.de	Weinkarte:	18 | 20
italienisch • Steak • Gewölbe	Ambiente:	8 | 10
	Gesamt:	85 | 100

Broeding

80634 München

Das Broeding ist eine Institution und ein Slow-Food-Vorzeigebetrieb. Nachhaltig war man hier schon lange, bevor Nachhaltigkeit in wurde. Und es schmeckt immer wieder hervorragend. Dazu Weine aus eigenem Handel.

Schulstraße 9	Essen:	43 | 50
+49 89 164238	Service:	18 | 20
broeding.de	Weinkarte:	18 | 20
deutsche Küche • eigener Gemüsegarten • nachhaltig	Ambiente:	8 | 10
P	Gesamt:	87 | 100

Brothers

80801 München

Freude am gedeckten Tisch – das ist bei einzigartigen Menüs und der vom Sommelier ausgewählten Weinbegleitung ein Leichtes. Vielfältige Geschmäcker und gemeinsame Zeit stehen im Mittelpunkt.

Kurfürstenstraße 31	Essen:	44 | 50
+49 89 45461930	Service:	19 | 20
brothers-munich.com	Weinkarte:	19 | 20
Fine Dining • modern • international	Ambiente:	8 | 10
	Gesamt:	90 | 100

Central

80335 München

Das Central-Café liegt direkt gegenüber vom Bahnhof. Die Räume im Stil des Neoklassizismus atmen Historie. Serviert werden Klassiker, Krabbencocktail und Burger, aber auch Pasta und Bayerisches.

Arnulfstraße 4	Essen:	42 | 50
+49 89 55115715	Service:	18 | 20
central-restaurant.de	Weinkarte:	17 | 20
regionale Produkte • klassisch • elegant	Ambiente:	9 | 10
	Gesamt:	86 | 100

Cevicheria Pez

80802 München

Peru in München: Die hellen Räumlichkeiten erinnern an Urlaub, und die klassischen Ceviches oder ihre modernen Abwandlungen à la Thai, Trüffel oder Nikkei in sehr guter Fischqualität tun ihr Übriges.

Occamstraße 26
+49 89 82969652
cevicheria-pez.de
peruanisch • Fisch • modern

Essen:	**43** | 50
Service:	**17** | 20
Weinkarte:	**16** | 20
Ambiente:	**8** | 10
Gesamt:	84 | 100

Chez Fritz

81667 München

Die hohen Decken und das Brasserie-Mobiliar erinnern an Paris. In dem großen Lokal werden Austern, Fisch und Savoir-vivre zelebriert, und das seit vielen Jahren. Selbstredend mit der passenden Weinkarte.

Preysingstraße 20
+49 89 4487676
chezfritz.de
französisch • gemütlich • Gastgarten

Essen:	**43** | 50
Service:	**17** | 20
Weinkarte:	**17** | 20
Ambiente:	**8** | 10
Gesamt:	85 | 100

Das Museum

80538 München

Die Küchenkreationen sind mindestens genauso inspirierend wie das Museum selbst. Hier genießt man entweder ganz unkompliziert ein Bier oder ein Glas Wein mit Südtiroler Speck oder das kreative Menü.

Prinzregentenstraße 3
+49 89 45224430
museum-muenchen.de
deutsche Küche • Gastgarten • modern

Essen:	**43** | 50
Service:	**17** | 20
Weinkarte:	**16** | 20
Ambiente:	**8** | 10
Gesamt:	84 | 100

Das Neuhausen

80636 München

Frühstück, Mittag, Abend: Das Neuhausen ist ein Lokal, wo man den ganzen Tag verbringen kann. Die große Auswahl erstreckt sich von Eierspeisen über Burger, Pasta und Thai-Curry bis hin zu kreativen Salat-Bowls.

Blutenburgstraße 106
+49 89 18975570
dasneuhausen.de
Allrounder • Gastgarten • entspannt

Essen:	**42** | 50
Service:	**18** | 20
Weinkarte:	**17** | 20
Ambiente:	**8** | 10
Gesamt:	85 | 100

Délice

80335 München

Der französisch-mediterrane Fokus – von Zwiebelsuppe bis Crème brûlée – ist hier umgeben von internationalen Hotelklassikern wie Tatar, Caesar Salad, Steak, Burger und veganen Gerichten. Da wird jeder fündig.

Bayerstraße 12
+49 89 599480
sofitel-munich.com
Hotelrestaurant • französisch • Terrasse

Essen:	**42** | 50
Service:	**17** | 20
Weinkarte:	**18** | 20
Ambiente:	**7** | 10
Gesamt:	84 | 100

Der Dantler
81541 München

Die Gastgeber verstehen ihr Handwerk – in der Küche ebenso wie bei der Weinauswahl. Herrlich unprätentiöser Ort mit richtig gutem und raffiniertem Essen (viel Fisch), einer Lunch-Option und einem Abendmenü.

Werinherstraße 15
+49 89 39292689
derdantler.de
Allrounder • elegant • Geschäftsessen

Essen:	**44** I 50
Service:	**18** I 20
Weinkarte:	**19** I 20
Ambiente:	**8** I 10
Gesamt:	89 I 100

Der Pschorr
80331 München

Regionale Erzeuger spielen eine entscheidende Rolle in der sehr guten frischen bayerischen Küche beim Pschorr – wunderschön zentral gelegen direkt am Viktualienmarkt und mit großer Terrasse.

Viktualienmarkt 15
+49 89 442383940
der-pschorr.de
Gasthaus • deutsche Küche • regionale Produkte

Essen:	**42** I 50
Service:	**16** I 20
Weinkarte:	**16** I 20
Ambiente:	**8** I 10
Gesamt:	82 I 100

Do & Co München
80331 München

Moderne Sushi-Spezialitäten auf höchstem Niveau im edel-stylishen Ambiente. Hier bleibt vom Sashimi über Carpaccio vom Yellow-Fin-Thunfisch bis zur Dose Kaviar kein Wunsch offen. Gute Drinks und Sake-Auswahl!

Filserbräugasse 1
+49 89 69313780
docohotel.com
asiatisch • Cocktails • modern

P

Essen:	**43** I 50
Service:	**17** I 20
Weinkarte:	**18** I 20
Ambiente:	**9** I 10
Gesamt:	87 I 100

Ederer
80337 München

Die saisonale Speisekarte basiert auf Zutaten von regionalen Erzeugern und Lieferanten. Sternekoch Karl Ederer teilt sein Know-how nicht nur in der Küche, sondern auch in Online-Kochvideos.

Lindwurmstraße 48
+49 89 74747928
restaurant-ederer.de
Fine Dining • regionale Produkte • nachhaltig • gemütlich

Essen:	**44** I 50
Service:	**18** I 20
Weinkarte:	**17** I 20
Ambiente:	**8** I 10
Gesamt:	87 I 100

Essence
81245 München

Der Gast hat die Wahl aus verschieden großen Menüs mit vielen Optionen: Die Möglichkeiten sind ebenso bunt wie die international inspirierten Gerichte zwischen Ibérico, Makrele, Ceviche vom Kürbis und Kokos mit Shizo.

Gottfried-Keller-Straße 35
+49 89 80040025
essence-restaurant.de
Fine Dining • Geschäftsessen • modern

Essen:	**44** I 50
Service:	**17** I 20
Weinkarte:	**18** I 20
Ambiente:	**7** I 10
Gesamt:	86 I 100

STEPHANIE BRAEUER

EssZimmer

80809 München

Lässigkeit und Luxus – das verspricht Küchenchef Bobby Bräuer mit seiner kulinarischen Kunst. Er gibt allen Gerichten einen eigenen Stil und schafft es, dass Fine Dining an der Tagesordnung steht.

Am Olympiapark 1
+49 89 358991814
feinkost-kaefer.de
Fine Dining • regionale Produkte • modern

Essen:	**48** / 50
Service:	**19** / 20
Weinkarte:	**19** / 20
Ambiente:	**9** / 10
Gesamt:	95 / 100

Freisinger Hof

81925 München

Die Atmosphäre ist einladend und gediegen. Auf den Tisch kommen viele Mastochsen-Spezialitäten vom Weißen Scherzel bis zur Zunge, aber natürlich auch bestes Schnitzel, Fisch und Süßes wie Marillenknödel.

Oberföhringer Straße 189–191
+49 89 1890820
freisinger-hof.de
Gasthaus • Gastgarten • klassisch

Essen:	**42** / 50
Service:	**17** / 20
Weinkarte:	**17** / 20
Ambiente:	**8** / 10
Gesamt:	84 / 100

Gabelspiel

81539 München

Das kleine Gourmetrestaurant Gabelspiel punktet mit Wohnzimmeratmosphäre und öffnet gleichzeitig den Blick in die weite Welt: etwa mit Hecht mit Umeboshi-Aprikosen oder mit Karotte mit Kardamom und Erdnuss.

Zehentbauernstraße 20
+49 89 12253940
restaurant-gabelspiel.de
regionale Produkte • modern • elegant

Essen:	**45** / 50
Service:	**18** / 20
Weinkarte:	**18** / 20
Ambiente:	**8** / 10
Gesamt:	89 / 100

Galleria

80331 München

Nur einen Katzensprung vom Marienplatz entfernt serviert das Galleria italienische Klassiker von gebackenem Oktopus und Focaccia mit Burrata über hausgemachte Pasta bis zu Secondi mit Fisch und Fleisch.

Sparkassenstraße 11
+49 89 297995
ristorante-galleria.de
italienisch • modern • Geschäftsessen

Essen:	**43** / 50
Service:	**18** / 20
Weinkarte:	**17** / 20
Ambiente:	**7** / 10
Gesamt:	85 / 100

Maximilian Ostermeier, www.thekengold.studio

Green Beetle

81679 München

Ein vegetarisch-veganes Restaurant, das ausschließlich nachhaltige Produkte verwendet – die Wildkräuter kommen aus dem Englischen Garten. Küchenchef Felix Adebahr will mit seinen Menüs überraschen.

Schumannstraße 9	Essen: **43** I 50
+49 176 14168023	Service: **18** I 20
feinkost-kaefer.de	Weinkarte: **18** I 20
vegetarisch • vegan • nachhaltig • modern	Ambiente: **8** I 10
	Gesamt: 87 I 100

Großmarkthalle

81371 München

Wer in München Weißwürste essen möchte, kommt am »Wallner« nicht vorbei. Aber auch die anderen Schmankerl von Wollwurst bis Mehlspeise locken. Toll auch das urige Gewölbe und die Lage direkt am Großmarkt.

Kochelseestraße 13	Essen: **42** I 50
+49 89 764531	Service: **17** I 20
gaststätte-grossmarkthalle.de	Weinkarte: **15** I 20
Gasthaus • Hausmannskost • urig	Ambiente: **7** I 10
	Gesamt: 81 I 100

Daniel Schvarcz

Hippocampus

81677 München

Gehoben, gediegen und das »feine Italien« in Reinform in der »nördlichsten Stadt Italiens«. Im edlen Ambiente gibt es Primi, Pesci, Carni und Dolci zuhauf – auch als Menü. Und natürlich passende Weine.

Mühlbaurstraße 5	Essen: **42** I 50
+49 89 475855	Service: **18** I 20
hippocampus-restaurant.de	Weinkarte: **18** I 20
italienisch • elegant • Terrasse	Ambiente: **8** I 10
	Gesamt: 86 I 100

Ho Tay
81925 München

Das Ho Tay schreibt sich die nordvietnamesische Küche auf die Fahne – und die Karte. Wer schon einmal in Hanoi gegessen hat, wird sich über diese authentische Annäherung sehr freuen!

Fritz-Meyer-Weg 55	Essen: **42** I 50
+49 89 90899278	Service: **17** I 20
hotay.de	Weinkarte: **15** I 20
vietnamesisch • entspannt • gemütlich	Ambiente: **8** I 10
	Gesamt: **82** I 100

Huber
81679 München

Die zwei Menüs im Restaurant Huber werden liebevoll und schnörkellos mit besten Produkten und viel Seele zubereitet. »Perfektion in der Einfachheit«, so nennen die Gastgeber das – und das lässt sich unterschreiben.

Newtonstraße 13	Essen: **43** I 50
+49 89 985152	Service: **18** I 20
huber-restaurant.de	Weinkarte: **18** I 20
modern • entspannt • Terrasse	Ambiente: **7** I 10
P	Gesamt: **86** I 100

Hunsinger in der Goldenen Gans
81241 München

Restaurant beim Pasinger Stadtpark in Tradition diverser Fischlokale, die Werner Hunsinger über die letzten 37 Jahre geführt hat. Serviert wird französische Fischküche mit asiatischen Akzenten.

Planegger Straße 31	Essen: **42** I 50
+49 89 837033	Service: **18** I 20
goldene-gans.com	Weinkarte: **17** I 20
Fisch • elegant • Terrasse	Ambiente: **8** I 10
	Gesamt: **85** I 100

Il Borgo
80797 München

Moderne italienische Küche mit frischen Zutaten und saisonalen Besonderheiten: Die Speisekarte reicht von Violette-Garnelen-Tatar über Pasta mit Kalbsleber-Ricotta-Füllung bis hin zu Passionsfruchtmousse.

Georgenstraße 144	Essen: **43** I 50
+49 89 1292119	Service: **18** I 20
il-borgo.de	Weinkarte: **18** I 20
italienisch • modern • Geschäftsessen	Ambiente: **8** I 10
	Gesamt: **87** I 100

Jan
80333 München

Handwerk und Nachhaltigkeit stehen im Fokus, moderne und klassische Techniken sorgen für Geschmackserlebnisse. In stilvoller Atmosphäre wird das große Menü serviert, das mittags verkleinert werden kann.

Luisenstraße 27	Essen: **50** I 50
+49 89 23708658	Service: **19** I 20
jan-hartwig.com	Weinkarte: **19** I 20
Fine Dining • regionale Produkte • elegant	Ambiente: **10** I 10
	Gesamt: **98** I 100

Jin 🍴🍴

80538 München

Hao Jin ist bekannt für seine authentische (süd-)chinesische Küche mit viel Fisch und kreativen Weiterentwicklungen mit Anleihen aus dem Japanischen. Ebenso beachtenswert: seine gut gepflegte Weinkarte.

Kanalstraße 14 +49 89 49892194 restaurant-jin.de **Fine Dining • chinesisch • Fisch**	Essen: **43** I 50 Service: **18** I 20 Weinkarte: **18** I 20 Ambiente: **8** I 10 Gesamt: 87 I 100

Johannas 🍴🍴

81377 München

Wer gerne Wild isst und rare Burgunder genießt, der ist hier hervorragend aufgehoben. Die französisch angelehnte Küche bedient sich vornehmlich Regional-Saisonalem, aber auch das Beste aus dem Meer wird hier verarbeitet.

Heiglhofstraße 18 +49 89 7411440 restaurant-johannas.de **Familienbetrieb • regionale Produkte • klassisch** P	Essen: **43** I 50 Service: **18** I 20 Weinkarte: **19** I 20 Ambiente: **8** I 10 Gesamt: 88 I 100

Käfer-Schänke 🍴🍴

81675 München

Die Käfer-Schänke ist eine sichere Bank: beste Grundprodukte, klassische Speisen als Menü oder à la carte. Hummercocktail, Carpaccio, Steinbutt oder Hirschkalb kommen natürlich mit passender Weinauswahl.

Prinzregentenstraße 73 +49 89 4168247 feinkost-kaefer.de **Casual Dining • gemütlich • entspannt**	Essen: **43** I 50 Service: **17** I 20 Weinkarte: **18** I 20 Ambiente: **9** I 10 Gesamt: 87 I 100

Kaito 🍴🍴

80333 München

Es werden authentische japanische Gerichte aus frischen Zutaten serviert. Die Speisekarte bietet neben Sushi auch eine Vielzahl anderer Speisen, die dem Gast die Vielfalt der japanischen Küche näherbringen.

Gabelsbergerstraße 85 +49 89 52059455 de.kaito-restaurant.com **japanisch • Sushi • entspannt**	Essen: **43** I 50 Service: **18** I 20 Weinkarte: **18** I 20 Ambiente: **8** I 10 Gesamt: 87 I 100

Keko

81541 München

Das Keko ist eine der Referenzen für türkische Küche in München. Seit 1989 füllen hier eine große Auswahl Mezze, gegrilltes Fleisch, Fisch und authentische Salate die Tische, auch zum Sonntagsbrunch.

Mariahilfstraße 24	Essen: **42** | 50
+49 89 659969	Service: **17** | 20
restaurant-keko.de	Weinkarte: **15** | 20
türkisch • Brunch • entspannt • modern	Ambiente: **7** | 10
	Gesamt: 81 | 100

Klinglwirt

81669 München

Hier im zertifizierten Biowirtshaus kommt das Fleisch aus Herrmannsdorf, die Käsespätzle sind aus Biodinkelmehl, und es gibt eine gute Auswahl an vegetarischen und veganen Speisen im rustikalen Ambiente.

Balanstraße 16	Essen: **42** | 50
+49 89 85676199	Service: **17** | 20
klinglwirt.de	Weinkarte: **15** | 20
Gasthaus • regionale Produkte • bio • urig	Ambiente: **8** | 10
	Gesamt: 82 | 100

KOI

80333 München

Mit schicken Räumlichkeiten und großer Terrasse bietet das KOI japanisch inspirierter Küche von Edamame bis Wagyu-Tataki ein Zuhause. Viel kommt vom Robata-Grill, aber auch Sushi ist ein großes Thema!

Wittelsbacherplatz 1	Essen: **43** | 50
+49 89 89081926	Service: **18** | 20
koi-restaurant.de	Weinkarte: **18** | 20
japanisch • Terrasse • modern	Ambiente: **8** | 10
	Gesamt: 87 | 100

KOMU

80331 München

Christoph Kunz ist mittags und abends für seine Gäste da. Im familiären Wohlfühlambiente bietet der talentierte Koch eine ganze Reihe an kulinarischen Klassikern, die er mutig und kreativ aufpeppt.

Hackenstraße 4	Essen: **47** | 50
+49 173 1560415	Service: **19** | 20
komu-restaurant.de	Weinkarte: **18** | 20
Fine Dining • entspannt • modern	Ambiente: **9** | 10
	Gesamt: 93 | 100

La Bohème

80804 München

Das Highlight der Speisekarte ist das Sharing-Dinner-Menü. Das Rinderfilet wird am Tisch flambiert und tranchiert – ein Lobster-Upgrade ist möglich. Auch vielfältige Vorspeisen können geteilt werden.

Leopoldstraße 180	Essen: **43** | 50
+49 89 23762323	Service: **18** | 20
boheme-schwabing.de	Weinkarte: **17** | 20
amerikanisch • Steak • modern • Sharing Menu	Ambiente: **8** | 10
	Gesamt: 86 | 100

Landersdorfer & Innerhofer

80331 München

Haute Cuisine, aber lässig. Johann Landersdorfer kocht göttlich – und immer tages- und marktfrisch. Dazu gibt es die beeindruckende Weinauswahl von Robert Innerhofer mit Raritäten und Entdeckungen.

Hackenstraße 6–8	Essen: **43** I 50
+49 89 26018637	Service: **18** I 20
landersdorferundinnerhofer.de	Weinkarte: **18** I 20
regionale Produkte • klassisch • entspannt	Ambiente: **8** I 10
	Gesamt: 87 I 100

Le Stollberg

80539 München

Küchenchefin und Inhaberin Anette Huber kocht mit oberbayerischen Wurzeln von Herzen französisch, und wie! Tomaten-Tarte-Tatin, Fischsuppe, Kalbskopf mit Hummer oder Taubenbrust. Solide Weinauswahl.

Stollbergstraße 2	Essen: **43** I 50
+49 89 24243450	Service: **17** I 20
lestollberg.de	Weinkarte: **17** I 20
Geschäftsessen • französisch • Terrasse	Ambiente: **8** I 10
	Gesamt: 85 I 100

Les Deux Brasserie

80333 München

Nathalie Leblond und ihre famose Brigade zeigen, dass französische Küche den Sprung in die Moderne schafft. Feinsinnige Interpretationen von Fischsuppe oder Entenleber-Terrine und fantastische Gastgeber.

Maffeistraße 3A	Essen: **43** I 50
+49 89 710407373	Service: **18** I 20
lesdeux-muc.de	Weinkarte: **18** I 20
französisch • elegant • Terrasse • Geschäftsessen	Ambiente: **8** I 10
	Gesamt: 87 I 100

Les Deux Restaurant

80333 München

Die moderne französische Küche findet sich hier in hausgemachtem Sauerteigbrot und raffinierten Kreationen wie Miéral-Perlhuhn in zwei Gängen sowie einer Weinkarte mit 600 Positionen wieder.

Maffeistraße 3A	Essen: **45** I 50
+49 89 710407373	Service: **19** I 20
lesdeux-muc.de	Weinkarte: **18** I 20
Fine Dining • französisch • elegant	Ambiente: **8** I 10
	Gesamt: 90 I 100

Levante

80801 München

Türkische Küche im modernen Restaurant mit vielen Gerichten zum Teilen – von klassischen Mezze über Fisch und Fleisch bis zu vielen vegetarischen Kreationen. Lockere Atmosphäre und geselliges Ambiente.

Franz-Joseph-Straße 45	Essen: **42** I 50
+49 89 34077788	Service: **17** I 20
levante-munich.com	Weinkarte: **15** I 20
türkisch • modern • gemütlich • Sharing Menu	Ambiente: **8** I 10
	Gesamt: 82 I 100

LITTLE LONDON BAR & GRILL

Little London

80331 München

Man betritt eine gediegene gemütliche Welt mitten in der Innenstadt. Die vielen ausgewählten Fleischsorten kommen bei 928 °C auf den Montague-Grill und werden von einer großen interessanten Weinauswahl begleitet!

Tal 31
+49 89 122239470
little-london.de
Steak • Cocktails • gemütlich

Essen:	**43** I 50
Service:	**18** I 20
Weinkarte:	**19** I 20
Ambiente:	**8** I 10
Gesamt:	88 I 100

Little Wolf

80469 München

Smokehouse-Küche at its best im Diner-Stil mit Theke und offener Küche. Butterzarte Pastrami, Short Ribs und Brisket, dazu Mac and Cheese und hinterher den Five-Dollar-Shake und einen Whiskey, bitte!

Pestalozzistraße 9
+49 89 85636152
little-wolf.de
Casual Dining • Steak • amerikanisch

Essen:	**42** I 50
Service:	**17** I 20
Weinkarte:	**15** I 20
Ambiente:	**7** I 10
Gesamt:	81 I 100

Martinelli

81927 München

Die Fans gehobener italienischer Küche haben das Martinelli längst zu ihrem Stammlokal gemacht. Die Menüs mit feinen Fischgerichten, hausgemachter Pasta und Weinbegleitung sind aber auch wirklich verführerisch!

Wilhelm-Diß-Weg 2
+49 89 931416
ristorantemartinelli.de
italienisch • Terrasse • modern

Essen:	**43** I 50
Service:	**17** I 20
Weinkarte:	**17** I 20
Ambiente:	**7** I 10
Gesamt:	84 I 100

Matsuhisa

80331 München

Nobu Matsuhisas Kreationen sind weltberühmt. Seine japanisch-peruanische Küche überzeugt mit erstklassiger Produktqualität, vor allem im Fisch- und Seafood-Bereich. Dazu: Sake, Champagner und Wein.

Neuturmstraße 1
+49 89 29098875
mandarinoriental.com
Hotelrestaurant • peruanisch • japanisch

Essen:	**43** I 50
Service:	**17** I 20
Weinkarte:	**18** I 20
Ambiente:	**8** I 10
Gesamt:	86 I 100

Mona

81667 München

Der Küchenchef und gebürtige Neapolitaner Simone Mazzariello vereint Monaco und Napoli an einem Tisch. Der Abend startet mit einer Olivenöl-Verkostung oder einem Überraschungsmenü.

Rosenheimer Straße 15	Essen: **43** I 50
+49 89 44249500	Service: **17** I 20
mona-restaurant.de	Weinkarte: **17** I 20
mediterran • Steak • modern • gemütlich	Ambiente: **8** I 10
	Gesamt: 85 I 100

Mountain Hub Gourmet

85356 München

Spitzenküche meets Flughafen: Beim Gourmet-Lunch-Menü oder beim Fine Dining mit Lachsforelle, Taube und Reh kann man den Alltagsstress wunderbar ausblenden. Bei wenig Zeit kann man die Gerichte à la carte wählen.

Terminalstraße Mitte 20	Essen: **46** I 50
+49 89 97824500	Service: **18** I 20
mountainhub.de	Weinkarte: **18** I 20
Hotelrestaurant • Fine Dining • elegant	Ambiente: **8** I 10
P	Gesamt: 90 I 100

Mun

81667 München

Bei Chef Mun Kim treffen koreanische Rezepte auf internationale Einflüsse. Auf der Speisekarte finden sich die Sushi-Selektion des Tages und Gerichte wie Dorade und weißer Spargel mit koreanischer Bouillabaisse.

Innere Wiener Straße 18	Essen: **43** I 50
+49 89 62809520	Service: **18** I 20
munrestaurant.de	Weinkarte: **17** I 20
koreanisch • Sushi • modern	Ambiente: **8** I 10
	Gesamt: 86 I 100

Mural

80331 München

Küchenchef Joshua Leise kreiert monatlich wechselnde Menüs, inklusive eines köstlichen veganen Menüs. Sommelier und Geschäftsführer Wolfgang Hingerl empfiehlt hochwertige Weine aus aller Welt.

Hotterstraße 12	Essen: **46** I 50
+49 89 27373380	Service: **19** I 20
mural.restaurant	Weinkarte: **18** I 20
regionale Produkte • modern • elegant • vegan	Ambiente: **8** I 10
	Gesamt: 91 I 100

Nymphenburger Hof

80335 München

Ob Gourmetmenü oder Mittagskarte, klassische (steirische) Kulinarik mit Anspruch in schönem Ambiente bekommt man hier immer: Almochsen-Carpaccio, Seeteufel-Medaillons oder Milchkalbsleber – alles top.

Nymphenburger Straße 24	Essen: **43** I 50
+49 89 1233830	Service: **18** I 20
nymphenburgerhof.de	Weinkarte: **17** I 20
Gasthaus • Terrasse • traditionell	Ambiente: **8** I 10
	Gesamt: 86 I 100

Pageou
80333 München

Das Restaurant von Ali Güngörmüş ist benannt nach dem Ort, in dem der TV-Koch aufwuchs. Die Räumlichkeiten sind wunderschön und das Essen ist kosmopolitisch und geradlinig mit orientalischen Einflüssen.

Kardinal-Faulhaber-Straße 10
+49 89 24231310
pageou.de
türkisch • modern • elegant

Essen:	44 I 50
Service:	18 I 20
Weinkarte:	18 I 20
Ambiente:	9 I 10
Gesamt:	89 I 100

Pescheria
80336 München

Mit dem Fokus auf Fisch und Meeresfrüchten lässt sich in der Pescheria ein Ausflug in mediterrane Gefilde unternehmen, kulinarisch zumindest. Austern, Calamari, Pulpo oder ganze Fische zum Teilen.

Pettenkoferstraße 1
+49 89 24214027
pescheria.de
mediterran • Fisch • gemütlich

Essen:	42 I 50
Service:	18 I 20
Weinkarte:	16 I 20
Ambiente:	8 I 10
Gesamt:	84 I 100

Pfistermühle
80331 München

Feine Kulinarik mit besten Zutaten aus dem Voralpenland, innovative Menüoption mittags und eine beachtenswerte Weinkarte. Dazu: kompetenter, charmanter, persönlicher Service. Mitten in der Innenstadt!

Pfisterstraße 4
+49 89 23703865
pfistermuehle.de
deutsche Küche • Gewölbe • romantisch

P

Essen:	42 I 50
Service:	17 I 20
Weinkarte:	17 I 20
Ambiente:	8 I 10
Gesamt:	84 I 100

Pure Wine & Food
80799 München

Der Wein spielt hier eine große und wichtige Rolle, läuft den feinen saisonalen Kreationen aus der Küche aber keineswegs den Rang ab. Empfehlung: das »Chef's Choice«-Menü auf der wunderbaren Terrasse.

Neureuther Straße 15
+49 89 399936
pure-wine-food.de
Vinothek • mediterran • elegant

Essen:	43 I 50
Service:	18 I 20
Weinkarte:	18 I 20
Ambiente:	8 I 10
Gesamt:	87 I 100

Rocca Riviera
80333 München

Mediterrane Küche mit Fisch und Fleisch vom Holzkohlegrill, Tatar und Pasta. Aber auch Flammkuchen mit Trüffel, Hummerbisque und Fattoush-Salat mit Orient-Einschlag. Tolle Terrasse am Wittelsbacherplatz.

Wittelsbacherplatz 2
+49 89 28724421
roccariviera.com
mediterran • Late Night Dining • elegant

Essen:	43 I 50
Service:	17 I 20
Weinkarte:	17 I 20
Ambiente:	8 I 10
Gesamt:	85 I 100

S.Zimmer 80469 München

In diesem Lokal mit Weinbar sorgt das junge Kochduo Sepehr Alipour und Jonas Ulbrich für das leibliche Wohl. Die große Auswahl an Supertuscans verschiedenster Jahrgänge hat in München kaum Konkurrenz.

Ickstattstraße 21
+49 89 20207390
szimmer-glockenbach.de
regionale Produkte • modern • entspannt

Essen:	**43** | 50
Service:	**18** | 20
Weinkarte:	**18** | 20
Ambiente:	**8** | 10
Gesamt:	87 | 100

Sansaro 80799 München

Wirklich eine Referenz in München, was Sushi in authentisch japanischer Zubereitung angeht. Der Fisch qualitativ erster Güte, die Tempura top, das Plating schlicht und der Raum herrlich unprätentiös.

Amalienstraße 89
+49 89 28808442
sushiya.de
japanisch • Sushi • klassisch

Essen:	**43** | 50
Service:	**17** | 20
Weinkarte:	**17** | 20
Ambiente:	**7** | 10
Gesamt:	84 | 100

Schneider Bräuhaus 80331 München

Besonders zu beachten ist die Tagesempfehlung auf den Schiefertafeln über der Küche. Vom Schweinszüngerl bis zum »Voressen« gibt es hier noch echte Altmünchener Küche. Dazu natürlich Bier vom Fass.

Tal 7
+49 89 2901380
schneider-brauhaus.de
Brauerei • eigene Fleischerei • urig

Essen:	**42** | 50
Service:	**17** | 20
Weinkarte:	**15** | 20
Ambiente:	**7** | 10
Gesamt:	81 | 100

Schreiberei 80331 München

Mitten in der Münchener Altstadt wird ein »New Way of Dining« zelebriert. Die Gerichte sind ebenso erstklassig wie teilweise überraschend einfach – im Untergeschoss findet sich der verglaste Weinkeller.

Dienerstraße 20
+49 89 21529172
schreiberei-muc.de
Casual Dining • französisch • japanisch • elegant

Essen:	**44** | 50
Service:	**18** | 20
Weinkarte:	**19** | 20
Ambiente:	**10** | 10
Gesamt:	91 | 100

Schumann's Bar am Hofgarten

80539 München

Wer denkt, Charles Schumann serviere »nur« Drinks, der irrt gewaltig. Die Kulinarik hier ist ebenso wie das Liquide eine echte Institution. Legendär ist das Roastbeef mit den besten Bratkartoffeln der Stadt.

Odeonsplatz 6–7	Essen: **42** I 50
+49 89 229060	Service: **18** I 20
schumanns.de	Weinkarte: **18** I 20
regionale Küche • Cocktails • Terrasse	Ambiente: **9** I 10
	Gesamt: **87** I 100

Schwarzreiter

80539 München

Franz-Josef Unterlechner hat für seine aromenstarke, ausgefeilt harmonische, in großen Teilen von Fisch und Meeresfrüchten geprägte Küche hier ein standesgemäßes schickes Zuhause gefunden.

Maximilianstraße 17	Essen: **45** I 50
+49 89 21252125	Service: **18** I 20
schwarzreiter-muenchen.de	Weinkarte: **18** I 20
Fine Dining • Terrasse • elegant	Ambiente: **8** I 10
	Gesamt: **89** I 100

Schwarzreiter Tagesbar

80539 München

Bodenständig, elegant, unkompliziert. Auf der Karte stehen Gerichte wie Muskatkürbis-Tarte, Adlerfisch und Spitzkohltaschen, die allesamt mit exquisiten Beilagen verfeinert werden.

Maximilianstraße 17	Essen: **42** I 50
+49 89 21252125	Service: **17** I 20
schwarzreiter-muenchen.de	Weinkarte: **17** I 20
Fine Dining • regionale Küche • elegant	Ambiente: **8** I 10
	Gesamt: **84** I 100

Showroom

81669 München

Nachhaltigkeit und kulinarischer Einklang mit den Jahreszeiten – die Küchenchefs Dominik Käppeler und Tobias Bacher verwöhnen bei einem 14-tägig wechselnden Acht-Gänge-Menü mit kreativen Kombinationen.

Lilienstraße 6	Essen: **45** I 50
+49 89 44429082	Service: **18** I 20
showroom-restaurant.de	Weinkarte: **18** I 20
Fine Dining • mediterran • elegant • modern	Ambiente: **9** I 10
	Gesamt: **90** I 100

Sollner Hof

81479 München

Hier findet man wahre Liebhaber-Raritäten: Nierchen, Sülze und Lüngerl sind allesamt fein zubereitet und kommen wie Fisch und vegetarische Gerichte mit saisonalem Gemüse und tollen Saucen auf den Tisch!

Herterichstraße 63–65	Essen: **43** I 50
+49 89 7498290	Service: **17** I 20
sollnerhof.de	Weinkarte: **16** I 20
Gasthaus • traditionell • Gastgarten	Ambiente: **7** I 10
P	Gesamt: **83** I 100

Sophia's

80333 München

Moderne italienische Küche im schicken weltstädtischen Rocco-Forte-Hotel. Eleganz und Authentizität schreibt sich das Sophia's genauso auf die Fahne wie beste Produkte, gerne von heimischen Lieferanten.

Sophienstraße 28	Essen: **42** I 50
+49 89 544555	Service: **17** I 20
roccofortehotels.com	Weinkarte: **17** I 20
Hotelrestaurant • italienisch • Terrasse	Ambiente: **8** I 10
	Gesamt: 84 I 100

Sparkling Bistro

80799 München

Kulinarische Schätze einer Region: Die Menüs mit vier bis acht Gängen können durch Jürgens Signatures erweitert werden. Auf dem Teller kommen Heimat, Qualität und Perfektion zusammen.

Amalienstraße 89	Essen: **45** I 50
+49 89 46138267	Service: **18** I 20
bistro-muenchen.de	Weinkarte: **19** I 20
modern • gemütlich • nachhaltig • unkonventionell	Ambiente: **8** I 10
	Gesamt: 90 I 100

Spatenhaus

80333 München

Das Spatenhaus gegenüber der Oper am May-Joseph-Platz ist sicher einer der schönsten Standorte in München für bayerische Traditionsküche. Aber auch die Auswahl an Klassikern und Vegetarischem hält mit.

Residenzstraße 12	Essen: **43** I 50
+49 89 290706	Service: **17** I 20
kuffler.de	Weinkarte: **16** I 20
Gasthaus • deutsche Küche • Biervielfalt • gemütlich	Ambiente: **8** I 10
	Gesamt: 84 I 100

Tantris

80805 München

Pure, klare Ästhetik, die sich auch in der geschmacklichen Stringenz wiederfindet. Qualität, Finesse und Freude am Genuss stehen bei Benjamin Chmura an oberster Stelle. Legendär und atmosphärisch!

Johann-Fichte-Straße 7	Essen: **48** I 50
+49 89 3619590	Service: **19** I 20
tantris.de	Weinkarte: **20** I 20
Fine Dining • nachhaltig • elegant	Ambiente: **10** I 10
	Gesamt: 97 I 100

Tantris DNA

80805 München

Im Juni hat Benjamin Chmura neben dem Menü-Restaurant auch das DNA übernommen. Hier bietet er klassische französische Küche. Daneben finden sich Referenzen zu »Signature dishes« ehemaliger Chefs.

Johann-Fichte-Straße 7	Essen: **48** I 50
+49 89 3619590	Service: **19** I 20
tantris.de	Weinkarte: **20** I 20
Fine Dining • französisch • elegant	Ambiente: **9** I 10
	Gesamt: 96 I 100

The Louis Grillroom

80331 München

Widersprüchlichkeit trifft auf Wirklichkeit – es gibt T-Bone-Steak vom Blumenkohl, aber auch Fleisch. Das Angebot reicht vom »Viktualienmarkt-Brunch« bis hin zu Grillkreationen auf der Dachterrasse.

Viktualienmarkt 6
+49 89 41119080
thelouisgrillroom.com
Hotelrestaurant • Steak • modern

Essen:	**42** I 50
Service:	**18** I 20
Weinkarte:	**18** I 20
Ambiente:	**8** I 10
Gesamt:	86 I 100

Tohru in der Schreiberei

80331 München

Die Liebe zum Detail erkennt man nicht nur an den Gerichten – Frankreich trifft auf japanische Präzision –, sondern auch an den eigens dafür ausgewählten Tellern und der erlesenen Weinauswahl.

Burgstraße 5
+49 89 21529172
schreiberei-muc.de
Fine Dining • japanisch • modern

Essen:	**48** I 50
Service:	**19** I 20
Weinkarte:	**19** I 20
Ambiente:	**10** I 10
Gesamt:	96 I 100

Trichards

80538 München

Klassiker aus aller Welt: Auf der Speisekarte stehen Gerichte aus Italien, Bayern oder Frankreich, zu denen man den jeweils passenden Wein auf der sehr vielfältigen Karte findet.

Reitmorstraße 21
+49 89 54843526
trichards.de
Bistro • französisch • italienisch • elegant

Essen:	**42** I 50
Service:	**17** I 20
Weinkarte:	**18** I 20
Ambiente:	**8** I 10
Gesamt:	85 I 100

Vecchia Lanterna

80538 München

Hier steckt viel Liebe in der Produktauswahl, in der Zubereitung und im Weinangebot. Rotbarbe, hausgemachte Pasta, weißer Trüffel und Burrata – alles schmeckt bestens und bringt Italien ins Lehel.

St.-Anna-Straße 31
+49 89 81892096
vecchia-lanterna.de
italienisch • Terrasse • modern

Essen:	**43** I 50
Service:	**18** I 20
Weinkarte:	**17** I 20
Ambiente:	**8** I 10
Gesamt:	86 I 100

Vinaiolo

81667 München

Nicht nur optisch ein italienisches Lokal wie aus dem Bilderbuch. Die integrierte Weinhandlung sorgt für die passende Begleitung, etwa zu hausgemachten Tagliatelle mit Kaninchen-Salsiccia und Trüffel.

Steinstraße 42
+49 89 48950356
vinaiolo.de
italienisch • traditionell • Vinothek

Essen:	**42** I 50
Service:	**17** I 20
Weinkarte:	**17** I 20
Ambiente:	**8** I 10
Gesamt:	84 I 100

Vinothek by Geisel

80335 München

Die Vinothek ist in jeder Hinsicht eine sichere Bank: herzliche Gastgeber, sensationelle Weinauswahl, seelenwärmendes Essen, frisch aufgeschnittener Schinken und Burrata. Und das mehr als zentral.

Schützenstraße 11	Essen: **43** | 50
+49 89 551377140	Service: **17** | 20
excelsior-hotel.de	Weinkarte: **18** | 20
Hotelrestaurant • Gewölbe • urig	Ambiente: **8** | 10
	Gesamt: 86 | 100

Weinhaus Neuner

80331 München

Ambitionierte Küche, die sich ihre Bodenständigkeit behält, historische Räumlichkeiten – und dazu eine Weinauswahl, die viele Gäste anzieht und bleiben lässt. Tipp: Hühnerfrikassee mit Blätterteighaube.

Herzogspitalstraße 8	Essen: **43** | 50
+49 89 2603954	Service: **17** | 20
weinhaus-neuner.de	Weinkarte: **17** | 20
regionale Küche • traditionell • Gewölbe	Ambiente: **8** | 10
	Gesamt: 85 | 100

Werneckhof Sigi Schelling

80802 München

Inhaberin und Chef de Cuisine Sigi Schelling setzt auf klassische, produktbezogene, saisonale und leichte Küche – und auf ein Hauptprodukt auf dem Teller, das sie perfekt zubereitet.

Werneckstraße 11	Essen: **46** | 50
+49 89 244189190	Service: **19** | 20
werneckhof-schelling.de	Weinkarte: **18** | 20
regionale Produkte • elegant • Geschäftsessen	Ambiente: **8** | 10
	Gesamt: 91 | 100

Wirtshaus Hohenwart

81541 München

»Bayerisch, herzlich und heiter« beschreibt das Hohenwart ganz trefflich. Im gemütlichen Gastraum gibt es vom Katerfrühstück bis zum Giesinger Knödelgeheimnis und Sauren Lüngerl alles, was das Herz begehrt.

Gietlstraße 15	Essen: **42** | 50
+49 89 69397575	Service: **17** | 20
wirtshaus-hohenwart.de	Weinkarte: **16** | 20
Gasthaus • traditionell • entspannt	Ambiente: **8** | 10
	Gesamt: 83 | 100

Xaver's

80469 München

Die Geschwister Portenlänger haben hier ein zeitgemäßes Wirtshaus geschaffen. Jung und Alt, Einheimische und Touristen, Stammtisch und Bartisch: Hier werden alle glücklich bei bayerischer Verköstigung.

Rumfordstraße 35	Essen: **42** | 50
+49 1577 1490313	Service: **17** | 20
xaver-s.de	Weinkarte: **17** | 20
Gasthaus • deutsche Küche • modern	Ambiente: **8** | 10
	Gesamt: 84 | 100

Zauberberg

80636 München

Das Zauberberg ist eine langjährige Institution im Viertel Neuhausen. Die Überraschungsmenüs und Weinbegleitungen, die schöne Terrasse, die köstliche Küche und der herzliche Service – alles wirklich zauberhaft!

Hedwigstraße 14
+49 89 18999178
restaurant-zauberberg.de
Allrounder • gemütlich • modern

Essen:	**42**	50
Service:	**17**	20
Weinkarte:	**17**	20
Ambiente:	**8**	10
Gesamt:	84	100

Zum Alten Markt

80331 München

Am Dreifaltigkeitsplatz versteckt sich ein gemütliches gut geführtes Kleinod, das den Sprung in die Moderne geschafft hat. Es gibt Lokales – von Weideochsen-Tatar bis zu Brez'nknödel mit Schwammerl.

Dreifaltigkeitsplatz 3
+49 89 299995
zumaltenmarkt.de
deutsche Küche • entspannt • regionale Produkte

Essen:	**42**	50
Service:	**17**	20
Weinkarte:	**17**	20
Ambiente:	**8**	10
Gesamt:	84	100

Zwickl

80331 München

Fleischpflanzerl und Bier sind nicht nur eine unschlagbare Kombination, sie sind im Zwickl auch Tradition. Natürlich gibt es sie mittlerweile auch pflanzlich. Außerdem weitere bayerische Schmankerl.

Dreifaltigkeitsplatz 2
+49 89 46228833
zwickl-muenchen.de
regionale Küche • traditionell • Biervielfalt

Essen:	**42**	50
Service:	**17**	20
Weinkarte:	**15**	20
Ambiente:	**7**	10
Gesamt:	81	100

Alpenhof Restaurant

82418 Murnau am Staffelsee

Die großzügigen Panoramafenster geben den Blick auf das Murnauer Moos und die Bergwelt vor den Türen des anspruchsvollen Hotels frei. Auf den Teller kommt Regionales ebenso wie Internationales.

Ramsachstraße 8
+49 8841 491320
alpenhof-murnau.com
Vinothek • Essen mit Aussicht • Gastgarten

Essen:	**42**	50
Service:	**18**	20
Weinkarte:	**19**	20
Ambiente:	**8**	10
Gesamt:	87	100

Stark

85128 Nassenfels

Das 1988 neu erbaute Wirtshaus blickt auf eine Geschichte zurück, die bis ins 17. Jahrhundert reicht. Es wird Wert auf Regionalität und Qualität gelegt – das servierte Wild kommt aus heimischen Wäldern.

Dorfstraße 17
+49 8424 485
gasthaus-stark.de
Familienbetrieb • Gewölbe • urig

Essen:	**42** I 50
Service:	**18** I 20
Weinkarte:	**15** I 20
Ambiente:	**8** I 10
Gesamt:	83 I 100

Stephans Stuben

89231 Neu-Ulm

Marco Langer hat das traditionsreiche Restaurant übernommen und mit neuem kulinarischem Leben gefüllt. Sein durchdachtes Menü gibt es auch in einer vegetarischen Variante. Geschmack vom Feinsten!

Bahnhofstraße 65
+49 173 7082023
stephansstuben.com
Fine Dining • Geschäftsessen • gemütlich

Essen:	**44** I 50
Service:	**18** I 20
Weinkarte:	**17** I 20
Ambiente:	**8** I 10
Gesamt:	87 I 100

Auers Schlosswirtschaft

83115 Neubeuern

Tradition ist nicht immer gleichbedeutend mit Qualität. Hier schon: Seit über 30 Jahren entsteht hier aus natürlichen Zutaten übernatürlicher Geschmack. Das Ambiente ist schlicht und ergreifend, schöne Terrasse.

Rosenheimer Straße 8
+49 8035 2669
auers-schlosswirtschaft.de
regionale Produkte • Gastgarten • gemütlich

Essen:	**43** I 50
Service:	**17** I 20
Weinkarte:	**16** I 20
Ambiente:	**8** I 10
Gesamt:	84 I 100

Klosterbräu 1719

86633 Neuburg

Michael Helget ist genauso sympathisch wie raffiniert. Das kann man an seinem Lächeln schon erahnen. Schmecken kann man es bei seinem bretonischen Kaisergranat mit konfierter Kerbelwurzel.

Kirchplatz 1
+49 8431 67750
zum-klosterbraeu.de
Hotelrestaurant • eigener Kräutergarten • traditionell

Essen:	**43** I 50
Service:	**18** I 20
Weinkarte:	**17** I 20
Ambiente:	**8** I 10
Gesamt:	86 I 100

Obendorfers Eisvogel — 92431 Neunburg vorm Wald

Finessenreich, kreativ und geradlinig ist die Küche von Sebastian Obendorfer – und stets mit eigenständigem Ausdruck. St. Pierre mit Poverade, Paprika und Estragon ist zum Beispiel Teil des Menüs »Impression«.

Hofenstetten 55
+49 9439 9500
der-birkenhof.de
Fine Dining • Essen mit Aussicht • nachhaltig

Essen:	**48** | 50
Service:	**19** | 20
Weinkarte:	**19** | 20
Ambiente:	**8** | 10
Gesamt:	94 | 100

Kuhlemann — 92660 Neustadt an der Waldnaab

Enge Beziehungen zu Lieferanten, beste Zutaten aus der Region, ein moderner Ansatz in der Küche. Mit dem Kuhlemann gibt es »irgendwo in der Oberpfalz« einen coolen Ort zum Essen, Trinken und Verweilen.

Freyung 39
+49 9602 941872
restaurant-kuhlemann.de
Casual Dining • deutsche Küche • regionale Produkte

Essen:	**43** | 50
Service:	**17** | 20
Weinkarte:	**17** | 20
Ambiente:	**8** | 10
Gesamt:	85 | 100

Buchner — 94559 Niederwinkling

Im historischen Gutshof (16. Jahrhundert) kocht Mathias Achatz mit internationaler Expertise ebenso aromatische wie ästhetische Gerichte. Dabei setzt er heimische Lachsforelle genauso gekonnt ein wie bretonischen Hummer.

Freymannstraße 15
+49 9962 730
buchner-welchenberg.de
Hotelrestaurant • Familienbetrieb • modern

Essen:	**45** | 50
Service:	**18** | 20
Weinkarte:	**18** | 20
Ambiente:	**8** | 10
Gesamt:	89 | 100

Haus am See — 88149 Nonnenhorn

Das Vier-Gänge-Menü verwöhnt mit einem Stundenei, Kreationen wie Topinamburcremesuppe mit Estragonöl und Fisch aus heimischen Gewässern. Küchenchef Valentin Knörle setzt auf regionale Lieferanten.

Uferstraße 23
+49 8382 988510
hausamsee-nonnenhorn.de
deutsche Küche • regionale Produkte • gemütlich

Essen:	**43** | 50
Service:	**18** | 20
Weinkarte:	**17** | 20
Ambiente:	**8** | 10
Gesamt:	86 | 100

Torkel

88149 Nonnenhorn

Küchenmeister Alexander Stoppel kreiert mit naturbelassenen Produkten und Raffinesse wunderbare Menügerichte. Der Weinkeller beherbergt edle Tropfen aus der Bodenseeregion sowie internationale Weine.

Seehalde 14 +49 8382 98620 hotel-torkel.de **Fine Dining • regionale Produkte • modern**	Essen: **43** I 50 Service: **18** I 20 Weinkarte: **18** I 20 Ambiente: **8** I 10 Gesamt: 87 I 100

Zehnthof

97334 Nordheim am Main

Franken wie aus dem Bilderbuch gibt es im schönen Zehnthof an der Mainschleife auf dem Teller und im Glas: Salzfleisch oder Rinderragout, hinterher Zwetschgentarte und natürlich fränkische Weine!

Langgasse 33 +49 9381 1702 der-reiser.de **deutsche Küche • Terrasse • entspannt**	Essen: **42** I 50 Service: **18** I 20 Weinkarte: **16** I 20 Ambiente: **8** I 10 Gesamt: 84 I 100

Meyers Keller

86720 Nördlingen

Wirtshaus und gehobene Küche gehen hier bei Jockl und Evelin Kaiser Hand in Hand. Ob Steinbutt und Reh oder vegetarisches Menü, alles ist stimmig und wird von einer erlebenswerten Weinauswahl begleitet.

Marienhöhe 8 +49 9081 4493 meyerskeller.de **regionale Produkte • Gastgarten • Delikatessenverkauf**	Essen: **46** I 50 Service: **18** I 20 Weinkarte: **18** I 20 Ambiente: **8** I 10 Gesamt: 90 I 100

1515 Rhinocervs

90419 Nürnberg

Küchenchefin Viviane Zabold bringt die Sonne von Rio de Janeiro ins Frankenland. Zwischen Sardinen, Sepia und Zuckerrohr traut sie sich etwas: Authentizität ohne Abstriche. Das zahlt sich aus.

Rohledererstraße 1 +49 911 30728542 1515rhinocerus.de **Fine Dining • brasilianisch • modern**	Essen: **43** I 50 Service: **17** I 20 Weinkarte: **17** I 20 Ambiente: **8** I 10 Gesamt: 85 I 100

Das Steichele

90402 Nürnberg

Mit »Lecker essen« wirbt dieses Restaurant und Hotel, das damit so tief stapelt, wie sein Weinkeller liegt. Aber vielleicht ist das ja das fränkische Gemüt, das den Besuch so lohnenswert macht.

Knorrstraße 2–8
+49 911 202280
steichele.de
Allrounder • Vinothek • urig

Essen:	42 | 50
Service:	17 | 20
Weinkarte:	18 | 20
Ambiente:	7 | 10
Gesamt:	84 | 100

Einzimmer Küche Bar

90403 Nürnberg

Kleines, feines, gemütliches Lokal mit einer Küche, die von nachhaltigem und bewusstem Genuss geprägt ist. Die Qualität der Produkte ist erstklassig und die Zubereitung originell, kreativ und tagesaktuell.

Schustergasse 10
+49 911 66463875
einzimmerkuechebar.de
deutsche Küche • unkonventionell • elegant

Essen:	43 | 50
Service:	18 | 20
Weinkarte:	18 | 20
Ambiente:	8 | 10
Gesamt:	87 | 100

Entenstuben

90489 Nürnberg

Ein Ort, an dem alles Schöne zusammenkommt: sehr gutes Essen, kreative Gerichte aus heimischen Zutaten und gelebtes herzliches Gastgebertum. Auch schön: das Kennenlernmenü für alle unter 35 Jahren.

Schranke 9
+49 911 5209128
entenstuben.de
Fine Dining • regionale Produkte • elegant

Essen:	45 | 50
Service:	19 | 20
Weinkarte:	18 | 20
Ambiente:	8 | 10
Gesamt:	90 | 100

Essigbrätlein

90403 Nürnberg

Das Essigbrätlein ist wirklich besonders – als Ort köstlichen Dinierens ebenso wie als Vorreiter, was die hochklassige Gemüseküche angeht. Qualität, Kompetenz und die Innovationslust der Küche sind beispiellos.

Weinmarkt 3
+49 911 225131
essigbraetlein.de
Fine Dining • regionale Produkte • unkonventionell

Essen:	48 | 50
Service:	19 | 20
Weinkarte:	19 | 20
Ambiente:	8 | 10
Gesamt:	94 | 100

etz

90419 Nürnberg

Felix Schneider und Team sind Vorreiter, was die Weiterentwicklung der Küche in eine moderne und nachhaltige, dabei aber auch immer schmackhafte Richtung angeht. Großes Kino im wunderschönen offenen Raum.

Wiesentalstraße 40
+49 911 47712809
etzrestaurant.de
regionale Produkte • nachhaltig • modern

Essen:	48 | 50
Service:	19 | 20
Weinkarte:	18 | 20
Ambiente:	9 | 10
Gesamt:	94 | 100

globo

90403 Nürnberg

Gemäß dem »Globale Regionalität«-Ansatz werden hier internationale Geschmäcker mit regionalen fränkischen Lebensmitteln kombiniert. Das »TeilMa(h)l« bringt verschiedene Speisen zum Teilen auf den Tisch.

Theresienplatz 1	Essen: **42** / 50
+49 911 25355515	Service: **17** / 20
globorestaurant.de	Weinkarte: **17** / 20
Gasthaus • Sharing Menu • nachhaltig	Ambiente: **7** / 10
	Gesamt: 83 / 100

Imperial

90402 Nürnberg

Stylish und urban sitzt man in Alexander Herrmanns Imperial bei Ramen, Artischocke oder Steak und Lobster in verschiedenen Menüvariationen. Man beachte auch die eigene Gin-Tonic-Karte!

Königstraße 70	Essen: **44** / 50
+49 911 24029955	Service: **18** / 20
ah-imperial.de	Weinkarte: **18** / 20
Fine Dining • elegant • unkonventionell	Ambiente: **8** / 10
	Gesamt: 88 / 100

Itaefong

90443 Nürnberg

Inspiriert von Party- und Streetfood-Vierteln in Korea und Hongkong gibt es Reiskuchen und Wantan-Suppe. Dazu reicht man vietnamesischen Espresso mit gezuckerter Kondensmilch – heiß oder mit Eiswürfeln.

Zeltnerstraße 19	Essen: **42** / 50
+49 911 20299395	Service: **18** / 20
itaefong.de	Weinkarte: **16** / 20
Casual Dining • asiatisch • Fisch	Ambiente: **8** / 10
	Gesamt: 84 / 100

IU & ON

90419 Nürnberg

Mit über 50 Jahren Tradition ist das IU & ON eingesessener als so manches fränkische Wirtshaus. Zu Recht: Hier wird authentisch und mit Herz eingekauft und gekocht, der Service ist ebenfalls herzlich!

Roritzerstraße 10	Essen: **43** / 50
+49 911 336767	Service: **18** / 20
thai-restaurant-nuernberg.de	Weinkarte: **16** / 20
Familienbetrieb • Thai • modern	Ambiente: **7** / 10
	Gesamt: 84 / 100

Koch und Kellner

90429 Nürnberg

Der Name sagt es: Küche und (Wein-)Service zeichnen sich beide durch Qualität und Charme aus. Das Restaurant ist einladend und bunt wie die Küche, die etwa mit Ricotta-Parmesan-Tortelloni mit Kalbsnierchen verwöhnt.

Obere Seitenstraße 4	Essen: **46** / 50
+49 911 266166	Service: **19** / 20
kochundkellner.de	Weinkarte: **18** / 20
traditionell • regionale Produkte • Geschäftsessen	Ambiente: **7** / 10
P	Gesamt: 90 / 100

Schwarzer Adler

90427 Nürnberg

Durch das Sharing-Konzept sowohl bei À-la-carte-Bestellung als auch beim Menü geht es bewusst locker zu. Behutsam zubereitet und schön angerichtet kommen Spezialitäten, Produkte und Aromen aus aller Welt auf den Tisch.

Kraftshofer Hauptstraße 166	Essen: **43** I 50
+49 911 305858	Service: **17** I 20
schwarzeradler.de	Weinkarte: **18** I 20
Sharing Menu • gemütlich • unkonventionell	Ambiente: **8** I 10
	Gesamt: 86 I 100

Tisane

90403 Nürnberg

Küchenchef René Stein sieht Kochen als kommunikatives Erlebnis. Deshalb gibt es an der Küchentheke 16 Plätze, die dafür sorgen, dass man direkten Einblick in die nächsten Gänge des Menüs erhält.

Augustinerhof 1	Essen: **45** I 50
+49 911 376766276	Service: **19** I 20
restaurant-tisane.de	Weinkarte: **17** I 20
Fine Dining • modern • Cocktails • unkonventionell	Ambiente: **9** I 10
	Gesamt: 90 I 100

Veles

90429 Nürnberg

Die saisonale Speisekarte ermöglicht auch vegetarische Genüsse. Alle Produkte stammen aus der Zusammenarbeit mit lokalen Erzeugern und Landwirten – es wird viel Wert auf natürliche Aromen gelegt.

Kernstraße 29	Essen: **45** I 50
+49 911 5985385	Service: **18** I 20
veles-restaurant.de	Weinkarte: **18** I 20
Fine Dining • mediterran • elegant • regionale Produkte	Ambiente: **8** I 10
	Gesamt: 89 I 100

Waidwerk

90431 Nürnberg

Im Gastraum herrscht eine spannende Mischung aus rustikaler Tradition und modernen Einflüssen – auch kulinarisch, etwa beim herrlichen Lammrücken! Ohne Spannung wird es fad. Aber das braucht man hier nicht zu fürchten.

Winterstraße 15	Essen: **45** I 50
+49 911 612032	Service: **19** I 20
rottner-hotel.de	Weinkarte: **18** I 20
Gasthaus • regionale Küche • traditionell	Ambiente: **9** I 10
	Gesamt: 91 I 100

Wonka

90419 Nürnberg

Asiatische Nuancen machen sich hervorragend in der fränkisch-regionalen Küche des Teams im Wonka. Seit über 20 Jahren wird hier mittags und abends fein gespeist – auch mit veganem Menü!

Johannisstraße 38	Essen: **44** I 50
+49 911 396215	Service: **18** I 20
restaurant-wonka.de	Weinkarte: **17** I 20
vegan • regionale Produkte • Terrasse • modern	Ambiente: **8** I 10
	Gesamt: 87 I 100

Würzhaus

90419 Nürnberg

Jedes Gericht bekommt hier einen Wein an die Seite gestellt, der aus einer Mahlzeit eine komplexe Genussgeschichte macht. Sehr zu empfehlen: der Kabeljau mit dem Chardonnay vom Weingut Koch.

Kirchenweg 3a	Essen: **43** I 50
+49 911 9373455	Service: **18** I 20
wuerzhaus.info	Weinkarte: **17** I 20
Fine Dining • deutsche Küche • bio	Ambiente: **8** I 10
	Gesamt: 86 I 100

Zirbelstube

90455 Nürnberg

Über den kulinarischen Tellerrand blicken und doch mit den Wurzeln in Franken bleiben: Das beherrscht Sebastian Kunkel fabelhaft. Kreativ setzt er großteils heimisches Gemüse, Fleisch und Fisch in Szene.

Friedrich-Overbeck-Straße 1	Essen: **43** I 50
+49 911 99882	Service: **17** I 20
zirbelstube.com	Weinkarte: **16** I 20
Gasthaus • traditionell • Gastgarten	Ambiente: **8** I 10
P	Gesamt: 84 I 100

Zum Gulden Stern

90402 Nürnberg

Mitten in der Altstadt hat die legendäre Nürnberger Bratwurst ihre angestammte Heimat. Frisch oder geräuchert wird sie im historischen Gasthaus auf offenem Buchholzfeuer gegrillt und heiß serviert.

Zirkelschmiedgasse 26	Essen: **42** I 50
+49 911 2059288	Service: **16** I 20
bratwurstkueche.de	Weinkarte: **16** I 20
Gasthaus • Hausmannskost • regionale Produkte	Ambiente: **7** I 10
	Gesamt: 81 I 100

ZweiSinn Meiers Fine Dining

90491 Nürnberg

»Da legst di nieder«, würde man gerne nach nur einer Gabel des bretonischen Rochen ausrufen. Aber man reißt sich lieber zusammen, weil man unbedingt wiederkommen will, wenn man einmal da war.

Äußere Sulzbacher Straße 118	Essen:	46 I 50
+49 911 92300823	Service:	19 I 20
meierszweisinn.de	Weinkarte:	18 I 20
Fine Dining • französisch • mediterran	Ambiente:	8 I 10
	Gesamt:	91 I 100

Bernhard's

83080 Oberaudorf

Köstliches aus der Schweiz, bayerisch und mediterran ergänzt: So beschreibt sich die Küche im Bernhard's. Heraus kommen geschmackvolle Kombinationen, die man in den schönen Stuben oder im Garten genießen kann.

Marienplatz 2	Essen:	42 I 50
+49 8033 30570	Service:	17 I 20
bernhards.biz	Weinkarte:	16 I 20
Gasthaus • Familienbetrieb • gemütlich	Ambiente:	8 I 10
P	Gesamt:	83 I 100

die.speisekammer

87534 Oberstaufen

In der Speisekammer steht jetzt Daniel Kuban in der Küche und hat seine ambitionierte saisonale Küche mit Einflüssen und Zutaten aus aller Welt mitgebracht: Kingfish mit Kiwi neben Rauchaal vom Bodensee.

Rothenfelsstraße 6–8	Essen:	42 I 50
+49 8386 9914620	Service:	17 I 20
die-speisekammer.de	Weinkarte:	18 I 20
Casual Dining • regionale Produkte • modern	Ambiente:	8 I 10
P	Gesamt:	85 I 100

Esslust

87534 Oberstaufen

Natürlich serviert man im Restaurant des Hotels Alpenkönig das Beste aus dem Allgäu. Aber auch Fans mediterran-italienischer Küche und außergewöhnlicher Akzente mit Shimeji oder Miso kommen auf ihre Kosten.

Kalzhofer Straße 25	Essen:	43 I 50
+49 8386 93450	Service:	17 I 20
hotel-alpenkoenig.de	Weinkarte:	18 I 20
Gasthaus • nachhaltig • am Berg	Ambiente:	8 I 10
P	Gesamt:	86 I 100

Alpe Dornach

87561 Oberstdorf

Hier schmeckt man die schönsten Aspekte der Region. Die Wiesenkräuter grüßen schon im Brotaufstrich. Weiter geht es mit »Alpinem Sandwich«, Allgäuer Bachforelle oder Sauerbraten vom Alprind.

Sesselweg 16	Essen: **43** | 50
+49 8322 6630	Service: **18** | 20
alpe-dornach.de	Weinkarte: **18** | 20
Gasthaus • deutsche Küche • regionale Produkte • am Berg	Ambiente: **8** | 10
	Gesamt: **87** | 100

Das Fetzwerk

87561 Oberstdorf

Ein betont buntes Potpourri aus exotischer und heimischer Küche mit neuen Trends und Drinks dazu. Merckatzer Pils zu Falafel oder Black Angus zu Poke Bowl mit Tempeh – alles nach Lust und Laune!

Freibergstraße 21	Essen: **42** | 50
+49 8322 96780	Service: **17** | 20
das-fetzwerk.de	Weinkarte: **16** | 20
Bistro • am Berg • gemütlich	Ambiente: **8** | 10
	Gesamt: **83** | 100

Das Maxi Genussreich

87561 Oberstdorf

Auch externe Gäste können sich im geschmackvoll eingerichteten Genussreich an der ambitionierten mediterranen Küche erfreuen. Dazu kommen die beachtenswerte Weinauswahl und der schöne Blick auf die Berge!

Freibergstraße 21	Essen: **45** | 50
+49 8322 96780	Service: **18** | 20
das-maximilians.de	Weinkarte: **18** | 20
Fine Dining • gemütlich • Terrasse	Ambiente: **8** | 10
	Gesamt: **89** | 100

Ess Atelier Strauss

87561 Oberstdorf

Die Region spiegelt sich nicht nur im Interieur wider, sondern auch im Menü mit Oberstdorfer Reh, Heumilchbutter oder Almrahm. Alles gekonnt ergänzt durch internationale Referenzen von Frankreich bis Japan.

Kirchstraße 1	Essen: **46** | 50
+49 8322 80080	Service: **18** | 20
loewen-strauss.de	Weinkarte: **18** | 20
Fine Dining • regionale Produkte • elegant	Ambiente: **8** | 10
	Gesamt: **90** | 100

Jagdhaus

87561 Oberstdorf

Gemütlich geht es zu im traditionsreichen Jagdhaus und im zünftigen Biergarten. Serviert werden lokales Wild sowie andere Schmankerl wie Spinatknödel, Lachsforelle oder »Königsschmarren«.

Ludwigstraße 13	Essen: **42** | 50
+49 8322 987380	Service: **17** | 20
das-jagdhaus.de	Weinkarte: **15** | 20
Gastgarten • Wild • urig	Ambiente: **8** | 10
	Gesamt: **82** | 100

Ondersch

87561 Oberstdorf

Ein stylisher Ort im traditionellen Oberstdorf. Burger-Variationen, Streetfood, Sushi Rolls oder der Piña Colada Cup: Leckeres Soulfood mit exotischen Einflüssen geht immer!

Ludwigstraße 7
+49 8322 3004885
ondersch.de
nachhaltig • modern • entspannt

Essen:	**43** I 50
Service:	**17** I 20
Weinkarte:	**17** I 20
Ambiente:	**8** I 10
Gesamt:	85 I 100

freistil.

87527 Ofterschwang

In Ofterschwang in den Allgäuer Alpen liegt es nahe, sich am Besten der Region zu bedienen. Und so serviert man folglich Köstliches: vom Pfifferlingschaumsüppchen über »2erlei vom Hirsch« bis zur Allgäuer Käseauswahl.

Schweineberg 20
+49 8321 3509
kiehnes-freistil.de
Hotelrestaurant • vegan • gemütlich

Essen:	**43** I 50
Service:	**17** I 20
Weinkarte:	**17** I 20
Ambiente:	**8** I 10
Gesamt:	85 I 100

Silberdistel

87527 Ofterschwang

Im alpenländisch gestalteten Restaurant zaubert Küchenchef Florian Wagenbach Silberdistel-Salat oder Zweierlei von der Entenleber. Bei Gelegenheit macht man sich selbst auf Kräuter- und Pilzsuche.

Sonnenalp 1
+49 8321 27296
sonnenalp.de
Hotelrestaurant • Essen mit Aussicht • gemütlich

P

Essen:	**45** I 50
Service:	**18** I 20
Weinkarte:	**18** I 20
Ambiente:	**8** I 10
Gesamt:	89 I 100

Spitzer

84072 Osterwaal

Slow Cooking meets bayerisches Soulfood. Inmitten der Hallertauer Hopfengärten werden im Restaurant und auf der Terrasse regionale und umweltbewusste Gerichte von Stefan Spitzer serviert.

Lohweg 10
+49 8752 7455
gasthaus-spitzer.de
traditionell • regionale Produkte • modern

P

Essen:	**43** I 50
Service:	**17** I 20
Weinkarte:	**17** I 20
Ambiente:	**8** I 10
Gesamt:	85 I 100

Zur Sonne

91788 Pappenheim

Innovation und Traditionsbewusstsein sowie helle Räume und die Sonnenterrasse laden zum Verweilen ein. Auf der Speisekarte: Käsespatzen, frische Forelle und Rehsauerbraten – mit regionalen Zutaten.

Deisinger Straße 20
+49 9143 837837
sonne-pappenheim.de
Familienbetrieb • regionale Küche • Terrasse

P

Essen:	**42** I 50
Service:	**17** I 20
Weinkarte:	**15** I 20
Ambiente:	**8** I 10
Gesamt:	82 I 100

Hirschkönig

92331 Parsberg

Tradition und Frische stehen auf der Speisekarte: Hirschenbrotzeit, saftige Burger und die Oberpfälzer Mehlspeise »Zwetschge & Tradition«. Im hauseigenen Dorfladen gibt es hausgemachte Produkte.

Marktstraße 1a
+49 9492 606333
restaurant-hirschkoenig.com
Hotelrestaurant • regionale Produkte • modern

Essen:	**43** I 50
Service:	**17** I 20
Weinkarte:	**16** I 20
Ambiente:	**9** I 10
Gesamt:	85 I 100

Jakob

94366 Perasdorf

Im urigen Restaurant mit moderner Ausstattung in Holz und Leder serviert Michael Ammon feine gehobene Küche mit französischen Anleihen. Auch die gut sortierte Weinkarte ist mehr als einen Blick wert!

Haigrub 19
+49 9965 80014
genuss-jakob.de
Fine Dining • elegant • unkonventionell

Essen:	**45** I 50
Service:	**19** I 20
Weinkarte:	**18** I 20
Ambiente:	**8** I 10
Gesamt:	90 I 100

Pavo

87459 Pfronten

Nicht nur der Ort, auch das Menü von Simon Schlachter hat das Zeug zum Verzaubern. International beeinflusste Gourmetküche, gepaart mit sehr gut ausgeführtem Handwerk und verpackt als Sharing-Experience.

Auf dem Falkenstein 1
+49 8363 914540
blaueburg.com
Fine Dining • Essen mit Aussicht • am Berg

Essen:	**46** I 50
Service:	**18** I 20
Weinkarte:	**18** I 20
Ambiente:	**9** I 10
Gesamt:	91 I 100

Schlossanger Alp

87459 Pfronten

Gemütlich, herzlich umsorgt und mit bester Aussicht ins Grüne sitzt man hier in der Alp bei Steinpilzsuppe, hausgemachten Maultaschen, Seezunge und Rumpsteak. Super: die alkoholfreie Getränkeauswahl.

Am Schlossanger 1
+49 8363 914550
schlossanger.de
Hotelrestaurant • im Grünen • gemütlich

Essen:	**43** I 50
Service:	**18** I 20
Weinkarte:	**17** I 20
Ambiente:	**8** I 10
Gesamt:	86 I 100

Lohmayr Stub'n

83451 Piding

Schmankerlmenü mit regionaler Bauernente, Feinschmeckermenü mit Trüffelpasta und Thunfischsteak in Ingwer-Chili-Butter oder Veggie-Option: In der Traditionswirtschaft Lohmayr wird jeder fündig.

Salzburger Straße 13
+49 8651 714478
lohmayr.com
regionale Produkte • nachhaltig • Terrasse

Essen:	**42** I 50
Service:	**17** I 20
Weinkarte:	**17** I 20
Ambiente:	**8** I 10
Gesamt:	84 I 100

80–84 85–89 90–94 95–100 Punkte

Meier
92367 Pilsach

Die Oberpfalz zeigt sich hier von ihrer modern-traditionellen Seite. Gehoben und doch rustikal, mit nachhaltigen Lebensmitteln vom eigenen Acker, feiner Küche und wunderschönen Räumlichkeiten und Garten.

Hilzhofen 18
+49 9186 237
landgasthof-meier.de
Gasthaus • nachhaltig • eigener Kräutergarten

Essen: **42** | 50
Service: **17** | 20
Weinkarte: **16** | 20
Ambiente: **8** | 10
Gesamt: **83** | 100

Genussschmiede
92712 Pirk

In der über 300 Jahre alten Schmiede fühlt man sich im stilvoll-modernen Gastraum so richtig wohl. Regionalität steht an erster Stelle, Raffinesse und den einen oder anderen schmackhaften exotischen Akzent gibt es obendrauf!

Rathausplatz 6
+49 961 48026600
genussschmiede-pirk.de
deutsche Küche • modern • Vinothek

Essen: **43** | 50
Service: **18** | 20
Weinkarte: **18** | 20
Ambiente: **7** | 10
Gesamt: **86** | 100

Zur Linde
91785 Pleinfeld

Ein Landgasthof, wie er sein soll: Der Spagat zwischen traditioneller saisonaler fränkischer Küche, Veranstaltungen und kreativen Ideen in den Stuben und auf der Sonnenterrasse gelingt sehr gut.

Spalter Straße 2
+49 9144 254
zur-linde-stirn.de
Gasthaus • Terrasse • urig

Essen: **42** | 50
Service: **18** | 20
Weinkarte: **16** | 20
Ambiente: **8** | 10
Gesamt: **84** | 100

Huberwirt
84568 Pleiskirchen

400 Jahre Familiengeschichte verbinden moderne Küche mit bayerischer Tradition. Das Menü für junge Genießer unter 30 lädt zum Probieren ein, und in der Kochschule kann man sich selbst am Herd versuchen.

Hofmark 3
+49 8635 201
huber-wirt.de
Familienbetrieb • Fine Dining • gemütlich

Essen: **45** | 50
Service: **19** | 20
Weinkarte: **18** | 20
Ambiente: **8** | 10
Gesamt: **90** | 100

Ursprung

95355 Presseck

Der Berghof liegt mitten im Frankenwald und empfängt Besucher mit herzlicher Gastfreundschaft. Neben fränkischem Weiderind oder Reh schaffen es auch schmackhafte Jakobsmuscheln, Rotbarbe oder Limoncello hier hoch.

Wartenfels 85
+49 9223 229
berghof-wartenfels.de
regionale Produkte • entspannt • klassisch

Essen:	**42** I 50
Service:	**17** I 20
Weinkarte:	**16** I 20
Ambiente:	**7** I 10
Gesamt:	82 I 100

Reinhart

83209 Prien am Chiemsee

Im schönen Gastraum is(s)t man herzlich umsorgt und unkompliziert. Einfach gut: die bayerisch-mediterranen Kreationen zwischen Pfifferlingcremesuppe, Pasta genovese und Zwiebelrostbraten.

Erlenweg 16
+49 8051 6940
reinhart-hotel.de
Hotelrestaurant • mediterran • im Grünen

Essen:	**43** I 50
Service:	**18** I 20
Weinkarte:	**17** I 20
Ambiente:	**8** I 10
Gesamt:	86 I 100

Auzinger

83486 Ramsau

In einem 160 Jahre alten Holzofen wird frischer Schweine- oder Rinderbraten zubereitet, der sich bei einem Berchtesgadener Bier in der gemütlichen Gaststube oder im Biergarten genießen lässt.

Hirschbichlstraße 8
+49 8657 230
auzinger.de
Gasthaus • deutsche Küche • Essen mit Aussicht

Essen:	**42** I 50
Service:	**17** I 20
Weinkarte:	**15** I 20
Ambiente:	**8** I 10
Gesamt:	82 I 100

Hofmann

96181 Rauhenebrach

Regionale Küche als Versprechen: Das Gasthaus war früher ein landwirtschaftlicher Betrieb – weshalb auch heute noch Natursauerteigbrot gebacken und Zwetschgenbames geräuchert wird.

Schindelsee 1
+49 9549 98760
schindelsee.de
Gasthaus • Wild • regionale Produkte

Essen:	**43** I 50
Service:	**17** I 20
Weinkarte:	**17** I 20
Ambiente:	**7** I 10
Gesamt:	84 I 100

Aska

93047 Regensburg

Es gibt wenige Orte in Deutschland, an denen man so nah an Japan ist wie hier. An der dunklen Theke der Sushi-Bar von Anton Schmaus zelebriert Meister Atsushi Sugimoto seine Kunst auf höchstem Niveau.

Watmarkt 5
+49 941 59993000
aska.restaurant
japanisch • Sushi • elegant

Essen:	**45** I 50
Service:	**18** I 20
Weinkarte:	**17** I 20
Ambiente:	**9** I 10
Gesamt:	89 I 100

Avia

93059 Regensburg

Gehobenes modernes Ambiente trifft regionale Küche mit dem gewissen Etwas. Herbstlicher Salat mit glasiertem Camembert etwa geht wunderbar dem Rehrücken mit Pfifferlingen und Spätzle voraus.

Frankenstraße 1
+49 941 40980
avia-restaurant.de
Casual Dining • im Grünen • entspannt

Essen:	**43**	50
Service:	**18**	20
Weinkarte:	**18**	20
Ambiente:	**8**	10
Gesamt:	87	100

HANS-CHRISTIAN WAGNER

Bischofshof am Dom

93047 Regensburg

Bayerische Gemütlichkeit wird in dem Traditionshaus großgeschrieben. Dazu gehört auch die herzhafte bodenständige Küche mit regionalen Spezialitäten wie Obazda, Weißwürste und Schweinsbraten.

Krauterermarkt 3
+49 941 5941010
hotel-bischofshof.de
Gasthaus • deutsche Küche • Meeresfrüchte • Gastgarten

Essen:	**42**	50
Service:	**17**	20
Weinkarte:	**16**	20
Ambiente:	**8**	10
Gesamt:	83	100

Kreutzer's

93055 Regensburg

Die offene Grillküche hat Eventcharakter. Auf den Tisch kommen Steaks vom Black Angus und Fassona-Rind, Krustentiere oder Fisch. Der Stil der Gerichte ist französisch geprägt, kreativ, würzig und bunt.

Prinz-Ludwig-Straße 15
+49 941 569565020
kreutzers.kitchen
Steak • Fisch • modern • Showküche

Essen:	**43**	50
Service:	**18**	20
Weinkarte:	**17**	20
Ambiente:	**8**	10
Gesamt:	86	100

Roter Hahn 𝍪𝍪 — 93047 Regensburg

Im historischen Stadthaus serviert Maximilian Schmidt in ungezwungener Atmosphäre progressive Gourmetküche mit regionalem und internationalem Einfluss, wie etwa bei Stör, Koji & Sellerie, Yuzu Kosho & Kirsche.

Rote-Hahnen-Gasse 10
+49 941 595090
roter-hahn.com
Hotelrestaurant • Fine Dining • modern

Essen:	**45** | 50
Service:	**18** | 20
Weinkarte:	**18** | 20
Ambiente:	**8** | 10
Gesamt:	89 | 100

Sticky Fingers — 93047 Regensburg

Sharing is caring – es darf auch mit den Händen gegessen werden. In der Fusionsküche wird Stockbrot mit Guacamole und Salsa gereicht und Fish and Chips im Bruschetta-Style serviert.

Untere Bachgasse 9
+49 941 58658808
stickyfingers.restaurant
Cocktails • unkonventionell • elegant

Essen:	**43** | 50
Service:	**17** | 20
Weinkarte:	**17** | 20
Ambiente:	**8** | 10
Gesamt:	85 | 100

Storstad — 93047 Regensburg

Dass es im Storstad um Genuss geht, erkennt man auch daran, dass man ein vergünstigtes Menü für unter 30-Jährige anbietet. Und das sollte man unbedingt kosten – eine Schule des Geschmacks!

Watmarkt 5
+49 941 59993000
storstad.de
Fine Dining • mediterran • Fisch • Essen mit Aussicht

Essen:	**46** | 50
Service:	**18** | 20
Weinkarte:	**18** | 20
Ambiente:	**8** | 10
Gesamt:	90 | 100

Heimat — 83242 Reit im Winkl

Küchenchef Achim Hack definiert Heimatküche neu. Es gibt ein ausgiebiges Frühstücksbuffet, tagsüber lockt eine Brotzeitkarte, und abends gibt es Fisch, Fleisch und vegetarische Gerichte à la carte.

Steinbachweg 10
+49 8640 8070
gutsteinbach.de
im Grünen • nachhaltig • gemütlich

Essen:	**43** | 50
Service:	**17** | 20
Weinkarte:	**16** | 20
Ambiente:	**8** | 10
Gesamt:	84 | 100

80–84 · 85–89 · 90–94 · 95–100 Punkte

Jagawirt

93191 Rettenbach

Mit Blick über das Donautal lässt sich bayerisch-regionale und alpenländische Küche genießen. Spezialitäten wie Rehessenz-Suppe und Wildschweinragout werden von Küchenchef Benedikt Hierl zubereitet.

Aumbach 117
+49 9484 8969888
jagawirt-aumbach.de
Gasthaus • traditionell • regionale Produkte

Essen:	**42** | 50
Service:	**17** | 20
Weinkarte:	**16** | 20
Ambiente:	**8** | 10
Gesamt:	83 | 100

Forst's Landhaus

93339 Riedenburg

Egal, ob mittags zur Rast, abends als Hotelgast oder zum Sonntagsmenü, hier lässt sich alles zwischen Köstlichem mit regionalem Fleisch, Pulpo und Aprikosenknödeln im gemütlichen Landhaus genießen.

Mühlstraße 37b
+49 9442 9919399
forsts-landhaus.de
Gasthaus • deutsche Küche • regionale Produkte

Essen:	**42** | 50
Service:	**18** | 20
Weinkarte:	**15** | 20
Ambiente:	**7** | 10
Gesamt:	82 | 100

Forstner

84326 Rimbach

Das traditionsreiche Wirtshaus mit Saal, Biergarten und diversen großen Veranstaltungsräumen punktet mit Abwechslung auf der Karte zwischen bayerischem Schweinebraten, Thai-Curry und Kaiserschmarren.

Taufkirchener Straße 6
+49 8727 910111
gasthaus-forstner.de
Steak • Terrasse • im Grünen

Essen:	**42** | 50
Service:	**16** | 20
Weinkarte:	**17** | 20
Ambiente:	**8** | 10
Gesamt:	83 | 100

Kapellenhof

94160 Ringelai

Es ist doch nirgends so urig wie im gemütlichen Gastraum, der so viele Geschichten erzählt, wie es Gäste gibt. Hier kommt klassische Wirtshausküche auf den Teller – und zwar aus biologischen Zutaten.

Kapellenhof 1
+49 8555 4079650
kapellenhof.eu
Gasthaus • Gastgarten • bio

Essen:	**42** | 50
Service:	**17** | 20
Weinkarte:	**17** | 20
Ambiente:	**7** | 10
Gesamt:	83 | 100

Alte Mühle

96472 Rödental

Wer denkt, die Alte Mühle sei streng traditionell, der irrt. Mediterrane Gerichte, Wolfsbarsch, Hummer oder das Ananasragout mit Ingwer gehen Hand in Hand mit Salaten, Pasta und Kalbsrückensteak.

Mühlgarten 5	Essen: 42 | 50
+49 9563 72380	Service: 18 | 20
alte-muehle-hotel.com	Weinkarte: 17 | 20
deutsche Küche • mediterran • regionale Produkte	Ambiente: 8 | 10
P	Gesamt: 85 | 100

Goldener Stern

86316 Rohrbach

Der moderne Anspruch zieht sich durch das Interieur und zeigt sich auch in der Speisekarten-Rubrik »Neo-Gasthaus«: Es gibt gegrillte Fasanenbrust und »geschmorten Bizeps« oder gegrilltes Dry-Aged Steak.

Dorfstraße 1	Essen: 43 | 50
+49 8208 959089	Service: 18 | 20
gasthaus-goldenerstern.de	Weinkarte: 18 | 20
Fine Dining • nachhaltig • Delikatessenverkauf	Ambiente: 8 | 10
P	Gesamt: 87 | 100

Mittermeiers Restaurant

91541 Rothenburg ob der Tauber

Christian Mittermeier steht mit seinem Restaurant, aber auch mit seiner eigenen Wein- und Honigproduktion für regionale Qualität und Kreativität mit Haltung, Geschmack und ohne unnötiges Chichi.

Vorm Würzburger Tor 9	Essen: 43 | 50
+49 9861 94540	Service: 18 | 20
villamittermeier.de	Weinkarte: 18 | 20
Gasthaus • eigener Weinbau • Terrasse	Ambiente: 8 | 10
	Gesamt: 87 | 100

THOMAS PLETTENBERG

Dichter

83700 Rottach-Egern

Küchenchef Thomas Kellermann kreiert saisonale Köstlichkeiten aus dem Tegernseer Tal ebenso gekonnt wie moderne Menüs mit fünf bis neun Gängen. Sein Klassiker: Essenz von Steinpilzen mit Trüffelravioli und Brokkoli.

Aribostraße 19–26	Essen: 48 | 50
+49 8022 666566	Service: 19 | 20
egerner-hoefe.de	Weinkarte: 19 | 20
Fine Dining • regionale Produkte • elegant	Ambiente: 10 | 10
	Gesamt: 96 | 100

Egerner Bucht

83700 Rottach-Egern

Küchenchef Walter Leufen verarbeitet hier beste Produkte aus der Region – mit Blick auf die malerische Bucht des Tegernsees: fangfrischer Saibling, heimische Rinder-Hochrippe, Almbutter und Brezn.

Überfahrtstraße 10
+49 8022 6690
seehotel-ueberfahrt.com
deutsche Küche • regionale Produkte • elegant

Essen:	**43** | 50
Service:	**18** | 20
Weinkarte:	**17** | 20
Ambiente:	**8** | 10
Gesamt:	**86** | 100

Fährhütte 14

83700 Rottach-Egern

Die Fährhütte 14 liegt mehr als malerisch an der kleinen Tegernsee-Bucht Ringsee – samt Steg und Badeplatz. Serviert werden Steaks und viel Fisch, natürlich aber auch Schnitzel, saisonale Pasta und feine Desserts!

Weissachdamm 50
+49 8022 188220
althoffcollection.com
gemütlich • Seeterrasse • modern • entspannt

Essen:	**43** | 50
Service:	**18** | 20
Weinkarte:	**16** | 20
Ambiente:	**8** | 10
Gesamt:	**85** | 100

Haubentaucher

83700 Rottach-Egern

Volle Geschmacksvielfalt direkt am Tegernsee. Mittags gibt es wechselnde Tagesgerichte, abends ein Menü mit Weinbegleitung – und viel Selbstgemachtes: Pasta, Brot, Kuchen und Marmelade.

Seestraße 30
+49 8022 6615704
haubentaucher-tegernsee.de
Fine Dining • Seeterrasse • modern

Essen:	**45** | 50
Service:	**18** | 20
Weinkarte:	**18** | 20
Ambiente:	**8** | 10
Gesamt:	**89** | 100

Il Barcaiolo

83700 Rottach-Egern

Mit Trüffel und Pasta am Montag und gegrillten Scampi am Dienstag bringt Küchenchef Walter Leufen die Küche Norditaliens an den Tegernsee. Die selbst gebackene Focaccia macht den Besuch unvergesslich.

Überfahrtstraße 10
+49 8022 6690
seehotel-ueberfahrt.com
italienisch • modern • elegant

Essen:	**43** | 50
Service:	**18** | 20
Weinkarte:	**18** | 20
Ambiente:	**8** | 10
Gesamt:	**87** | 100

Kirschner Stuben

83700 Rottach-Egern

Schöner als hier wird die Lage kaum. Die Speisekarte ist eine Melange aus heimischen Klassikern, italienischen Lieblingen und mondänen Spezialitäten – von der Jakobsmuschel bis zur Bauernblutwurst.

Seestraße 23
+49 8022 67110
maier-kirschner.de
Hotelrestaurant • Familienbetrieb • Essen mit Aussicht

Essen:	**43** | 50
Service:	**18** | 20
Weinkarte:	**17** | 20
Ambiente:	**8** | 10
Gesamt:	**86** | 100

Mizu Sushi-Bar
83700 Rottach-Egern

Das Mizu im chic-alpinen Bachmair Weissach ist eine Japan-Auszeit am Tegernsee. Sehr gute Fischqualität, zubereitet an der offenen Theke zu Sashimi, Nigiri und weiteren schmackhaften Interpretationen.

Wiesseer Straße 1
+49 8022 84246000
bachmair-weissach.com
Hotelrestaurant • Sushi • Cocktails

Essen:	**42** | 50
Service:	**17** | 20
Weinkarte:	**15** | 20
Ambiente:	**8** | 10
Gesamt:	82 | 100

Waldhaus
97228 Rottendorf

Auf die gutbürgerliche Küche im Waldhaus ist Verlass – genauso wie auf die Herzlichkeit der Betreiberfamilie Leonhardt. Fränkische Weine dürfen hier im fränkischen Weinland natürlich auch nicht fehlen.

Waldhaus 1
+49 9302 92290
waldhaus-leonhardt.de
Familienbetrieb • Gasthaus • traditionell

Essen:	**42** | 50
Service:	**17** | 20
Weinkarte:	**16** | 20
Ambiente:	**7** | 10
Gesamt:	82 | 100

Gregor's Fine Dining
92444 Rötz

Küche mit Herz mitten im Bayerischen Wald. Genießen Sie ein exquisites Menü mit heimischem Reh, Skreifilet und süßem Naschwerk – ein kulinarisches Erlebnis, das Herzen berührt.

Hillstett 40
+49 9976 180
wutzschleife.de
Fine Dining • nachhaltig • romantisch

Essen:	**44** | 50
Service:	**18** | 20
Weinkarte:	**18** | 20
Ambiente:	**8** | 10
Gesamt:	88 | 100

Alpenrose
83122 Samerberg

Bayerisch-steirisch: So lassen sich die Kreationen von Florian Lerche beschreiben. Es gibt Bratensülze mit Kürbiskernpesto, Ente mit Knödel und Maronen sowie Joghurtnockerl auf Zwetschgenröster.

Kirchplatz 2
+49 8032 8263
alpenrose-samerberg.de
Familienbetrieb • urig • Terrasse

Essen:	**42** | 50
Service:	**17** | 20
Weinkarte:	**15** | 20
Ambiente:	**8** | 10
Gesamt:	82 | 100

Sebastianihof
84175 Schalkham

In diesem alten niederbayerischen Hof treffen gelebte Tradition und Moderne aufeinander. Das Gemüse stammt aus biologischem Anbau, das Fleisch aus der Region und das Wild aus eigener Jagd.

Brunnenstraße 9
+49 8744 919445
sebastianihof.de
Wild • regionale Produkte • nachhaltig

Essen:	**43** | 50
Service:	**18** | 20
Weinkarte:	**17** | 20
Ambiente:	**8** | 10
Gesamt:	86 | 100

Zum Hirschen
88175 Scheidegg

Glückliche Menschen kochen besser. Das könnte das Geheimnis von Markus Stöckeler sein, der sein Glück aber nicht für sich behält, sondern daraus herrliche Gerichte zaubert. Wie etwa seinen fantastischen Wolfsbarsch.

Kirchstraße 1
+49 8381 2119
zumhirschenscheidegg.de
Gasthaus • regionale Küche • gemütlich

Essen:	**42** | 50
Service:	**17** | 20
Weinkarte:	**16** | 20
Ambiente:	**8** | 10
Gesamt:	83 | 100

Rait'ner
83259 Schleching

Ein Ort zum Einkehren und Verweilen im Herzen des Chiemgaus. Martin Rehmann hat seine Erfahrung in der gehobenen Gastronomie mit in seine schmackhafte, klassisch bayerische Speisekarte gebracht.

Achentalstraße 8
+49 8641 5911170
raitenerwirt.de
Gasthaus • deutsche Küche • urig • gemütlich

Essen:	**42** | 50
Service:	**17** | 20
Weinkarte:	**16** | 20
Ambiente:	**8** | 10
Gesamt:	83 | 100

Alperie
83727 Schliersee

Jeder hat schon mal Rindertatar gegessen. Aber verstehen, wie es schmecken kann, tut nur, wer es in der Alperie kostet. Radikal regional, handwerklich fein gearbeitet – und es schmeckt wie bei Oma.

Neuhauser Straße 45
+49 8026 7809950
diealperie.com
regionale Produkte • gemütlich • entspannt

Essen:	**43** | 50
Service:	**17** | 20
Weinkarte:	**16** | 20
Ambiente:	**8** | 10
Gesamt:	84 | 100

Gams & Gloria
87645 Schwangau

Alpine Fusionsküche im Allgäu: Hier treffen überraschende Zutaten aus fernen Ländern auf saisonal wechselnde Genüsse. Auf dem Menüplan stehen Donaulachs, Hirsch, zarte Wachtel und falsche Foie gras.

Am Ehberg 31
+49 8362 8888
hotelruebezahl.de
Hotelrestaurant • gemütlich • unkonventionell

Essen:	**44** | 50
Service:	**18** | 20
Weinkarte:	**18** | 20
Ambiente:	**9** | 10
Gesamt:	89 | 100

Esskunst

92521 Schwarzenfeld

Aus dem Wasser oder vom Land: Geradlinige Gerichte und Klassiker wie Mozzarella di Bufala, irischer Lammrücken oder Saiblingsfilet werden gekonnt zubereitet und im schicken Gastraum serviert.

Hauptstraße 24
+49 9435 6999610
restaurant-esskunst.de
Casual Dining • entspannt • modern

Essen:	**43** I 50
Service:	**18** I 20
Weinkarte:	**18** I 20
Ambiente:	**8** I 10
Gesamt:	87 I 100

Kings & Queens

97421 Schweinfurt

Das Kings & Queens ist mit 20 Jahren eine feste Größe in der Schweinfurter Gastroszene. Drei flexible Menüs ermöglichen einen schmackhaften Streifzug durch Heimisches, Mediterranes und Internationales.

Bauerngasse 101
+49 9721 533242
kingsqueens.eu
modern • vegetarisch • gemütlich

Essen:	**43** I 50
Service:	**18** I 20
Weinkarte:	**17** I 20
Ambiente:	**8** I 10
Gesamt:	86 I 100

Kugelmühle

97421 Schweinfurt

Gebackener Kalbskopf, gegrillter Thunfisch oder gefüllter Kaninchenrücken: Max Matreux verfolgt eine klassische Küche, die charmant im Heute angekommen ist. Auch interessant: seine Kochkurse.

Georg-Schäfer-Straße 30
+49 9721 914702
restaurant-kugelmuehle.de
Fine Dining • modern • Geschäftsessen

Essen:	**43** I 50
Service:	**18** I 20
Weinkarte:	**17** I 20
Ambiente:	**7** I 10
Gesamt:	85 I 100

Rosenthal Casino

95100 Selb

Während das Restaurant zwar im Stil der 60er-Jahre eingerichtet ist, ist die Küche alles andere als gestrig. Mit viel Liebe zum Detail komponiert Philip Rosenthal seine Gerichte, als seien sie Arien.

Kasinostraße 3
+49 9287 8050
rosenthal-casino.de
Hotelrestaurant • elegant • eigener Kräutergarten

Essen:	**42** I 50
Service:	**16** I 20
Weinkarte:	**17** I 20
Ambiente:	**8** I 10
Gesamt:	83 I 100

Philipp

97286 Sommerhausen

Michael Philipp in der Küche und seine Frau und Sommelière Heike im Gastraum sind ein unschlagbares Team, Wohlfühl-Kulinarik-Erlebnis garantiert. Fränkisch, französisch, gerne auch mit asiatischen Akzenten.

Hauptstraße 12
+49 9333 1406
restaurant-philipp.de
Gasthaus • französisch • Terrasse

Essen:	**45** I 50
Service:	**19** I 20
Weinkarte:	**18** I 20
Ambiente:	**8** I 10
Gesamt:	90 I 100

Baron.ess

97255 Sonderhofen

Vollverglastes Restaurant im Eventdorf in Holzoptik für ein Dining-Erlebnis in modernem Ambiente. Die Gerichte und deren Optik konzentrieren sich auf Herkunft, Naturnähe und eine klare Stilistik.

Am Mühläcker	Essen:	**43** | 50
+49 9337 996899	Service:	**18** | 20
brueckenbaron.com	Weinkarte:	**18** | 20
modern • im Grünen • entspannt	Ambiente:	**8** | 10
	Gesamt:	87 | 100

Blumenthal

91174 Spalt

Egal, welche Zutaten man für die Gerichte benötigt, sie werden alle regional bezogen. Forellen und Saiblinge stammen sogar aus eigener Zucht. Dazu gibt es Bier aus der Stadtbrauerei Spalt.

Stiegelmühle 42	Essen:	**42** | 50
+49 9873 332	Service:	**18** | 20
gasthof-blumenthal.de	Weinkarte:	**16** | 20
eigene Fischzucht • eigener Kräutergarten • nachhaltig	Ambiente:	**8** | 10
	Gesamt:	84 | 100

Aubergine

82319 Starnberg

Hier entsteht Kulinarik aus Leidenschaft! Alle vier bis sechs Wochen wird ein neues saisonales Menü kreiert – das auch mit kleinen Änderungen der Gänge zum persönlichen Genusserlebnis werden kann.

Münchner Straße 17	Essen:	**46** | 50
+49 8151 4470290	Service:	**19** | 20
aubergine-starnberg.de	Weinkarte:	**18** | 20
Fine Dining • vegetarisch • elegant	Ambiente:	**8** | 10
	Gesamt:	91 | 100

Dechant

82319 Starnberg

Um hier zu essen (und aus dem tollen Fischangebot auszuwählen), kommen die Gäste nicht selten aus München und von weiter her an den Starnberger See. Erstklassige Qualität und frische Zubereitung mit Finesse!

Hauptstraße 20	Essen:	**43** | 50
+49 8151 12106	Service:	**19** | 20
dechants-fischladen.de	Weinkarte:	**17** | 20
Familienbetrieb • Fisch • Delikatessenverkauf	Ambiente:	**8** | 10
	Gesamt:	87 | 100

Jedermann

94342 Straßkirchen

Mit Wild- oder Trüffelabenden, kreativen Kombinationen wie Rinderfilet und Bratwurst sowie Gerichten wie Gnocchi aus Gelber und Roter Bete wird eine Vielfalt an Geschmacksrichtungen geboten.

Irlbacher Straße 2	Essen:	**42** | 50
+49 9424 9480437	Service:	**17** | 20
jedermann-strasskirchen.de	Weinkarte:	**17** | 20
regionale Küche • Delikatessenverkauf • klassisch	Ambiente:	**7** | 10
	Gesamt:	83 | 100

Zum Geiss

94315 Straubing

Das Wirtshaus ist einer der Gründe, warum man in Bayern gerne ein »ur« vor gemütlich setzt. Ein Ort zum Schwelgen in der Vergangenheit, aber auch einer, der die Gegenwart versüßt.

Theresienplatz 49
+49 9421 300937
zumgeiss-straubing.de
Gasthaus • deutsche Küche • Gastgarten • urig

Essen:	**42** I 50
Service:	**17** I 20
Weinkarte:	**14** I 20
Ambiente:	**8** I 10
Gesamt:	81 I 100

Zinners

82024 Taufkirchen

Herzlich, g'mütlich, guad – besser kann man das Wirtshaus nicht beschreiben. Ein Ort, an den man nicht nur ein Mal kommt. Einfach, weil es sich anfühlt, als sei man schon immer Teil des Gasthauses gewesen.

Köglweg 5l
+49 89 12262500
wirtshaus-zinners.de
modern • Geschäftsessen • entspannt

Essen:	**42** I 50
Service:	**17** I 20
Weinkarte:	**16** I 20
Ambiente:	**7** I 10
Gesamt:	82 I 100

Forster

84416 Taufkirchen (Vils)

Ein Landgasthof mit Anspruch und feiner Küche von Maibockrücken mit gebratenen Birkenpilzen bis zu Flusszander mit Rahmlauch und getrüffeltem Püree. Gekocht wird nach den Jahreszeiten und mit Wohlfühlfaktor.

Hörgersdorf 23
+49 8084 2357
landgasthof-forster.de
Gasthaus • deutsche Küche • Terrasse • gemütlich

Essen:	**42** I 50
Service:	**18** I 20
Weinkarte:	**17** I 20
Ambiente:	**8** I 10
Gesamt:	85 I 100

Bräustüberl Tegernsee

83684 Tegernsee

Wer das traditionsreiche Gewölbe im Schloss nicht kennt, war nie am Tegernsee. Frischer kommt das Bier nirgends aus der Zapfleitung. Dazu gibt's bayerische Schmankerl von Obazder bis Schweinshaxe.

Schlossplatz 1
+49 8022 4141
braustuberl.de
Gewölbe • im Schloss • urig • Brauerei

Essen:	**42** I 50
Service:	**16** I 20
Weinkarte:	**14** I 20
Ambiente:	**8** I 10
Gesamt:	80 I 100

Leeberghof

83684 Tegernsee

Eine der schönsten Lagen am ohnehin schon mit herrlicher Aussicht gesegnetem Tegernsee. Die Küche macht zusätzlich glücklich mit einer guten Mischung aus Salaten, Schnitzel, Hirschkalbsrücken und Kaiserschmarren.

Ellingerstraße 10
+49 8022 188090
leeberghof.de
Gasthaus • eigener Kräutergarten • Essen mit Aussicht

Essen:	**43**	50
Service:	**17**	20
Weinkarte:	**17**	20
Ambiente:	**8**	10
Gesamt:	85	100

Gut Edermann

83317 Teisendorf

Im schönen Landhotel isst man auch als externer Gast eine feine Küche aus regionalen (Bio-)Produkten. Kreativ interpretierte Klassiker und saisonale Schmankerl machen die genussvolle Gutsküche aus.

Holzhausen 2
+49 8666 92730
gut-edermann.de
Hotelrestaurant • deutsche Küche • bio • im Grünen

Essen:	**43**	50
Service:	**18**	20
Weinkarte:	**18**	20
Ambiente:	**8**	10
Gesamt:	87	100

PHOTOSIEN.DE

Oswalds Gourmetstube

94244 Teisnach

Die gute Stube steckt voller positiver Überraschungen. Thomas Gerber überzeugt mit optimaler Produktqualität und ebenso aufwendiger wie kreativer Spitzenküche. Topservice von Michaela Skotnicova.

Am Platzl 2
+49 9923 84100
hotel-oswald.de
Fine Dining • eigene Fleischerei • elegant

Essen:	**46**	50
Service:	**18**	20
Weinkarte:	**18**	20
Ambiente:	**9**	10
Gesamt:	91	100

Parkhotel 1888

83278 Traunstein

Bei den Gerichten stehen Regionalität und Saisonalität ganz oben. Auf der Speisekarte finden sich bayerische Schmankerl und Wiener Klassiker, die man im Stüberl oder im Biergarten genießen kann.

Bahnhofstraße 11 +49 8640 5049001 parkhotel-traunstein.de **Hotelrestaurant • deutsche Küche • Terrasse**	Essen: **43** | 50 Service: **17** | 20 Weinkarte: **17** | 20 Ambiente: **8** | 10 Gesamt: 85 | 100

Weinhaus zum Ritter

97855 Triefenstein

Alter ist doch nur eine Zahl. Was zählt, ist der wache Geist, der genießt, der weiß, worauf es ankommt, und der sich fallen lassen kann. Ganz klar: Hier wird Fachwerk zu Fachkundigkeit.

Rittergasse 2 +49 9395 1506 weinhaus-ritter.de **Gasthaus • regionale Küche • urig**	Essen: **42** | 50 Service: **17** | 20 Weinkarte: **16** | 20 Ambiente: **8** | 10 Gesamt: 83 | 100

Ilkahöhe

82327 Tutzing

Den einzigartigen Blick über den Starnberger See muss man mit köstlicher Küche krönen und darin schwelgen: zum Beispiel mit Tutzinger Steinpilzen, Sashimi vom Wolfsbarsch, Spinatknödel oder Tiroler Milchkalbsrücken.

Oberzeismering 2 +49 8158 8242 restaurant-ilkahoehe.de **klassisch • Essen mit Aussicht • gemütlich**	Essen: **42** | 50 Service: **17** | 20 Weinkarte: **16** | 20 Ambiente: **8** | 10 Gesamt: 83 | 100

D'Feldwies

83236 Übersee

Kurios: Das Wirtshaus ist ein Aktienunternehmen. Stammgäste haben sich Anteile gekauft, als Geld für einen Umbau fehlte. Wer so treue Gäste hat, macht einiges richtig. Zum Beispiel die Spinatknödel.

Greimelstraße 30 +49 8642 595715 wirtshaus-feldwies.de **Gasthaus • deutsche Küche • Gastgarten**	Essen: **42** | 50 Service: **18** | 20 Weinkarte: **17** | 20 Ambiente: **8** | 10 Gesamt: 85 | 100

Huberwirt

84339 Unterdietfurt

Der Huberwirt der Familie Lex ist ein modernes Wirtshaus im besten Sinne. Wirtshausküche und Gourmetmenü entwickeln sich hier von Generation zu Generation weiter. Gemütlich und gastfreundlich, drinnen wie draußen!

Dorfplatz 14 +49 8724 250 huberwirt-lex.de **Familienbetrieb • Gastgarten • urig**	Essen: **42** | 50 Service: **17** | 20 Weinkarte: **17** | 20 Ambiente: **8** | 10 Gesamt: 84 | 100

80–84 85–89 90–94 95–100 Punkte

Lenas am See

86919 Utting am Ammersee

Direkt am Ammersee reichen Geschäftsführerin Lena Mielke und Küchenchef Lukas Vavrecka raffinierte Gerichte wie Kaninchenkeule und Duroc-Schwein und servieren Empfehlungen aus saisonalen Zutaten.

Seestraße 10
+49 8806 9570957
lenasamsee.de
modern • entspannt • Essen mit Aussicht

Essen:	**42** | 50
Service:	**17** | 20
Weinkarte:	**17** | 20
Ambiente:	**8** | 10
Gesamt:	84 | 100

Maxlmühle

83626 Valley

Bayerische Küche, das steht für Gemütlichkeit, für Geschmack und Genuss. Und all das bekommt man im Mangfalltal geboten – und zwar auf einem fantastischen Niveau. Das gilt auch für die hausgemachten Kuchen!

Maxlmühle
+49 8020 1772
maxlmuehle.de
Gasthaus • eigener Gemüsegarten • im Grünen

Essen:	**42** | 50
Service:	**17** | 20
Weinkarte:	**16** | 20
Ambiente:	**7** | 10
Gesamt:	82 | 100

Winkler Bräu

92355 Velburg-Lengenfeld

Tradition seit 1428. Und über all die Jahre hat sich ein Wissensschatz angesammelt, der in Gerichten und hauseigenem Bier gipfelt, die so fein ausbalanciert sind, dass man meint, man könnte fliegen.

St.-Martin-Straße 6
+49 9182 170
winkler-braeu.de
Familienbetrieb • Brauerei • deutsche Küche

Essen:	**43** | 50
Service:	**18** | 20
Weinkarte:	**16** | 20
Ambiente:	**8** | 10
Gesamt:	85 | 100

Speisemeisterei

89269 Vöhringen

»Dem Genießer gehört die Welt« ist der Leitspruch des Traditionsrestaurants. Und mit ihrer köstlichen Erbsensuppe und einem tollen Hirschrücken hat die Speisemeisterei die Welt des Genusses ins Schwabenland geholt.

Untere Hauptstraße 4
+49 7306 5265
burgthalschenke.de
deutsche Küche • regionale Produkte • Terrasse

Essen:	**42** | 50
Service:	**17** | 20
Weinkarte:	**17** | 20
Ambiente:	**8** | 10
Gesamt:	84 | 100

Hannes Niederkofler

Schwane 1404

97332 Volkach

Ein junges Küchenteam rund um Küchenchefin Cornelia Fischer serviert Klassiker wie Bratwurst oder ein ausgezeichnetes bodenständiges Menü. Dazu reicht Sommelier Jan Pislcajt ausgewählte Weine.

Hauptstraße 12
+49 9381 80660
schwane.de
Hotelrestaurant • Weingut • traditionell

Essen:	**42** I 50
Service:	**17** I 20
Weinkarte:	**18** I 20
Ambiente:	**8** I 10
Gesamt:	85 I 100

Weinstock

97332 Volkach

Dionysos ist ja der griechische Gott des Weins, ein olympischer Genießer also. Und man kommt nicht drumherum, sich zu fragen, was dieser sich zuerst einverleibt hätte: das Kalbsbeuschel oder die Rinderconsommé?

Hauptstraße 12
+49 9381 80660
schwane.de
Fine Dining • Weingut • elegant • gemütlich

Essen:	**46** I 50
Service:	**18** I 20
Weinkarte:	**18** I 20
Ambiente:	**8** I 10
Gesamt:	90 I 100

Altwirt Wackersberg

83646 Wackersberg

Tradition trifft auf Bergpanorama. Im Biergarten lässt es sich gut aushalten, vor allem am Dienstag, da ist Schnitzeltag. Als Dessert gibt es Kuchen, den die Chefin selbst bäckt, und zwar in täglich neuen Variationen.

Dorfstraße 1
+49 8041 4812
altwirt-wackersberg.de
Gasthaus • im Grünen • urig

Essen:	**42** I 50
Service:	**17** I 20
Weinkarte:	**14** I 20
Ambiente:	**8** I 10
Gesamt:	81 I 100

Tölzer Schießstätte

83646 Wackersberg

Michaela und ihr Mann Andreas Hagen bieten eines der unverfälschtesten kulinarischen Bayern-Erlebnisse, die man schmecken kann. Das gelingt, weil man sich inspirativ nicht allein auf die Landesküche beschränkt.

Kiefersau 138
+49 8041 3545
michaela-hager.de
Gasthaus • regionale Küche • Terrasse

Essen:	**43** I 50
Service:	**17** I 20
Weinkarte:	**16** I 20
Ambiente:	**8** I 10
Gesamt:	84 I 100

80–84 85–89 90–94 95–100 Punkte

Tanner

83329 Waging

Nicht nur in der Küche, auch im restlichen Betrieb des Landhauses achtet die Familie Tanner auf Nachhaltigkeit. Dazu kommen Herzlichkeit und gute regionale Küche mit modernen Einflüssen.

Aglassing 1
+49 8681 69750
landhaus-tanner.de
Hotelrestaurant • regionale Küche • im Grünen

Essen:	**43** | 50
Service:	**18** | 20
Weinkarte:	**17** | 20
Ambiente:	**8** | 10
Gesamt:	86 | 100

Johanns

94065 Waldkirchen

Michael Simon Reis kocht im panoramaverglasten Restaurant mit Blick in die Wipfel des Bayerischen Walds. Seine feine Küche speist sich aus Regionalem wie heimischem Wild, Stör oder Fichtenwipferln.

Marktplatz 24
+49 8581 2082000
restaurant-johanns.de
Fine Dining • Essen mit Aussicht • regionale Produkte

Essen:	**45** | 50
Service:	**18** | 20
Weinkarte:	**18** | 20
Ambiente:	**9** | 10
Gesamt:	90 | 100

Scheune

97797 Wartmannsroth

Ambitionierte Küche in Unterfranken: Unter der Leitung von Küchendirektor Dirk Abel und Küchenchef Michael Hübl gibt es jeden Tag ein individuelles Gourmetmenü sowie ein reichhaltiges Frühstücksbuffet.

Neumühle 54
+49 9732 8030
neumuehle-resort.de
Hotelrestaurant • regionale Produkte • urig

Essen:	**42** | 50
Service:	**17** | 20
Weinkarte:	**16** | 20
Ambiente:	**7** | 10
Gesamt:	82 | 100

MARCEL A. MAYER PHOTOGRAPHER

Caraleon

88142 Wasserburg (Bodensee)

Die Umgebung direkt am Bodensee lässt zum Sonnenuntergang mediterranes Feeling aufkommen, ganz wie die Küche im Caraleon. Moderne alpine und französische Einflüsse machen die Sache auf dem Teller rund.

Halbinselstraße 70
+49 8382 9800
caraleon.de
Hotelrestaurant • Fine Dining • Terrasse

Essen:	**43** | 50
Service:	**17** | 20
Weinkarte:	**17** | 20
Ambiente:	**8** | 10
Gesamt:	85 | 100

Herrenhaus 83512 Wasserburg am Inn

Hinter historischen Mauern wartet ein elegantes Ambiente. Die kleine Speisekarte bietet einen Businesslunch, eine wechselnde Wochenkarte und ein Abendmenü mit Gerichten aus regionalen Produkten.

Herrengasse 17
+49 8071 5971170
restaurant-herrenhaus.de
Geschäftsessen • regionale Produkte • Terrasse

Essen:	**42** | 50
Service:	**17** | 20
Weinkarte:	**17** | 20
Ambiente:	**8** | 10
Gesamt:	84 | 100

Weisses Rössl 83512 Wasserburg am Inn

Wärme ausstrahlende Holztische, stilvolle Dekoration und moderne Kunst sorgen für ein behagliches, ungezwungenes Ambiente. Da genießt man gerne. Besonders die Saucen sind hier ein Gedicht!

Herrengasse 1
+49 8071 5263
weisses-rössl.de
regionale Küche • traditionell • Terrasse

Essen:	**44** | 50
Service:	**18** | 20
Weinkarte:	**16** | 20
Ambiente:	**7** | 10
Gesamt:	85 | 100

Le Frankenberg 97215 Weigenheim

Im Südflügel des Schlosses Frankenberg liegt das Herzstück des Restaurants im Turmzimmer. Hier lassen sich traditionelle regionale Menüs genießen, die immer wieder für Überraschungsmomente sorgen.

Schloß Frankenberg 1
+49 9339 9714571
lefrankenberg.de
französisch • elegant • im Schloss

Essen:	**45** | 50
Service:	**19** | 20
Weinkarte:	**18** | 20
Ambiente:	**9** | 10
Gesamt:	91 | 100

Alex 96369 Weißenbrunn

Regionale und kosmopolitische Einflüsse: Domenik Alex und Madlen Häckel führen den Gasthof in fünfter Generation und komplettieren ihre Speisen raffiniert mit Kräutern, Saucen und saisonalen Beilagen.

Gössersdorf 25
+49 9223 1234
gasthofalex.de
Fine Dining • gemütlich • regionale Produkte

Essen:	**45** | 50
Service:	**18** | 20
Weinkarte:	**18** | 20
Ambiente:	**8** | 10
Gesamt:	89 | 100

Egertal

95163 Weißenstadt

Saucen, Suppen, Fisch: All das und die herzlichen Gastgeber machen das Gasthaus Egertal zu einem Ort, wo man immer wieder gerne einkehrt. Tipp: die mit viel Liebe gekochten Schmor- und Fleischgerichte!

Wunsiedler Straße 49
+49 9253 237
gasthausegertal.de
Gasthaus • traditionell • gemütlich

Essen:	**42** | 50
Service:	**17** | 20
Weinkarte:	**18** | 20
Ambiente:	**8** | 10
Gesamt:	85 | 100

Wirtsstube

92533 Wernberg-Köblitz

Jeder hat schon mal Hirsch gegessen. Aber hin und wieder wird man doch noch überrascht. Wie hier von den Medaillons vom Hirsch mit dem wunderbaren Mandel-Crunch. So schmeckt Glück!

Marktplatz 10
+49 9604 92180
hotel-burkhard.de
Familienbetrieb • bio • nachhaltig • Gastgarten

Essen:	**43** | 50
Service:	**18** | 20
Weinkarte:	**17** | 20
Ambiente:	**8** | 10
Gesamt:	86 | 100

Gänsweid

86637 Wertingen

Räumlichkeiten und Küche sind gleichsam bodenständig wie modern. Was schmeckt und Saison hat, kommt auf die Karte mit schwäbisch-mediterraner Ausrichtung und wird gut von der umfassenden Weinauswahl ergänzt.

Gänsweid 1
+49 8272 642132
gaensweid.de
Vinothek • klassisch • Terrasse

Essen:	**42** | 50
Service:	**17** | 20
Weinkarte:	**18** | 20
Ambiente:	**7** | 10
Gesamt:	84 | 100

Holzfellas

95676 Wiesau

Ein junges Team, ein familiärer Service und eine kreative Küche vereinen Innovation und Tradition. Das Menü bietet Fisch, Fleisch, vegetarische und vegane Speisen – aus regionalen Produkten.

Industriestraße 8
+49 9636 92094800
holzfellas.restaurant
regionale Produkte • entspannt • modern

Essen:	**42** | 50
Service:	**17** | 20
Weinkarte:	**17** | 20
Ambiente:	**8** | 10
Gesamt:	84 | 100

Lebert

91635 Windelsbach

Mitten in schönster Umgebung kommt nur Bestes auf den Tisch: Als Slow-Food-Mitglied schreibt sich Manfred Lebert erlesene regionale Küche und die Zufriedenheit seiner Gäste ganz groß auf die Fahne.

Schlossstraße 8
+49 9867 9570
landhaus-rothenburg.de
Gasthaus • nachhaltig • regionale Produkte

Essen:	42 | 50
Service:	18 | 20
Weinkarte:	17 | 20
Ambiente:	8 | 10
Gesamt:	85 | 100

Feilmeiers Landleben

94575 Windorf

Die Stube ist gemütlich, die Umgebung strahlt Landleben pur aus, und die Gastgeber sind herzlich. Gutes Preis-Leistungs-Verhältnis, die Speise- und Weinkarte sind genauso erfreulich!

Schwarzhöring 14
+49 8541 8293
feilmeiers-landleben.de
Familienbetrieb • im Grünen • Terrasse

Essen:	42 | 50
Service:	17 | 20
Weinkarte:	17 | 20
Ambiente:	7 | 10
Gesamt:	83 | 100

AURA by A. Herrmann & T. Bätz

95339 Wirsberg

Das AURA im Posthotel Alexander Herrmann samt kulinarischer Forschung im »Future Lab ANIMA« und eigenem Food-Scout-Team ist ein zukunftsweisendes Konzept, das ebenso gut schmeckt wie es klingt.

Marktplatz 11
+49 9227 2080
herrmanns-posthotel.de
Fine Dining • modern • elegant

Essen:	48 | 50
Service:	19 | 20
Weinkarte:	19 | 20
Ambiente:	9 | 10
Gesamt:	95 | 100

oma & enkel Bistro

95339 Wirsberg

Das legere oma & enkel Bistro vereint bewährte fränkische Klassiker mit moderner Pfiffigkeit – als fränkische Tapas, Menü oder feine Sonntags-Specials. Natürlich mit regionalen saisonalen Zutaten.

Marktplatz 11
+49 9227 2080
herrmanns-posthotel.de
Bistro • entspannt • unkonventionell

Essen:	43 | 50
Service:	18 | 20
Weinkarte:	18 | 20
Ambiente:	9 | 10
Gesamt:	88 | 100

Aifach Reisers

97070 Würzburg

Einfach (»aifach«), gut und so tagesfrisch wie möglich – das ist das Konzept von Bernhard Reisers Standort direkt am Würzburger Marktplatz. Die Umsetzung: abwechslungsreich, raffiniert und anspruchsvoll.

Marktgasse 2
+49 931 45265755
der-reiser.de
regionale Produkte • modern • unkonventionell

Essen:	44 | 50
Service:	18 | 20
Weinkarte:	17 | 20
Ambiente:	9 | 10
Gesamt:	88 | 100

Backöfele

97070 Würzburg

Das urige Traditionswirtshaus mit sehenswertem Gastgarten im Innenhof bietet nicht nur fränkische Küche von Bratwurst bis »Blaue Zipfel«, sondern auch eine schöne Auswahl an fränkischen Weinen.

Ursulinergasse 2
+49 931 59059
backoefele.de
deutsche Küche • Hausmannskost • urig

Essen:	**42** | 50
Service:	**18** | 20
Weinkarte:	**17** | 20
Ambiente:	**8** | 10
Gesamt:	85 | 100

Bürgerspital-Weinstuben

97070 Würzburg

Im Bürgerspital wird die ganze fränkische Klaviatur gespielt: Schäufele, Winzerteller und fränkische Bratwürste, begleitet natürlich von fränkischen Weinen in der Weinbar oder im Gewölbe.

Theaterstraße 19
+49 931 352880
buergerspital-weinstuben.de
Delikatessenverkauf • regionale Küche • Steak

Essen:	**42** | 50
Service:	**17** | 20
Weinkarte:	**18** | 20
Ambiente:	**8** | 10
Gesamt:	85 | 100

Kuno 1408

97070 Würzburg

Das Restaurant vereint mit Naturmaterialien und Designermöbeln Moderne mit Tradition. Auch auf dem Teller: produktorientierte Küche mit durchaus internationalem Einfluss und ohne viele Schnörkel.

Neubaustraße 7
+49 931 30931408
restaurant-kuno.de
Fine Dining • modern • gemütlich • entspannt

Essen:	**45** | 50
Service:	**19** | 20
Weinkarte:	**18** | 20
Ambiente:	**8** | 10
Gesamt:	90 | 100

Stachel

97070 Würzburg

Fränkische Köstlichkeiten mit Anspruch, das schreiben sich Chefkoch Fabian Schulz und sein Team auf die Fahnen. Hausgebeizter Bachsaibling, Rieslingcremesuppe oder Sauerbraten sind den Besuch wert.

Gressengasse 1
+49 931 52770
weinhaus-stachel.de
Gasthaus • regionale Produkte • traditionell

Essen:	**42** | 50
Service:	**17** | 20
Weinkarte:	**18** | 20
Ambiente:	**8** | 10
Gesamt:	85 | 100

Alte Posthalterei

85604 Zorneding

Hier wird das Gemüse entweder direkt vom Bauern bezogen oder selbst angebaut – und kommt beispielsweise als Beilage in Form von Salzkartoffeln und Grillgemüse zu gebratenem Saibling auf den Tisch.

Anton-Grandauer-Straße 9
+49 8106 20007
alteposthalterei-zorneding.de
Familienbetrieb • deutsche Küche • urig

Essen:	**42** | 50
Service:	**17** | 20
Weinkarte:	**16** | 20
Ambiente:	**8** | 10
Gesamt:	83 | 100

INDEX RESTAURANTS & GASTHÄUSER NACH ORT

A

B

E

F

G

H

I

O

P

S

T

U

X

Z

INDEX RESTAURANTS & GASTHÄUSER NACH NAME

F

G

H

K

L

P

Q

R

S

U

falstaff

Carlsplatz 18, 40213 Düsseldorf
guides@falstaff.com
www.falstaff.com